国家社科基金
GUOJIA SHEKE JIJIN HOUQI ZIZHU XIANGMU
后期资助项目

壮族习惯法的母系特征研究：兼论壮族习惯法对妇女权益的保护

Research on the Matrilineal Characteristics of the Zhuang's Customary Law:
Also on the Protection of Women's Rights and Interests by the Zhuang's Customary Law

袁翔珠 著

上海人民出版社

国家社科基金后期资助项目
出版说明

后期资助项目是国家社科基金设立的一类重要项目,旨在鼓励广大社科研究者潜心治学,支持基础研究多出优秀成果。它是经过严格评审,从接近完成的科研成果中遴选立项的。为扩大后期资助项目的影响,更好地推动学术发展,促进成果转化,全国哲学社会科学工作办公室按照"统一设计、统一标识、统一版式、形成系列"的总体要求,组织出版国家社科基金后期资助项目成果。

全国哲学社会科学工作办公室

目　　录

绪　论

"国家以国民为主体,而吾人又为国民中之一分子,生于其地,而不知其民族之渊源所自,而不知其生活苦乐之情形,而不知其在内治国防之各方面,究竟将得若何之结果,若斯人也,其可以云爱国之士乎?"[1]若要让一个民族在未来获得长足发展,必须要先了解她的过去。只有解读了这个民族在历史长河中最初孕育的文化基因密码,才能掌握她的运行规律和生存轨迹,从而确定其未来的发展方向。"壮人,在广西殆可称为土著。"[2]要发展和振兴广西,就必须发展振兴壮族,壮族的发展与振兴对于广西整体的发展具有至关重要的意义。而要发展振兴壮族,就必须要全面了解壮族的社会历史文化,从中寻找发展壮族的契机与原动力。

一、壮族习惯法母系特征的形成原因

"壮人散播于广西全省,有侬、僚、沙、佯、俍、土人……种种不同之名称。其人口之繁殖,较他族为最。合广西所有蛮族而统计之,壮族实居十分之八以上。故其在广西之历史上,实占最重要之一页。"[3]壮族对于广西乃至整个西南地区的重要意义毋庸置疑,而妇女在壮族的社会历史发展中更是发挥着举足轻重的作用。壮族妇女无论是在社会组织习惯法、生产贸易习惯法、婚姻家庭习惯法中都具有重要的地位,并享有特殊的权益,受到特别的保护。壮族妇女无论是其所发挥的作用还是享有的地位,都在很大程度上与男子平等甚至超越男子,这是壮族习惯法的一个重要特征。要研究壮族习惯法,这是不可忽视的一个内容。只有成功解读这一现象,才能更深入了解壮族习惯法的核心内涵。

壮族习惯法这一特征长期以来就备受汉族士大夫的关注,对其形成原

---

① 唐文佐:《岭表纪蛮》序言,见刘锡蕃:《岭表纪蛮》,台北南天书局1987年版,第3页。
② 魏任重修,姜玉笙纂:《三江县志》,台北成文出版社1975年版,第120页。
③ 刘锡蕃:《岭表纪蛮》,台北南天书局1987年版,第11页。

因亦多有揣测。受中国传统"阴阳"易学哲学思想的影响，古代一些文人将这一现象解释为气候等特殊自然环境的作用。如西汉刘向认为："越地多妇人"，[①]宋代长期在广西任职的周去非认为广西湿热的气候条件对应"阴极"，与同属"阴"的妇女相得益彰，因此使妇女生命力颇为旺盛："南方盛热，不宜男子，特宜妇人。盖阳与阳俱则相害，阳与阴相求而相养也。余观深广之女，何其多且盛也。"[②]明代朱孟震在《西南夷风土记》也持同样的观点，认为西南属于对妇女有利的"坤极"："女多男少，盖西南坤极也。"[③]实际上，壮族习惯法这一重要特征乃是母系氏族社会的残留。受偏远的政治地理环境影响，壮族社会的发展进程较为缓慢和稳定，文化"惯性"明显大于中原地区，因而得以保留了大量母系氏族社会的特征，也就是说，壮族社会是进化得不够彻底的父系社会，母系的特征仍在社会经济文化的各个层面体现出来。而这种明显的母系特征又反过来有力地影响着壮族习惯法的内涵结构，从而呈现出与其他少数民族习惯法不同的面貌与内容。

壮族习惯法保留较多母系社会特征的原因，值得深入探讨。本书认为，主要在于广西特殊的政治地理环境与历史发展进程。广西地处偏远的"荒服"，本就远离中央政治中心，而地质条件又颇为复杂，众多的高山大川阻隔了来自外部的交流，因此一直处于统治的边缘地带。古时历代政权与广西的关系，不是鞭长莫及难以统辖，就是任其自生自灭的消极自治。从夏商周时期不通声教的百越之地，到秦汉时期特立独行的南越国；从唐宋时期松散的羁縻制度，到元明清时期"托管式"的土官制度，中央政权从未对其进行过深入彻底的政治洗礼和制度移植，而丰富的物产、优越的气候条件也令少数民族不必为生存付出过高的争夺成本，因此，缺乏剧烈的社会变革与环境变化，使得广西各民族的社会结构难以发生迅速、剧烈的蜕变，因此脱胎于母系社会的父系社会，一直未剪断母系的"脐带"，也未能完全清除母系的"胞衣"，虽然已进化到男权为主体的父系社会，但母系的特征却时时在社会各个方面产生影响。本书将从政治、经济、婚姻家庭等各个领域剖析壮族习惯法的母系特征。

二、前人研究述评

从全球范围来看，许多亚非拉地区的部落、群体依然保留有母系社会的

---

① ［汉］班固：《汉书·五行志》，册 5，卷 27 下之上，页 1462—1463。
② ［宋］周去非：《岭外答》，杨武泉校注，中华书局 1999 年版，第 429 页。
③ ［明］朱孟震：《西南夷风土记》，台北广文书局 1979 年版，第 14 页。

特征,因此某一特定社会群体的母系特征的研究,一直是人类学的一个重要课题。目前国外这方面的研究主要集中在非洲和亚洲的某些特殊群体,非洲如对马拉维、赞比亚、科摩罗、尼日利亚等特定部落内部母系特征的研究,包括对婚姻家庭及分配制度的影响;亚洲则主要集中在印度、孟加拉国、马来西亚、印度尼西亚、泰国等南亚和东南亚国家,内容关注点在于母系特征对于婚姻家庭、宗教观念的影响及妇女的社会地位。

国内对特殊群体母系特征的研究主要是对史前原始文明的探索,包括对河姆渡、仰韶文化母系特征的分析,其后有对殷商、道家、儒家社会和思想中母系观念的少量分析。近现代以来,研究者把目光投向了周边依然保留了母系特征的少数民族社会。目前关于少数民族社会母系特征的研究数量最多的是母系社会的"活化石"——川滇交界处的纳西族摩梭人,以及与之临近的四川盐源、甘孜一带的彝族,此外还有关于傣族和拉祜族的零星研究。就壮族而言,关于壮族习惯法的研究自 20 世纪 90 年代就开始了,21 世纪以来壮族习惯法的研究逐渐向系统化、法理化、深入化方向发展,在广西壮族习惯法的研究方面,刘建平、覃主元、李洪欣、陈新建、谭洁、张元稳等一批学者都积累了相当数量的成果;而在云南壮族习惯法方面,朱海文等学者也有一定的建树,何正廷从人类学和民族学的角度就云南广南地区壮族的母系崇拜发表过系列论文。但是,就成果来看,学界虽然对壮族习惯法中的婚姻家庭内容都有所涉及,但专门论证壮族习惯法母系特征的并不多见;本书在前人研究的基础上,综合运用法史学、法理学、人类学的研究方法,对壮族习惯法的母系特征进行了系统阐述。

三、对书中实践调研材料的说明

在本书写作过程中,笔者在广西各地壮族聚居区展开了大量的实践调研,足迹涉及来宾市忻城县,河池市宜州、南丹、环江、东兰、凤山,百色市德保县、靖西县、那坡县,贵港市覃塘区、港北区,桂林市阳朔县等地。调研对象主要有三类:一是各县市的政法机关,如政法委、人民法院、司法局、公安机关等实务部门;二是相关政府部门,如民族事务委员会、人民政府法制办、文化局等;三是当地典型的壮族乡镇村屯。(见表绪-1)采取的调研方法主要是座谈会、问卷调查和一对一采访。在座谈会上,政法部门和政府机构主要从总体上介绍当地壮族普遍通行的习惯法,以及处理相关案件的通行做法,并提供相应的宏观数据。在与法官、干部、群众的一对一访谈中,则主要了解某一区域、村寨特定的壮族习惯法以及特殊的个体经验和案例等。这些调研的内容,笔者都作为第一手材料充实到书中的各个章节,并注明"笔者调研",以区别于文献资料。在此笔者对在调研过程中接受访谈并提供资料的政府部门、乡镇干部、村寨群众给予衷心的感谢!

表绪-1　本书涉及的实践调研地区及单位

时　间	调研地点	政法部门、政府部门	乡　镇	村　屯
2016 年 1 月	忻城县、宜州县	忻城土司衙署、忻城县政法委、忻城县司法局、忻城县文化局、忻城县文化馆、宜州市民委、宜州市人民法院、宜州市司法局、宜州市文化局、河池学院、庆远镇司法所	北更乡、红渡镇、庆远镇、刘三姐乡、屏南乡、怀远镇	弄亏村、矮山村、马山塘村、合寨村
2017 年 6 月	贵港市覃塘区、港北区	覃塘区人民法院、覃塘区政府法制办	蒙公乡、覃塘镇、黄练镇、樟木镇	新岭村新归屯、姚山村群山屯、岭岑村、黄龙村、六八村
2017 年 8 月	河池市、百色市	河池市中级人民法院、百色市中级人民法院、东兰县人民法院、凤山县人民法院、那坡县人民法院		
2018 年 1 月	环江县、南丹县	环江县人民法院、环江县民委、环江县司法局、南丹县民委、南丹县政府、车河司法所	思恩镇、下南乡、罗富镇、里湖镇	陈双屯、中南村南昌屯、塘丁村塘香屯
2019 年 1 月 6—12 日	德保、靖西	德保县司法局、足荣镇司法所、靖西县司法局、靖西县人民法院、龙邦司法所	足荣镇、城关镇、安德镇	那亮村那雷屯、云梯村、安德街
2019 年 7 月 10—11 日	阳朔	阳朔县党委、政府	高田镇	—

第一章　母权崇拜:壮族习惯法
母系特征的思想文化基础

我国汉族文明成熟较早,因此发展为彻底的父系社会,男权独大,妇女的地位和作用被大大摧毁和碾压。"在进化的路途上,任何时期,任何国家的民族,都因采用父系制度的结果,男子的权力,非常增大。一切文明,都为男子所垄断,一切道德,都为男子所创造;一切政治,都为男子所盘踞;一切经济,都为男子所操纵,乃至宗教,法律,文学等方面,在在皆是男子的逐鹿场,丝毫不见女人有可以投身的地方。"①但是,在壮族地区,由于母系社会元素保留得较多,使得妇女在社会的经济、政治、文化各个领域中都享有较高的地位,也拥有更多的自主权和发言权,并充分渗透到其习惯法体系中,而在这其中,宗教信仰体系中的母性崇拜,则是习惯法得以植根的思想文化沃壤。

第一节　壮族自然宗教体系中的母性崇拜

一、母性崇拜的根源——生殖崇拜

由于自然环境的封闭,壮族大部分地区的宗教信仰体系尚处于原始的自然崇拜阶段,很少受到外来宗教的影响。"康滇诸省蛮族,其大部分皆曾受过宗教之洗礼(如康蛮之信喇嘛,滇蛮之信耶回佛教,皆称极笃),其原有之性质,多为宗教濡染而变移,至于桂蛮,除'汉化'者外,其余乃保持其太古

---

① 冯飞:《妇人问题概论》之"序论·一、发端",见梅生编:《中国妇女问题讨论集(上)》,民国丛书第一编,18,社会科学总论类,上海书店 1989 年版,第 23 页。本书据新文化书社1932 年版影印。

遗留的真醇态度。"①此处的自然崇拜,是指壮族直接将自然物如动物、植物、石、山、河水、日月等作为崇拜对象,尚未发展出抽象的崇拜偶像。而由于壮族社会很多方面还停留在母系社会,因此在崇拜自然物的过程中,壮族天然地会趋向母性神灵的崇拜。他们将很多自然物的性别不由自主地想象为母性,并将很多自己充满敬畏和难以解释的自然现象,都冠以母名,以说明其强大。如唐代的《岭表录异》就有多处提到直接以"母"命名的自然物候现象,如将剧烈的台风称为"飓母":"南海秋夏间,或云物惨然,则见其晕如虹,长六七尺,比候则飓风必发,故呼为飓母。"将中原人士谈虎色变的两广地区特有的瘴气命名为"瘴母":"岭表或见物自空而下,始如弹丸,渐如车轮,遂四散。人中之即病,谓之瘴母。"还有水中一些有独特习性的鱼类也以母冠名,且与生育有关:"鲻:南人云,鱼之欲产子者,须此鱼以头触其腹而产,俗呼为生母鱼","广州谓之水母,闽谓之蛇,其形乃浑然凝结一物。"②

之所以如此,乃是由于母系社会的自然崇拜源于生殖崇拜,而妇女作为母亲,孕育了人类,并使人类得以繁衍生息,因此在壮族人的精神世界中,就产生了通感的联想——整个自然界的起源就宛如一位妇女一样,孕育了世间的万事万物,整个世界都由她而诞生,她创造了整个世界,她就是整个世界最初的源头。由于自然崇拜的指针理所当然地偏向女性,因此壮族的神话体系也以妇女为主。桂西北地区流传的壮族史诗《妈勒访天边》,叙述了在部落会议上,壮族的先民一致决定由一位已经怀孕的母亲代表大家去寻访天边。她和自己的儿子经历艰难万险为壮族人民寻找天边的故事非常震撼人心。笔者在给学生讲解这一感天动地的史诗时,许多同学都难以理解,认为无论从安全因素和健康角度考虑,都不应派一位孕妇出征,实际上,要全面参透这一史诗,必须将之放入壮族母性崇拜的整体宗教语境中来理解。在东兰地区流传的《东林郎》的故事中,东林郎也是因为感悟到了母亲育子的伟大因而决定保护母亲的尸体不被部落的人分食。事实上,意识到母性的崇高正是壮族先民从原始蛮荒向高等智慧社会进化转变的关键性环节。考古发现证实,壮族对女性生殖崇拜由来已久,2007 年在贵港市出土的一座东汉裸体女俑座陶灯,可以清楚地看到生殖崇拜的痕迹。(见图 1.1)

---

① 刘锡蕃:《岭表纪蛮》,绪言,台北南天书局 1987 年版,第 1 页。
② 以上引文均出自[唐]刘恂:《岭表录异》,鲁迅校勘,广东人民出版社 1983 年版,第 8、27、82 页。

图 1.1　贵港出土的东汉裸体女俑座陶灯

资料来源：贵港市博物馆。

二、姆六甲崇拜——壮族的女娲

与世界大多数民族崇拜的主神多为男性神的情况相反，壮族传说最广、影响最大、地位最高的女主神，称为姆六甲，在各地又被称为米六甲、米洛甲、咪六甲等。姆六甲是一位伟大的女神，是百色、河池一带壮族创世神布洛陀的妻子，她与布洛陀一起开天辟地，创造了壮族的先民。她在壮族人宗教信仰体系中的地位，相当于华夏传说中的女娲。笔者在各壮族地区调研时，经常可以看到对姆六甲崇拜的遗迹。例如在云桂交界处的坡芽壮寨，壮民堂屋中悬挂的姆六甲画像，是拟人化的较为具象的姆六甲形象。画像中，姆六甲是一位美丽端庄的女神，身骑彩凤，手中拿着象征生育繁荣的花朵，正在撒向人间。（见图 1.2）而在河池的六甲"小三峡"景区，几乎完全是由姆六甲自然崇拜化成的景象，整个景区都在用具体的景物诠释着姆六甲造人的神话。峡口为两座相对而立的山峰，据说姆六甲就是站在这两座山上诞生了人类，两座山峰前面的江面上，兀立着一座小山，据说姆六甲造人后，采摘了很多杨桃和辣椒撒向人间，抢到杨桃的就变成了女人，抢到辣椒的就变成了男人，而这座小山就是当时遗留下来的辣椒变的。整个峡谷由姆六甲峡谷和布洛陀（姆六甲的儿子或丈夫）峡谷组成，其中有一组山脉，恰巧组成一幅美丽的画面,一位美丽的女性仰卧在大地上,长长的头发披散在江水中,鼻子、眉眼、高耸的乳房都清晰可见。(见图1.3)由此可见,对姆六甲的崇拜,实际上是壮族对女性生殖能力的崇拜,最能体现其宗教信仰的母系社会特征。

图1.2　坡芽壮寨的姆六甲画像

图1.3　河池的姆六甲峡谷入口

三、花林圣母崇拜——壮族的生育神

由于神话中姆六甲创造了人类,因此在许多壮族的民间传说中,姆六甲又称"花婆"和"圣母",是生育之神,因而衍生出受到壮族广泛崇拜的"花林圣母"。民国《岭表纪蛮》详细阐述了壮族对花林圣母的崇拜:"蛮人迷信最深,凡天然可惊可怖之物,无不信以为神,竞相膜拜……以故神祇之多,几无名目可数,亦无道理可言,其中如花婆庙与三界庙,尤遍于此等社会。"花林圣母的主要职能是司生育繁衍,因而祭祀圣母就成为壮族非常重要的宗教活动,除了每年有固定祭祀圣母的节日外,平时为了求子或保佑子女健康平安,都需要举行祭祀圣母的仪式:"壮俗祀'圣母',亦曰'花婆'。阴历二月二日,为'花婆'诞期,搭彩楼、建斋醮。延师巫奉诵,男女聚者千数百人,歌饮叫号,二三日乃散,谓之'作星'。又壮人乏子嗣,或子女多病,则延师巫'架红桥''剪彩花',乞灵于'花婆',斯时亲朋皆贺,为其岳父母者,并牵牛担米赠之。"①如果妻子有孕,壮民家中都会举行盛大的祭祀圣母仪式,包括结花

---

① 以上两段引文来自刘锡蕃:《岭表纪蛮》,台北南天书局1987年版,第87、196页。

楼、杀牛、摆酒宴等,如清朝黄东昀的《柳州杂咏》诗曰:"圣母有灵初赐孕,椎牛酾酒结花楼。(注:妻有孕延师巫,结花楼,祀圣母,不知其何神也。)"①

广西地方志中对花林圣母的祭祀也多有记载,如《来宾县志》就多处描述祭祀花林圣母的盛况,但日期却是六月六:"六月六日本宋真宗受天书之日,谓之天贶节,乡俗亦未知此故事,以是日为花林圣母神旦,携小儿诣神祠拜献牲酒,冀得福佑间有赛会游神者,县城东门城楼上所祀花林圣母刻檀木为像,手足活转有机,外着锦绣冠服,先神旦之二日,有妇女结会诣神,因闭门奉神像,沃香汤裸澡之,仍加冠服奉神归座,所以表虔洁也","花林圣母,省称曰花婆,嗣艰者祈祷尤虔,县城东楼及在厢里格兰村南一里永平团羊腿村,皆立专庙奉祀,其赛会游神,远乡毕至,其神三像,并坐中一像貌最老,左右次之,在右者类中年妇,锦袍玉带,凤冠珠履,俨然妃嫔宫妆,旁座别有七子九子两娘娘,韶秀如三十许人,华裾霞袂,群儿攀附,胸腹肩膝一七一九隐寓多男之意。"②民国《三江县志》也记载了本地壮族祭祀"花林圣母"的情况:"花林圣母及莫乙大王,壮人祀之,亦知其所本(以上民间皆无庙祠)……莫乙、花林、十月神等,大抵由于迷信,失之不经。"③至今,在南宁等地依然保留了过"花婆节"的习俗,该习俗于2014年入选自治区级非物质文化遗产名录。

四、其他母神崇拜

壮族是多神教崇拜,但总体来说,宗教崇拜体系以女性神为主,除了姆六甲外,还有大量的女性神,这在历代的典籍中均有记载,如宋代《岭外代答》中记载了广西人将武则天奉为神灵崇拜的情况:"广右人言,武后母本钦州人,今皆祀武后也。冠帔巍然,众人环坐,所在神祠,无不以武为尊。巫者招神,称曰'武太后娘娘',俗曰武婆婆也。"④武则天是中国历史上唯一的一位女皇帝,其称帝的行为在中原地区一直颇受争议,被认为是"牝鸡司晨""乾坤颠倒""纲常毁乱",但在遥远的广西,她却受到人民自发的膜拜,个中缘由,值得深味。上林县刻于武则天大周二年的《智城洞碑》,是当地廖州大首领及壮族土司所写的景观志,不仅将武则天的年号尊称为"万岁通天",而且使用了很多武则天创造的异体字,如兲(天)、埊(地)、囜(日)、囝(月)、

---

①　柳江县政府修:《柳江县志》,广西人民出版社1998年版,第103页。
②　宾上武修,翟富文纂修:《来宾县志》,台北成文出版社1975年版,第285、290页。
③　魏任重修,姜玉笙纂:《三江县志》,台北成文出版社1975年版,第156页。
④　[宋]周去非:《岭外代答》,杨武泉校注,中华书局1999年版,第437页。

○(星)、秊(年)等,①说明当时远离京师的当地壮族首领和土司对武则天的政权持积极拥护的态度,这与中原地区此起彼伏的"伐武周"运动形成鲜明的对比。应当说,这与壮族的母系社会特征具有一定的联系,智慧及能力超群的妇女在母系社会受到普遍的尊重,享有较高的社会地位,因此武则天受到崇拜也就不足为奇了。

此外,还有许多其他的母性神都受到壮族人民的崇拜,如"鬼姑神":"南海小虞山中,有鬼母神,一产千鬼。朝产之,暮食之。今苍梧神有鬼姑神是也,虎头,龙足,蟒目,蛟眉,其形畏人。"②崔、莫二仙姑:"宜州郡城江北,有会仙山。由丹流阁而上,悬崖百尺,石洞区其半,是为崔、莫二仙姑炼丹处……崖峭甚,人罕蹑者,至必香著默祷之,方能缘焉,不则惟望叹而已。"③道光《庆远府志》也记载了多处女性神崇拜场所,如庆远府的婆庙:"一在南墟,一在城西南会通桥西。嘉庆二十五年重修。一在西门外,一在北山背。"南丹土州的圣母庙:"州治西,康熙六十一年土知州莫我谦建。"忻城县婆庙:"县治北,乾隆十年土知县莫景隆建。"④光绪《贵县志》记载:"三月廿三为天后元君诞,前数日必有风雨,俗称天后接舅,凡欲得儿女者,预先邀集女伴,或数十人或十数人或数人,共一会,至诞期用烧赭、果品、香烟等件迎神,而重用鸡蛋、鸡酒,名鸡酒会,以新得儿女者主之。"⑤民国《贵县志》记载了一系列了县民为祭祀母性神而修建的寺庙及附属设施,如天后宫、龙母庙、甘母庙、容太君祠等,可见母性神崇拜在壮族地区是非常盛行的。(见表1.1)

表 1.1　民国《贵县志》记载的母性神祭祀场所

寺庙名称	位　　　　　置
天后宫	在县城东门外江滨,清同治六年重建,宫前建有石步
祖天后宫	在县城西门外江滨,清同治间重建,有陈锡钧重建祖天后宫碑
龙母庙	在城东二里下街

① 广西民族研究所编:《广西少数民族地区石刻碑文集》,广西人民出版社1982年版,第2—3页。

② [清]汪森编辑:《粤西丛载(中)》,黄振中、吴中任、梁超然校注,广西民族出版社2007年版,第791页。

③ 见《通志》,[清]汪森编辑:《粤西丛载(中)》,黄振中、吴中任、梁超然校注,广西民族出版社2007年版,第491页。

④ 广西河池市地方志办公室点校:[清]唐仁等纂,英秀等修《庆远府志》(点校本),广西人民出版社2009年版,第105、108、109页。

⑤ [清]夏敬颐主修,王仁锺协修:《贵县志》,1893年修,贵港市地方志编纂委员会办公室据紫泉书院藏本2009年12月翻印,第909页。

续表

寺庙名称	位　　置
龙母庙石步	在县东龙母庙江滨,与罗泊湾车站石步相对,民国十七年后建
甘母庙	在城东二十五里东山村
容太君祠	在县城南门外,清光绪七年重建

资料来源:欧卿义主修,梁崇鼎纂:《贵县志》,贵港市地方志编纂委员会办公室2014年10月翻印,第177—178页。

众所周知,壮族以红水河为界划分为北壮和南壮,两者在语言、风俗习惯方面相差很大,在宗教信仰方面也有所不同,但一个共同的特征是都以母性神为主,在众多的神祇中母性神居多,拥有大量的圣母、娘子、夫人、老母、仙姑、姐妹、圣女等。据民国《岭表纪蛮》的资料记载,北壮的重要女神祇有:唐朝敕封桃源宝山郎娘管家姊妹、楼头圣母、天宵三十娘子、云霄三十娘子、五通五位娘子、青草三十娘子、宝山三十娘子、李氏夫人、上洞潮水九十九宫金花圣母、中洞潮水七十二宫银花圣母、下洞潮水三十六宫锡花圣母(金银锡花圣母,亦名花婆,蛮人说:"凡生子女,皆花婆所赐。"故信奉甚虔)、贺君挽娘、唐氏法通、徐氏老母、桃源宝山三姑郎娘等。而南壮的重要女神祇有:大圣显佑夫人、神农五谷父母、茶山小妹、乌鸭小娘等。[1]在广西各地最普遍的女神崇拜,莫过于从桂东南到桂西北盛行的对歌仙刘三姐的崇拜了。刘三姐本是普通人家的女儿,却因为善歌而被当作神仙来敬仰,这更体现出壮族群众对妇女超群能力的认可与尊重。此外,还有平乐的妈祖崇拜等。笔者在阳朔旧城遇龙河边的一座小山上,看到一座三姑祠,祠中供奉的是本地古代的三位妇女,她们三人分别是婆媳和小姑,因为关系和睦,勤俭持家,帮助村民做了很多好事,村民为了纪念她们就建了这座三姑祠,每月初一十五都会有村民来祭奠,希望保佑自己的家庭和睦兴旺。

五、普通壮族女性产生的崇拜

不仅如此,壮族群众还将一些普通的凡人女性也上升为神祇进行崇拜,如龙母、妈勒、三娘、瑶娘、囊海等,这在各地皆有相似的神话故事,其中有关龙母的传说是最普遍的,并在广西各地形成了祭龙母的习俗。据唐代《岭表录异》记载了一个因救蛇而被奉为龙母的寡妇:"温媪者,即康州悦城县媪妇

---

[1]　刘锡蕃:《岭表纪蛮》,台北南天书局1987年版,第82、188、189页。

也。绩布为业。尝于野岸拾菜,见沙草中有五卵,遂收归,置绩筐中。不数日,忽见五小蛇壳,一斑四青,遂送于江次,固无意望报也。媪常濯浣于江边。忽一日,见鱼出于跳跃,戏于媪前。自尔为常,渐有知者。乡里咸谓之龙母,敬而事之。或询以灾福,亦言,多征应。自是媪亦渐丰足。"①现在已入选自治区级非遗项目的上林县三月三"龙母节"、北海外沙龙母庙会、壮族罗波庙会、梧州龙母诞等皆发源于此。明代《君子堂日询手镜》也记载了横州一位因救鲤而被奉为神灵的普通妇女:"考(横州)宋元诸碑神,乃有唐姓陈一夫人,尝纵鲤,一日道遇白衣人,告云可速携家避古钵山上,此地明日将为巨浸矣。还告其夫,仓惶挈家,方至半山,其地已陷,今存龙池塘数十顷即是。后其妇遂神此山前。所谓白衣人,盖所纵之鲤,报活己恩也。唐宋及我皇明皆有夫人之封著在祀典,横人至今不食鲤云。"②笔者在临桂县的会仙湿地也听到了类似的传说,说是一位寡妇搭救小龙后飞升上仙的故事,会仙湿地中心的龙头山因此得名。这些神话传说无不歌颂女性的温柔、善良、爱心以及最终得到的美好回报,主人公无一例外是已结婚生育的妇女,她们以特有的母爱挽救了某种自然生物的生命,因此得到自然的回馈,也受到人民神灵般的崇拜。表1.2系2007年至2014年广西各地壮族入选自治区级非物质文化遗产名录的母神崇拜项目,可见壮族母神崇拜的广泛性。它们已经发展成了优秀的壮族传统祭祀文化,得以一代一代传承下去。

表1.2 入选自治区级非遗名录的壮族母神崇拜项目

批 次	时 间	项 目	类 别	地 域
第五批	2014 年	上林壮族龙母节	民俗	南宁
		南宁花婆节	民俗	
		妈勒访天边传说	民间文学	
		壮族罗波庙会(祭龙母)	民俗	
第四批	2012 年	宾阳"三娘乖"习俗	民俗	南宁
第三批	2010 年	壮族祭瑶娘	民俗	百色
		壮族拜囊海	民俗	崇左
		外沙龙母庙会	民俗	北海
第一批	2007 年	梧州龙母诞	民俗	梧州

资料来源:广西非物质文化遗产网。

---

① [唐]刘恂:《岭表录异》,鲁迅校勘,广东人民出版社1983年版,第11页。
② [明]王济:《君子堂日询手镜》,中华书局1985年版,第10页。

正是由于对母神的崇拜,使得壮族人相信,妇女的身上具有某种天然的神力,可以起到庇佑除邪的作用,例如明代魏濬的《峤南琐记》中就记载妇女的内衣具有为远归之人收魂引导的功能:"壮人远归,则止于三十里外,其家遣巫持篮往迎之,脱妇人中裙贮篮中前导,曰为行人收魂归也。"①光绪《贵县志》也有多处记载妇女在一些节庆所具有的特殊作用,如"正月采青":"元夜俗例,各妇女携筐纷纷入人蔬圃,摘取蔬菜数根,名为采青,取一年清吉之兆,园丁亦不禁。"有诗人陈芝诰特写竹枝词赞此俗曰:"漫夸灯火闹元宵,乘兴频将女伴邀,采得青青菜盈把,一年清吉病全消。"还有在元宵之夜由妇女"偷灯送子"的习俗:"社坛所燃花灯俱有带,元夜妇人多潜到摘取,谓之偷灯带,或自收存或送亲友,以为得子之兆……又俗例于悬灯各社坛掇取灯绥,命老媪送至亲友艰于子嗣者,作吉兆,名曰'送灯带'。"②同时,广西各地壮族都有"挑新水"的习俗,即大年初一由家中妇女挑一担新水,则能保佑全家在新的一年风调雨顺,家给人足,如上思县那荡乡正月初一妇女清早便去担水,回来时必须摘一束木叶,插在门口,意思是一年开头出外不空归来。③龙胜壮族正月初一妇女带纸、香敬"井神"后担水,称"新年水"。④

第二节　壮族语言文字体系中的母系崇拜

在各民族的语言中,凡是与其生活密切相关的事务,词汇都非常发达,例如农耕民族的甲骨文中关于粮食作物的词汇就非常丰富;而游牧民族关于马的词汇就非常丰富,而壮族母系社会的特征还清楚地反映在其语言体系中,关于妇女的称谓十分发达,其关于母亲、祖母、曾祖母、外祖母、妻、女儿、姐妹、媳妇、侄女、外甥女、侄媳妇、孙女等的词汇不仅非常丰富,而且每一位女性亲属都拥有自己专有的称呼,这早在古代的典籍中均有反映。例如宋代《岭外代答》就记载:"广西之蒌语,称母为米囊,外祖母为氏。"还记载了一些广西群众特别为妇女创造的独有俗字,如"妑,徒架切,言姊也。"⑤据

---

① [明]魏濬:《峤南琐记》,中华书局 1985 年版,第 42 页。
② 以上三条文献均来自[清]夏敬颐主修,王仁锺协修:《贵县志》,1893 年修,贵港市地方志编纂委员会办公室据紫泉书院藏本 2009 年 12 月翻印,第 637、909、907 页。
③ 广西壮族自治区编辑组编:《广西壮族社会历史调查》(第三册),广西民族出版社 1985 年版,第 119 页。
④ 龙胜县志编纂委员会编:《龙胜县志》,汉语大词典出版社 1992 年版,第 94 页。
⑤ [宋]周去非:《岭外代答》,杨武泉校注,中华书局 1999 年版,第 159、161 页。

清代《青箱杂记》的记载,壮族夫妻在生育孩子后,即以其第一个子女的名字来称呼为"父某""婶某",无论第一个孩子是儿子还是女儿,都是如此,并未对女儿有所歧视:"僮俗相呼,每以各人所生男女小名呼其父母……韦全之女名插娘,即呼全作父插,韦庶之女名脴娘,即呼庶作父脴,妻作婶脴。"①《粤西丛载》记载,梧州有一些男反称女的奇特习俗:"兄弟反称姊妹,叔侄每唤公孙。"②同治《梧州府志》也记载了当地方言一些关于女性亲属的称谓,其中仅关于新娘子的就有三个:"谓母曰娘东、曰妈,谓祖母曰亚婆,谓新妇曰新人东、曰心抱,谓闹新妇曰体新,新妇献帨履曰荷惠。"③表1.3是《岭表纪蛮》所收集的广西各地壮族分支如俍、侬、僚、伶等关于女性亲属的称谓:

表1.3 《岭表纪蛮》记载的壮语女性称谓一览表

女性亲属	分支	称谓	备　　注
女		芮伐补	
母	一般	骂	荔浦、桂平、柳州、天保,俱称为"迷",西隆、修仁、奉议、雷平俱称为"蔑",昭平称为"十",百寿、融县、中渡、天河、南丹、凤山、河池、东兰、富川俱称为"骂",侬人称"母亲喂猪"为"芈港雾"
	俍	妈、乜	
	侬	拉密	
	僚	乜,骂	
	伶	迷	
妇		妹	俍人称妻为"米",僚人称"娶妻"为"殴囊"
女		勒妹	融县、百寿、荔浦、宜山、东兰、西隆、南丹、永淳、奉议俱称女曰"勒妹"
嫂		ㄅㄧ	侬人称嫂为"必南"
姐		ㄙㄨ	—
妹		懦妹	—
祖母		奶	—
岳母		奶带	—
姁		姑过	—

资料来源:刘锡蕃:《岭表纪蛮》,台北南天书局1987年版,第20—24页、第136—149页。

---

① [清]王锦总修:《柳州府志》,卷30·瑶僮,页11,故宫珍本丛刊第197册,海南出版社2001年版,第244页。
② [清]汪森辑:《粤西通载》,粤西丛载·卷18,广西师范大学出版社2012年版,第142页。
③ [清]吴九龄修,史鸣皋等纂:《梧州府志》,台北成文出版社1961年版,第80页。

《同正县志》记载了当地方言对女性的各种称呼,根据亲属关系的远近而有所不同:"女为灭,即母也,通称为灭曹下,童女为默,通称为宏勒业默勒扫,母为灭涝,已嫁者为灭勒拜,媳妇称家姑为灭奈,孙称祖父母亦然,人称新娘为灭古宁,即姑娘也。称母之兄弟为拱构,即舅父也,称舅之妻为灭禁,即妗母也。弟称兄之妻为扫,即嫂也,兄称弟之妻为甚,即小婶也,称伯父之妻为灭柏,即伯母也,称叔父之妻为灭甚,即婶母也,外孙称外祖母为灭怠,子婿称岳父母则依其妻称之。"①据《那马县志草略》记载,那马县属有土语、新民语、客语之三大别,"此三种语言,在本县境内,为牵牵最大,而且最占势力",②而这三种方言中对女性亲属的称呼也完全不同,足见群众对女性亲属都很重视,每一种语言都赋予妇女独立的词汇,并未从其他临近的语言借用或混用(见表1.4):

表1.4 《那马县志草略》记载的壮语女性称谓一览表

女性亲属	土语	新民语	客语
母	老咩	亚弥	那
妻	朴牙	劳婆	劳灭
伯母	劳拔	—	台那

资料来源:《马山县志》办公室:《那马县志草略》,广西民族出版社1984年版,第4页。

最能体现壮族语言体系母系特征的,恐怕要数龙脊壮族对家庭内妇女的称谓,其共分为父系女性亲属、母系女性亲属、夫系女性亲属、妻系女性亲属四大体系,从祖辈、父辈、同辈直至孙辈四级,纵横交错,繁而不乱,其划分之详细,称谓之复杂,令人叹为观止。虽然其中有个别重复和交叉,但足以深刻地体现出龙脊地区壮族妇女在社会生活中的重要地位(见表1.5)。

隆林县委乐乡壮族对妇女的称谓也较为详细,主要分为父系女性亲属和母系女性亲属两类,从曾祖辈开始直至孙辈共五级(见表1.6):

---

① 杨北岑等纂修:《同正县志》,卷7·方言,台北成文出版社1975年版,第180页。
② 《马山县志》办公室编:《那马县志草略》,广西民族出版社1984年版,第4页。

表 1.5 龙脊壮族对家庭内女性的称谓

亲属	父系女性亲属之称谓	母系女性亲属	母系女性亲属之称谓	夫系女性亲属	夫系女性亲属之称谓	妻系女性亲属	妻系女性亲属之称谓
祖父之姐	眉巴	母之伯祖母	吓域	夫之祖父之姐	吓老	妻之伯祖母	吓域
祖父之妹	眉过	母之祖母	吓育	夫之祖父之妹	吓宁	妻之祖母	吓
伯祖母	眉巴	母之叔祖母	吓宁	夫之伯祖母	吓	妻之叔祖母	吓宁
祖母	吓或眉	母父之姐	吓巴	夫之祖母	吓	妻父之姐	眉巴
叔祖母	眉宁	母之伯祖母	吓域	夫之叔祖母	吓宁	妻之母	巴
父之姐	巴	母之母亲	吓	夫父之姐	巴	妻之姐	眉
父之妹	眉过	母之叔母	吓宁	夫父之妹	眉姑	妻之叔母	那
伯母	巴	母父之妹	吓那	夫之伯母	巴	妻父之妹	眉那
母亲	眉或皮衣	母之姐	巴	夫之母	大子母:巴;小子母:那	妻之姐	巴
叔母	那	母兄之妻	巴	夫之叔母	那	妻之嫂	梅达
姐	梅	母之弟媳	那	夫之姐	梅达	妻之弟媳	梅儿
嫂	梅达	母之妹	那	夫之嫂	梅达、	妻之妹	那
妻	乃	母兄之女	那	夫之弟媳	梅囊	妻弟之儿媳	抱兰

续表

父系女性亲属之称谓		母系女性亲属之称谓		夫系女性亲属之称谓		妻系女性亲属之称谓	
弟媳	梅囊	母弟之子媳	表抱宁	夫之妹	梅囊	妻弟之女	梅兰
妹	梅或梅宁	母弟之女	那	女子	梅	妻之弟孙媳	抱兰轮
女子	梅(大)、梅宁(小)	母弟之孙媳	抱兰	夫之侄媳	梅儿	—	—
儿媳	梅	母亲孙女	梅兰	夫之侄女	梅宁	—	—
侄媳	梅夜	母亲姐妹的女儿	梅表域	夫之孙女	梅兰	—	—
侄女	梅或	继母	眉榜	夫之侄孙媳	抱兰	—	—
孙女	梅兰	亲家母	眉亲	夫之侄孙女	梅兰	—	—
孙媳	抱兰	—	—	—	—	—	—
侄孙媳	抱兰(大)、抱宁(小)	—	—	—	—	—	—
侄孙女	梅兰	—	—	—	—	—	—

资料来源:广西壮族自治区编辑组编《广西壮族社会历史调查》(第一册),广西民族出版社1984年版,第113—115页。

表1.6　隆林县委乐乡壮族对女性亲属的称谓

父系女性亲属	壮语称谓	母系女性亲属	壮语称谓
曾祖母	牙达	外曾祖母	婆牙
祖母	牙	外祖母	达
伯母	蔑祭(与妻同)	舅母	蔑那
母	蔑	姨母	蔑把
叔母(婶)	蔑妹(与弟媳同)	表姐	表晒
妻	蔑祭(与伯母同)	表妹	老表
妾	蔑运	—	—
嫂嫂	比	—	—
弟媳	蔑妹	—	—
姐	晒(写)	—	—
大姐	晒大(二姐晒二)	—	—
妹	(一般直呼小名)	—	—
女	鲁柏	—	—
侄女	(直呼小名)	—	—
儿媳	奴包	—	—
孙媳	骨难	—	—

资料来源:广西壮族自治区编辑组编:《广西壮族社会历史调查》(第一册),广西民族出版社1984年版,第45—46页。

第三节　壮族社会交往体系中的母权崇拜

一、丧礼中的女性崇拜

壮族丧葬习惯法中的母性崇拜,最重要的体现莫过于母丧在时间上长于父丧或仪式上比父丧隆重,彰显着妇女在社会中的特殊地位。这一制度一般分为三种情况:

第一,守母丧时间长于父丧。在广西的许多壮族地区,守母丧的时间普遍长于守父丧的时间,体现出对母亲特殊的尊重与情感。例如,龙脊壮族母死守孝三社,即一年半,父死守孝二社,仅一年。重母轻父,可能是母系氏族社会留下的残迹。①下雷地方守母孝一百二十天,守父孝才一百天。②都安壮族一般父孝 32 天,母孝 42 天。③巴马壮族守父孝 32 天,守母孝 40 天。④

第二,守禁忌的时间母丧长于父丧。除了时间上的差异外,一些壮族地区的习惯法还规定在守丧期间子女不可剃须发,而且守此禁忌的时间也是母丧长于父丧,以突出对母亲的感恩和哀悼。如天峨县白定乡男子父死三十七天、母死四十九天后方可剃头。⑤隆林县委乐乡壮族父死,儿女在九十天内不能剃发剃须;母死,儿女在一百二十天内不能剪发剃须,因为母亲十月怀胎,三年哺乳,劳极恩高。⑥

第三,母丧须履行特殊仪式。在广西许多壮族地区,母亲或女性亲属去世后,子女还须履行一些特殊的丧葬礼仪,如吃斋、买水、二次拣骨藏等以示对女性的特别尊重。例如清代《庆远府志》记载:"僚凡素食者,以三年为率,名曰血盘斋,为其母报恩德。"⑦《岭表纪蛮》记载:"熟壮多仿汉俗,惟女子死时,媳女哭于水滨,投钱数文于水,取水于河,返而哭于灶门,曰'买水'。"⑧这种习惯流传深远,至今生活的贺州的壮族老人去世时,装尸时,如死者是女的还放一盆水,盆边绑一只鸭于榻下。⑨在一些壮族地区,即使将母亲下葬后,还要履行特殊的"二次拣骨葬"仪式,即经过一定时间后,挖开坟墓将母亲的骸骨拣出,装在特殊的陶瓷容器中第二次埋葬,以示对母亲的尊重和哀悼。贵港市博物馆展出了一副清代光绪时期的"福寿"陶棺,纵71 厘米,前高 38.2 厘米,后高 32.6 厘米,口径 19.4 厘米,用于二次葬后盛装人骨头的葬具。中间的瓢形陶制墓碑兼棺盖上清晰地写着"詹母李孺人墓",并在两边注明其母的生卒年为同治己巳年(1862 年)至光绪癸未年

---

① 广西壮族自治区编辑组编:《广西壮族社会历史调查》(第一册),广西民族出版社 1984 年版,第 131 页。

② 梁庭望编著:《壮族风俗志》,中央民族学院出版社 1987 年版,第 71 页。

③ 都安瑶族自治县志编纂委员会编纂:《都安瑶族自治县志》,广西人民出版社 1993 年版,第 129 页。

④ 李善文:《巴马壮习俗》,见南宁师范学院广西民族民间文学研究室编印:《广西少数民族与汉族民俗调查》(第四集),1983 年 11 月印,第 205 页。

⑤ 广西壮族自治区编辑组编:《广西壮族社会历史调查》(第一册),广西民族出版社 1984 年版,第 22 页。

⑥ 广西壮族自治区编辑组编:《广西壮族社会历史调查》(第一册),广西民族出版社 1984 年版,第 64 页。

⑦ 见《庆远府志》,[清]汪森编辑:《粤西丛载(下)》,黄振中、吴中任、梁超然校注,广西民族出版社 2007 年版,第 1030 页。

⑧ 刘锡蕃:《岭表纪蛮》,台北南天书局 1987 年版,第 78 页。

⑨ 贺州市地方志编纂委员会编:《贺州市志》,广西人民出版社 2001 年版,第 938 页。

(1883年)(见图1.4)。

图1.4　贵港博物馆陈列的用于母亲二次骨葬的清光绪"福寿"陶棺

笔者在平乐县某村调研时,了解到一起因葬母引发的纠纷,可见群众对母亲的尊重。2013年11月龙山村村民李某甲到龙山理事会申诉,称其因母亲去世从外地赶回办理丧事。在选择墓地时,因李某甲常年在外地务工,其父又年老,所以对自家土地界线认识不清,误将其母葬在村民李某乙的田地中。李某乙得知后,立即召集自家兄弟推平了李某甲母坟墓,并扬言若不迁坟,必将掘坟抛尸。李某甲得知情况后,很是气愤,认为其误葬坟地虽有错在先,但李某乙兄弟不与其商议,蛮横推平其母坟地,确是对先人的大不敬。后李某甲考虑到母亲刚葬,不宜过多制造纠纷,故向村理事会申请调处。村调解员了解情况后,认识到双方互不谦让的原因在于迁坟一事。在平乐的一些地方一直都有"金塔装金骨"风俗一说,即家人在死者入土三五年后,起棺将死者的亡骨收集装入陶瓷之中,择地再葬,但这个需要死者肉体全部腐化为止。基于以上两点,在调解员的不懈努力下,双方达成以下协议:第一,李某乙向李某甲赔礼道歉,第二,李某甲不得再起坟堆;第三,李某甲于三年后将其母迁至其他地方安葬。该案最终能和平解决,乃是因为壮族群众内心深处都对母丧抱有极大的敬畏之情,这是村理事会能调解成功的思想基础。双方当事人,无论是葬母心切的李某甲,还是护地心切的李某乙,在"母丧大过天"的传统观念中,都意识到了自己的错误,因此能心悦诚服地接受了合乎习惯法的裁决结果。第四,特别的母丧歌。据《壮族风俗志》记载,壮族母亲死后,孝男孝女要唱《哭灵歌》来表达对母亲养育之恩的悼念:

娘呀娘,娘是磨心磨到光,

鸡崽小小靠娘带,鹞来躲去娘肚藏。

娘呀娘,娘为儿女夜绩麻,

寸寸麻纱经娘手,汗水湿透每根纱。

娘呀娘,为儿为女添白发,

磨断筋骨人不晓,去找龙鳞来盖家。

儿女再看娘一眼,再过一时隔天涯。

哪个晓得阴间路,能叫我娘转回家。①

二、社会交往中的"舅权"独大

母系社会的特征之一就是非常尊重舅权。壮族在社会交往中,作为母系方面男性亲属的舅舅拥有很高的地位和权利,是所有亲戚关系中最重要的人物。舅权渗透到社会交往的方方面面,从婚丧嫁娶到生老病死,都必须有舅父的参与与决策。舅权独大的现象,也是壮族习惯法母系特征的浓厚残留。因为在原始的母系社会,孩子只知其母,不知其父,最重要的男性亲属就是舅父,而不是父亲(具体可参考至今仍处于母系氏族社会阶段的云南省宁蒗县的摩梭人的社会关系),因此为了强调与母家的关系,在孩子人生的重要阶段,都必须有舅父的参与,并取得舅父的许可。在这方面最典型的当属环江县城管乡,当地壮族舅权之重,是这里突出的风俗之一。凡是外甥的事,几乎是无论大小,舅舅都得过问。表现在婚姻上也很突出,外甥的婚姻,可以说事无例外都要征询舅舅的意见,如舅舅有儿子,又经过双方洽商,外甥女往往嫁与舅舅的儿子,只有在对方或女方不同意的情况下才可以另外议婚。此外,外甥离婚、分家,甚至父母的丧葬,舅舅都得过问,外甥在父母死后第一次理发,也得要请舅舅来家里进行。老人临终有口头遗嘱的,子女多在病重时请舅舅及有关的人在这时商讨遗产的处理问题,以免日后发生纠纷。②

(一)姑舅婚

姑舅婚是壮族母系氏族社会残余在婚姻习惯法上最重要的体现,其具体内容为,家中有女儿的,必须嫁给舅舅的儿子,除非舅家没有儿子或舅家儿子不同意,才能嫁别人。即使是后者,也要补偿舅家一定的财物。例如,古代的怀远县(今三江侗族自治县)的壮族就曾经盛行姑舅婚,不同时代不同版本的地方志对此均有记载。《粤西丛载》记载怀远:"婚姻必娶妹姊之

---

① 梁庭望编著:《壮族风俗志》,中央民族学院出版社1987年版,第68页。

② 广西壮族自治区编辑组编:《广西壮族社会历史调查》(第二册),广西民族出版社1986年版,第316—317页。

女,谓之还头。"①清《怀远县志》记载:"怀远之夷,生女还舅家,谓之一女来,一女往。若舅家无男子,受他家聘礼,仍归其舅。"②乾隆《柳州府志》记载怀远县"婚礼,姊娣有女,必嫁兄弟之子,名曰还舅。"③民国《三江县志》记载:"壮人婚姻,惟在昔姑之女,必嫁舅之子,谓之'养女还舅'……怀俗旧例,姑之女,必嫁舅之子,不论贫富,历来不易,名曰还舅。"④天峨县白定乡外甥女出嫁,舅父子有优先权,所谓"除了青岗(木)无好柴,除了郎舅无好亲","郎舅为大","先有理,后不灭,先无理,后无称"(即舅之女嫁给外甥的亦有,但必须是自愿的)。即使舅表是脚跛手曲、耳聋、眼瞎都得嫁,否则强迫捆绑去,谁亦不可反抗,只有在舅父无子或双方不愿成亲之下才可嫁给别人,但必须将小部分聘金及羊一只送给舅父,称为"羊钱",当出嫁那天舅父才送些布帛给外甥女。该县的向阳、下老、洛西、百西在解放前均流行此习俗。如1942年圭里王甫色为舅父,他的儿子就配其妹夫岑其武之女为妻,有些甚至几个儿子都娶上外甥女的。这种现象可能是母系氏族社会中亚血缘群婚的残余。⑤

对于姑舅婚的形成原因,有学者也曾有过分析,倾向于是母系社会的残余:"大概此等习俗,似由母权时代遗传而来,当时父权未立,女性柔弱,故母之兄弟,得以把持包办。礼记:'婚亲迎见于舅姑',注云:'妇人谓夫之父母为舅姑',尔雅亦云:'妇人称夫之父为舅',夫父而以舅称,其原因当本于此;此亦古代社会史中,有可研究之材料也。"⑥新中国成立以后,由于姑舅婚与我国新婚姻法提倡的"近亲不得通婚"的规定相违背,因此随着社会的发展和教育及普法的提高,目前这种婚姻已经绝迹。

(二)舅权在婚姻中的作用

舅权在婚姻中具有重要的作用,无论新郎方还是新娘方,都须有舅父的准许与参与,舅权贯穿从下聘、迎亲、回门、生子等各个婚姻习惯法的环节。如宜山男方在办理婚事之前,必须往告舅家,届时舅家备办给外甥的衣物来

① [清]汪森辑:《粤西通载》,粤西丛载·卷18,广西师范大学出版社2012年版,第140页。
② 见《怀远县志》,[清]汪森编辑:《粤西丛载》(中),黄振中、吴中任、梁超然校注,广西民族出版社2007年版,第750页。
③ [清]王锦修,吴光升纂:《柳州府志》,据1956年北京图书馆油印本翻印,柳州市博物馆1981年翻印,第3页。
④ 魏任重修,姜玉笙纂:《三江县志》,台北成文出版社1975年版,第146页。
⑤ 广西壮族自治区编辑组编:《广西壮族社会历史调查》(第一册),广西民族出版社1984年版,第19页。
⑥ 刘锡蕃:《岭表纪蛮》,台北南天书局1987年版,第80页。

贺,称之为"上号",母舅驾临村外(街头),作新郎的外甥必须衣冠整齐由鼓手前导迎接到家,外祖父母用轿子接送。①2017年6月,一位贵港市港北区庆丰镇中龙村大冲村(关都生产队)的卢氏壮族妇女告诉笔者,"天上雷公,地上舅公",当地在举行婚礼前一天晚上,必须由新郎的舅舅点燃特定的蜡烛,第二天才能举行婚礼,迎娶新娘。2018年3月上旬,笔者在全州县庙头镇兆村调研时了解到,当地人认为"娘亲舅大",把外家称为"水源",把舅舅称为"阿奇",在婚礼上新郎的舅舅是最大的,他必须坐上座,只有他坐下来,其他人才能坐,如果他的座位没有安排好,或照顾的不周到,他会因生气拂袖而去。村民曾亲眼见到有的舅舅因觉得自己在婚礼上没有获得足够的尊重,起身都走了,导致婚礼无法进行。可见舅权力量存在的顽固性。象州县百文壮乡婚礼中有一种特殊的"开茶"仪式,主持人是舅爷,舅爷不开茶,作为新娘的外甥女是不得出门的,当地有"除了外家无大客""舅爷大过天"的说法。民俗专家对这一仪式的解释纯粹是从母系社会的角度出发的:

> 这个风俗在于强调,突出女儿和母家之间的关系,这应是母系社会尊重女性的一种反映。在母系社会里,只有母亲没有父亲,因而母亲处于至尊的地位。虽然社会发展到了父系社会,社会以男权为中心,但是尊重女性的这种母系社会的思想意识却在一定程度上保留下来了。为了表示不忘母家,于是在儿女的婚事上,总要征求母家的意见,请舅爷来主持仪式。这样做,既表现了对母亲的尊重,又沟通了两亲家的感情。②

为了突出舅舅的地位,个别地方甚至在下聘环节,男方在付给女方聘礼时,还须付给新娘的舅父一笔彩礼作为补偿,称为"舅公钱",但有时舅公钱日益高涨,成为婚礼的沉重负担,一些地方的壮族村寨还专门出台乡规民约,刻碑为记,限制"舅公钱"的最高标准。如光绪二十三年(1897年)立于兴安县金石公社新文大队大寨屯的《兴安县大寨等村禁约碑》规定:"舅公钱三千二百文,如有高昂起价,众等公罚。"③此外,在送亲环节,女方的舅父须送新娘至夫家,如《柳城县志》记载:"成婚之日,多陈列妆奁,供众参观。除

---

① 宜州市政协编:《宜州文史》(7—13合集),第7期,2012年12月印,第26页。

② 李浩然:《百文壮乡婚俗调查》,见南宁师范学院广西民族民间文学研究室编印:《广西少数民族与汉族民俗调查》(第三集),1983年3月15日印,第41页。

③ 广西民族研究所编:《广西少数民族地区石刻碑文集》,广西人民出版社1982年版,第128页。

媒妁外,女家复有外婆、小舅送亲。"①同时,女方舅父还必须为新娘准备特殊的陪嫁物品。如民国六年(1917年)兴安县金石公社的《兴安县兴龙两隘公立禁约碑》规定:"女舅父送亲,只备花被一床,草席一张,男家赔礼钱四千文,猪肉二斤。"②南丹县六寨公社雅陇大队壮族女儿出嫁时,她的舅舅(收受小猪和猪腿者)必须送一个柜子和一床棉被给她。③隆林县委乐乡壮族妇女出嫁时,外婆、舅父、姨母等送手钏、银戒指、头钗等给新娘。结婚时,要请外戚来吃喜酒,外戚送贺礼多些,除喜联、爆竹之外,还有四、五元法光。④在举行婚礼的时候,男方的舅父扮演着非常重要的角色,据民国《平乐县志》记载:"亲迎之礼久已不行,惟请舅父为新郎簪花于冠,披红于身,犹存古者。"⑤宜州市怀远镇结婚时亲朋好友来贺,所送礼品视关系远近而定。尤其是男方的舅父送最多,过去送笼箱铺盖,如今事先讲好缺啥送啥,有送彩电、柴油机、液化气灶具的。⑥

婚礼完毕后,在"回门"环节,舅父也发挥重要的作用,这一环节包括新郎和新娘双方的舅父。如东兰县那烈乡壮族群众结婚第二天早上,送亲者和新娘要回去了,新郎的舅父就送手镯、钱等礼物给新娘。舅父吃了满桌的酒肉,才各散回家。⑦龙胜壮族新婚第三天回门,送礼肉约二斤给舅父(壮语称舅公)。⑧南丹县六寨公社雅陇大队壮族婚后岳父或舅父第一次到女婿或外甥家做客,女婿或外甥必须杀一条狗来招待,否则就认为看不起外家。同时还要请同村的友好亲属来做陪客,次日或一连几日,凡参加的人都要一一邀请主人岳父或舅父和主人到家中吃饭。如果是岳母或姨娘第一次来做客,也要同样隆重招待,只是不是杀狗,而是杀小猪,陪客当

① 《柳城县志》,八卷,见丁世良、赵放编:《中国地方志民俗资料汇编·中南卷》(下),书目文献出版社1991年版,第947页。
② 广西民族研究所编:《广西少数民族地区石刻碑文集》,广西人民出版社1982年版,第129页。
③ 张一民、何英德、玉时阶:《南丹县六寨公社雅陇大队社会历史调查》(1982年8月10—13日),见广西师范大学历史系、广西地方民族史研究室编:《广西地方民族史研究集刊》(第二集),1983年11月印,第179页。
④ 广西壮族自治区编辑组编:《广西壮族社会历史调查》(第一册),广西民族出版社1984年版,第56页。
⑤ 黄旭初监修,张智林纂:《平乐县志》,台北成文出版社1967年版,第77页。
⑥ 宜州市怀远镇人民政府、中共河池地委党史研究室、河池地区地方志办公室编:《怀远镇志》,第231页。
⑦ 广西壮族自治区编辑组编:《广西壮族社会历史调查》(第五册),广西民族出版社1986年版,第163页。
⑧ 龙胜县志编纂委员会编:《龙胜县志》,汉语大词典出版社1992年版,第93页。

然都是女的。①

夫妻双方生小孩后，舅父还负有为甥孙子女命名的重要职责。如环江县龙水乡壮族小孩出生后的第三个年头的十二月除夕，须请舅父来家为他命名，由舅父给他起个名字，这个名字，与舅家和本族的前辈都不得重同。②

（三）舅权在丧礼中的作用

"报舅丧"。舅权在丧礼中的作用，首先体现在"报舅丧"环节，即死者如为女性的话，死者子女必须亲自向死者娘家的舅父报告丧信，并请舅父来亲自验过尸后才能入殓，这一风俗的目的除了对娘家亲属的尊重外，最重要的是防止妇女被夫家虐待致死，保障妇女的合法人身权益。如贺州壮族老人去世，死者如为女性，就由其儿或孙去死者娘家报丧，报丧者向舅父或舅公下跪相报。③都安壮族老人寿终，由族中晚辈带白布一节到舅家报丧，将白布系于神台脚下，此示向舅家祖宗禀告某某已离世归仙。同时面告舅家全族，诉诸殡葬安排，恭请舅父小示，或派人前往督殓治丧若舅父亲临查看入棺，丧家孝男孝女须排队至门外，身披重孝，竹笠盖顶，俯首静跪，由长子执酒三杯敬奉，第一杯由舅父泼地祭神；第二杯舅父尽饮；第三杯由舅父回递孝子中之长者，以致还礼，然后由舅父一一搀扶，孝男孝女方能起身，簇拥舅父进屋。④忻城人死后，孝男孝女要另派人持公鸡一只，酒一瓶，香蜡、钱纸少许，前往舅家报丧，俗曰"报祖"，舅家见到"报祖"，相邀族中亲人前来吊丧，吊丧人到来时，孝男孝女跪在门前痛哭"迎祖"。⑤平南县家中若有老人死去，孝子则由一人带到外家亲戚处向长者跪叩报丧，以示对死者的悲痛之情；对其他亲戚则派一人往报即可。⑥这充分体现出舅权与其他亲属权的不同之处。

舅父验尸环节。即女性死者尸身须由舅父检验无异后才能入葬，如未履行此环节，舅父以后可以要求"翻尸"重新检验。如《壮族风俗志》记载：老

---

① 张一民、何英德、玉时阶：《南丹县六寨公社雅陇大队社会历史调查》（1982 年 8 月 10—13 日），见广西师范大学历史系、广西地方民族史研究室编：《广西地方民族史研究集刊》（第二集），1983 年 11 月印，第 180 页。

② 广西壮族自治区编辑组编：《广西壮族社会历史调查》（第一册），广西民族出版社 1984 年版，第 280 页。

③ 贺州市地方志编纂委员会编：《贺州市志》，广西人民出版社 2001 年版，第 938 页。

④ 都安瑶族自治县志编纂委员会编纂：《都安瑶族自治县志》，广西人民出版社 1993 年版，第 129 页。

⑤ 忻城县志编纂委员会编：《忻城县志》，广西人民出版社 1997 年版，第 131 页。

⑥ 平南县地方志编纂委员会编：《平南县志》，广西人民出版社 2013 年版，第 646 页。

人去世浴尸之后，孝男孝女身穿孝服，头包白孝巾，脚穿草鞋，鞋纽上缠有白布，腰系竹篾，手持火把，一路痛哭到舅舅家报丧。但也有些地方派邻居去。入殓时，等舅舅（或舅舅家人）一到，就可以入殓。如果舅舅未到而入殓，则要重新开棺，叫"翻尸"，舅舅必定怪罪。入殓前，有的地方请师公带着孝子绕村子（山坡亦可）一周，如舅舅已来到，亦与孝子同行。①天峨县白定乡母亲死后如果还有舅父的要请他来看过，否则以后将被重新验尸。②贵港覃塘区三里镇壮族风俗：老人去世，入殓前请舅家人到场见面告别后，要把棺材抬到灵床前。③忻城入殓时，须在舅父（或舅家人）监督下盛殓，若舅父未到而入殓，则不许钉棺盖，免得舅父怪罪。④

　　笔者在调研时，问到舅父在丧礼中的作用，壮族群众基本都认为极其重要。2018 年 3 月，笔者在全州县庙头镇兆村调研时，村民说如果死者是女眷的，在病重的时候，就要通知外家人来探望，叫"看生"，死后必须第一时间通知外家，而且必须是死者的长子去通知，这是很重要的事，通知其他的亲戚堂兄弟可以代劳，但只有舅舅必须是长子。接舅家奔丧的话，死者子女一定要到村口去迎接，晚辈都要去。舅舅来看了尸体后，才能放入棺材里去。外家不认可，葬礼就很难办，比如说子女不孝顺，外家不点头，就不能入棺，也不能下葬。入棺的时候舅舅要仔细检查入棺的东西，如不能放镜子在棺材里，因为如果女眷是 40—50 岁就早死的人，从当地的风俗上看，家人怕以后魂灵作祟，会放镜子在棺材里辟邪，但外家就不准放，以防以后女眷魂灵回不来。入土的时候棺材一定要放正中间，不偏不倚，都得由舅家把关。2017 年 6 月，贵港市港北区庆丰镇中龙村大冲村（关都生产队）一位卢姓壮族妇女说，本地舅家的人很大，如果女眷死了，要由女方的外家来验尸，没有来看过不能入棺下葬。她奶奶逝世时，她的舅公已经去世了，就由母亲的表兄代表舅家来验尸。村里有一个妇女与丈夫吵架后悬梁自尽，结果外家不答应，很麻烦，不得入葬，后来外家提了很多条件，包括赔偿一笔钱后才得入葬。德保县司法局工作人员也说，本地死者若是女的，要娘家来了人才能下葬，否则不能进棺材，因为两家结为姻缘，娘家人看了确定她的命到这里了，回去大家有个交代。高田镇是阳朔县壮族人口最多的地区，一位来自高

---

①　梁庭望编著：《壮族风俗志》，中央民族学院出版社 1987 年版，第 64 页。
②　广西壮族自治区编辑组编：《广西壮族社会历史调查》（第一册），广西民族出版社 1984 年版，第 22 页。
③　张廷兴、邢永川等：《八桂民间文化生态考察报告》，中国言实出版社 2007 年版，第70 页。
④　忻城县志编纂委员会编：《忻城县志》，广西人民出版社 1997 年版，第 131 页。

田镇的县委干部说,本地女性去世后,必须由舅家人来看过,确认没有问题,才用长钉把棺材盖钉上,一旦钉上就不能再打开。如果舅家没有来看过,无论去世几天,棺材都不能封盖,就摆放在那里。一般是在下葬的前一天晚上,由法师算好时间,请舅家人过来看,看完后盖棺,第二天就可以下葬了。

最后,在葬礼举行完毕后,舅父仍须主持一些仪式,才能正式宣告葬礼的结束。如上林县壮族在送葬回来的路上,舅父舅母分别为孝男孝女解开头上孝结。[1]横县壮族埋棺后,死者家属全部到舅父家或到圩镇饭店吃一顿饭菜回家。[2]

(四)舅权在家庭财产分配习惯法中的作用

壮族群众在父子、兄弟分家分割家庭财产时,舅父也具有主持者的身份。只有舅父出面主持分家,才具有习惯法上的效力。如武鸣县清江乡壮族在解放前,儿子娶妻成家时就分家,分配财产时请舅父及同房兄弟来参加,每当兄弟之间有纠纷,就由舅父出来评理。[3]上思县那荡乡壮族分家时一般都请舅父、叔公和姑母来商量议定,然后进行分配。[4]龙胜壮族兄弟分户,由父主持,近房、舅父参评。[5]笔者调研时,宜州某派出所工作人员说,本地德高望重的舅舅有权干涉晚辈的家庭事务,所谓"娘亲舅大"。

(五)舅权在刑事习惯法中的作用

壮族历史上有严格的刑事习惯法,并形成了自己的刑罚体系,对于严重违反刑事习惯法的人,往往被处以死刑、驱逐出境等处罚。在执行死刑、驱逐出境时,必须得到受刑人舅父的同意,并签字立约作为凭证。天峨县白定乡对于重大案件,将犯者处以极刑(通常是丢下红河淹死),但处死刑的必须得到其家族和舅父的同意,立字为凭方可,称之为"除绝"。[6]一些地方舅父还必须充当刑罚的亲自执行人,以确保习惯法执行的效力。如光绪年间,龙脊地区出现了一个到处敲诈勒索、为祸乡里的地痞无赖潘日昌,最终龙脊壮

① 上林县志编纂委员会编:《上林县志》,广西人民出版社1989年版,第479页。
② 横县志编纂委员会编:《横县志》,广西人民出版社1989年版,第608页。
③ 广西壮族自治区编辑组编:《广西壮族社会历史调查》(第六册),广西民族出版社1985年版,第71页。
④ 广西壮族自治区编辑组编:《广西壮族社会历史调查》(第三册),广西民族出版社1985年版,第119页。
⑤ 龙胜县志编纂委员会编:《龙胜县志》,汉语大词典出版社1992年版,第94页。
⑥ 广西壮族自治区编辑组编:《广西壮族社会历史调查》(第一册),广西民族出版社1984年版,第16页。

族群众召开最高会议——十三寨议团大会，一致决定将潘日昌驱逐出寨，并将潘日昌的行为编成歌谣广为传唱以做后效，歌中唱道："且诉日昌之事，母舅逐出他方。"①从中可以看出，将潘日昌驱逐出境，是由其舅父亲自执行的，以表示对其决绝之义，也就是说，舅父是最重要的亲戚，如果一个人连自己的舅父都抛弃了他，那么他也就没有立足之地了。

三、女儿女婿在社会交往中的特殊地位

（一）女儿女婿对岳父母的特殊义务

俗称"嫁出的女，泼出的水"，按照传统习俗出嫁女基本对娘家不再承担义务，女婿对于岳父母也是非血缘的姻亲关系。受父系血缘的影响，在中原地区的传统家庭关系中，女婿虽被称为"半子"，但在岳父母家中并不占据重要地位，发挥的作为也较为薄弱，十分有限。然而，受母系社会残余的影响，在壮族地区，女婿因女儿在娘家的优势地位，在岳家发挥较大的影响力，并对岳家负有特殊的义务，主要体现在对岳父母做寿、赡养等方面。1756 年立于大新县全茗公社的《详奉宪批勒石永远碑记》规定当地土官向土民征收的税费项目之一就是"办岳父岳母年送人头"，②可见当地壮族土官非常重视为岳父母做寿，是做寿活动的主要承办人，而在中原地区，这一任务主要由儿子承担。不仅土官如此，普通壮族百姓群众也是如此。隆林县委乐乡壮族老人做寿时，女儿女婿杀猪、鸡来贺寿，到家后将菜摆在桌子上，点起蜡烛香火，做寿的人坐在一张靠椅上，旁边以一同性别的人作陪，女儿、女婿及亲友中晚辈都向他行跪拜礼，并颂道："福如东海，寿比南山"，有女儿女婿多的，菜席也多，按照来到先后轮流来拜。③忻城老人寿诞，女儿携女婿和外甥给外公外婆祝寿。④合浦县还有一种特殊的习俗，即寿庆一般自三十一周岁始，俗称"外家积"，是岳父家为女婿做寿。⑤

此外，平时的传统节日，女儿女婿也对岳父母负有严格的探视义务。多数壮族地区，每年春节、三月清明节和七月中元节，出嫁的女子（或外孙、外

---

① 广西壮族自治区编辑组编：《广西壮族社会历史调查》（第一册），广西民族出版社 1984 年版，第 109 页。
② 广西民族研究所编：《广西少数民族地区石刻碑文集》，广西人民出版社 1982 年版，第 22 页。
③ 广西壮族自治区编辑组编：《广西壮族社会历史调查》（第一册），广西民族出版社 1984 年版，第 45 页。
④ 忻城县志编纂委员会编：《忻城县志》，广西人民出版社 1997 年版，第 132 页。
⑤ 合浦县志编纂委员会编：《合浦县志》，广西人民出版社 1994 年版，第 771 页。

孙女)都必须回娘家(外婆家)探亲。不回来必被视为失礼或有意怠慢(除非事后说明原因),便会导致关系疏远。①倘若女婿先去世,儿女必须承担其给外公外婆和舅舅拜年的责任。按壮族风俗,假若女儿先去世,即使女婿已经续弦,过年时仍要看望前妻的双亲,否则是失礼的。②即使不过节日,在家庭发生一些重大事件时,女婿也要尽义务参与及送礼,如龙胜壮族新居落成,外家或女婿须重加七尺红布作上梁布。③

(二)女儿女婿在岳父母丧礼中的特殊地位

1. 女儿在父母丧礼中的重要地位

要理解壮族女婿在岳父母丧礼中的独特作用,必须先了解女儿在送丧仪式中的特殊作用。受母系传统的影响,直至现代,很多壮族地区依然保留了女儿、儿媳妇在父母丧礼上承担重要角色的职能。由此可见,在母系氏族社会中,女儿是父母丧礼的主要承担人,而这种具有巨大"惯性"的习惯在进入父系社会后仍然难以改变。这种习惯的重要表现就是父母出殡时,由长女或长媳持火把在队伍的最前面引路。例如刘锡蕃的《岭表纪蛮》记载:"隆山土人出殡时,其媳女辈,各持柴刀、鱼捞、火把、棍棒等物,送亲到山。其意何居? 不得其解。"④这其实就是母系社会的遗风。至今大新县一些地方,大儿媳及大女儿持火把前导,为死者照亮冥路。但天峨县白定乡的儿媳不送翁姑出葬,由女儿背酒肉饭罐前导,手持火把。儿子也执幡在前。女婿抬棺木前头,其他房族依次抬中间及后头。⑤上思县思阳乡壮族出殡时男儿陪在棺材旁边,女儿则走在前头,拿火把引路。女婿则身穿白孝服。⑥忻城出殡时,长女手持火把(有的点灯),长女婿扛一柄鱼罾,行于灵柩前头。到坟山后,以网朝墓穴里捞一把,以示已将鬼一网打尽,岳父岳母亡灵可以安居,然后另择小道返回。⑦宜州怀远镇出葬时棺材由 8 人抬,一般由姑爷(女婿)抬头轿,其余由外甥及近亲来牵。⑧有些地区虽然女儿持火把前导的习惯已经退化,由儿子取代,但妇女在出殡的行列中依然处于重要的位置,如

---

①　覃国生、梁庭望、韦星朗:《壮族》,民族出版社 2005 年版,第 120 页。
②　梁庭望编著:《壮族风俗志》,中央民族学院出版社 1987 年版,第 91 页。
③　龙胜县志编纂委员会编:《龙胜县志》,汉语大词典出版社 1992 年版,第 94 页。
④　刘锡蕃:《岭表纪蛮》,台北南天书局 1987 年版,第 295 页。
⑤　梁庭望编著:《壮族风俗志》,中央民族学院出版社 1987 年版,第 70 页。
⑥　广西壮族自治区编辑组编:《广西壮族社会历史调查》(第三册),广西民族出版社 1985 年版,第 81 页。
⑦　忻城县志编纂委员会编:《忻城县志》,广西人民出版社 1997 年版,第 131 页。
⑧　宜州市怀远镇人民政府、中共河池地委党史研究室、河池地区地方志办公室编:《怀远镇志》,2000 年 7 月印刷,第 232 页。

隆林县委乐乡壮族送葬出殡时,死者的长子扶在灵柩前面右侧的抬竿上,按次排列下去,妇女跟在棺后,其他奔丧者跟在最后面。① 还有一些壮族地区则由女性承担为死者入殓、穿寿衣、洗身等职责。如龙脊壮族死者入棺后,女儿马上用寿被盖覆上去,合上棺木,这是老年人的葬礼仪式。青年人去世入棺,若还无儿女的,洗身穿衣等请妻妹或堂兄弟相帮。在清代,龙脊壮族团练组织在战争中伤亡的,战友们无论如何要抢回尸体,有时由公众负责掩埋,不过通常多是由女性家属或兄弟们处理。②

据笔者的调研,至今一些地区女儿在父母丧礼总仍处于重要的地位。如在全州县庙头镇兆村,父母去世由女儿负责哭丧,出殡上路时女儿扶着棺材哭,唱哭丧歌,哭丧歌是对父母一生的追述,当地 50 岁以上的妇女还懂唱哭丧歌。贵港市港北区庆丰镇中龙村大冲村(关都生产队)的卢氏壮族妇女说,老人去世,儿女奔丧,我们村有句俗话说:"儿哭金,女哭情。"意思是儿子哭是因为心疼丧葬费,女儿对父母才是真心实意的伤心。女儿在出殡时也占据重要的位置和作用。出殡的时候,棺材前面必须有一碗米,米上点一根香,出殡的路上不能让那根香灭,而这碗米必须由长女捧着,而且不能见天光,得由舅家的人在旁边打着伞遮住,死者是女的就由女的打,死者是男的就由男的打,长女捧着米碗走在最前面,儿媳妇们挑着一担粮食跟在后面,这两人走在整个出殡队伍的最前面,随后才是儿子们抬着棺材及其他的亲属。到了墓地后,长女要把那碗米倒进儿媳妇准备的瓮中。

即使在出殡任务完成后,女儿仍要对去世的父母亲履行一些特殊的仪式,如宜山县洛东乡壮族父母死后一个月后,出嫁的女儿就得买一座竹架纸糊的"灵屋",送到娘家,替父母"换灵",将灵位供在"灵屋"里去。③ 巴马壮族修孝期满,"脱孝"和"魂归"仪式都必须由女儿女婿带猪肉和米到岳家来举行。④ 一般,替父母安灵应当是儿子的职责,但依然由已出嫁并变成外姓成员的女儿担任,足见女儿曾经在父母丧礼中承担的主要责任。光绪《贵县志》记载在壮族重要的节日七月十四:"女子之于归者,其父母已故,是日必

① 广西壮族自治区编辑组编:《广西壮族社会历史调查》(第一册),广西民族出版社 1984 年版,第 64 页。
② 广西壮族自治区编辑组编:《广西壮族社会历史调查》(第一册),广西民族出版社 1984 年版,第 117、129 页。
③ 广西壮族自治区编辑组编:《广西壮族社会历史调查》(第五册),广西民族出版社 1986 年版,第 69 页。
④ 李善文《巴马壮族习俗》,南宁师范学院广西民族民间文学研究室编印:《广西少数民族与汉族民俗调查》(第四集),1983 年 11 月印,第 213 页。

将楮钱、金银及纸剪衣履为包,题婿名于上,以家凫豕肉、粉饵送外家,谓之烧炮。"有诗人专为此写竹枝诗曰:"七月送包:金银衣币共包齐,亲自呼制送去归,面工数行和泪写,某门某女细绣题。"①

2. 女婿在岳父母丧礼中的重要地位

由于女儿曾经在父母的丧礼中扮演过重要角色,进入父系社会中,发生了男权与女权之间的角色和地位争夺战。这种争夺战最典型的表现就是古代文献中所记载的"斗白马"的习俗,生动地反映了妻权与婿权之间对父母丧礼主动权的争夺。据宋代《岭外代答》记载,广西壮族地区在岳父母丧礼上有一种特殊的习惯"斗白马",显示出女婿在岳父母丧礼上的特殊作用:"广人妻之父母死,婿致祭,必乘马而往,以二牌棒手前导。将至妻家,驻马以待。妻家亦以二牌棒手对敌,谓之斗白马。婿胜则祭得入,不胜则不得入,故婿家必胜,以入其祭。"②《壮族风俗志》对此解释道:"吊唁者当中,女婿的地位最为显著,他须和孝子一样尽其孝道。在宋代,女婿来祭奠,要骑白马,由二盾牌手前导。到大门外,主家派几个人持刀拦截,双方对打一阵子,婿方打赢了,才能入内祭灵,名叫'斗白马'。当然只是做个样子,并不真打,而且婿方最后总是胜的。"③女婿与妻家之间的搏斗,也许具有某种象征意味,体现了在原始社会母系氏族阶段,妻权与婿权之间的较量,也间接反映出母权与夫权之间的争夺与过渡,这由此导致了女儿女婿在岳父母丧礼不同于其他亲戚的特殊地位。

至解放初期,这种关于女婿在岳父母丧礼上的特殊地位的习惯仍在很多壮族地区盛行,总结起来,女婿在岳父母丧礼上有几个共同的礼仪:第一,所送的丧礼不同,必须准备猪、牛、羊等三牲,据民国《三江县志》记载:"壮人丧,设奠日亲友往吊,女婿须备猪羊。"④龙胜壮族出殡时,富家女婿要以猪、羊、幛、鼓手、唢呐为礼仪重祭。⑤龙脊壮族若是岳父母去世,女婿在临出丧的那天必须牵牛、羊、猪等三牲来拜祭,总共价值十五—二十吊铜钱左右,在来的时候请乐队吹手敲锣、打鼓前来,还请人帮赶牛羊、抬猪、扛纸屋,担酒米(酒三十斤米二十五斤)等。如果是男家的外爹有丧家,女家的亲属就以

① [清]夏敬颐主修,王仁锺协修:《贵县志》,1893年修,贵港市地方志编纂委员会办公室据紫泉书院藏本2009年12月翻印,第641、911页。
② [宋]周去非:《岭外代答》,杨武泉校注,中华书局1999年版,第431—432页。
③ 梁庭望编著:《壮族风俗志》,中央民族学院出版社1987年版,第67页。
④ 魏任重修,姜玉笙纂:《三江县志》,台北成文出版社1975年版,第147页。
⑤ 龙胜县志编纂委员会编:《龙胜县志》,汉语大词典出版社1992年版,第93页。

酒米一担,禾把十多把(每把重六斤)送到男家(无禾把以钱代),没有"三牲"各礼。丧家的姊妹前来拜吊,一般封三百至五百钱,退礼以斤把肉代之。在守丧期间,家中男女老幼及女婿均穿白孝衣,头包白孝巾。[1]上林县人死后女婿则送挽联和三牲(指肉、鸡、鱼)、香、纸、烛。道公师公班由女婿请。[2]众所周知,三牲是中国传统祭礼和丧礼中必备的物品,本应由男性继承者来准备,而在壮族地区却由女婿准备,确可以看出女儿与女婿有超乎寻常的地位。因当说,在母系氏族社会阶段,父母的丧礼是由女儿作为主要承办者,但在男权代替女权后,这一习惯依然保留了下来。

第二,在祭奠的环节中,女婿的祭奠是独立的,与死者子女的祭奠仪式完全不一样。如隆林县委乐乡壮族在老人嗣后停棺待葬期间,要举行祭奠仪式,祭奠有两种,一是死者子女的祭奠(即开斋),二是女婿的上祭(即吊丧)。上祭的仪式是:女婿杀一只二十斤左右的小猪,并以豆腐、甘蔗、糕饼等糖果之类,和香烛、元宝纸钱等,请人帮作一篇祭文,到上祭吊丧之日,女婿找人帮挑这些祭品到死者灵前祭奠。如果有几个女婿,就按到来先后轮流上祭,如果同时到达,就按长幼次序进行。如委乐乡三来屯梁公全,他生前在本乡是个稍有文化又做巫公的人,曾开馆授徒,有四个儿子,五个女儿,来上祭的女婿及契儿有七八个。[3]至 20 世纪 80 年代,隆林县委乐大队壮族人依然保留了这一习惯,即人死埋葬后,牌位挂上红、白布。白布是女婿送来,供好后,请女婿来吃饭,吃毕再把白布退给女婿。[4]

第三,在出殡这个重要的环节中,女婿也一般处于在前面引路或抬前棺的重要位置,而在传统的父系社会中,这一角色本应由长子来承担。如天峨县白定乡女婿奔丧的要牵牛、猪、羊等三牲以及纸扎的伞、房屋、牛马挽帐等物,来到时就杀牛,先由女婿开一刀,然后由杀者动手杀之。出殡时女婿抬前头(来客一部分)房族抬后头,前头由长女背一酒肉饭罐点火把引路,长子持幡。[5]即使丧礼举行完毕,女婿仍对岳父母负有固定的扫墓祭拜义务,据

---

[1] 广西壮族自治区编辑组编:《广西壮族社会历史调查》(第一册),广西民族出版社 1984 年版,第 130 页。

[2] 上林县志编纂委员会编:《上林县志》,广西人民出版社 1989 年版,第 478 页。

[3] 广西壮族自治区编辑组编:《广西壮族社会历史调查》(第一册),广西民族出版社 1984 年版,第 63 页。

[4] 七九级赴委乐调查组:《隆林县委乐队壮族社会历史初步调查》,见广西师范大学历史系、广西地方民族史研究室编:《广西地方民族史研究集刊》(第二集),1983 年 11 月印,第 203 页。

[5] 广西壮族自治区编辑组编:《广西壮族社会历史调查》(第一册),广西民族出版社 1984 年版,第 22 页。

民国《天河县乡土志》记载："清明上墓,子婿外孙亦来拜埽,尤有睦姻遗意。"①这与其他某些地区清明外家甚至女儿不能上坟的习俗截然不同。

四、其他母系亲属在社会交往中的特殊地位

母系亲属在汉族的传统文化中称为"外家",即女子出嫁后,在身份上就转换成夫家的家庭成员,与母家脱离关系,不再具备家庭成员资格,由此而产生的姻亲关系,也对夫家的生活影响很小,但在母系文化发达的壮族,外戚在社会交往中仍具有重要的地位,尤其在夫家的诞礼、丧礼中发挥不可或缺的作用。

（一）在诞礼中的特殊地位

1. 在孕期的地位与作用

受母系观念的影响,母系亲属都享有较高的地位,这种地位甚至远远超过了父系亲属的地位,在社会交往中体现出一种其他亲属难以比拟的作用。尤其是在新生儿的诞礼中,母系亲属在孩子孕育、诞礼、满月、命名等人生重要的环节都具有至关重要的影响。民国《贵县志》记载："新娶妇之家,(真月)初十日女家必备米果、花灯,点缀麒麟、龙凤故事,送至男家,谓之送灯以兆弄璋之喜。"②这主要是因为,生育繁衍是妇女重要的社会职能,诞礼与妇女的母亲属性息息相关,因此在这一环节中更要突出母系亲属的地位,才能保证生育的安全与顺畅,也才能保证新生儿健康成长,并进而保证整个家族的繁衍不息。母系亲属在妇女怀孕时的作用很大。《武缘县图经》记载："嫁女后,知其有娠,其母预备美酒、鸡、姜、蔗糖等物,待其报喜,即邀同姊娌送鸡酒至女家。"③对于隆林县委乐乡壮族,这种影响力在孩子的孕育期就开始了。当地壮族媳妇怀孕五六个月后,给媒人去通知岳家,请过来吃喜酒,表示对未来孙子庆贺,岳家派来二人四人或八人(双数表示吉利)过来一同庆贺,并送来鸡一只,织布的梭子一只,织篾一把,小竹子四根,糯米饭一包(约三斤),染糯米饭用的树叶水"淋沉"一壶。④

2. 孩子诞生后的地位与作用

孩子出生后,必须首先告知外婆家,否则不能举行诞礼,如民国《来宾县

---

①　杨家珍总纂:《天河县乡土志》·人类,台北成文出版社1967年版,第55页,中国方志丛书第135号。

②　[民国]欧卿义主修,梁崇鼎纂:《贵县志》,卷2·节令,民国二十三年(1934年)修,贵港市地方志编纂委员会办公室2014年10月翻印,第131页。

③　[清]黄君钜初纂,黄诚沉续纂:《武缘县图经》,卷6,广西人民出版社2013年版,第419页。

④　广西壮族自治区编辑组:《广西壮族社会历史调查》(第一册),广西民族出版社1984年版,第44页。

志》记载："惟生子婿家必遣使走告外家，然后外家诸母姨矜以次至，或特延请妇翁及诸舅，否则不先贺也。"①外婆家则为新生儿准备特殊的礼物以确保孩子的健康成长。这些礼物包括象征锁住生命的银项圈、象征新生命诞生的鸡蛋、象征孩子丰衣足食长大的米肉及庆贺的鸡酒等，而前三种礼物必须要由母家赠送才可以。据雍正《广西通志》记载广西风俗："女生子须母家送银项圈，乃携外孙登母门。"②道光《庆远府志》载："女生子，母家以土锦为褓，加以银圈、鸡、粽送婿家，随携子往母家。"③光绪《贵县志》记载："生子则请亲朋聚饮，必以姜，谓食姜酒，亲朋各馈鸡米，外家具孩衣冠、鸡、米、红姜、花生、洗儿钱、糯米，以馈送之。"④至解放初，外家为新生儿所送的礼物仍然保留了传统习俗，如根据 20 世纪 60 年代的少数民族社会历史调查，武鸣县双桥乡壮族夫妻有小孩后，外婆家得送给女婿 100 斤糯米，女婿用这些糯米煮成饭请亲戚朋友吃。⑤大新县安平一带，外婆家要送一担糯米饭和十几二十个熟鸭蛋。⑥宜州怀远镇孩子一落地，外家及亲戚蒸好鸡送蛋给产妇滋补。⑦

　　笔者在实践调研中也了解到很多外家在孩子诞生后的作用，例如在全州县庙头镇兆村，生孩子第一个通知外家，前去报喜的人，生儿子就带公鸡，生女儿就带母鸡，外家则带鸡蛋、鸡，由娘家的女客来探望。在贵港市的壮族中，孩子诞生后，外家除了送上述的礼物外，有一个至关重要的礼物——背带，必须是由外婆送的。背带是广西妇女用来背小孩的工具，或者说就是壮族的襁褓，由布和带子缝制而成，做工精巧，刺绣精美，既是一件实用品，也是一件艺术品。这种背带使用方便，妇女将孩子背在背上后，就解放出双手，下田劳动和走路也不受影响。一代又一代的壮族孩子就在这种背带中

---

① ［民国］宾上武修，翟富文纂修：《来宾县志》，台北成文出版社 1975 年版，第 282—283 页。

② ［清］金鉷修，钱元昌、陆纶纂：《广西通志》（二），卷三十二·风俗，广西古籍丛书编辑委员会、广西地方志编纂委员会办公室据清雍正十一年（1733 年）刻木影印，广西人民出版社 2009 年版，第 571 页。

③ ［清］唐仁纂，英秀修：《庆远府志》，道光八年辑，广西河池市地方志编纂委员会办公室点校，广西人民出版社 2009 年版，第 56 页。

④ ［清］夏敬颐主修，王仁锺协修：《贵县志》，1893 年修，贵港市地方志编纂委员会办公室据紫泉书院藏本 2009 年 12 月翻印，第 629 页。

⑤ 广西壮族自治区编辑组编：《广西壮族社会历史调查》（第三册），广西民族出版社 1985 年版，第 154 页。

⑥ 梁庭望编著：《壮族风俗志》，中央民族学院出版社 1987 年版，第 43 页。

⑦ 宜州市怀远镇人民政府、中共河池地委党史研究室、河池地区地方志办公室编：《怀远镇志》，第 231 页。

长大,而由外婆来赠送背带,保佑孩子健康成长的用意是不言自明的。图
1.5 是贵港地区壮族外婆所送新生儿背带。

图 1.5　外婆送背带实物

资料来源:贵港市博物馆。

3. 对初生子的作用

在诞礼中,第一个孩子格外隆重,外家对初生子也特别看重,所送的礼
物也非常特殊。如光绪《贵县志》记载:"女初生孩,其母则邀妯娌邻戚聚而
饮于婿家,曰饮恭喜鸡酒或三朝或满月,必盛备衣饰、酒果、黄鸡、白米以为
礼,既以巧相尚,又以多相夸,计成一襁一帽非十日女红不给,鸡虽百翼不为
多,务极奢靡,毕生私蓄弗悔也。"①民国《来宾县志》载:"女初生子,婿家遣
人报女家,酒一罂,屠肉一肩,生姜一器,子生弥月,女家备礼往视女,具儿襁
及儿之服饰为主要或加杂佩玩具。"②民国《平乐县志》记载:"娶妻之后,初
生子女即遣人携酒肉、鸡、姜等送往岳家报喜,曰报姜酒,又曰报外婆。弥月
时岳家备甜酒、鸡蛋、柿饼、生姜及小孩之衣服鞋帽披肩襁褓银饰之属,富者
甚丰,贫者略备,岳家之亲眷亦礼偕来,对于初生者礼较隆,以次则顿减
矣。"③但是,由于母家所送礼物越来越贵重,以至于民国二十二年颁布的
《广西省改良风俗规则》对母家所送诞礼的标准作出了最高额度的限制。该
法第十九条规定:"凡产生子女外家致送礼物不得过银十元。戚族邻友不得

---

① ［清］夏敬颐主修,王仁锺协修:《贵县志》,1893 年修,贵港市地方志编纂委员会办公室据
　　紫泉书院藏本 2009 年 12 月翻印,第 630 页。
② ［民国］宾上武修,瞿富文纂修:《来宾县志》,台北成文出版社 1975 年版,第 433 页。
③ ［民国］黄旭初监修,张智林纂:《平乐县志》,台北成文出版社 1967 年版,第 81 页。

过银二元。"①在这些母家所送的礼物中,许多地方要求必须要有一样——姜,这是很值得细究的。"姜"在古汉语中"从羊从女",意思是指温驯的女子,外家在诞礼时必须送姜,再次说明诞礼与妇女之间难以隔断的联系,也表现出对妇女生殖功能的崇拜。

这种习惯至今仍在广西壮族的很多地区盛行,特别是头生子,尤其重视母家的庆贺与礼物。天峨县白定乡,孩子产下后,如是第一胎的,外婆送来鸡、肉、蛋及背带(富的配上银铃等)等物,还带上房族若干人一起来。生第二胎的,外婆只送上蛋肉之类,其他没什么礼物了。②龙脊壮族孩子过了三朝之后,如果是产第一胎的,外婆带来亲属十数人,担酒米一担,拿上鸡数只,还送来银帽、银佩带(男女一样),到了第二胎,以后外婆一人来,酒米一担,鸡数只来贺。③上林县,生第一个孩子,外婆家要在第三天送糯米饭、鸡鸭和甜酒到女婿家贺喜。孩子满月那天,外婆家要给孩子送衣服、鞋帽、背带、玩具和封包钱。外家的亲戚还要送成担的米粉、糯米饭、粽粑,以及鸡鸭、猪肉、银手环、银脚环、银项圈、项链、麒麟牌等。④隆林县委乐乡壮族家庭生第一个孩子,满月时要举行命名礼,请外婆及本家房族来吃一餐,外婆来贺外甥命名礼,要带来一包糖、一包糯饭、两个生鸡蛋、一张包小孩的尿布(约二尺)、芭蕉八至十个,鸡蛋是补产妇的,芭蕉是喂婴孩的。⑤忻城壮族居民中,妇女生育头一胎,不论男女,都同样受重视。婴儿呱呱坠地,即派人携礼品向外婆家报喜。第三天早晨,便抱婴儿出产房"见祖"。这天,外婆家派人携带雌鸡、褓褓、小衣和酒等礼品前来贺喜,俗称"三朝洗婴"。婴儿满月时便请"满月酒",外婆家和其他亲友纷纷前来贺喜。满36天后,产妇可以背小孩回外婆家或赶街走村,俗称"卖月"。⑥

4. 报姜酒与满月酒

有些地方壮族外家的祝贺是在新生儿出生的第二天或第三天前去进行道贺。如都安壮族生子第二天,由丈夫备一只阉鸡(有的地方男雄女雌)、一壶酒到外家报喜,称为"报姜酒"。外家及族中人得报,即赶制衣物,筹集活

---

① 黄旭初监修,张智林纂:《平乐县志》,台北成文出版社1967年版,第94页。
② 广西壮族自治区编辑组编:《广西壮族社会历史调查》(第一册),广西民族出版社1984年版,第21页。
③ 广西壮族自治区编辑组编:《广西壮族社会历史调查》(第一册),广西民族出版社1984年版,第129页。
④ 上林县志编纂委员会编:《上林县志》,广西人民出版社1989年版,第479页。
⑤ 广西壮族自治区编辑组编:《广西壮族社会历史调查》(第一册),广西民族出版社1984年版,第44页。
⑥ 忻城县志编纂委员会编:《忻城县志》,广西人民出版社1997年版,第132页。

鸡、蛋品、鲜肉等营养品,由外婆及妯娌带往送"月粥"。据说产妇吃了外家"月粥",奶水多。小孩满月,要行"解月礼",由产妇背上小孩,带酒肉之类礼品去拜见外公外婆,当天回来,外家则馈赠鸡、羊、小猪等禽畜。有的地方兴办"满月酒",宴请宾朋,外家及族中妯娌则送来背带、抱篓、布料等礼品。①横县壮族在婴儿出生的第三日,小孩的外婆、舅母、姨母等人送少量鸡蛋、鸡、米及一两套婴儿衣服或布。解放前,小孩出满月,外奶(婆)、舅母、姨母、姑婆、姐妹都来庆贺,并送去糯米饭、糯米水圆、红鸡蛋、小孩衣物、米、鸡蛋、鸡等。部分壮族地区,当晚去做"外奶"的,还要与男家同族人对歌,又称"唱外奶歌"。小孩出生满周岁时,小孩的外婆同三、两人给小孩送去衣物、鞋等,庆贺孩子已能穿鞋行走。②大新镇婴儿出生的第三日,称为"三朝",小孩的外婆、舅母等亲戚送去鸡、鸡蛋、衣裤等,主人设宴招待称为"三朝"酒,小孩满月,外婆家及亲戚前来祝贺,并送鸡、鸡蛋、衣物等礼物。③合浦县有做十二朝习惯,即孩子出生后,家人即去外婆家报喜,谓之"报姜酒"。男孩子出生十二天,外婆家送鸡、猪肉、米散及小孩衣服、褓褓到孩子家。时日孩子家备酒席款待宾客,洋溪中必备瓜皮醋,谓之做"十二朝"。如生女孩,外婆家在孩子出生十天也送鸡鸭、猪肉、米散及孩子衣服。④

也有些地方的壮族外家为小孩做满月酒。《武缘县图经》记载:"生子满月,其母备礼物亲到外家,祭其先人,谓之卖月。"⑤还有的地方既办三朝酒,又办满月酒,如平南县小孩出生满三天或七天时,有的人办"三朝酒"或"七朝酒",前来贺喜的客人多为小孩外婆家的亲属,以婴孩衣服、裙褓、鸡、酒等为贺礼;满月时一般都办满月酒,外婆包粽子,并送上背带、被褓、衣服等婴儿用品。⑥据 1984 年 4—5 月的调研,武鸣县府城公社进源大队 11 小队壮族小孩请满月酒,一般岳母带三五十斤白米、衣服、鸡、猪肉等一些东西来吃满月酒,武鸣县两江公社壮族有一些小孩出生一个月后就做"满月小",然后再由外公为小孩命名。⑦兴安县的新生儿出生满 1 月时,要宴请亲朋,称"满

---

① 都安瑶族自治县志编纂委员会编纂:《都安瑶族自治县志》,广西人民出版社 1993 年版,第128 页。
② 横县志编纂委员会编:《横县志》,广西人民出版社 1989 年版,第 608 页。
③ 王战初主编:《大新镇志》,广西人民出版社 1996 年版,第 169 页。
④ 合浦县志编纂委员会编:《合浦县志》,广西人民出版社 1994 年版,第 772 页。
⑤ [清]黄君钜初纂,黄诚沅续纂:《武缘县图经》,卷 6,广西人民出版社 2013 年版,第 419 页。
⑥ 平南县地方志编纂委员会编:《平南县志》,广西人民出版社 2013 年版,第 646 页。
⑦ 《武鸣县两江、府城两公社社会历史调查资料》,见广西师范大学历史系、广西地方民族史研究室编:《广西地方民族史研究集刊》(第三集),1984 年 11 月印,第 232、270 页。

月酒",婴儿在此日剃满月头,外婆要送礼为外孙做满月。①

5. 在孩子成长过程中的地位与作用

即使孩子长大以后,外家对孩子仍然负有非常重要的义务,如果孩子不幸早夭,外家还负有为婿家求子的义务,如《武缘县图经》记载:"生儿女殇者,岳父用纸花缀于桂枝上,备礼物到婿家,为婿家求嗣,插花于卧室床头,取开花结子之义。用桂枝者,取贵子之义。或用抽枝则取抽子之义。"②在一些壮族地区,还有端午节外公外婆给外孙"送德鸡"的习俗:即五月初五,壮族地区做外公外婆的送给甥孙一只一斤左右的公鸡。称为德鸡。壮族民间歌师郭正学为此创作民歌曰:"端午年年送德鸡,外公心意外婆知;甥女甥男都快大,读书学礼五更时。"③在德保、靖西一带的壮族农村,这个这个节日被称为"鸡得节",是传统的儿童节日,在过节的前几天,外婆家要送给外孙一只二三斤左右的小公鸡,名叫"鸡得",象征着吉祥与幸福;还送一篮生糯米,象征着富足有余。到了"鸡得"这一天,父母亲早早地给孩子们杀了"鸡得",蒸好五色糯米饭。④

(二) 在丧礼中的独特作用

在丧礼中,女性死者母家的亲戚也具有特殊的地位,主要发挥提高妇女地位、维护妇女权益的作用。同时,女丧必须先报外家验尸的规矩也与舅权如出一辙,如龙胜壮族报丧,中老年寿终,男性先报房族和女婿,女性先报外家验尸,再通知亲戚朋友。⑤此外,在丧礼中,母家还须备办一些特殊的丧礼,而且这些丧礼在葬礼中发挥着至关重要的作用,如南丹壮族丧葬用砍牛为祀,此项牛多由母族家送来,"不过只送一条,如多砍则自备"。砍牛时亦由母舅执刀。所砍的尽用大水牯,牛肉多母族分携去。⑥武鸣县邓广乡壮族人死后,亲家、外家还备挽帐。⑦德保县司法局工作人员说,本地出嫁的女儿家有红白喜事,娘家的兄弟姐妹必须都去,要烤一整头猪,要做一块大大的

① 兴安县地方志编纂委员会编:《兴安县志》,广西人民出版社 2002 年版,第 632 页。
② [清]黄君钜初纂,黄诚沅续纂:《武缘县图经》,卷 6,广西人民出版社 2013 年版,第 419 页。
③ 广西民族事务委员会、广西诗词学会编印:《民族风情》(内部刊物),广西南宁市源流印刷厂 1996 年印,第 8 页。
④ 南宁师范学院广西民族民间文学研究室编印:《广西少数民族与汉族民俗调查》(第四集),1983 年 11 月印,第 410—411 页。
⑤ 龙胜县志编纂委员会编:《龙胜县志》,汉语大词典出版社 1992 年版,第 93 页。
⑥ 广西壮族自治区编辑组编:《广西壮族社会历史调查》(第二册),广西民族出版社 1986 年版,第 163 页。
⑦ 广西壮族自治区编辑组编:《广西壮族社会历史调查》(第六册),广西民族出版社 1985 年版,第 38 页。

糯米糍粑送过去,一个人无法负担,要大家凑起来才行,到了亲家,亲家留一半,留下一半作为回礼送回来。

综上所述,壮族习惯法的母系特征在社会交往中也有充分的体现,以母权为核心,依次为舅权、女婿权、母系亲属权,这些女系权利渗透到壮族社会生活的各个方面,共同交织出一幅母系社会残留的生活图景。(见图1.6)

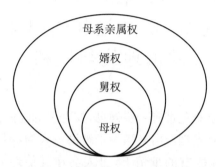

图 1.6　壮族习惯法母系特征在社会交往中的关系示意图

第二章　壮族社会组织习惯法的
母系特征:兼论壮族妇女的
政治地位与权利

古代社会对妇女难免带有一些偏见,如著名的经院派哲学家托马斯·阿奎那曾认为:"妇女被创造出来是为了帮助男人的,不过只限于生儿育女的事情,因为在其他所有的事情上,男人会在其他地方找到更好的支持者。"[①]这句话完全否认了妇女除生育职能之外其他的社会职能。在欧洲黑暗的中世纪,执此偏谬观点,不难理解。而中原地区也早在商周时期就进入了以父系血缘关系为纽带的宗法社会,在这个社会中,妇女的政治空间也是极其有限的。直至近现代,有识之士才意识到妇女在社会生活中拥有平等的政治地位:"人民者,国家之分子也,女子者,人民中之一部分也。"[②]但壮族在这方面似乎早已发展出更为先进的理念:"其他如男女社交平等等事,虽或与汉人有别……在某时间或某区域,女子并得参加政治。"[③]在壮族的社会组织习惯法中,妇女一直占据着重要的政治地位。在壮族的历史上,涌现出无数的女族长、女首领、女酋长、女土司,她们不仅带领着壮族人民发展出独特的社会文化,还对中原地区的政治生活产生了重要影响。正如《广西通志》的评价:"粤西懿范,见称前乘者数矣!比年旌门绰楔,更复所在多有。"[④]

---

① 德尼兹·加亚尔、贝尔纳代特·德尚:《欧洲史》,蔡鸿滨、桂裕芳译,海南出版社 2000 年版,第 276 页。

② 李芬:《论女学与国家之关系》,载神州女报馆编:《神州女报月刊》第 3 期,选论,见沈云龙主编:《近代中国史科丛刊》三编·第三十八辑,台北文海出版社 1967 年版,第 25 页。

③ 刘锡蕃:《岭表纪蛮》,台北南天书局 1987 年版,第 268、280 页。

④ [清]金鉷等监修:《广西通志》(三),卷 88·列女,[清]纪昀等总纂:《景印文渊阁四库全书·史部 325·地理类》,台湾商务印书馆 1986 年版,第 472 页。

第一节 壮族妇女的政治领导权

西方社会除了部分国家和地区外,在现代以前一般不承认妇女的身份继承权,尤其是王位继承权,中世纪《撒利克法典》中由"女儿不得继承土地的条款"被引申出的"妇女不得继承王位"的原则,至今仍在一些欧洲国家和地区有效。而我国中原地区古代也完全排除了妇女的身份继承权,但壮族妇女在政治上却享有身份继承权,她们可以继承酋长、国王、土司的权力和地位,成为某个社会群体的统治者。壮族在历史上和别的民族一样,经历了氏族—部落—国家的发展进程,在原始氏族和部落联盟时期,受母权制影响,大量妇女担任首领和酋长;被纳入政权国家体系后,中央政府自唐宋以来就在壮族地区实行土司、土官等羁縻制度,而妇女依然承袭了这一传统,出现了一系列的女土司、女土官,这种状况一直延续到建国初期。她们完全不同于中原地区在传统礼教倾轧下逆来顺受的妇女,而是积极主动地投身于社会政治中,塑造和改变了壮族的历史面貌。

一、部落联盟时期壮族妇女的政治领导权

(一) 两汉时期

从出土文物判断,广西壮族妇女行使政治领导权已有很悠久的历史。最直接的证据是 1979 年在贵县罗泊湾 2 号西汉墓出土的一枚"夫人"玉印,该印章玉质黄褐色,桥形钮,方形覆斗状,边长 2 厘米、高 1.5 厘米,印面篆刻"夫人"二字。迄今为止中国各地出土过许多汉代帝后、诸侯王、藩王的印章,但女性的印章则较为罕见。从这枚印章的材质和规格判断,作为其使用者的妇女是具有较高政治地位和权力的,印章也具有明确的法律效力和权威。(见图 2.1)另一个证据则是在贵港出土的东汉时期"喂马饰变形羽人纹铜鼓",鼓面上装饰有一尊女孩喂马立体塑像,在铜鼓的装饰中极为罕见。据古书的记载,铜鼓是壮族领袖政治权力的象征,拥有铜鼓者,则拥有统治权和号召力,铜鼓的鼓面上一般会铸造青蛙、乌龟等壮族的图腾及具有司雨功能的动物,但雕塑一个女孩喂马的形象确值得深究。广西山高岭深,古代多借助脚力,能拥有马匹者地位都较为尊贵。目前发现的铜鼓上也有人骑马的雕塑,但均为男子,应是身份特殊者。这面铜鼓上的女孩头挽抓髻,身穿长裙,一手抚马背,一手伸到马嘴边喂草,与马的关系状极亲密和谐,身份应非同一般,笔者甚难苟同博物馆说明中所写"婢女"的推测,而是代表了古

代壮族妇女在政治生活中的重要地位。（见图 2.2）

图 2.1　贵港西汉古墓中的夫人玉印　图 2.2　贵港出土的东汉铜鼓上妇女喂马雕塑

资料来源：贵港市博物馆。

（二）魏晋南北朝时期

魏晋南北朝时期，壮族地区的女领袖更是不胜枚举，广西及其周边的很多政权和国家都以女性为王，体现出明显的母系社会特征，可见《镜花缘》《西游记》中记载的"女儿国"确有其事，绝非虚言。如林邑国，《晋书》记载其"贵女贱男，同姓为婚，妇先聘婿。"①《南齐书》也记载其"贵女贱男"，②可见这个国家妇女在社会交往和婚姻关系中拥有绝对的优势主导地位，与中原地区的礼教迥然有别。扶南国，"其王本是女子，字叶柳"。③"以女人为王，号曰柳叶"。④可见该国就是一个以女性为元首的国家。《通志》也记载了西南地区多个以女为贵的少数民族国家。在这些国家中，无论是国家制度、社会结构还是婚姻关系，都体现出浓厚的母系特征，比如妇女担任国主和政府官员，妇女社会地位比男子高贵，一妻多夫、子女皆随母姓等等："女国，在葱岭之南，其国代以女为国主。其地女贵男贱，妇人为吏职，男子为军士。女子贵者则多有侍男，男子不得有侍女。虽贱庶之女，尽为家长，有数夫焉，生

① ［唐］房玄龄：《晋书·南蛮林邑国传》，册 8，卷 97，页 2545。见广西壮族自治区通志馆编：《二十四史广西资料辑录》（一），广西人民出版社 1987 年版，第 226 页。
② ［梁］萧子显：《南齐书·南夷林邑国传》，册 3，卷 58，页 1014。见广西壮族自治区通志馆编：《二十四史广西资料辑录》（一），广西人民出版社 1987 年版，第 333 页。
③ ［唐］房玄龄：《晋书·南蛮扶南国传》，册 8，卷 97，页 2547。见广西壮族自治区通志馆编：《二十四史广西资料辑录》（一），广西人民出版社 1987 年版，第 226 页。
④ ［唐］姚思廉：《梁书·诸夷扶南国传》，册 3，卷 54，页 788。见广西壮族自治区通志馆编：《二十四史广西资料辑录》（一），广西人民出版社 1987 年版，第 364 页。

子皆从母姓。吐火罗在乌浒河南,即妳水也,与挹怛杂居,多男子,少妇人,故兄弟通室。妇人五夫,则首饰戴五角,十夫,戴十角,男子无兄弟者,则与他人结为昆弟,方始得妻。不然,终身无妇。生子属其长兄。"[1]

南北朝时期最著名最伟大的壮族女首领,非谯国夫人冼氏莫属。这一时期的史书如《北史》《隋书》都详细记载了她波澜壮阔的传奇人生,从中可以看出是一位深明大义、深谋远虑的优秀壮族女政治家,她运用自己出色的政治智慧和谋略,带领壮族人民巧妙地在南朝末年的大动乱中纵横捭阖,直至和平过渡到统一全国的隋代,顽强地在帝国的南疆生存下来。冼夫人出生岭南壮族首领世家,"谯国夫人冼氏者,高凉人也。世为南越首领,部落十余万家。"从史书记载的内容来看,冼夫人的英勇事迹主要有以下几个阶段:[2]

第一,出嫁前维持部落内部和部落间的睦邻友好关系。冼夫人在年少时即表现出非凡的政治天赋,对家族具有举足轻重的影响,劝导其宗族和父兄行仁政,有力地维护了岭南壮族各部落的稳定和平,维护了民族团结。"夫人幼贤明,在父母家,抚循部众,能行军用师,压服诸越。每劝宗族为善,由是信义结于本乡。越人俗好相攻击,夫人兄南梁刺史挺恃其富强,侵掠傍郡,岭表苦之。夫人多所规谏,由是怨隙止息,海南儋耳归附者千余洞。"

第二,与本地汉族统治者联姻,共同促进当地各民族法治建设,有力地维护了岭南地区的社会秩序与和谐。"梁大同初,罗州刺史冯融闻夫人有志行,为其子高凉太守宝聘以为妻……至是,夫人诚约本宗,使从百姓礼。每与夫宝,参决辞讼,首领有犯法者,虽是亲族,无所纵舍。自此,政令有序,人莫敢违"。

第三,在南陈时期审时度势,多次拒绝和粉碎了地方割据势力分裂国家的活动,有力地维护了南方地区的稳定和统一。"后遇侯景反,……高州刺史李迁仕据大皋口,遣召宝,宝欲往,夫人疑其反,止之。数日,迁仕果反,遣主帅杜平虏率兵入灨石。宝以告……夫人击之,大捷。及宝卒,岭表大乱,夫人怀集百越,数州晏然。陈永定二年……广州刺史欧阳纥谋反,召仆(冼

---

[1] 引自[清]方濬师:《蕉轩随录》,卷12,中华书局1997年版,第478页。

[2] 有关冼夫人的事迹全部见于[唐]李延寿:《北史·列女谯国夫人冼氏传》,册9,卷91,页3005—3007,见广西壮族自治区通志馆编:《二十四史广西资料辑录》(一),广西人民出版社1987年版,第560—562页。[唐]魏征、颜师古、孔颖达编:《隋书·列女谯国夫人传》,册6,卷80,页1800。见广西壮族自治区通志馆编:《二十四史广西资料辑录》(二),广西人民出版社1987年版,第37—39页。

氏子)至南海,诱与为乱,仆遣使归告夫人,夫人曰:'我为忠贞,经今两代,不能惜汝负国。'遂发兵拒境,纥徒溃散……诏使持节册夫人为高凉郡太夫人,赏绣宪油络驷马安车一乘,给鼓吹一部,并麾幢旌节,一如刺史之仪。"

第四,丈夫去世后,力挽狂澜,独掌大局,努力治理岭南,并在陈亡后,率领壮族人民和平接受隋中央政权,保全了壮族社会的完整性。"后陈国亡,岭南未有所附,数郡共奉夫人,号为圣母,隋文帝遣总管韦洸安抚岭外……夫人见杖,验知陈亡,集首领数千人,尽日恸哭。遣其孙魂,帅众迎洸。洸至广州,岭南悉定。表魂为仪同三司,册夫人为宋康郡夫人"。《隋书·韦洸传》也记载:"高凉女子冼氏率众迎洸,遂进图岭南。"①

第五,在隋初多次抚平地方割据势力反叛,并向朝廷弹劾贪官污吏,获得朝廷高度嘉奖,维护了岭南少数民族地区的安全、安定与和平。"未几,番禺人王仲宣反,围洸,进兵屯衡岭。夫人遣其孙暄帅师援洸。时暄与逆党陈佛智素相友,故滞留不进。夫人大怒,遣使执暄系州狱,又遣孙盎讨佛智斩之。进兵至南海,与鹿愿军会,共败仲宣。夫人亲被甲,乘介马,张锦伞,领彀骑,卫诏使裴矩巡抚诸州。其苍梧首领陈坦、冈州冯岑翁、梁化邓马头、滕州李光略、罗州庞靖等皆来参谒。还令统其部落,岭南悉定……夫人幕府署长史已下官属,给印章,听发部落,六州兵马,若有机急,便宜行事。降敕书褒美,赐物五千段。皇后以首饰及宴服一袭赐之。夫人并盛于金箧,并梁、陈赐物,各藏于一库。每岁时大会,皆陈于庭,以示子孙曰:'汝等宜尽赤心向天子,我事三代主,惟用一好心。今赐物具存,此忠孝之报。'时番州总管赵讷贪虐,诸俚僚多有亡叛。夫人遣长史张融上封事,论安抚之宜,并言讷罪状。上遣推讷,得其赃,竟致干法,敕委夫人招慰亡叛,夫人亲载诏书,自称使者,历十余州,宣述上意,谕诸俚僚,所至皆降。文帝赐夫人临振县汤沐邑一千五百户……仁寿初,卒,谥为诚敬夫人。"②

纵观冼氏夫人的一生,她先后辅佐自己的父亲、兄长、丈夫、儿子、孙子等男性亲属,但她本人的表现远远超过他们,文可治国,武可安邦,内可以抚育百姓运筹帷幄之中,外可以亲披甲胄决胜千里之外,睿智通彻,英明果敢,是政绩最为突出、也是受到当时统治者最高奖励的一位壮族女领袖。明代谢肇淛在《五杂俎》中对其一生的功绩作了极高的评价:"高凉冼氏以一蛮女

① [唐]魏征、颜师古、孔颖达编:《隋书·韦洸传》,册5,卷47,页1268。见广西壮族自治区通志馆编:《二十四史广西资料辑录》(二),广西人民出版社1987年版,第22—23页。
② [唐]李延寿:《北史·列女谯国夫人冼氏传》,册9,卷91,页3005—3007。见广西壮族自治区通志馆编:《二十四史广西资料辑录》(一),广西人民出版社1987年版,第560—562页。

而能拊循部落,统驭三军,怀辑百越,奠安黎獠,身蒙异数,庙食千年,其才智功勋,有马援、韦皋所不敢望者,娘子军夫人诚视之,当退十舍,而征侧赵妪辈无论已。"①冼夫人的事迹对岭南壮族文化影响深远,唐代永淳元年(682年)立于上林县麒麟山的《澄州无虞县六合坚固大宅颂》,写明是岭南大首领□州都云县令骑都尉四品子韦敬办制,说明修宅的目的"其二"是"庶男志壮,妙女更极"。②中原地区的颂德碑很少有在文中提及妇女的,但这篇碑文将男女放在平等的位置上,并指出妇女更为优秀出色,表现出壮族地区尊崇女性的特征。

二、土司时代壮族妇女的政治领导权

土司,又称土官,是相对于朝廷委派的流官而言的,因其世袭,又称土舍、土巡检、土参将、土指挥、土同知等,是唐以后中央统治者在西南少数民族地区普遍实行的松散的管理制度。明代沿袭了唐宋元三代在西南少数民族地区普遍实行的土官羁縻制度,土官拥有高度的自治权。这一时期广西也涌现出很多女土官。

(一)明代泗城卢氏母女土官

明代永乐至天顺年间的泗城府卢氏母女是壮族地区罕见的母女相继担任土官的例证。她们俩分别是当地土官岑瑄的妻子和女儿,岑瑄"死无嗣,妻卢氏署州事。永乐二十二年诏授女官知州"。③卢氏袭职担任土官后,一直对朝廷忠心耿耿,按时贡应,与中央贡赐往来非常频繁,《明实录》和《明史》对此中均有多条记载:"宣德元年(1426年)二月已巳,广西泗城州女土官知州卢氏,遣族人岑台等贡马及银器等物",④"宣德三年(1428年)七月丙子,广西泗城州女土官卢氏遣头目岑台韦庇等贡马",⑤"宣德四年(1429年)正月乙亥,赐广西泗城州女土官族人岑泰等、养利州头目罗响

---

①　[明]谢肇淛:《五杂俎》,卷八·人部四。

②　广西民族研究所编:《广西少数民族地区石刻碑文集》,广西人民出版社1982年版,第1页。注:引文中的"□"为原文表示无法辨认的字或缺字的符号,笔者按照原文符号誊写,下文同。

③　[清]金鉷修,钱元昌、陆纶纂:《广西通志》(二),卷六十一·土司,页40,广西古籍丛书编辑委员会、广西地方志编纂委员会办公室据清雍正十一年(1733年)刻木影印,广西人民出版社2009年版,第1096页。

④　《明宣宗实录》卷十四,第34页,引自广西壮族自治区民族研究所编:《〈明实录〉广西史料摘录》,广西人民出版社1990年版,第839页。

⑤　《明宣宗实录》卷四五,第1113页,引自广西壮族自治区民族研究所编:《〈明实录〉广西史料摘录》,广西人民出版社1990年版,第839页。

等……钞、彩、币、表里、金织文绮、袭衣等物有差"。①

后来卢氏年老退位后，由岑瑄之侄岑豹袭职，但岑豹飞扬跋扈，胡作非为，二人之间发生冲突和矛盾，卢氏被岑豹所囚，明朝廷从中裁决调停："宣德八年，致仕女土官卢氏奏，袭职土官岑豹率士兵五百余人谋害己，又弃毁故土官岑瑄塑像，所为不孝，难俾袭职。豹叔养利知州颜亦奏豹兴兵谋杀卢氏，州民所害。都督山云奏：'豹实故土官瑄侄，人所信服，应袭职。卢氏，瑄妻，豹伯母，初借袭，今致仕，宜量拨田土以赡终身，仍请敕豹无肆侵扰。'并不请从云奏。帝命行人章聪、侯琏赍敕，谕云会三司巡按究豹与卢氏是非，从公判决。"后来，卢氏与岑瑄的女儿岑妙定也成长为一位精明强干的女土官，她勇敢向朝廷揭发岑豹的罪行："（正统）五年，瑄女亦奏豹占夺田地人民，囚其母卢氏。"②最终，岑豹被废黜，卢氏得以解救，重新被群众推举为女土官："目民推卢氏权摄州印。"在她去世后，女儿岑妙定再次被群众推举为女土官继任，可见母女俩非常得人心。从史料的记载来看，母女两人都是勇敢善战的女军事家，相继响应朝廷征调平定贵州苗乱而得到嘉奖和旌表："天顺六年，（卢氏）奉调征贵州苗贼有功，封正寿夫人。卒，女妙定，众推管理州事，天顺八年复奉调出征贵州苗贼有功，封镇国夫人。"③

（二）明代抗倭英雄田州瓦氏夫人

明嘉靖年间，广西又一位壮族女土官被载入史册。与以往壮族女首领不同的是，其活动范围已超越了广西，不再仅仅是保卫壮族人民自己的利益，而是为了保卫全中国人民的利益抗击外敌，成为一名伟大的民族女英雄，为壮族与华夏民族的血肉联系又添写了浓墨重彩的一笔。她就是著名抗倭英雄田州土司瓦氏夫人。当时的广西，深处大明王朝的腹地，离祸害东南沿海的倭寇之乱非常遥远，她本可明哲保身，不必过问，却亲披战甲，不远万里，为了全国百姓的安居乐业，赴沿海抗击外国侵略者，这是何等强烈的国家责任感与民族使命感，可谓壮族巾帼女英雄第一人！在中国古代的少数民族女英雄中，恐怕无出其右。瓦氏夫人自己虽然没有正式担任过土官

---

① 《明宣宗实录》卷五十，第 1209 页，引自广西壮族自治区民族研究所编：《〈明实录〉广西史料摘录》，广西人民出版社 1990 年版，第 839—840 页。

② ［清］张廷玉编：《明史·广西土司传》，册 27，卷 319，页 8257—8258。见广西壮族自治区通志馆编：《二十四史广西资料辑录》（四），广西人民出版社 1987 年版，第 303 页。

③ ［清］金鉷等监修：《广西通志》（三），卷 88·列女，［清］纪昀等总纂《景印文渊阁四库全书·史部 325·地理类》，台湾商务印书馆 1986 年版，第 479 页。

职务,但她一生辅佐自己的丈夫、孙子、重孙共三代四世田州土司,并在孙子、两名重孙年幼时代为管理州务,履行土官之职,在五十多岁高龄时还代孙赴战,英勇杀敌,抵抗外寇,被明王朝封为女官参将总兵。《广西通志》详细记载了她的生平:

> 瓦氏,田州人,指挥同知岑猛妻,生子邦彦,见夫所行事违于正义,必委曲陈谏,谏不听,至于流涕。嘉靖六年,夫与子相继丧亡,氏年三十,刻苦励节。孙名芝,方乳善护之,后袭知州,氏朝夕语以朝廷恩德,宜抚循遗民,勤修厥职。二十九年,芝从征南海,殁于王事。氏抚曾孙太寿,太寿夭,复抚太禄,凡州之利害,躬为规画,内外凛然。三十三年,倭寇南畿并浙江,朝议征广西狼兵,督府以檄至。氏以太禄幼,不能任兵事,请于督府,愿身往。督府壮之,题授女官参将总兵,赴南畿。明年四月,至苏州,寇方据州沙洼,枯木为巢,势甚炽,闻狼兵至,分众数千过金山卫,总兵俞大猷遣氏同游击白法邀之,颇有斩获。移兵漕泾,战不利,头目钟富、黄维等十四人死于阵。五月,贼犯嘉兴,从参将卢镗攻之,大败贼于石塘湾。自后从征多着劳绩,嗣以疾告归,抵家未几,卒,年五十有九。[①]

这些简单的描写还不足以彰显瓦氏夫人的抗倭功绩,但令人遗憾的是,也许是古代封建思想出于对妇女的轻视,《明史》只记载了寥寥数语:“嘉靖三十四年(1555 年),田州土官妇瓦氏以俍兵应调至苏州剿倭,隶于总兵俞大猷麾下,以杀贼多,诏赏瓦氏及其孙男岑大寿、大禄银币,余令军门奖赏。”[②]虽然很简单,但是一句“以杀贼多”已足以说明瓦氏夫人的功绩。《明实录》中则对瓦氏夫人有多条记载,可以看做是对《明史》的补充和具体化,从中看出,瓦氏夫人是在嘉靖三十四年三月至十二月在浙江一带协助明王朝军队抗倭,主要活动范围为苏州及金山卫等地,而且服从官员调遣,锐意请战,奋勇杀敌,即使由于官员的昏庸无能和指挥失利导致自己手下的将士损失大半也从无怨言:

> 嘉靖三十四年(1555 年)四月戊辰,广西田州土官妇瓦氏引土俍兵应调至苏州,总督张经以分配总兵俞大猷等杀贼。奏闻。诏赏瓦氏及其孙男岑大寿、大禄各银二十两、纻丝二表里,余令军门奖赏。(《明世

---

① [清]金鉷等监修:《广西通志》(三),卷88·列女,[清]纪昀等总纂:《景印文渊阁四库全书·史部325·地理类》,台湾商务印书馆1986年版,第490页。

② [清]张廷玉编:《明史·广西土司传》,册27,卷318,页8254。见广西壮族自治区通志馆编:《二十四史广西资料辑录》(四),广西人民出版社1987年版,第301页。

宗实录》卷四二一,第 7293 页)①

嘉靖三十四年(1555 年)四月甲申,柘林巢贼分众三千余过金山卫,总兵俞大猷督游击白法及田州瓦氏兵遮击之。(《明世宗实录》卷四二一,第 7302—7303 页)②

嘉靖三十四年(1555 年)五月巳酉,本年三月初,广西田州土官妇瓦氏及东兰、南丹、那地、归顺等州俍兵六千余名承经调治。(《明世宗实录》卷四二二,第 7321—7322 页)③

嘉靖三十四年(1555 年)七月丁巳,浙西参将汤克宽上疏自理曰:"今岁三月初,田州土官妇瓦氏及东兰等州官舍各兵续至,臣从宜分布,以瓦氏其(兵)配总兵俞大猷屯金山卫,为捣巢西路。"(《明世宗实录》卷四二四,第 7354—7356 页)④

嘉靖三十四年(1555 年)十二月乙巳,督察浙江直军(务)侍郎赵文华初奉命至浙,适广西田州等俍兵调至,其土官妇瓦氏等。如有倭厚蓄,锐意请战。……文华激奖瓦氏亟战,亡其卒十七八。(《明世宗实录》卷四三〇,第 7430—7431 页)⑤

官方档案固然没有过多描写细节,但民间文献却作了丰富的补充,充分说明这位女英雄在江浙人民心目中的分量。明末董斯张的《吹景集》中,从东南沿海一带群众的角度详细描述了瓦氏夫人秋毫无犯、军纪严明、自力更生解决士兵口粮和供给的事迹,当地群众还编民谣来歌颂她:"田州女土官瓦氏,嘉靖三十四年调之征倭,至苏州,索有司捕蛇为军中食,败倭于王江泾。时人语云:'花瓦家,能杀倭,腊而啖之有如蛇。嘉靖甲寅,倭寇吴中。广西女土官瓦氏,率万人来援。泊胥关月余,驭众有法度,约所部不犯民间一粒。军门下檄,辄亲视居亭民诉。部夷夺酒脯者,立捕杀之,食尚在咽下。其出,军帜分五色,以别行伍。头裹方素,无他色者。或问瓦,云:身是孟获

---

① 广西壮族自治区民族研究所编:《〈明实录〉广西史料摘录》,广西人民出版社 1990 年版,第 718—719 页。

② 广西壮族自治区民族研究所编:《〈明实录〉广西史料摘录》,广西人民出版社 1990 年版,第 719 页。

③ 广西壮族自治区民族研究所编:《〈明实录〉广西史料摘录》,广西人民出版社 1990 年版,第 720 页。

④ 广西壮族自治区民族研究所编:《〈明实录〉广西史料摘录》,广西人民出版社 1990 年版,第 722 页。

⑤ 广西壮族自治区民族研究所编:《〈明实录〉广西史料摘录》,广西人民出版社 1990 年版,第 723—724 页。

裔孙，感武侯七赦恩，诫子孙世世戴缟，以识不忘耳。'"①一位指挥若定、治军有方的巾帼英雄跃然纸上，群众的评价最见人心，可见瓦氏夫人的抗倭事迹在江浙地区的民间广泛传颂。明代谢肇淛也对瓦氏夫人推崇至备："国朝土官妻瓦氏者，勇鸷善战，嘉靖末年，倭患尝调其兵入援浙直，戎装跨介驷，舞戟如飞，倭奴畏之。使其得人驾驭，亦一名将也。"②民国时期的广西学者刘锡藩在《岭表纪蛮》中也对瓦氏夫人称颂有加："至嘉靖中，倭寇扰江南，诏田州土官母瓦氏领俍兵前赴苏州御寇，有殊功，授总兵参将，旋擢指挥使，是以女性任武官者也。凡此，皆实职也。（按：瓦氏领土兵援苏，败倭于王江泾，时人语曰：'花瓦家，能杀倭，腊而啖之有如蛇'，盖土兵喜食蛇也。）"③

五百多年过去了，瓦氏夫人依然被壮族人民深深纪念。笔者曾专程前去瓦氏夫人的故乡——广西靖西县旧州调研，瞻仰了这位巾帼英雄的一系列遗迹，当地群众非常怀念和爱戴这位女英雄，专门在村中央的戏楼上镌刻了瓦氏夫人出征图、瓦氏夫人生平事迹以及为歌颂瓦氏夫人所写的《双刀歌》，还保留了瓦氏夫人当年的点将台遗址等历史文物。（见图2.3、2.4、2.5、2.6）至今，在广西各地都流传着一种传统趣味体育项目——走板鞋，即在两条长木板上钉上脚套，赛者三人或五人一组同穿两条长板，哪一组走得最快先到达终点者为胜。这一运动要求参与者的步调要高度一致和配合默契，据说是当年瓦氏夫人在练兵时为了训练士兵步调整齐而发明的游戏，如今变成了壮族人民的传统竞技项目，而且还演化出一种非物质文化遗产——板鞋舞，充分表现出壮族人民对这位女英雄的缅怀和爱戴之情。（见图2.7、2.8）

图2.3　村中戏楼上镌刻的
瓦氏夫人出征图

图2.4　村中戏楼上镌刻的
瓦氏夫人生平事迹

---

① 见董斯张：《吹景集》，[清]汪森编辑：《粤西丛载》（下），黄振中、吴中任、梁超然校注，广西民族出版社2007年版，第1048页。

② [明]谢肇淛：《五杂俎》，卷八·人部四。

③ 刘锡蕃：《岭表纪蛮》，台北南天书局1987年版，第207页。

 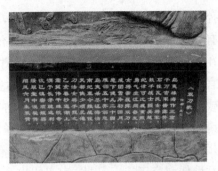

图 2.5　瓦氏夫人点将台遗址　　　　图 2.6　歌颂瓦氏夫人的《双刀歌》

 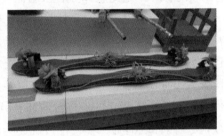

图 2.7　瓦氏夫人发明的花板鞋　　　图 2.8　瓦氏夫人发明的花板鞋
资料来源:广西民族博物馆。

(三)明代抗蛮女英雄岑玉音

此外,广西部分壮族地区的民间传说中也提到一些明朝的民族女英雄,例如流传于下雷、雷平及宝圩一带并影响扩大至天等、靖西、德保一带的霜降节,就来自一个明朝的女首领岑玉音。据《下雷土官历代宗谱》记载,明末清初,"倭寇又作乱,粤桂黎民屡遭抢劫,一日数惊",朝廷命下雷土司许光祖征剿,率战不胜。义子许文英代父出征,夫人岑玉音请缨跟随。岑玉音是靖西胡润土司岑怀永的长女,"自幼好武术,习无不精。尤善于骑射,有谋略"。她率领的壮族狼兵勇猛善战,歼灭了二百五十多名倭寇,这天正是霜降节。壮族人民为了纪念这位抗倭巾帼女英雄,为她修了"吓莫庙",并在每年"平寇纪念日"——霜降节来朝拜。①另据《壮族风俗志》的记载,岑玉音率兵到福建广东抗击倭寇,派兵潜海凿穿敌船,她和丈夫率兵杀至已登岸的敌寇的背后,大败海盗,威震东海。朝廷因夫妇有功,封岑玉音为抚夷将军。因她大败倭寇是在霜降这一天,被定为抗敌纪念日——霜降节。1683 年,康熙封她为霜降神,立一照壁刻其功绩,又建一巍

---

① 李浩然:《百文壮乡婚俗调查》,南宁师范学院广西民族民间文学研究室编印:《广西少数民族与汉族民俗调查》(第三集),1983 年 11 月印,第 53 页。

峨的八角钟鼓楼，供玉音像，命百姓年年祭祀瞻仰。①

但据下雷地区的民间传说，霜降节又被称为"平蛮胜利节"，当地的许氏宗谱记载，明朝末年，安南交趾郡黑蛮出"莫多佬"，带了万余兵丁进犯我国领土，朝廷调各地出兵抵抗，但都被蛮兵击溃。黑蛮兵横冲直撞，如入无人之境，边民惨遭杀戮，苦不堪言。国难当头，岑玉音挺身而出，毅然报名出征。岑军勇敢善战，军纪严明，深受群众欢迎，很多勒冒勒俏（壮语：即男女青年）奋起响应。最终岑玉音将黑蛮首领"莫多佬"射杀，使蛮军溃败，收复了国土。岑玉音凯旋归来时，正值"霜降"那天。此后，大家就把每年霜降定为"平征黑蛮胜利节"，并修了"梦槐将军庙"纪念岑玉音。②无论是抗倭还是抗蛮，这些传说虽未见于正史，但说明岑玉音确有其人，系一位抗击外来侵略者的壮族女英雄，足见明代壮族的女首领层出不穷，她们掌握政治军事领导权，率领壮族人民抗击外敌，有力地保护了国土。

（四）明清时期的其他女土官及壮族妇女政治领袖

明代除了上述著名的女土官外，还出现了一些女土官，这些女土官与朝廷贡赐往来，保持着密切的联系，忠实履行着土官的职责。值得一提的是，广西历史上曾发生多次土官叛乱及犯罪、进贡的物品违制或超期的事件，但没有一例是女土官的，可见女土官都是忠诚爱国正直之辈。《明实录》中就有多项记载，例如上林州的女土官黄娘召："洪熙元年（1425 年）十一月乙巳，广西上林长官司女土官长官黄娘召遣孙岑志海……贡马。"③而广西上隆州土官陈氏也是一位伟大的女性，她先后辅佐自己的两个儿子岑瑢、岑琼担任土官，在他们相继过世后，因其品德高尚、治理有方、深得民心，又被州民集体向朝廷推举为土官，成为广西著名女土官之一。《明实录》多处记载了陈氏在洪熙至宣德年间按时向朝廷朝贡并领取赏赐的情况，在其子执政期间，陈氏时常本人亲自押解贡品马匹及土特产到京纳贡，而朝廷的赏赐也指明是给她这位土官之母的：

> 洪熙元年（1425 年）七月癸巳，广西上隆州土官知州母陈氏……等来朝，贡马。④

---

① 梁庭望编著：《壮族风俗志》，中央民族学院出版社 1987 年版，第 100 页。
② 南宁师范学院广西民族民间文学研究室编印：《广西少数民族与汉族民俗调查》（第二集），1982 年 11 月印，第 109—111 页。梁福昌提供。
③ 《明宣宗实录》卷十一，第 299 页，引自广西壮族自治区民族研究所编：《〈明实录〉广西史料摘录》，广西人民出版社 1990 年版，第 839 页。
④ 《明宣宗实录》卷四，第 116 页，引自广西壮族自治区民族研究所编：《〈明实录〉广西史料摘录》，广西人民出版社 1990 年版，第 803 页。

洪熙元年(1425年)闰七月乙卯,赐广西上隆州土官知州母陈氏……钞币有差。①

宣德元年(1426年)冬十月丁卯,广西上隆州故土官知州岑琼母陈氏等……来朝,贡马及金银器。②

宣德元年(1426年)冬十月癸未,赐广西上隆州故土官知州岑琼母陈氏……等钞、文、锦、彩、币、表里有差。③

宣德二年(1427年)二月庚申,广西上隆州土官知州岑璠母陈氏遣头目黄成……贡马及方物。④

宣德四年(1429年)二月庚子,以广西上隆州土官知州岑琼母陈氏为本州知州。琼卒无子,侄崧尚幼,土人诉于朝,愿得陈氏袭职,以抚其民,故命之。⑤

宣德五年(1430年)正月甲寅,广西上隆州署州事土官知州岑琼母陈氏,遣头目罗善等贡马。⑥

宣德六年(1431年)二月戊戌,广西上隆州女土官知州陈氏,遣头目黄荫等贡马。⑦

除了官方授予的女土官外,明清时期还出现了大量的壮族民间起义女首领,虽然官方史书用反面词汇描写她们,但从中可以看出,她们领导壮族人民反抗统治者的暴政,表现出了超群的领导与组织能力,如弘治十三年(1500年),"庆远贼韦七璇之妻纠众数万围府城。"⑧道光《庆远府志》详细记载了这一事件:在丈夫韦七璇被官兵剿杀后,"璇妻与贼族纠贼数万,以是

---

① 《明宣宗实录》卷五,第144页,引自广西壮族自治区民族研究所编:《〈明实录〉广西史料摘录》,广西人民出版社1990年版,第831页。

② 《明宣宗实录》卷二十二,第574页,引自广西壮族自治区民族研究所编:《〈明实录〉广西史料摘录》,广西人民出版社1990年版,第804页。

③ 《明宣宗实录》卷二二,第587页,引自广西壮族自治区民族研究所编:《〈明实录〉广西史料摘录》,广西人民出版社1990年版,第832页。

④ 《明宣宗实录》卷二五,第649页,引自广西壮族自治区民族研究所编:《〈明实录〉广西史料摘录》,广西人民出版社1990年版,第804页。

⑤ 《明宣宗实录》卷五一,第1231页上,引自广西壮族自治区民族研究所编:《〈明实录〉广西史料摘录》,广西人民出版社1990年版,第210页。

⑥ 《明宣宗实录》卷六一,第1446页,引自广西壮族自治区民族研究所编:《〈明实录〉广西史料摘录》,广西人民出版社1990年版,第806页。

⑦ 《明宣宗实录》卷七六,第1755页,引自广西壮族自治区民族研究所编:《〈明实录〉广西史料摘录》,广西人民出版社1990年版,第840页。

⑧ 杨守真编:《广西历代大事年表》,广西省政府编译委员会出版发行,文心印刷社1940年3月印,第110页。

年四月一日猝至城西南关外，围绕数匝，矢石如雨，几为所陷"。虽然最后被官府击退，但这位壮族女军事领袖卓越的指挥才能连官兵都佩服。①据《南越志》记载："军安县（越南北部）女子赵妪，常在山中聚结群党，攻掠郡县。著金箱齿屐，恒居象头斗战。"②能够组织数万人的围城战和乘坐战象的军队，这些女领袖的军事指挥能力确实令人佩服。宜州的《清潭布告碑二》也记载了当地乡村一个有组织地劫富济贫的妇女团体："据清潭里保长□□松、韦学明及各村老连名呈称，本里墟村，有等不务农业之徒，三五成群，擅入人之田畲，偷□□线，盗挖芋头，一经业主遇见赶詈，而此等妇女反肆放悫，□□□□捉解，白受盗剪等情到县……此等妇女，实因家长失教所至，甚属可恶……自示之后，尔等务宜家传户晓，训约妻女子，不准进入人田畲……如系妇女幼童，亦断不轻恕。"③《岭表纪蛮》中虽用污蔑性的词语来描写，但仍然难掩对壮族女领袖的钦佩之意："蛮人未化者，其性皆凶狠，妇女中，亦敢于作匪。"④

对于壮族前仆后继涌现出来的女首领、女英雄，历代文献都持肯定和赞扬的态度，并被认为这是壮族特有的文化特征之一。一些官员虽对这种习俗难以理解，但也不得不承认妇女在壮族社会政治中的突出地位，并对壮族女领袖卓越的领导和军事才干表现出钦佩之情，如康熙三年庆远推官谢天枢在《土司议》中称："妇人亦能驱牸牡，贯劲弩，头缠花裹，开军府，拜跪之余人不敢仰视，如征侧、征贰者，莫可胜记。伏波铜柱之功，以二女子而立，此史书之可信者也。"⑤也有个别人如清代太平知府李蕃在《蛮风》诗中用贬义词汇将此现象描述为"牝鸡司晨"进行嘲讽："男女共混同兮闺闱，鸟群而兽聚兮蒙衣。……牝鸡而雄鸣兮当轩，蚩蚩其向隅兮含冤。"⑥但民国时期的

① [清]唐仁纂，英秀修：《庆远府志》，道光八年辑，广西河池市地方志编纂委员会办公室点校，广西人民出版社2009年版，第328页。
② 见赵彦卫：《暌车志》，[清]汪森编辑：《粤西丛载》（中），黄振中、吴中任、梁超然校注，广西民族出版社2007年版，第587页。
③ 李楚荣主编：《宜州碑刻集》，广西美术出版社2000年版，第231页。此碑立于石别镇清潭村，嘉庆四年（1799年）立。
④ 刘锡蕃：《岭表纪蛮》，台北南天书局1987年版，第118页。
⑤ [清]李文琰总修：《庆远府志》，卷9·艺文志上，页26—27，故宫珍本丛刊第196册，海南出版社2001年版，第303页。
⑥ [清]甘汝来纂修：《太平府志》，卷41·艺文，页32—33，故宫珍本丛刊第195册，海南出版社2001年版，第294—295页。

学者则从较为客观平等的角度看待这一问题，并认为壮族这种特殊的文化传统使得妇女的天性更为解放，能力也得到更大程度的施展，因而达到了与男子并驾齐驱的地位："南中妇女，与北地风习迥殊，在蛮区尤其特异。天真活泼，神气放溢，其在社会上之活动能力，大有与男子并驾齐驱之概。土官女子，因有传袭之权以故娴武艺、习文翰者尤多，因而以勋绩自现者不少。此则民族特性，吾人当注意也。"①

第二节　壮族首领眷属的政治地位与权利

一、部落联盟时期壮族首领之母的政治权利与作用

在部落联盟时期，还涌现了一些优秀的壮族首领之母，她们虽然没有直接领导壮族人民，但由于自身享有较高的政治地位，因此对其担任壮族首领的儿子产生了巨大的影响力。在壮族历史上，许多首领的母亲都深明大义，知书识礼，谆谆教诲担任土官的儿子，引导他们正确行事，建立功绩。如《北史·列女传》记载的南朝陈时期的"钟士雄母蒋氏"就是一位典型的案例，她为了保护自己身为岭南壮族首领的儿子钟士雄，维护部族团结，甘做朝廷的人质，并阻止儿子与叛党勾结，还主动出面劝诫叛党，维护了国家的统一，可谓大义凛然，仁至义尽："钟士雄母蒋氏者，临贺人也。士雄仕陈，为伏波将军。陈主以士雄岭南酋帅，虑其反复，留蒋氏于都下。及晋王广平江南，以士雄在岭表，欲以恩义致之，遣蒋氏归临贺。既而同郡虞子茂、钟文华等作乱攻城，遣召士雄，士雄将应之。蒋氏谓曰：'汝若背德忘义，我当自杀于汝前。'士雄遂止。蒋氏复为书与子茂等，谕以祸福。子茂不从，寻为官军所败。上闻蒋氏甚异之，封安乐县君。"②

唐代也出现了一位贤明的壮族部落首领金勒之母。据《柳州府志》记载，金勒是唐僖宗时期员州（今广西崇左、大新、天等附近之地）的一个壮族部落酋长，与其他部落首领之间仇杀无休，当时的邕管节度使辛谠通过向她的母亲馈赠礼物，从而使其母亲说服自己的儿子停止了征战，有力地维护了壮族地区的和平与稳定："乾符中，邕管节度使辛谠遣使持牛酒赍美货啖二

---

① 刘锡蕃：《岭表纪蛮》，台北南天书局1987年版，第214—215页。
② ［唐］李延寿：《北史·列女钟士雄母蒋氏传》，册9，卷91，页3011。见广西壮族自治区通志馆编：《二十四史广西资料辑录》（一），广西人民出版社1987年版，第560—562页。

崀首领,与之通欢,并遗其母衣服,母贤者也,让其子,始罢兵。"①《新唐书》则作了更为详细的描述和记载:"员州又有首领侬金澄、侬仲武与金勒袭黄洞首领黄伯善,伯善伏兵瀼水、鸡鸣,侯其半济,击杀金澄、仲武,唯金勒遁免。后欲兴兵报仇,辛说遣人持牛酒音乐解和,并遗其母衣服。母,贤者也,让其子曰:'节度使持物与僚母,非结好也,以汝为吾子。前日兵败瀼水,士卒略尽,不自悔,复欲动众,兵忿者必败,吾将因为官老婢矣。'金勒感寤,为罢兵。"②上述两例说明壮族首领的母亲地位很高,对其子具有重大的影响力,其子对其意见也非常尊重。

二、壮族土官之母的政治地位与权利

进入土官时代后,壮族地区不仅出现了许多女土官,而且很多男性土官的眷属,包括他们的母亲与妻子也在社会政治中发挥了重要作用,她们辅佐自己的土官丈夫、土官儿孙,协助他们建功立业,成为土官"背后功不可没的女人"。在广西壮族地区,土官的母亲、妻子享有一种特殊的政治权力——"护印权",即土官的大印平时由其正妻掌管,称为"掌印夫人",如果土官去世承袭土官年幼或去世土官无嗣暂时难以找到合适的承袭者,则由土官母亲或妻子代理政务,直至土官成年亲政或新任土官就职。广西学者刘锡蕃在《岭表纪蛮》中专门论述了"蛮女参政权"问题,并指出土官的母亲及妻子协助土官治理是自古以来的法定制度:"'牝鸡司晨,惟家之索'。家事不准女子主持,政治方面,当然悬为厉禁,绝对不准女性参加于其间。然则又未例外。土官死,其子年幼,则其母或妻例有护印之权,此为国制所规定者。"③

(一)元、明时代壮族土官之母的政治地位与权利

1. 保护扶助土官

元代广西曾出现了一位英勇的土官之母——田州土官岑巴延母周氏,她在家庭和社会的动乱中始终保护幼子的周全,并最终使儿子承袭土官之位:"周氏,田州路总管岑野先妻,生子巴延,氏事姑尽孝,相夫有礼。年二十六,野先为庶母黄氏所害,并欲谋杀氏母子。时巴延方七岁,氏携

---

① [清]王锦修,吴光升纂:《柳州府志》,卷30,瑶壮,柳州市博物馆据1956年北京图书馆油印本1981年翻印,第34页。

② [宋]欧阳修编:《新唐书·南蛮西原蛮传》,册20,卷222下,页6332。见广西壮族自治区通志馆编:《二十四史广西资料辑录》(二),广西人民出版社1987年版,第392页。

③ 刘锡蕃:《岭表纪蛮》,台北南天书局1987年版,第207页。

之窜匿,流离播迁十有四载,后岑福广假靖乱为名遂夺田州,复欲购害巴延,氏多方调护,令巴延出见福广,以集人心,又预规趋避以远祸,卒能拒福广,复世职。及巴延知田州,绰有政声,皆氏之教也,年六十九以完节终。"①

土官母亲的政治地位在明清时期有日益加强的趋势,她们的护印权左右着土州的整体局势,甚至直接决定着土官的承袭与成长、亲政、执政等重大事务。明代广西涌现了许多护卫自己儿子顺利袭任土官的贤祖母和贤母,她们很多人在自己年幼的儿子、孙子继位土官后,鞠躬尽瘁协理政务,辅佐、抚育和帮助他们成年,直至亲政。据王士性《广志绎》记载:"左、右江土府州县……时有以官祖母、官母护印者,其族类文移亦称官弟、官男。"②康熙《思明府志》收录了一篇土官之母颁发给民众的训示《太守母教族读》,在该训示中,一位明代的黄氏土官之母号召民众勤勉读书,③可见土官之母对民众也拥有管教权利,可以以自己的名义发布公文。土官之母的政治作用从许多土官之母的墓志铭中可以看出,如立于永乐八年(1410年)的《思明黄太恭人墓志铭》记载了思明土官黄广成之母一生的功绩:"夫亡子幼,与其子数从征伐也,抚其人民,睦其宗戚,任其供输,给其乏绝,居者有安生之乐,行者无后顾之忧,三十年思明黄氏之维持也。"④明景泰四年(1453年)立于大新县恩城公社的《重新恩城土州治所碑》写明:土官赵福惠"应期而生,不幸幼岁而孤。太夫人黄氏守节,居家嗣徽音,克勤俭,以长以教,俾至成人。"并呈报官府承袭土官之职。该碑最后的明文也写明是"奉朝大夫世袭土官知州赵福惠正妻许氏妙珠、次妻梁氏善景颙立"。⑤碑文歌颂的是一位土官之祖母,立碑人是两位土官之妻,均为女性,这样的碑在中原地区是很少见的,可见壮族土官母、妻具有很高的政治地位。《明史》也记载了田东县右江土司岑猛之祖母岑氏保护他承袭土官的事迹:"弘治十二年,溥为子猇所弑,猇亦自杀。次子猛方四岁,溥母岑氏及头目黄骥护之,赴制府告袭。"⑥有的土官因违法乱纪被朝廷命官处死后,却允许其妻或母代理摄政。万历十六

① [清]金鉷等监修:《广西通志》(三),卷88·列女,[清]纪昀等总纂:《景印文渊阁四库全书·史部325·地理类》,台湾商务印书馆1986年版,第475—476页。

② [明]王士性:《广志绎》,中华书局1981年版,第114页。

③ [清]陈达修,高熊徵纂:《思明府志》,卷6·训,广西人民出版社2001年版,第367页。

④ [清]陈达修,高熊徵纂:《思明府志》,卷6·志铭,广西人民出版社2001年版,第373页。

⑤ 广西民族研究所编:《广西少数民族地区石刻碑文集》,广西人民出版社1982年版,第4页。

⑥ [清]张廷玉编:《明史·广西土司传》,册27,卷318,页8244—8254。见广西壮族自治区通志馆编:《二十四史广西资料辑录》(四),广西人民出版社1987年版,第296页。

年(1588年)，永定长官司韦启邦被知府秦柽诛杀，"以妻莫氏代理"。启邦子韦萌发继位，"孩幼，母莫氏摄理"。①

雍正《广西通志》也记载了几位有同样抚孤经历的明代壮族土官之母，令人感动的是，她们在遭遇战争和动乱的时候，以一己之力全力护卫自己的儿子周全，历尽艰难险阻，最终让他们登上土官之位。如"陆氏，思明府头目陆祥女，适土知府黄钧，生子道，甫七岁，土寇作乱，钧与其父俱被害，氏携道避难上思州，水浆不入口者三日，或强之食，答曰：'为保遗孤，苟存性命，尚腼颜对人饮食耶？'其父祥为赴愬左江各当事，仇得复，乃回思明，及道长袭职，氏尝述艰苦状，勉之曰：'毋忘此也'，阖郡咸称贞淑"。②"李氏，昭平人，世袭土巡检龙在渊妻，年二十六，在渊亡，子象干甫四龄，家业萧然，亲族有欲夺其志者，氏辄拒，曰：'妾良人，虽微末，土官亦受一命之荣，其妻岂肯再醮乎？'矢死柏舟抚孤，象干长袭职，家世复振，氏终天启壬戌，年五十有三。"③

明代忻城莫氏土官中也涌现出一些优秀的母亲，如弘治至万历年间的十四世土官莫应朝之母覃氏，在丈夫十三世土官莫廷臣英年早逝后，悉心教导自己的几代儿孙辈土官："祖妣覃氏，生而静正，亦知勤俭，纺织之劳，身亲为之。主中馈外，惟相十四世以德，闻子侄读书，训之曰：'汝辈须加勤苦，多识几个字，自能认得道理，从古为官，尽用读书人，可勿自误。'廷臣(十三世土官)祖卒时年仅三十六岁，抚棺悲涕曰：'未亡人愿从地下，奈子女幼，将怙何人。'含泪教十四世祖讳应朝祖愈加严谨，承袭后，事无大小禀命而行，一不如意，辄怒不食，常言曰：'我女流不读书，严姬责子我闻之，隽不疑之，母吾亦能言之何得以世，蒙一命之荣，竟以弓矢之乐，而不念忠孝之教乎？'身历五朝，毫不倦勤，传及三代，慈以为教。"④

2. 与土官的奖惩承袭息息相关

由于许多土官之母具有重要的地位，对土官辅佐得力，朝廷也很重视广西土官之母，在嘉奖某位土官的功勋时，还不忘同时嘉奖她的母亲，如洪武三年(1370年)二月辛未，"赏广西卫指挥佥事左君弼母二十石，以君

① [清]唐仁纂，英秀修：《庆远府志》，道光八年辑，广西河池市地方志编纂委员会办公室点校，广西人民出版社2009年版，第251页。
② [清]金鉷等监修：《广西通志》(三)，卷88·列女，[清]纪昀等总纂：《景印文渊阁四库全书·史部325·地理类》，台湾商务印书馆1986年版，第481页。
③ [清]金鉷等监修：《广西通志》(三)，卷88·列女，[清]纪昀等总纂：《景印文渊阁四库全书·史部325·地理类》，台湾商务印书馆1986年版，第498页。
④ 《莫氏总谱》全集(第六谱)，忻城县莫氏联谊会2014年编，第15页。

弼有擒获山寨首贼黄英杰之功也。"①一些土官在受到朝廷处罚时，也通过其祖母、母亲向朝廷求情，从而得以减轻或免除处罚，如正德三年（1508年）九月辛酉，"田州府土官知府岑猛以乱降福建平海卫千户，恋旧治不行，累令其祖母及土酋奏乞复为府佐，改设流官，以参政"。②可见土官的奖惩升降都与其母息息相关，这都反映了广西壮族土官之母在政治上的特殊地位和待遇。

特别难能可贵的是，很多土官之母并不是一味地包庇、溺爱自己的子孙，如果自己担任土官的子孙胡作非为，违法乱纪时，土官之母也毫不留情地向朝廷揭露其罪行，令其得到应有的惩治，甚至亲手将其正法，以维护正常的法律秩序。如正统五年（1440年），"广西奉议州土官知州黄宗荫，科敛劫杀，甚至欲杀其母。母避之，杀母侍者以泄怒，为母所告……上敕……即械宗荫赴京，另择本族应袭者权署州事以俟"。③上文提到的瓦氏夫人，在嘉靖十六年（1537年）时，因其庶子岑邦相担任田州土官期间作恶多端、横行霸道，严重扰乱田州统治秩序，瓦氏夫人果敢机智，使用计谋处死了岑邦相，亲手为民除恶，并辅佐自己的孙子岑芝承袭土官职位，恢复了田州的安宁与稳定："初，田州卢苏乱后，朝廷因立岑猛庶子邦相抚定之。而邦相故兄邦彦，有子芝，依大母林氏、瓦氏居，官给养田。其后邦相恶苏专权行事，密与头目罗玉等谋诛苏及芝。苏知之。会邦相又侵削二氏原食庄田，二氏遂与苏合谋，以芝奔避梧州就军门告袭……是夜，苏及瓦氏以弓弦勒邦相死。"④还有天启三年（1623年），广西南丹州土官莫隽为非作歹、投靠叛党，"凶狂不法，党于安酋"，其祖母韦氏命令部下处死之，"至是，为其部下所杀，称奉隽祖母韦氏之命"。因为大义灭亲、为民除害，韦氏得到朝廷的赞许和嘉奖，其忠诚和果敢也得到了很高的评价："督抚以闻。上以韦氏灭亲除祸，忠义可嘉，命兵部即议褒奖，兵酌行承袭善后等事。于是部覆：莫隽孳蠹已作，罪合天诛。其祖母韦氏大义灭亲，一妇人而能独断不挠，良足嘉已。宜咨行督抚将韦氏

---

① 《明太祖实录》卷四九，第968页，引自广西壮族自治区民族研究所编：《〈明实录〉广西史料摘录》，广西人民出版社1990年版，第729页。

② 《明武宗实录》卷四二，第982—984页，引自广西壮族自治区民族研究所编：《〈明实录〉广西史料摘录》，广西人民出版社1990年版，第585页。

③ 《明英宗实录》卷六四，第1220页，引自广西壮族自治区民族研究所编：《〈明实录〉广西史料摘录》，广西人民出版社1990年版，第744页。

④ 《明世宗实录》卷一九六，第4150页，引自广西壮族自治区民族研究所编：《〈明实录〉广西史料摘录》，广西人民出版社1990年版，第779页。

旌表，其品服等项，一如其夫。"①

（二）清代土官之母的政治地位与权利

1. 清中叶之前土官之母政治地位与权力的法定化

清代壮族土官妻母的"护印权"仍然得到沿袭及朝廷的认可。如《归顺直隶州志》就记载了康熙时期该州前后三任土官之母沈氏、杨氏、许氏，相继在土官年幼或土官被朝廷治罪出现承袭危机或纠纷时，代理政务行使"护印权"以保证政权和平交接的经过："康熙十九年，州官（岑）继刚与应袭官男承权相继亡，仅存官孙荫宗年甫九岁，有祖母沈氏奉文掌理州务。缘在官人梁天觌等，助夷莫酋长起兵，合攻安南，牧马夷官具文详报上宪，即以罪坐州官，荫宗革职且拟改流，阖州民目赴督部恳乞申奏，奉旨准复，着官母杨氏待罪权印，俟荫宗生子另行定袭等谕。四十年荫宗生印官佐祚，时以长嫡争袭纷扰，上控上宪，准令佐祚嫡出承袭，着官母许氏掌印理事。"②她们更像是土官职位的守护人或护法使者，她们所护的"印"，并不是为自己的子孙守护的，而是为了整个辖区的和平与稳定。

由于壮族土官之母享有较高的政治地位，因此土官对自己的母亲也非常尊重，对于母亲的寿丧等礼仪都尊崇备至，从一些土官在自己辖区范围内发布的规例条文可以看出，对土官母亲的按例供奉属于土民的法定义务，这实际上是把土官之母的政治地位成文化和法制化了。广西多地都有这样的碑刻文献，如清雍正三年（1725年）立于大新县全茗公社的《全茗土州禁革碑记》写明："又详请乡民共议荫官、二官正配婚礼、州官官母、正妻丧礼，出办银两数目，以及乞免杂项，奉批婚丧银两□叁□□□□□□银一百贰拾两，丧银一百两之数，以为定额例。"③乾隆五十一年（1786年）立于大新县全茗公社的《茗盈土州奉批详定应办额规款项碑》规定："一办本州官母寿礼，内外两化银八十二两整。"④从这些条款看出，土官之母的丧礼、寿礼，属于全州的重大事务，用碑刻的方式规定其固定的应纳贡银金额，虽然是对州民沉重的剥削，但也反映出土官之母的高贵地位。土官眷属的地位还可从

---

①　《明熹宗实录》卷三二，第1622页，引自广西壮族自治区民族研究所编：《〈明实录〉广西史料摘录》，广西人民出版社1990年版，第792页。

②　［清］何福祥纂修：《归顺直隶州志》，据清道光28年抄本影印，台北成文出版社1967年版，第48页。

③　广西民族研究所编：《广西少数民族地区石刻碑文集》，广西人民出版社1982年版，第16页。

④　广西民族研究所编：《广西少数民族地区石刻碑文集》，广西人民出版社1982年版，第24页。

土民对其称呼中看出,如"土官眷属均称某太,官女曰母,循官族女曰母素,实不解所谓。"①

2. 清末土官之母对土官制度的保护

即使到了土官势力日益衰弱的清末,仍有一批土官之母凭借自己卓越的政治才具独撑大局。这方面最杰出的当属南丹土官之母彭氏,她在内忧外患、动荡不安的道光至宣统年间,从容不迫,牢固稳定政局,屡次化解土官承袭危机,辅佐三代六任土官,将风雨飘摇的南丹州治理得井井有条,堪称南丹州的"孝庄太后"。立于南丹县城西偏山下的《南丹土官莫树楷妻彭氏墓志碑》记载了她一生的事迹:

> 宜人氏彭,莫树楷之元配,彭公之女也。湘泽名媛,随父宦游岭右,故归于我,秉性淑贞,四德咸备,操持家务,井井有条。楷公兄弟二人,楷公居长,次树榕。堂兄弟二人,长树棠,次树椿,棠、椿、榕均无嗣,惟楷公有子二人,长继业,次让业。树棠公袭,故,宜人乃以继业禀报承袭,时年未及岁,因以树椿代理。适发匪乱后,四方绎骚,宗族豪强,屡思觊觎世职,乘隙构乱,外侮内讧,交相凌扰,宜人独能从容布置,次第剪除,丹境以安。光绪四年,继业年已及岁,正拟旋丹袭职,遽卒于庆郡寓舍。宜人又以让业继袭。光绪七年,让业袭职,十七年不禄,仅生一子沁,宜人乃以沁报袭,以弟树贞护理。二十五年,沁袭职。三十一年九月,沁故,无嗣,宜人集众亲族哨目等,公选族中亲贤子弟,昭穆相当者承继大宗,乃以树贞公之次孙莫溥承继让业,禀报继袭,以为大宗之后。计自树榕至沁,凡三代四任,均赖宜人定计决疑,佐理庶政,其功劳亦伟矣。宜人虽历更患难,然精神矍铄,老而益壮。至宣统元年,遽遘虐疾,宣统二年三月十一日戌时,卒于内寝,距生于道光十六年十一月二十九日子时,春秋七十有五。②

20世纪60年代的《广西壮族社会历史调查》也详细记载了彭氏如何挑选莫溥承袭南丹土官的过程:"卅代南丹土官莫沁,以青年亡故,死后绝嗣,近旁无亲友。三、四房争入承继。时莫沁祖母彭氏健在,两房亲自面恳,决意为莫沁寻找适宜之继承人,坚决不同意两房之所请。当时族祖莫树贞、莫骏业父子回到南丹城厢,晋谒彭氏。彭氏甚为欣喜,当莫沁幼年为官之时,不谙政事,树贞曾为其护理人,代理衙内一切行政职务,颇得彭氏之信心,于

---

① 杨北岑等纂修:《同正县志》,卷10·杂记,台北成文出版社1975年版,第401页。
② 广西民族研究所编:《广西少数民族地区石刻碑文集》,广西人民出版社1982年版,第185页。

是彭氏乃以三、四房争为莫沁继承人，但各房均属莫沁之长辈，不相适合，须求适宜为莫沁继承者乃可。遂立骏业次子莫溥为莫沁之承继人，召集十三哨会议，均认为可行。彭氏乃派遣十三哨哨目前往月里拉相村迎接莫溥来丹，承继大宗。报请上级备案，在可能办理土官承袭时，可以办理承袭土官之职。三、四房等以十三哨会商所确定，不敢再生事端，莫溥承继事遂决定。"①从这一段记录来看，南丹末期土官的承袭和废立几乎全部由彭氏决定，除了自己的丈夫之外，其余几任土官都由彭氏一手挑选和安排，护印权在她手中得到了最大程度的发挥。除彭氏外，还有其中一位土官莫树棠的母亲冯太夫人也表现突出，立于南丹县城西南角小山下的《南丹土官莫树棠墓志碑》记载："其母冯太夫人课读尤严，公生平学问，尤得力于慈帏所授。"②图 2.9 为彭氏一生辅佐和挑选的南丹土官及其相互关系，包括她的丈夫、丈夫的堂弟、两个儿子、孙子和祖孙等。

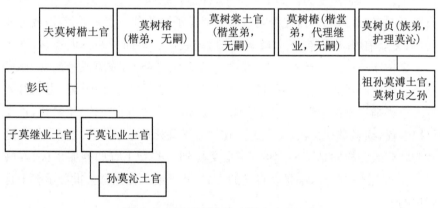

图 2.9　彭氏所辅佐的南丹土官世系图

在清末民初土司制度日暮途穷的时候，一些土司之妻也能深谋远虑，急流勇退，运用智慧保全土官血脉，如来宾的土官之母韦毛氏，在丈夫去世儿子生命受到威胁时，及时摆脱土司职位避走他乡，避免了因夺位而导致的流血冲突："韦毛氏，县属北五里古蒌村土巡检世职韦志贤之次子妇也，夫讳应坤，氏年二十而寡，子文全绕三月余，应坤兄应乾先卒，应坤例袭世职，以次当传文全，族人欺孤嫠，将阴害之，氏曰：'彼辈利吾所有耳。'氏本贵县女，

---

①　广西壮族自治区编辑组编：《广西壮族社会历史调查》（第二册），广西民族出版社 1986 年版，第 145 页。

②　广西民族研究所编：《广西少数民族地区石刻碑文集》，广西人民出版社 1982 年版，第184 页。

遂子身携文全走避外家，迨文全长，为聘武宣县属古豪上里廖氏女为妇，因迁居廖氏庄，藉托姻党以自全，命子曰：'文全殆其微意与?'其深思远虑，委荣利等敝屣有如此。氏得寿八十有七，厥后袭世职者，传至志贤玄孙学祖，以罪诛，世职除，遗产籍没入官。"①这体现出土官之母长期处于权力的顶端，因此整体上拥有较高的政治素养。

三、土官之妻的承袭权与掌印权

（一）土官之妻的承袭权

土官之妻在广西的土官制度中也发挥着巨大的作用，最重要的一点是，壮族土官之妻女享有承袭权，即土官去世后，其妻、女、婿均可继承土官职位，处理政务，对此，文献均有记载，如明代《国朝典故》也记载："洪武中，土官无子弟，其婿与妻皆得袭。"②道光《庆远府志》也记载，明代洪武时期制定广西土官的承袭制度为："如土官无子，许弟袭职；如并无子弟，其妻或婿，为夷民信服者，许袭职。"清代沿袭该制度："无子许弟袭。族无可袭者，或妻或婿，为夷众信服，亦许袭。"③《岭表纪蛮》记载："土司如子幼不堪承袭，则土司之妻护印……土司绝嗣，许弟承袭。族人无可袭者，或妻或婿或女，亦准承袭。等此等承袭人物，必须具有'无废疾''无过犯''蛮民悦服'之三种要件——否则仍不准承袭。"④《壮族风俗志》亦记载："土官时代，土官死，正妻可以继任，或者掌握实权，瓦氏夫人在丈夫岑猛死后就掌田州之权多年。这表明壮族的父权制是不彻底的。"⑤上文提到一些女土官如泗城卢氏、岑妙定母女和上隆州陈氏，都是在自己的丈夫、儿子或上任土官去世后承袭土官职位的。

（二）土官之妻的掌印权

1. 明代

土官之妻也和土官之母一样，享有掌印护印权，得以协助土官处理事务，如明代就曾出过一位富有谋略、辅佐丈夫建功立业的土司之妻："沈希仪（贵港人）为参将，时正值两江多故，希仪使其腹心诈为贩者，以货入诸土司

---

① 宾上武修，翟富文纂修：《来宾县志》，台北成文出版社1975年版，第517—518页。

② 见《国朝典故》，[清]汪森编辑：《粤西丛载》(下)，黄振中、吴中任、梁超然校注，广西民族出版社2007年版，第1054页。

③ [清]唐仁纂、英秀修：《庆远府志》，道光八年辑，广西河池市地方志编纂委员会办公室点校，广西人民出版社2009年版，第243—244页。

④ 刘锡蕃：《岭表纪蛮》，台北南天书局1987年版，第201—202页。

⑤ 梁庭望编著：《壮族风俗志》，中央民族学院出版社1987年版，第135页。

贸易,察其动静,密以谍报。其妇人亦有智略,召诸妇人入视,其有能者,令往看夫,因携线绣巾带诸闺奁中饰具往鬻之,得与夷妇习,因尽知其内外幽隐之状,其师无虚出者。"①与土官之母一样,由于土司之妻发挥着重要的政治作用,明代中央统治者在赏赐广西土司时,还一并赏赐其妻以表重视,如成化十四年(1478 年)二月辛酉,"赐故广西都指挥使岑瑛诰命并封其妻"。②由于土官之妻享有较高的地位,甚至土官的妾室也可以独立向朝廷检举揭发高级地方官员的不法行为,并使该官员受到惩处,如宣德二年(1427 年)六月戊寅,"广西故都指挥葛森妾许氏诉(总兵镇远候顾)兴祖欲夺其居宅,又逼娶森次妾袁氏,私役军造第宅及贪虐不法十五事。诏令兴祖自陈,至是首实"。③

由于土官之妻的掌印权直接决定了土司的废立,导致一些土官之妻滥用权力产生承袭纠纷。明代历史上曾发生过土官之妻与土官继承人之间的掌印争夺纠纷,如《明史·广西土司传》就记载了洪武年间龙州土官赵帖坚之妻黄氏与继承人赵贴坚之侄赵宗寿之间发生的争夺掌印纠葛:"洪武二十一年,(龙州土官)帖坚病,无子,以其从子宗寿代署州事。贴坚卒,宗寿袭。郑国公常茂以罪谪居龙州。帖坚妻黄氏有二女,一为太平州土官李圆泰妻,茂纳其一为妾。时宗寿虽袭职,帖坚妻犹持土官印,与茂、圆泰专擅州事,数陵逼宗寿。"④《明史·常茂传》也进一步补充了上面的记载:"洪武年间,龙州土官赵贴坚死,从子宗寿当袭。贴坚妻黄以爱女予茂(常,常遇春之子)为小妻,擅州事。(洪武二十四年)茂既死,黄与宗寿争州印,相告讦。"⑤明代也曾出现过土官之妻滥用权力,用他人冒充承袭土司职位的案例,如正德十四年(1519 年)二月辛卯,"广西龙州土官知州赵源卒,亡嗣,妻岑氏诈以家人子为子,冒姓赵名璋,欲袭源职。既然州民保源庶兄子相袭职,岑氏与璋逃入田州。"⑥这些事件虽然导致土州政局混乱,但也从侧面反映出,由于土

---

① [明]魏濬:《岭南琐记》,中华书局 1985 年版,第 45 页。
② 《明宪宗实录》卷一七五,第 3163 页,引自广西壮族自治区民族研究所编:《〈明实录〉广西史料摘录》,广西人民出版社 1990 年版,第 755 页。
③ 《明宣宗实录》卷二八,第 751 页,引自广西壮族自治区民族研究所编:《〈明实录〉广西史料摘录》,广西人民出版社 1990 年版,第 624 页。
④ [清]张廷玉编:《明史·广西土司传》,册 27,卷 319,页 8262。见广西壮族自治区通志馆编:《二十四史广西资料辑录》(四),广西人民出版社 1987 年版,第 306 页。
⑤ [清]张廷玉编:《明史·常遇春传附常茂传》,册 12,卷 125,页 3737。见广西壮族自治区通志馆编:《二十四史广西资料辑录》(四),广西人民出版社 1987 年版,第 71 页。
⑥ 《明武宗实录》卷一七一,第 3310 页,引自广西壮族自治区民族研究所编:《〈明实录〉广西史料摘录》,广西人民出版社 1990 年版,第 767 页。

官之妻长期享有较高的政治地位，因而具有强烈的政治自信与权力欲望，往往会发动权力的斗争或卷入权斗的漩涡中。

2. 清代

至清代，土官之妻的护印权与政治参与权依然有增无减。清代梁绍壬《两般秋雨庵随笔》记载：广西"土官娶妻，以五色璎珞盛印为聘，过门时乃悬之项下，谓之'挂印夫人'。娶后，印即掌于其妻，呼为'护印夫人'，筑高楼以居之，曰'印楼'。民间税契者，例价千钱之外，另折钱一百五十文，名'印色钱'，即护印夫人之花粉钱也。"①清末民初况周颐的《眉庐丛话》也有相同记载。南宁地区天等县镇结土官文稿中的《呈报荐选应袭官职文》(本年十月十九日)就记载了在土官更迭过程中，土官之妻享有代理执行州务的权力，土官所有事务都必须与之相商："查结安土州张学峻于□年□月病故。蒙前署府世札委卑官男前往代理该州事务，并发给告示一道，饬该官妻张黄氏，将前宪刘给赐结安土州戳记，呈缴涂销。所有应行公务，即与张许氏官母商办，以结安印信盖用。乃该官母张许氏，系属女流，卑官男鞭长不及，任内奸目□□与官妻张黄氏专权，不将戳记缴销。凡地方一切事务，均系奸目□□等与张黄氏横行舞弊。"②

由于土官之妻的掌印、护印权非常重要，直接决定着土官之妻的地位，因此在土司有多个妻子并发生嫡庶继位子之争时，就形成了土司惯例，只有嫡妻才能掌印，这是基本的原则。历史上曾发生土官嫡妻和庶妻为争夺掌印权而发生的政治斗争，但仍以嫡妻享有掌印权为主旨，只有这样才能获得群众的认可，如南丹十八代土官莫自乾，生有子九人，莫与隆为嫡配蒙氏所生，同胞兄弟三人。其庶母崖氏生六子，年已成立。自乾年老择立嗣子，以备将来承继为土官。与隆虽属嫡生，但年龄尚幼，恐难胜任。迫得选崖氏长子莫与崇继嗣，以备将来承袭土官之职。蒙氏以己子不得立，心为不平，乃纠集其亲信之子，设计破坏，并暗探崖氏之举动，以进谮于自乾。崖氏亦探知蒙氏阴谋，设机以待。双方竟成汤火。彼此在自乾前互相攻讦，已势不两立。而自乾亦无法自决。土官旧例，在新年元旦日，各哨哨目必须备办礼物，向土官夫妇祝贺新年。土官夫妇出堂受礼。崖氏骄矜倨傲，自以掌印夫人之身份，颇自满盈，及各哨目之参拜，毫无谦让，直坐于堂上，不起立以致

---

① [清]梁绍壬：《两般秋雨庵随笔》，卷7，庄葳点校，上海古籍出版社1982年版，第348页。[清]况周颐：《眉庐丛话》，卷1。

② 广西壮族自治区编辑组：《广西少数民族地区碑文、契约资料集》，广西民族出版社1987年版，第110—111页。

谢。遂激起各哨目之公忿,以崖氏傲慢无礼,不堪为掌印夫人。各哨目相邀,齐集衙内,逼迫莫自乾,各哨目亲自动手,用轿将崖氏抬出衙外,不准再进官衙。并对自乾说道:"如你需用两个夫人,我们哨目替你另找一个。"于是遂立蒙氏为掌印夫人,所有承袭世职,改由莫与崚承继。崖氏亲生子六人,除莫以崖替父带领团练,随军远征外,在丹五子,有合谋暗杀与崚之意,但事机不密,为自乾闻知,于是将崖氏四子驱逐于远方。此事遂结束。[1]但如果嫡妻无子,庶妻可与嫡妻共同享有掌印权,如民国《来宾县志》记载:"石韦氏,县属南二里银峡村土参将石邦贤之妾也,邦贤初艰嗣,因广置姬妾最后纳氏,连举两男,而邦贤卒,氏年二十三,两男犹在襁褓,沿清制土舍例,与嫡同管家政。"[2]

　　为了维护土官之妻的护印权,土司还在财产上给予有力的保障。广西一些土官的官田中就有"养印田",即土官之妻掌握印信,此田归她所有,是土官赐给发妻掌管印信的田产,但她却不得买卖,等到她的儿子继任为土官时,便将此种权利转移给儿媳手里。这种田产,只有南丹县城内土官衙门钱一处,计田面积一百四十挑。[3]土官之妻的地位之高还体现在其居住上,掌正印的妻子在土官衙门有自己独立的房屋,并且设在祖宗香案的右边,以体现其尊贵地位,如图2.10安平土州土官衙门后半部示意图。

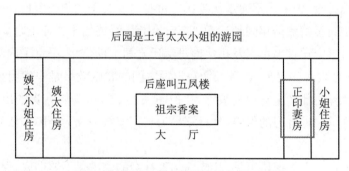

图 2.10　安平土州土官衙门后半部示意图

资料来源:广西壮族自治区高级人民法院《审判志》编辑室编:《广西审判志》(讨论稿),1991年9月15日印,第75页。

① 广西壮族自治区编辑组编:《广西壮族社会历史调查》(第二册),广西民族出版社1986年版,第144页。
② 宾上武修,翟富文纂修:《来宾县志》,台北成文出版社1975年版,第517页。
③ 广西壮族自治区编辑组编:《广西壮族社会历史调查》(第二册),广西民族出版社1986年版,第5、158页。

（三）土官之妻的联姻范围限制

正是由于土官之妻特殊的政治地位，导致广西壮族土官在娶妻制度上形成了一系列的限制和挑选准则，以确保其地位和血统的高贵，如南丹土官的婚嫁是有限制的。土官的发妻不能在本县找，必须在外省县找。他的女儿也要嫁出外县去的。这种用意，是表现土官及妻女是尊贵的，人民应视同父母一样。有阶级的限制，故不宜在本县嫁娶。①忻城土官的《遗训》当中专门对土官选妻作出了规定，要求必须系出名门、德才兼备："一慎正始闺门，为治化之本。慈祥乃衍派之基，不谨而娶之，鸩毒之害，其可问乎。凡未荫官，择配必聘名门。选有德者，则内政有藉，家室克宜。壶范既端，男女莫乱。后来之秀，风流将有似矣。切勿弃桂树鸣鸾，漫使村鸡为我司晨。"②历史上忻城的莫氏土司一直与周边毗邻的土官联姻。如从第五任土官莫应朝至第十八任土官莫昌荣，他们的妻子分别娶自那地土官、东兰土官、永定土官、南丹土官、永顺土官、安定土官之女等，而忻城土官的女儿和妹妹也分别嫁给上述土司，可谓世代联姻，盘根错节。其中永定土司最多，达4次，其次是永顺土官和那地土官，各3次，南丹土官2次。如果土官之妻不是出身土官之家，而是娶平民为妻，则土官属民不愿承认其主母地位，从而导致政权更迭和社会动乱，例如，其中第九任土司恩辉袭职后，不守家规，私娶署郊村民女麦氏为妻，因下属不愿承认麦氏主母身份及其子的承袭资格，导致了从明万历年间至清顺治年间长达50多年的内乱，最终第十二任土官莫宗诏通过向母舅永定司官韦世兴及岳父南丹莫氏土司求助借兵，平息了内乱，顺利承袭。③（见表2.1）可见，这种长期在土司之间的联姻效果是非常明显的，这也可以解释为什么土官正妻被称为"护印夫人"了，因为她高贵的出生对丈夫的权位是一种有力的保障，其母家势力与夫家势力互为屏障和依靠，相辅相成。

由土官之妻的地位可见，壮族的父系社会的确进化不够彻底，保留了较多的母系特征，而一些文献中所记载的壮族土司婚礼上的特殊仪式也可以得到合理解释：即土司与土司之妻权力争夺战的象征性演练。例如南宋范成大的《桂海虞衡志》记载"洞官婚礼"条："婿来就亲，女家于五里外结草屋

---

① 广西壮族自治区编辑组编：《广西壮族社会历史调查》（第二册），广西民族出版社1986年版，第161页。

② 《莫氏总谱》全集（第六谱），忻城县莫氏联谊会2014年编，第35页。

③ 忻城县志编纂委员会编：《忻城县志》，广西人民出版社1997年版，第534页。《莫氏总谱》全集（第六谱），忻城县莫氏联谊会2014年编，第15—22页。

表 2.1　忻城土司妻女历代联姻对象与范围

土官妻、女	身　份		出身、嫁夫
罗氏	第五任土官莫应朝妻		那地土州官之女
罗氏	第六任土官莫镇威妻		
韦氏	第七任土官莫志明正室		东兰土州官之女
土司之女	第七任土官莫志明之女		万历三十九年适永定土司(今宜州市境)官韦世兴为妻
罗氏	第八任土官莫镇威妻		那地土州官之女
韦氏	第十一任土司莫猛妻		永定长官司之女
莫氏	第十二任土官莫宗诏妻		南丹土州官叔莫士英之女
土司之女	第十二任土官莫宗诏	长女	适永定长官司
土司之女		幼女	适永顺正土司官叔邓启聪
土司之女	第十三任土官莫元相	长女	适永定土司韦廷烹
土司之女		小女	适永顺正土司为妻
	第十四任土官莫振国妻		永顺土司长官邓启明之女
土司之女	第十四任土官莫振国小女		适于巡检司覃廷玺为妻
莫氏	第十六任土官莫宗诏妻		南丹官族莫自英之女
兰氏	第十七任土官莫元相妻		士聪都闻公之女
土司之妹	第十八任土官莫昌荣小妹		适安定土巡检司第十六代土官为妻

资料来源:忻城县志编纂委员会编:《忻城县志》,广西人民出版社 1997 年版,第534 页;《莫氏总谱》全集(第六谱),忻城县莫氏联谊会 2014 年编,第 15—22 页。

百余间与居,谓之入寮。两家各以鼓乐迎男女至寮,女婢妾百余,婿僮仆至数百。成礼之夕,两家各盛兵为备,小有言则兵刃相接。成婚后,婿常抽刃,妻之婢妾忤益即手杀之。自入寮能多杀婢,则妻党畏之;否则谓之懦。"[1]南宋《岭外代答》也有完全相同的记载。[2]明代邝露的《赤雅》也有类似的记载:"壮官婚嫁:壮人聚而成村者为峒,推其长曰峒官。峒官之家,婚姻以豪侈相胜。婿来就亲女家,五里外采香草花萼结为庐,号曰入寮。锦茵绮筵,鼓乐导男女而入。盛兵为备,小有言则啸兵相鏖。成亲后,妇之婢媵忤婿意,即

---

[1]　[宋]范成大:《桂海虞衡志》,齐治平校补,广西民族出版社 1984 年版,第 35 页。
[2]　[宋]周去非:《岭外代答》,杨武泉校注,中华书局 1999 年版,第 418 页。

手刃之。能杀婢媵多者,妻方畏惮,否则懦而易之。半年始与婿归,盛兵陈乐,马上飞鎗走球,鸣铙角伎,名曰出寮舞。"①这些仪式乍看之下觉得残忍荒谬不可理喻,但若了解了壮族土官之妻在历史上较高的政治地位,也就不难理解了。在母权制时代,土官妻权是高于土官的,进入父系社会后,男性土官开始从妻党手中夺取自己的地位,于是就演变成了婚礼上的一种征服和"驯妻"仪式。只有土官最终战胜了妻子,才能获得妻家的认可,名正言顺地进入妻子的家中。

（四）土官之妻的内政管理权

土官之妻不仅对外享有较高的社会地位与政治权利,而且对整个土官家庭内政也具有强大的操控和管理职权。在大部分情况下,广西壮族土官之妻都秉承前代贤明贞淑的优良品德,忠心耿耿地辅佐自己的丈夫和子孙,并无桥横跋扈之举,表现出良好的素质与修养。这其中以忻城最为突出。忻城第二十任土官莫景隆（雍正八年即位至乾隆二十四年告致）做《芝州家训》,其中有若干条专门对土官之妻的言行品德作出规定,要求她们应当相夫教子、恪尽职守、操持家务、率领仆役、管理园户、珍惜饮食,如第二条"为主母":"贵慈祥,毋嫉忌。黎明而起,洗栉外,命婢扫地净几,务使庭园永无荒秽,则其家自有旺相。日间须检点,中馈粒米,不许作踏,寸薪亦要收拾。或丰或俭必得其宜,或饥或饱必处其当。到夜昏,谨门户,严锁钥,凡油灯炉火,欲睡先灭,回炉之灾可无自起矣。至纺织组纫,女工所宜,必身亲以倡之,勿使敬姜之训,专美于前也。"第四条"诲子女"第五条"和妯娌"。②土官之妻以女性特有的沉静、温柔、体贴、细致管理着土官官族,即以一种与男性的刚性统治迥然不同的"柔性文化"统治着整个辖区,使得统治更为持久和温和。据忻城土司府署附近居民说,忻城土司前后递袭500多年,从无大的天灾人祸,大部分时期都非常和平,这和土官之妻的勤谨持家分不开。历代土官之妻都以上述家训为本分,尽力主持土官内政家务,鞠躬尽瘁,兢兢业业,内修政治,外拒叛敌,涌现出了一批"贤妻""能妻",见表2.2。

值得一提的是,除了土官母、妻等眷属外,一些土官的女儿因长期受本土女权文化影响,也表现出良好的素养和基因传承,如《明史·后妃·孝穆纪太后传》记载的就是一个典型例子:"孝穆纪太后,孝宗生母也,贺县人。

---

① ［明］邝露:《赤雅》,蓝鸿恩考释,广西民族出版社1995年版,第24页。
② 《莫氏总谱》全集（第六谱）,忻城县莫氏联谊会2014年编,第50页。

表 2.2 忻城历代杰出的土官之妻

姓名	丈夫	生卒年	生平事迹
覃氏	第六任土官莫廷臣	弘治十五年（1500年）至万历三十三年（1595年），享年96岁	见前文明代忻城莫土官莫应朝之母覃氏。
孺人罗氏	第七任土官莫应朝	正德十五年（1520年）至嘉靖三十四年（1555年），享年36岁	那地土州剌史公之女也，守名门之训，亦甚仁厚。常谕镇威公曰："淡泊足以明志，宁静可以致远，吾未见纷华浮躁者能成大器，异日承袭，勿忘斯言。"
恭人罗氏	第八任土官莫镇威	嘉靖二十八年（1549年）至万历十五年（1587年），享年39岁	世袭那地州剌史公女也，生自豪门，性情雅淡，机宜悉合，十五世祖频年出师，一切地方事务，归宇之后，相敬如宾，目役票命而行，无有逆焉。裁决如流，所以一向征战无内顾之忧，得用力于疆场，房功克奏，至其平素慈祥、怜恤贫苦，有告急辄周之，老幼相谓曰，实女中君子也。
孺人韦氏	第九任土官莫志明	无载	性尚慈爱，亦知孝顺，治家室愈加敬爱。
继室孺人蒙氏		万历四年（1576年）至顺治九年（1652年），享年79岁	恭重持身，语言不苟优裕气度，莫不钦为多福之基焉。归祖之后，以顺为正，时内务颇繁，理之无遗漏，至小婢饥寒，自为衣以衣之，为粥以啜之，吾恒常曰，吾为妇人，外政不得干预，家中人役，实我贵也，况若辈亦怨所生，内外闻之，能免其怨根乎，不过贵贱异年，为主是我主母，不惠爱之，则苦楚无所告，莫不心悦诚服，凡韦氏祖妣所生子女，待之如己出焉。
孺人覃氏	第十三任土官莫恩达	万历二十八年（1600年）至康熙七年（1668年），享年69岁	赋性端正，语言顺当，恩达祖袭职时，祖妣同甘共苦，克己待人，无不备至，不时劝勉达祖以宽厚慈祥。收拾人心，祖宗一嫡相传，无使移孝于劳支者，祖妣亦有力焉。

续表

姓名	丈夫	生卒年	生平事迹
孺人韦氏	第十五任土官莫猛（《忻城县志》为第十一任）	万历四十五年（1617年）至康熙三十二年（1693年），享年77岁	永定长官萌发公之女，性好俭朴，不事绮罗，手归之后，亲自纺织，一署大小侍婢终岁不费一钱，而冬麦夏葛，悉自为之，至日用饮食，非烹宰不杀牲，何必过残物畜，有伤天地之生，况菜根味长，俭以身先之，明日省一费（即顺治九年冬，高祖伯祖及曾伯祖迁变，流离离变苦，抚养曾祖宗诏成人，殚摩尽心思，罹恨各愁，卒无宁日。
莫氏	第十六任土官莫宗诏	顺治八年（1651年）至康熙五十二年（1713年），享年63岁	南丹官族莫自英之女，于归之后，正当苦楚之时，不衣绮罗，惟勤纺织，痛父兄时，从容慰解，则此身尚任，当谓曰：祖父重业，不能代为尽瘁驰驱，妾巾帼之流，愿相夫保此城已耳，造中年干戈不除儿女，又累数十年教诲劳苦，即偶暇刻矣。
孺人兰氏	第十七任土官莫元相	康熙七年（1668年）至雍正十一年（1733年），享年66岁	土聪都阃公之女也，当其婉从教学，内则诵诗经，纫织组训，特其绪余耳。及于归后，日奉诗生，执豢青，亲井臼，勤且慎敬接姆婕待奴婢，敬与宽盖其妇德，姆仪已娴文韬，讲武略，谈仁民，时至于针绣灯下，与参君子之军，常布木人之德，谈爱物，其相祖孝，以德无不备矣。
孺人邓氏	第十八任土官莫振国	康熙三十六年（1697年）至雍正六年（1728年），享年32岁	永顺长官启明公之女，性好恬淡，不多言，一署之中，事先王父母、杯水盘菜，必身自奉，居家以俭，竹锭布帛，亲以身率，其内外分严，内政之理肃然矣，女教纺织，手不失卷，至于嬉游乎？自古不有作儿戏之际，辄亚而责之曰：汝父为官，公眼之外，终岁不剪，其以上特乱为，出入仍使男治蔬园，至于教督隆，见肖之子，多败于慈母之姑息，我不能为汝宽，朝夕课诵有师长在，其勿流矣。

资料来源：《莫氏总谱》全集（第六谱），忻城县莫氏联谊会2014年编，第15—22页。

70

本蛮土官女,成化中征蛮,俘入掖庭,授女史,警敏通文字,命守内藏。"①在众多被俘入宫的宫女中因机敏脱颖而出,受到皇帝(明宪宗)的青睐,并最终诞下了明孝宗。虽然早亡,却被尊为孝穆太后。

第三节　壮族妇女在传统家庭组织中的政治地位与权利

西方文化自古希腊时期,就对妇女的政治智慧嗤之以鼻,如中世纪的人文学家伊拉斯谟曾说:"有时一个女人想把自己说成是明白事理的人,其实说到底她不过是个双料的傻瓜。"②但壮族却从未有如此浅薄的认知,相反,他们对妇女的政治智慧表现出极大的信任和欣赏,既然壮族妇女能在统治阶层取得较大的势力和席位,那么在民间自不必说。许多平民妇女成为整个家族、家庭的领袖,治族治家井井有条,胜过许多须眉。

一、壮族宗族组织中妇女的政治地位与权利

（一）担任宗族领袖

宗族在我国民间发挥了非常重要的自治作用,尤其在广西,民间以血缘关系为纽带形成的宗族是最主要的自治单位,注重群体生存的少数民族往往聚族而居,内部形成了完备的领导管理体系,有世代相沿的族规、家规维护其秩序,几乎相当于一个个的独立王国。按照汉民族的礼教,宗族是父系血脉的传承,当然是由男子来执掌整个家族的管理。但在壮族地区,许多妇女成为宗族首领,表现出极强的社会组织和协调能力。《隋书·列女传》就记载了贵港寡妇胡氏担任宗族长,带领自己的家族平安度过南朝战乱的事迹,可谓平民中的"冼氏夫人":"时尹州(今广西贵港市)寡妇胡氏者,不知何氏女妻也。甚有志节,为邦族所重。当江南之乱,讽喻宗党,皆守险不从叛逆,封为密陵郡君。"③

壮族占绝大多数人口的宜州市立有众多明清时期在家族中地位享有较

---

① ［清］张廷玉编:《明史》,册12,卷113,页3521。见广西壮族自治区通志馆编:《二十四史广西资料辑录》(四),广西人民出版社1987年版,第64页。

② 德尼兹·加亚尔,贝尔纳代特·德尚:《欧洲史》,蔡鸿滨、桂裕芳译,海南出版社2000年版,第276页。

③ ［唐］魏征、颜师古、孔颖达编:《隋书·列女传》,册6,卷80,页1809。见广西壮族自治区通志馆编:《二十四史广西资料辑录》(二),广西人民出版社1987年版,第40页。

高地位的妇女的墓碑，从墓志铭的记载来看，她们身前都是本宗族的领袖，对内执家守业，处理宗族内部的各种事务，维护宗族成员的和睦关系，对外则运筹帷幄，维护宗族整体的安全，免受外来侵犯。如立于明嘉靖庚寅年（1530年）《高嵩夫人邬氏墓志铭》："其处庶姑刘及妯娌娣娣，宗族姻党，咸得其欢心，用是内外之人并贤之。弘治甲寅从中峰仕俣昌学□，以缺养□□为歉，力劝中峰分俸而格于有司……中峰仕兴藩时，大人亦从之，夙夜益竭警戒相成之道。逮中峰不累于家，得以尽心职业者，以有夫人内助也。"①立于嘉靖辛丑（二十年，1541年）《李仑夫妇墓志铭》："配彭氏，都督瑛之孙，指挥使伯灵□文，都指挥同知□之女也。生成化乙未十月五日未时，年十七归于公，明达慈善，治家有方，诸子□□□下之，足为世范。"②立于乾隆十六年（1751年）《杨名父母敕命碑》："广西平乐府荔浦县教谕杨名之母陈氏，淑范宜家，令仪倡后。早相夫而教子，俾移孝以作忠。兹以覃恩貤赠尔为八品孺人。"③立于乾隆四十二年（1777年）《汤德崇祖父母敕命碑》："高氏，乃广西梧州府教授汤德崇之祖母，箴诚扬芳，珩璜表德，职勤内助，宜家久著，其贤声泽裕后昆，锡类式承乎嘉命。兹以覃恩貤赠尔为孺人。"④立于道光六年（1826年）《璩嘉骥夫妇墓表》："嫂夫人生于乾隆癸巳年正月初三日亥时，自归吾兄，勤持家，和宗族，恤乡里，温温然有母仪焉。"⑤立于光绪四年（1878年）《杨应祥叔父母诰命碑》："王氏，乃同知识衔黄应祥之叔母，德可相夫，教能启后。一堂环佩，和音克著其慈祥；五夜机丝，内治韦昭其柔顺。兹以覃恩貤赠尔为孺人。"⑥

　　笔者在靖西市安德街调研时，看到该村博物馆的一件"镇馆之宝"——一副写于道光十七年的红缎金字贺寿屏，是安德街退休教师杨茂功一家的藏品。寿屏是为庆贺当时杨氏家族一位德高望重的妇女——杨母郭大孺人七十大寿撰写的，详细歌颂了杨郭氏一生的功绩，其中写道她主持整个家族的家政，待人接物有礼有节，以诚义为本，得到众人的拥戴；教导子女有方，子孙中出了好几位进士和武官："大孺人郭氏主持家政，都人士及媪娅亲戚，凡往来晋谒者，无不令尽情以待，所以兄及于因心者，皆出于孺人义方之训

---

① 李楚荣主编：《宜州碑刻集》，广西美术出版社2000年版，第183—184页。
② 李楚荣主编：《宜州碑刻集》，广西美术出版社2000年版，第177页。
③ 李楚荣主编：《宜州碑刻集》，广西美术出版社2000年版，第228页。
④ 李楚荣主编：《宜州碑刻集》，广西美术出版社2000年版，第227页。
⑤ 李楚荣主编：《宜州碑刻集》，广西美术出版社2000年版，第186页。
⑥ 李楚荣主编：《宜州碑刻集》，广西美术出版社2000年版，第226页。

居多。余乃叹:非此母不能生此子,非此子不能有此母。生于望族,汾阳苗裔,为万箱美轮美奂,非孺人无德之报不至此。《易》谓积善余庆,《书》称作善降祥,殆乎乎! 至若待宗族则以诚处,乡党则以义,抚幼御下,则必宽必恕,此犹孺人慈惠焉耳。然则孺人之孝顺如此,宜寿一;孺人之勤劳如此,宜寿二;孺人之慈惠如此,宜寿三。古人有三不朽,皆传之奕世,垂诸无穷。孺人虽所行不同,其足以显名寿异焉。"(见图 2.11、2.12)

图 2.11 靖西安德街金字红缎寿屏杨郭氏事迹 **图 2.12 杨郭氏子孙任职情况**

而在忻城莫氏官族中,也出现了不少女性宗族首领,后世在为其树碑立传的时候,对其治家才能都给予极高的评价,如马平进士邬敏学祝有藻母寿题赠云:"世族仰乌衣,咏絮才高列女传;名门著金缕,读书堂起状元歌。"[1]宁江乡龙头村果彩屯后莫奶岭上保公祖婆墓碑联更是用极度夸张的手法表达对该妇女领袖的赞颂:"头戴金刚帽,前面九龙来治水;脚踏万年河,后头龙尾到天峨。"[2]从一些文献记载的情况看,壮族妇女还有执行习惯法的权利。即如宗族中有人违背了习惯法,妇女也可予以惩罚。如上文提到的清末龙脊十三寨恶棍潘日昌,后来十三寨召开众团大会把他游街暴打后永远驱逐出龙脊地区。当地壮族还将这件事编成山歌传唱,其中群众一起暴打潘日昌的歌谣唱到,"捆绑连上美椿,妇女竹枝同打","刑捆妇打血成

① 《莫氏总谱》全集(第六谱),忻城县莫氏联谊会 2014 年编,第 55 页。
② 《莫氏总谱》全集(第六谱),忻城县莫氏联谊会 2014 年编,第 56 页。

汤,皮碎肉浓逐出境","女伤鬼叹遭鞭打,男忿神怒美人椿"①。可见妇女和男子一样对犯罪者共同执行了习惯法,甚至妇女表现得更激烈。

这种状况一直持续到民国时期,当时的广西民政厅根据各县政府的报奏,对各地表现突出的贤人、寿老予以褒扬,其中就包括很多能力超群的妇女,她们在宗族管理中发挥了巨大的作用。见表2.3。

表2.3　民国广西民政厅二十二年至二十三年度办理褒扬中的妇女宗族领袖一览表

被褒扬者姓名	性别	年龄	籍贯	褒扬事由	褒题字样	褒题年月
谢慧莲	女	—	平南	对于地方公益事业均热心尽力	造福桑梓	廿二年九月
韦何氏	女	81	平南	勤俭持躬,至老不倦	淑德遐龄	廿三年一月
韦覃氏	女	97	都安县安定区陇冷村	寿逾九旬神明不衰,平日持家教子足为乡里矜式	德门寿母	廿三年六月

资料来源:张妍、孙燕京主编:《民国史料丛刊·政治·政权机构·广西省施政纪录(一)》,大象出版社2009年版,第358页。

（二）调解宗族纠纷

壮族妇女在宗族中的职能,其中有一项非常重要,就是调解纠纷。这项职能至今仍发挥着作用。笔者在宜州调研时,了解到当地有一种"六房"调解制度,即宗族内部的纠纷,由家族中的长辈男女组成一个类似调解委员会的机构,解决各类婚姻家庭及受外姓的人欺负等事宜,不让纠纷出家门。"六房"没有明确的范围,族里德高望重的老人都可以,男女都有资格承担。既可以是长辈如爷爷、奶奶、公公,也可以是平辈的叔叔、伯伯、舅舅、姑妈、姨妈,一般为两三代左右的人,最近的是三四代,四五代的就太远了。宜州民宗局副局长说:以前调解纠纷都是由族里辈分最大的、年龄最长的人担任,男女都可以,调解时先让纠纷两边反映各自的情况,然后再召集家族里的每一户户主,长辈当众把两边反映的情况结合后,指出谁对谁错,把自己的看法表达出来,以达到一定的教育目的。如夫妻纠纷,假如是媳妇做错了,但长辈不会先说媳妇,而是先说儿子的短处,先把男方教育一顿。而对于儿媳不对的地方,长辈说得很委婉,然后指出:夫妻有点小矛盾,没有大的

---

① 广西壮族自治区编辑组编:《广西少数民族地区碑文、契约资料集》,广西民族出版社1987年版,第184页。

矛盾,就算是橱柜里的碗也有碰撞,因此夫妻双方的矛盾纠纷很正常,夫妻一辈子不闹纠纷不正常。通过许多方式,引用很多前例来调解,成功率、化解率都很好。也有夫妻曾告到司法部门,但最后还是听家里长辈的。笔者采访一位贵港市港北区庆丰镇中龙村大冲村(关都生产队)的卢氏壮族妇女时,她说自己的奶奶在村里被称为"贵人",常在结婚时接引新娘,丧礼时负责死者入殓,因此在村里德高望重,也常常参与调解家庭纠纷。从上述调研情况来看,壮族妇女至今在宗族治理中仍享有很高的地位,发挥着不可替代的作用。

妇女作为宗族长调解的纠纷,即使以后该纠纷被村委会再次调解,也会尊重和考量她们的意见。如笔者在中国少数民族特色村寨贵港市覃塘区新岭村调研到一起妇女作为宗族长所处理的相邻宅基地纠纷。2017 年 2 月 27 日,村民韦某庆用水泥砖砌围墙,但同族村民韦某南、韦某祥有猪栏两间在西边。韦某庆的奶奶生前有过吩咐,韦某南、韦某祥于 2003 年建屋时答应过,如果韦某庆需要建屋随时还给对方。现在韦某庆要求将韦某南、韦某祥的牛栏、猪栏拆除。但韦某南提出凭据说是自己的老祖地,有"转朝"屋一排。后经双方协商,达成如下调处意见:第一,韦某南猪栏东边墙面起一米内做出入通道,韦某庆在一米外可以砌水泥墙。第二,韦某祥土坯房南面自墙面至水泥路 4 米内作村内公共用地作排水沟或水泥路。第三,南面空地面积长 6.2 米,宽 4 米,任何人不得占用。①从该案的起因来看,主要是遵守女性宗族长作出决定的一方违反了曾经的约定,但村委会在调解时,仍然充分尊重以前作出的决定,并在该决定的基础上引导双方达成和解协议。

二、壮族妇女在传统家庭中的政治地位与权利

(一)壮族妇女的家主权

在旧时的传统家庭中看,妇女的地位是非常卑微和渺小的,受尽男权的欺凌与压迫,以至于民国时期一些先觉醒的女权主义者高呼:"呜呼,我国女子有不生息饮泣于此黑暗女界之中者乎? 有未身受男女不平等之种种苦楚者乎? 顾能悲其黑暗,知其苦楚者,有几人耶?"②但在壮族地区,却截然是另外一番景象,妇女不仅不受男子的压迫,相反大多在家庭中当家作主,具有重要的决策权与管理权。许多家庭都是以妇女作为家主或主持,由她们

---

① 新岭村委调解纪录。

② 季威:《告读书明理之女子》,载神州女报馆编:《神州女报月刊》第 1 期,论说,见沈云龙主编:《近代中国史料丛刊》三编·第三十八辑,台北文海出版社 1967 年版,第 1 页。

掌管家庭的经济大权和分配大权,家中的一切事务也由她们作决定:"在社会风尚方面,汉族重男轻女思想根深蒂固,不许妇女干政,斥责'牝鸡司晨'。而桂西土著壮族男尊女卑观念较淡薄,绝少妇女缠足,妇女是主要劳动力。许多家庭,由年长的妇女掌管家庭经济大权,土官妇辅政或当政,习以为常,成绩卓著者屡见不鲜。在桂西民间,许多人家由不嫁之大姑当家作主,已成风尚,至今留有遗风。"①《壮族风俗志》也记载:"祖父去世,祖母则有主持一家之权。"②正如民国《同正县志》所载:"夫夫妇妇而家道正,正家而天下定。"③

壮族地区的各类田野调查材料也证实了这一点。据 1954 年对靖西县城良乡附近一带壮族 64 户的调查统计,解放前妻子当家的有 6 户,多是因丈夫当不起家。④在对靖西县表亮乡壮族三个屯 68 户的调查中,有 3 户是妻子管家,其中一个乃是因丈夫患病,一个是寡妇招夫,一个则因女方带有相当财产来嫁(牛两头,米四百斤),都属特殊情况。⑤20 世纪 60 年代的壮族社会历史调查,也有多处记载,如环江县龙水乡壮族父死而子又未成年时,母亲掌管家业。家长在家庭中占绝对支配地位。⑥正是由于很多壮族家庭是妇女作主,在过去很多壮族妇女不愿意嫁到周边地区,因为缺乏自由和尊重。如 20 世纪 60 年代以前龙脊壮族很少与十三寨以外的人发生婚姻关系,不与别的民族通婚的原因:主要因为汉族的家庭观念不同,男子对妇女管得太严,妇女行动不便,实际可能是汉族的封建礼教管束得太紧。所以这里妇女曾有一些俗语:"宁愿守房死,金换不嫁外面人。"⑦可见壮族在这方面存在着较大的文化差异。壮族妇女在家庭中的重要地位一直持续到现代,据 1984 年 5 月的调研,武鸣县府城公社喜庆大队壮族寡妇家里,要是有儿子,那就由儿子来参加这些活动,如果家里确无男人,那么作为一家之主

---

① 右江民族师专何毛堂、李辉南(壮族):《土司制度对桂西民族融合的促进作用初探》,见广西师范大学历史系、广西地方民族史研究室编:《广西地方民族史研究集刊》(第四集),1986 年 7 月印,第 150 页。

② 梁庭望编著:《壮族风俗志》,中央民族学院出版社 1987 年版,第 135 页。

③ 宾上武修,翟富文纂修:《来宾县志》,台北成文出版社 1975 年版,第 515 页。

④ 桂西壮族自治区人民政府民族婚姻问题研究室编印:《靖西县第一区诚良乡附近一带壮族婚姻情况调查报告》,民族婚姻情况调查资料之五,1954 年 9 月 25 日编印,第 8 页。

⑤ 桂西壮族自治区人民政府民族婚姻问题研究室编印:《靖西县第十区表亮乡壮族婚姻情况调查报告》,民族婚姻情况调查资料之六,1954 年 9 月编印,第 7 页。

⑥ 广西壮族自治区编辑组编:《广西壮族社会历史调查》(第一册),广西民族出版社 1984 年版,第 279 页。

⑦ 广西壮族自治区编辑组编:《广西壮族社会历史调查》(第一册),广西民族出版社 1984 年版,第 138 页。

的妇女可以参加族祀、拜会、扫墓、开族会活动。①

壮族妇女在家庭中的地位还体现在对待受冤丈夫的态度上。一些壮族妇女在自己的丈夫含冤致死后,并没有忍气吞声、甘愿受屈,而是不屈不挠地通过司法途径为夫申冤。如刘介《苗荒小纪》记载了一起三江县寡妇为屈死的丈夫申冤的案件:"予令三江时,鲜有兄弟夫妇构讼者。有贾某者,为土豪所杀,事经两载,其妇犹讼于庭。伏地号恸,哀惨动人。土豪卒被获,实于法,讼始已。"②有的妇女甚至为了给丈夫报仇铤而走险走上反抗道路,如清末,都安县文华土官枉法滥刑监禁无辜韦大则且用重刑处死,韦大则的妻子是文华人叫作"蓝大边",企图报仇,投靠了麦二和盘四(宾阳人)组织起群众,反抗潘春台。他们曾攻破都安城(光绪25年至26年间),后来朝廷派了一位叫作"李大人"的带兵来都安"平乱"。麦二和盘四因兵败逃走,但蓝大边则被清兵捉去送到都安城,处以五马分尸的极刑。③虽然蓝大边死得惨烈,但她作为一名妇女,敢于反抗土官为夫复仇的壮举,显示了壮族妇女非凡的勇气。

现代社会提倡男女平等,妇女在家庭中与男子享有同样的决策权和管理权,双方协商处理家庭事务。笔者的实践调研也证实了壮族妇女在家庭中的地位。据2017年6月笔者在贵港市覃塘区的调研,该区人民法院民庭的法官反映,本地壮族妇女在家中有决策权,也有一定的发言权。虽然传统以男性为主,但如果男性去世,或女性比较强势,就由女性作主,强势一些的女性有相当的话语权和决策权。现在农村很多人去外面打工,男性走了后,女性就当家做主了,年轻一代的妇女在家庭中的话语权会更大一些。近年来妇女的地位越来越高,对家庭也能起到一定的影响力,为妇女争取到了更多的利益,针对妇女优惠的政策都会落实。比如定贫困户,村里都开会讨论投票,一起定下来,这种情况下妇女的建议往往比较重要。贵港市覃塘区姚山村妇女主任说,村里聘请了女律师作妇女的法律顾问,她每个月都下来一次。村里各个家庭没有夫妻争议,双方很平等,没有虐待,家里的事都是共同商量。覃塘区樟木镇岑岭村一位男性村民说,如今妇女也挣钱了,经济独立了,地位也就提高了。妇女在家有决策权,大小事务都由夫妻双方决定,

---

① 《武鸣县两江、府城两公社社会历史调查资料》,见广西师范大学历史系、广西地方民族史研究室编:《广西地方民族史研究集刊》(第三集),1984年11月印,第267页。

② 刘介:《苗荒小纪》,商务印书馆1928年版,第8页。

③ 广西壮族自治区编辑组编:《广西瑶族社会历史调查》(第五册),广西民族出版社1985年版,第394页。

女的抓财政。我家里的事都是经过老婆同意。覃塘区樟木镇大董村村民也说，家里基本上都是老婆决定的，现在男的走了（出去打工了），家庭中妇女的地位提高了，都是妇女当家作主，她们以前本来就是半边天。贵港市六八村的村主任说，在我们这里，大部分还是家庭妇女说了算，女性的话语权很大，凡事都要经过家庭协商。妇女的地位在这里很高，她们有表决权、投票权，代表她自己的家庭。在这里她们都有这样的意识，她们享有这样的权利，因此村里的有公共事务需要表决的，就算她们在外面打工也要通知到。

关于壮族妇女在家庭中的地位，至今在壮族地区的村规民约中还有所反映，例如云南文山苗族壮族自治州坡芽村的《村规民约》第五部分"婚姻家庭"第四条规定："家庭和睦团结，敬老爱幼，夫妻恩爱，夫妻地位平等，共同承担家务劳动，共同管理家庭财产，反对家庭暴力。"而宜州市马山塘屯的村规民约有着相同的规定，而且该村评选"五好文明家庭"的条件之一就是"男女平等，团结友善好"，要求杜绝家庭暴力。中国村民自治第一村宜州市合寨村的村规民约第二十一条规定："反对男尊女卑，不准打骂妻子，夫妻双方共同承担家务劳动，共同管理家庭财产。"荔浦市花篢镇相仕村订于清光绪庚寅（1890年）春三月的《李氏家训》特意对妇女作出规定"女红针黹，娴淑贤良"，而该村最新的村规民约则规定："家庭和睦好，夫妻敬到老。婆媳心连心，妯娌用心交。"

当然，物极必反，妇女当家作主也出现过一些反面的例证，如隆林各族自治县人民法院的法官说，当地由女方说了算的家庭有几个，其中有一个极端反面案例是，丈夫被妻子殴打，构成家庭暴力。妻子很壮实，把丈夫的脸都打淤青了，丈夫因此起诉离婚，因为双方都动了手，最终法院以夫妻感情破裂准予离婚。2017年8月，那坡县人民法院法官也谈到一个反面案例：本地大部分家庭都是以男性为主，但有个地方家庭是以妇女为主。该村有个村民在某个屯承包山林种杉木，村民都有分成，其中有一个孤寡老太太，无子无女，该承包者在分红时就没有分给这个老太太，老太太就向那坡法院起诉了，标的额约几万元钱。法官问承包者为什么不分给老太太，他回答说我想给，可是我老婆不让给，说孤寡老太太要钱有什么用。经调查，该承包者在家要看老婆的眼色行事，最终法院做通该妇女的工作，支付了孤寡老人的分红。

（二）壮族家庭的居住结构对妇女政治地位与权利的反映

1. 妇女拥有独立的住房

（1）结婚后分家单过。壮族妇女在家庭中的地位，从她们的居住结构就可以看出。与中院地区子女须随父母生活的礼教不同,许多古文献都记载有"壮人娶妇别栏"①的说法,即壮族男子未婚时,与父母兄弟姊妹生活在一起,过家庭集体生活,一旦结婚,就单独建新屋与妻子分家单过。如明万历《广西通志》记载:"僮人子大娶妇,别栏另爨。"②广西民族博物馆记载清代融县壮人的资料曰:"子娶妇始别栏。"③龙脊壮族丈夫死后,儿子年龄还幼,不懂事体,由母亲当家。在儿子结婚后,已经长大成人能独立生活,多数在媳妇的主使下分家,父母是不能强制的,如谚语说"人大分家,树大开叉"。④也就是说,娶妻是男子独立生活的标志。儿子未婚时由母亲当家作主,结婚后则在妻子的主使下分家单过,仍由妻子主持家务,这和封建礼教三纲五常中"夫为妻纲""夫死从子"的说法刚好相反。结婚使得男子从大家庭分离出来,成立自己的小家,这充分体现出壮族妇女人格的独立性及其对家庭结构的影响。

(2)家庭集体生活中,妇女拥有自己独立的住房。即使在一些壮族地区,妇女和其他家庭成员一起集体生活,但也拥有自己独立的住房。在壮族传统的干栏式木楼中,家中的妇女,从家婆、儿媳到女儿都有自己独立的住房,也就是说,家婆和家公的住房是分开的,儿子与媳妇的住房是分开的。首先,有自己独立的住房,这是妇女特殊地位的一个重要标志,在欧洲,只有18、19世纪的贵族妇女才能享受这样的特权与待遇,在中国古代,几乎没有。其次,壮族妇女住房的位置都居于家中重要的位置,如神台、炉灶等周围,男子的住房反而处于无关紧要的位置。如龙胜壮族中堂设神龛;壁后老人卧室,左侧为媳房,正门右侧为女儿厢房;左右外间作儿子或客房。⑤龙脊壮族屋内神位立于正堂,神位右侧为家婆房,左侧为媳妇房,正堂背后为家公房。媳妇房再作一九十度的弯曲就是子房,子媳房相近,家公婆房相近,妹仔房位于入正门的右侧厢房处,靠路口。厨灶火炉就是在家婆房门口面前。家公婆的房,在他们在世时是不可变动的,只有他们老人家去世后,子

---

① [清]谢钟龄修,朱秀纂:《横州志》,据清光绪二十五年(1899年)刻本重印,横县文物管理所1983年11月印,第82页。

② [明]戴耀主修,苏濬编纂,杨芳刊行:《广西通志》,卷33·外夷志三·诸夷种类,页2下,见吴相湘主编:中国史学丛书《明代方志选》(六),台湾学生书局1965年版,第673页。据明万历二十七年刊刻本影印。

③ 广西民族博物馆资料。

④ 广西壮族自治区编辑组编:《广西壮族社会历史调查》(第一册),广西民族出版社1984年版,第112页。

⑤ 龙胜县志编纂委员会编:《龙胜县志》,汉语大词典出版社1992年版,第101页。

和媳才可搬到那里去。①在这种旧式房屋中,可以清晰地看到家中的男女主人以及儿子、儿媳妇的卧室都是分开的,夫妻别室而居,而且媳妇房与家婆房、家公房都在神台后的正面,处于相同的平面上,子房反而放在房屋的侧面。(如图2.13所示)武鸣县双桥乡壮族一般房屋正厅左右两旁多为妇女的卧房。天井两旁的房间多是男子们的住室或储藏室。②天峨县白定乡房屋中的普通房是供子媳、妹仔等住的,③也与家公房持平。(如图2.14所示)有些地区即使妇女没有自己独立的住房,与丈夫共居一室,也是分床而睡,显示独立性,如宜山县洛东乡壮族接受男方财礼多的,女方陪嫁的嫁妆也要多些。贫苦人家,至少也要棉被和蚊帐各二床,因壮族习俗,夫妻不同一床睡眠,一床棉被是不行的。④笔者在巴马地区调研时也了解到,在很多传统壮族家庭中,夫妻的卧室中设置两张床,双方各睡各的,妇女的独立性彰显无遗。

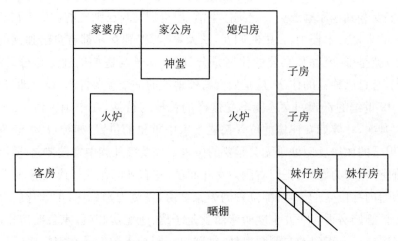

图2.13　龙脊十三寨的壮族干栏式建筑内部构造示意图

资料来源:广西壮族自治区编辑组编:《广西壮族社会历史调查(第一册)》,广西民族出版社1984年版,第128页。

---

① 广西壮族自治区编辑组编:《广西壮族社会历史调查》(第一册),广西民族出版社1984年版,第127—128页。
② 广西壮族自治区编辑组编:《广西壮族社会历史调查》(第三册),广西民族出版社1985年版,第153页。
③ 广西壮族自治区编辑组编:《广西壮族社会历史调查》(第一册),广西民族出版社1984年版,第18页。
④ 广西壮族自治区编辑组编:《广西壮族社会历史调查》(第五册),广西民族出版社1986年版,第67—68页。

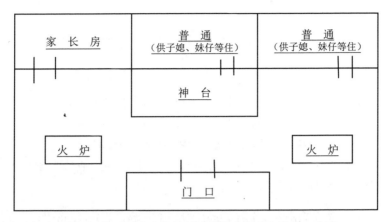

图 2.14　天峨县白定乡的壮族传统房屋内容结构示意图

资料来源:广西壮族自治区编辑组编:《广西壮族社会历史调查(第一册)》,广西民族出版社 1984 年版,第 18 页。

2. 妇女就餐时的座次

壮族妇女在家庭中的地位还体现在吃饭时的座次上。在传统家庭中,吃饭的座次表现出每个人在家庭中的地位。在广西壮族,妇女吃饭不仅可以堂堂正正地上桌,而且还坐在相对比较重要的位置上,例如神台边或客厅正面,家婆与家公往往平起平坐,媳妇和女儿也有自己固定的座位。如上思县思阳乡壮族吃饭时规定有一定座位,家公家婆坐在背靠神台那边,男子坐在左侧,媳妇坐在右侧,孙子坐在公公对面,如有混乱将被认为是不礼貌的。[①]龙脊自古以来壮族男女老幼均可共席吃饭,谁都可先坐,但有一定的位置,不能乱坐。客人除了家长位及媳妇位外,其他普通位都可坐,这些餐席的分法,家婆和媳妇是对面,家公和女对面,子在侧旁,如有客人可以坐普通位,家公婆位是主位,老人去世后儿媳才可以坐上这个位来,否则就是无礼了(如有子媳多家公婆位也不变)。[②](见图 2.15)

3. 壮族民间文学对妇女家庭地位的反映

壮族民间文学对妇女的家庭地位也有很好的诠释。正是由于妇女的重要地位,因此妻子对家庭的发展与关系起着关键性的作用,一个贤明的妻子对丈夫的作用毋庸置疑,广西民间有许多有关这方面的谚语,如"妻贤夫祸

---

①　广西壮族自治区编辑组编:《广西壮族社会历史调查》(第三册),广西民族出版社 1985 年版,第 80 页。

②　广西壮族自治区编辑组编:《广西壮族社会历史调查》(第一册),广西民族出版社 1984 年版,第 126 页。

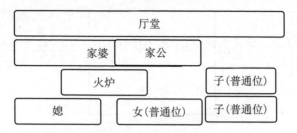

图 2.15　龙脊壮族传统家庭就餐座次示意图

资料来源:广西壮族自治区编辑组编:《广西壮族社会历史调查(第一册)》,广西民族出版社 1984 年版,第 126 页。

少,子孝父心宽"[1]"田好一半谷,妻好一半福"[2]等。此外,民间还有许多传说都是描述妇女运用自己的聪明才智帮助丈夫渡过难关,维护家庭利益的,如南丹地区壮族的民间传说故事《三担六斗麦》《对诗》能故事都体现了妇女的机智及在家庭中的较高掌控地位,丈夫和兄弟都依赖于她们的聪明才智。[3]《岭表纪蛮》中的一则"歌博士"记载:"予友林君壮国,恢豁豪迈,善口辩。一日,偕予赴凌云,至某隘,急甚,止树荫休息。遇壮妇耕作,林以歌挑之,壮妇随声还答,双方立刻发生剧烈之歌战。结果,林竟败北,狼狈而行! 壮妇自得甚,复以歌嘲之曰:'你歌哪有我歌多,我有十千八万箩,同治十年涨大水,歌声塞断九条河。'予闻之,不觉大笑! 戏林曰:'君自恃口给,予阻君,君不听,今受创否?'林曰:'吾以为易与耳,抑孰知娟娟此豸! 乃一歌博士耶!'"[4]这是真实的笔记记载,令人对壮族妇女的智慧刮目相看,也明白其在家庭中受尊重的原因。

第四节　壮族妇女在村民自治中的政治地位与权利

一、国民革命时期壮族妇女的政治地位

鉴于壮族妇女自古以来较高的政治地位,当辛亥革命之后的历次政治运动席卷到广西的时候,她们再次表现出自己极高的政治素养和能力。国

---

① 卢嘉兴编:《中国民间文学三套集成:北流县民间谚语集》,广西北流县三套集成办公室 1986 年编印,第 14 页。

② 王战初主编:《大新镇志》,广西人民出版社 1996 年版,第 215 页。

③ 广西壮族自治区编辑组编:《广西壮族社会历史调查》(第二册),广西民族出版社 1986 年版,第 80 页。

④ 刘锡蕃:《岭表纪蛮》,台北南天书局 1987 年版,第 252 页。

民革命时期,当农民运动在闭塞的广西东兰、凤山一带风起云涌时,大批壮族妇女也投身到了这一运动中。她们积极参加农会,学习文化,改变自己的面貌。1926年被东兰人民誉为"革命县长"的陈勉恕同志在他的《广西东兰农民运动之实际状况》中写道:"东兰县农会,早已成立,共有区农会11个,乡农会134个,男会员75 660人,女委员2 685人……各男女会员,日间去耕作,夜间到补习学校,毫无倦态。风气痼闭的东兰,女子剪发者居然有千余人之多,不仅是青年妇女,即四五十岁者亦有剪发。"[1]在中国革命史上具有特殊意义的百色起义中,大批壮族妇女也热情参与,贡献自己的革命力量。如1929年,南丹那地的革命宣传工作轰轰烈烈地展开,除了当地的一些宣传人员外,还从东兰根据地来了一个宣传队,其中有很多女宣传员,如唐三妹、杨柳等都是。他们在当地教歌,写标语(现在还有一些标语痕迹),圩期则进行口头宣传,演白话戏等。[2]

当左右江革命根据地的红军主力决定北上抗日进行战略大转移时,大量留守在当地的壮族妇女又承担起了继续战斗的艰巨任务。如1932年东兰等地的红军撤退,只有南丹扬州水岩洞一带的群众还在坚持战斗,白匪包围了水岩洞,除了男人负责防守外,女人也参加御敌战斗。中国红军第七军第二十一师独立营将领蓝彦庭的妻子胡翠枝、杨孔昭的妻子张亚福,配合仅有的几个男人,掌握土火炮,坚持斗争,绝不屈服。后来全部被俘。胡翠枝带着她的幼女,向白匪进行斗争,最后白匪不得已释放母女,当时蓝彦庭已经在天峨遇难。胡翠枝在反动政府的白色恐怖下,艰苦备尝,不肯向敌人低头;匿迹乡间,抚养幼女长大;她勇敢不屈不挠的斗争精神是很难得的。她的前额还留有一道两寸来长的伤痕,这就是当年在水岩洞内斗争留下的光荣标志。[3]百色博物馆列出了一部分在红军撤退后留守而牺牲的壮族女烈士。(见图2.16、2.17,表2.4)

民国时期的广西国民党政府也看到了壮族妇女蕴含的强大力量,因此在社会管理中也注意吸收和利用这种力量,例如,民国二十二年至二十三年,广西政府首次设置了女警,在各地招收妇女进行训练后从事基础的警察

① 广西壮族自治区编辑组编:《广西壮族社会历史调查》(第五册),广西民族出版社1986年版,第149页。

② 广西壮族自治区编辑组编:《广西壮族社会历史调查》(第二册),广西民族出版社1986年版,第56页。

③ 广西壮族自治区编辑组编:《广西壮族社会历史调查》(第二册),广西民族出版社1986年版,第61页。

图 2.16、2.17　百色起义纪念馆陈列的部分壮族妇女烈士遗像及事迹

表 2.4　国民革命时期百色地区部分妇女烈士事迹一览表

姓　名	生卒年	籍　贯	革命事迹
蓝彩娥	1905—1932	南丹县	参加红军后任宣传队宣传员,在反"围剿"战斗中,跟随红军坚守巴暮地区。1932 年 9 月,红军 80 多名战士退守地势险要的甘孟山,经过三昼夜激战,子弹打光了,蓝彩娥和其他红军战士一起,抱住敌人跳下悬崖,与敌人同归于尽。
李顺妹	1907—1931	东兰县	1929 年 12 月参加百色起义,任区赤卫队队长。1931 年初在隘洞区执行任务时被捕,敌人对她施尽酷刑,但她坚贞不屈,后被敌人用刺刀乱刺而英勇就义。
韦　荣	1907—1934	田东县	1926 年加入农会和农民自卫军。1929 年参加百色起义,1930 年组织妇女参加隆安战斗和伏击滇军战斗。在随红七军主力北上途中任军医。
杨金梅	1909—1931	田东县	1929 年 12 月参加百色起义,出席右江地区第一届工农兵代表大会,年底与雷经田结婚,红七军主力北上后,曾在右江根据地坚持斗争,曾任右江苏埃政府妇女部长,并加入中国共产党,1931 年 4 月在凤山县盘阳牺牲。
欧阳兰馨	1913—1931	田阳县	1929 年 10 月参加奉议县宣传队,1930 年 1 月任思阳县苏维埃政府妇女委员,7 月被捕。敌人扒光她的衣服并严刑拷打,她怒斥敌人"无耻""畜牲""总有一天要受到人民审判",敌人残忍地割断她的舌头,刑场上向她开了 7 枪,她牺牲时年仅 18 岁。

续表

姓　名	生卒年	籍　贯	革命事迹
黄亚娩	1915—1930	田阳县	1929 年参加奉议县宣传队,百色起义后参加红七军。1930 年 10 月外出执行任务时被捕。为逼她投降,敌人把她打得遍体鳞伤,扒光衣服游街示众,还残忍地用竹尖乱刺她的全身,她毫不畏惧,呼喊口号,从容就义,牺牲时年仅 15 岁。

资料来源:百色起义纪念馆。

工作,以维护社会治安:"本省各公安局向无女警,上年五月,省行政会议开会,始有设置女警之提案,并经议决在案。省会公安局,特于所属警士教练所第七期招收女警陈逸梅等十五人入所训练。本年八月卒业得十四人留局及分发各分局实习期满,除康剑一名,已因病请假回籍外,其余十三人,均经核准升充二三级女办事员,仍照分发原实习机关,办理调查户口,检查行李,救护妇孺,维持风化,侦探要案等事务。又上年十二月,梧州商埠公安局,亦曾于所属警士教练所第五期招收女学警二十人,入所训练,结果得卒业者十七人,亦均分发实习期满,照章服务。"①除此而外,民国广西政府在开展农村乡治和民团建设的过程中,也注意发展妇女政治组织,以加强力量,如"民国二十七年三月邕宁乡村建设实验区举行民团妇女队总检阅"。②可见当时的壮族妇女在乡村治理中已形成了相当规模的组织。

　　笔者在桂林博物馆看到一张 1949 年桂北游击队在全州的留影,这支部队由灵川、灌阳、全州三县的农民起义军组成,1947—1949 年活跃在桂北地区的崇山峻岭之中,他们伏击歼灭国民党残部,为解放军带路,补充给养,为解放军南下解放广西全境起了非常大的作用,1949 年 12 月 4 日的《广西日报》特别对这支游击队作了相关报道,给予了很高的评价。而这张珍贵的历史照片让我们有幸目睹了这支英雄游击队的风采,照片中共有 14 人,令人惊奇的是其中有 8 名是妇女,占了超过了一半的人数,而占据前排最中央位置的队员,竟然是一位老奶奶,双脚似乎有缠裹过的痕迹,头上还戴着桂北地区老年妇女典型的包头。其他的女队员大都在 20—30 岁的青年阶段,手握步枪,全部为齐耳短发,看上去精神饱满、干练爽利,沉稳大方,脸上的表情沉静而又坚毅,斗志昂扬。(见图 2.18)

---

① 张妍、孙燕京主编:《民国史料丛刊·政治、政权机构·广西省施政纪录(一)》,大象出版社 2009 年版,第 281 页。
② 广西省政府编:《民国二十年来广西大事记》,书林书局 2015 年版,第 84 页。

图 2.18　桂林博物馆陈列的桂北游击队在全州留影

二、20 世纪 50—90 年代妇女的政治地位与权利

20 世纪 50—90 年代，壮族妇女本着她们长期秉持的政治热情和敏感，再次投入到轰轰烈烈的分田地、学文化、政策宣传运动洪流当中。如 1951 年，西林县那劳区维新乡那劳村解放后，人们欢天喜地，尽情欢乐，连五六十岁的老人陆虾荣(虾，即祖母)、韦姆凤(姆，即母亲)、汪姆殿、何姆求等人都参加到歌舞的行列。那劳组织了妇联会，选何姆求为主席。①那劳区在 1954 年开始发展团组织，土改结束后宣誓入团的有 14 人，其中男 7 人、女 9 人。1955 年 8 月，那劳区设立区委，当年发展党员 12 人，其中男 8 人、女 4 人。1958 年，有党员 8 人，其中男 6 人、女 2 人。②维新乡 1957 年春推行壮文，组织壮文扫盲班，有一个叫罗建爱济的老大娘，已经六十多岁了，她坚决要求学习，并说："我过去瞎傻了大半世，现在有了学习的好机会，可以解除我过去的痛苦了。"她学习非常努力，成为学壮文的老年突击手。③

1950 年百色两琶地区农会会员已发展到 45 人，民兵 25 人，妇女会员 20 多人。④1953 年百色两琶乡选举各级人民代表及乡政府各部门人员，其中女 2 人，黄任娥(女)被选为副乡长。妇女会选黄月娇同志为主任，入会的青壮年妇女达到 70% 以上，进一步地实现妇女在政治上的平等，并与农协

---

① 广西壮族自治区编辑组编：《广西壮族社会历史调查》(第二册)，广西民族出版社 1986 年版，第 199 页。

② 广西壮族自治区编辑组编：《广西壮族社会历史调查》(第二册)，广西民族出版社 1986 年版，第 202 页。

③ 广西壮族自治区编辑组编：《广西壮族社会历史调查》(第二册)，广西民族出版社 1986 年版，第 206 页。

④ 广西壮族自治区编辑组编：《广西壮族社会历史调查》(第二册)，广西民族出版社 1986 年版，第 250 页。

会等在生产斗争与政治斗争中贡献出巨大的力量。1956年百色两琶乡依法进行第二届选举,全乡共选出各级代表15人,其中男12人、女3人。妇女会改为妇女部。1958年进行第三届选举,全乡有公民权的931人,其中男490人,女441人,选出代表17人,男13人,女4人。①东兰县那烈乡1953年全乡群众行使自己的政治权利,通过普选产生了乡一级权力机关。那烈屯黄英莲、黄凤琼等小姑娘,由于年龄未满18岁没有选举权而哭了起来,黄春兰作了许多解释才平息下来。②

靖西县城良乡妇女在经济地位也有了提高,除土改中每人分到土地外,夫妻共同劳动每年收入,开始出现双方共同协商处理的事实。妇女在政治地位上也大大提高,都有权利参加各种社会社会活动和组织,在9个乡干部中,妇女就占了2个,有2个当上人民代表,有2个参加青年团,有2个还当上了互助组长,在覃兰乡互助组7个劳动力中就有5个妇女是主要劳力。③靖西县表亮乡解放后,妇女的政治地位大大提高了,也取得了参加社会活动的权利,在各种运动中,涌现出大批妇女积极分子,全乡妇女中有人民代表3人,党员1人,团员1人,互助组长9人,劳模2人。④

贵港市解放后,妇女发挥了"半边天"的作用。1955年,全县有1419名妇女担任农业社的正副主任,2326名妇女担任生产队正副队长。1960年全县有45022名妇女评为标兵,3名评为全国"三八"红旗手。1983年评上全国"五好家庭"的有7户,其中6户是妇女为户主。1988年全县开展优秀通讯员评比活动,17名妇女获奖,解放后先后5名妇女任贵县副县长或贵港市副市长职务。⑤

三、20世纪90年代以来妇女在村民自治中的作用

（一）在村民自治委员会中的作用

1. 担任村委委员

由于壮族妇女政治地位较高的历史传统,在进入现代化的村民自治制

---

① 广西壮族自治区编辑组编:《广西壮族社会历史调查》(第二册),广西民族出版社1986年版,第254页。

② 广西壮族自治区编辑组编:《广西壮族社会历史调查》(第五册),广西民族出版社1986年版,第157页。

③ 桂西壮族自治区人民政府民族婚姻问题研究室编印:《靖西县第一区诚良乡附近一带壮族婚姻情况调查报告》,民族婚姻情况调查资料之五,1954年9月25日编印,第12页。

④ 桂西壮族自治区人民政府民族婚姻问题研究室编印:《靖西县第十区表亮乡壮族婚姻情况调查报告》,民族婚姻情况调查资料之六,1954年9月编印,第10—11页。

⑤ 贵港市地方志编纂委员会编:《贵港市志》,广西人民出版社1993年版,第1154页。

度后，她们很快能适应这一制度并在其中发挥重要作用，许多妇女当选为村干部或两委委员，参政议政，为村民自治建设立下了汗马功劳。如据1984年5月的调研，武鸣县双桥公社伊岭大队十一队阮美珠，女，72岁，历任大队妇女主任和党支部书记直到1972年止。①2018年7月笔者在宁明县珠连村调研时，该村2017年制定的《第八届村民委员会选举办法》第六条第(四)款"正式候选人的产生"特别对妇女候选人作出了规定："如第一、第二、第三次投票结果出现同一职位的2名正式候选人均为妇女的，不再设置专职妇女委员职位及片区。"可见妇女当选是常态。2019年1月笔者在德保县云梯村调研时，了解到该村村主任是一位妇女，村里虽然支书大，但支书也尊重她的意见。村主任1989年担任村妇女主任，1993年任村副主任，2000年起任主任，已连续担任十几届，还有村妇联主席、副主任也是妇女，她们骄傲地说，连德保县县长也是妇女。2018年1月6日笔者在环江县调研时，一位大安乡下洞屯壮族村民罗某告诉笔者，他们村选举很公平，村里的妇女主任是他的同学，在乡里做过几年的民办教师，他给她投了票，并表示虽然是他的同学，但是选她是因为她的能力，如果没有能力，也不会投票给她。南丹县六寨镇的巴平村是"全国先进村镇""广西乡村旅游区"、自治区"星级农家乐"、自治区"五星党组织"，而在这个先进的巴平村委中，就有一位妇女委员莫莲魁，她担任村委委员、妇女主任，主要负责妇女、儿童、文教卫、会计等工作，并负责联系其中一个村民小组乐屯。除此之外，她还担任村委"邻里协调岗"的组长，主要职责是疏导和化解矛盾纠纷，教育和引导农民群众崇尚科学、诚信守法、抵制迷信、移风易俗，养成健康文明生活方式，形成男女平等、尊老爱幼、邻里和睦、勤劳致富、扶贫济困的良好风尚，在维护村屯秩序、维护村民权益方面真正发挥了半边天的功能。

2. 协助村委委员工作

除了直接担任村委委员之外，一些妇女也发挥自己的作用。现在许多壮族村寨的无职妇女都参与到村里的各种事务中去，如纠纷调解、技术致富、环境保护、治安巡逻、文化宣传、文明新风倡导等，在里面发挥积极的作用。例如，获得"中国少数民族特色村寨"的环江县陈双屯是一个多民族聚居的村寨，是全区文明的民族团结示范村，其中壮族妇女韦花密就担任民族

---

① 历史系80级赴双桥社调组整理：《武鸣县双桥公社部分大队社会经济状况》，见广西师范大学历史系、广西地方民族史研究室编：《广西地方民族史研究集刊》（第三集），1984年11月印，第154页。

团结示范点"六大员"之一的信息员,其职责是:(1)学习宣传党和政府的民族政策以及各项方针路线,模范遵纪守法。(2)密切联系群众,准确地收集、分析、发布或报送各种类信息。(3)积极制止传播虚假信息和传播有损民族团结不当言论的行为。(4)配合上级完成农村信息服务的其他工作。而同样是"中国少数民族特色村寨"的南丹县罗富镇塘香寨,也有一位壮族妇女党员韦爱国,为了让村民发家致富,她作出的承诺是:(1)帮塘香寨每个贫困户种 10 棵黄腊李。(2)全力支持寨里搞美丽乡村建设和发展集体经济的需要,并敢于担当。(3)团结全寨妇女在建设幸福塘香、文明塘香方面发挥半边天作用。(4)为发展塘香贡粽产业当好带头人。(5)关心五保户覃学海的生活。(6)认领管护好寨里的 5 棵紫薇树和桂花树。韦爱国的承诺主要围绕加强村寨的生态保护和开发特色产业方面,难能可贵。

为了加强基层村民自治建设,许多壮族村寨都设立了各种为村民服务的岗位,而无职党员都必须参加,许多无职妇女党员都投入到这些岗位和工作中,义务为村民提供各种服务。如环江陈双屯共有 5 个妇女党员,她们分别参加了环境卫生保护岗、民事纠纷调解岗、致富互助岗、文明新风倡导岗、民族文化宣传岗等 5 个岗位(见表 2.5)。

表 2.5　环江县思恩镇成双屯无职妇女党员设岗定责一览表

姓　名	参加岗位	职　　　责
刘寿兰	环境卫生保护岗	1. 协助上级有关部门开展环境整治工作,反映本片区、村组真实情况; 2. 掌握了解辖区内环境卫生情况,对污染严重,环境破坏等问题要及时向上级有关部门汇报; 3. 结合宜居乡村活动的开展,定期或不定期对环境卫生。
王凤梅	民事纠纷调解岗	1. 及时调解家庭和邻里纠纷; 2. 及时协助化解村级之间、片区之间、屯级之间、干群之间的各类矛盾; 3. 协助做好本村信访户说服劝解工作,力争问题不出村。
韦花密	致富互助岗	1. 带头学习各类强农惠农政策,向群众宣传各种致富信息; 2. 联系 1—2 户困难户,通过项目、技术、资金等扶持,帮助发展生产,共同致富; 3. 协助村"两委"制定好片区产业发展规划,建立村民合作社发展带动各项产业发展,做好各项扶贫活动的服务工作。

姓　名	参加岗位	职　责
谭春桃	文明新风倡导岗	1. 协助在党内外群众中进行社会主义文明新风有关知识的学习和宣传; 2. 带头祛邪扶正,倡导积极、健康、文明的新生活,协助开展有益的群众文化娱乐活动; 3. 协助开展帮助孤寡老人活动和扶贫帮困活动,大力弘扬尊老爱幼、邻里和睦、助人为乐、无私奉献的社会主义道德新风尚; 4. 带头移风易俗,倡导文明新风、丧事从简、婚事新办,带头崇尚科学、破除迷信。
谭美宣	民族文化宣传岗	1. 协助村"两委"、片区党支部开展少数民族政策宣传活动; 2. 协助村"两委"、片区组织开展村民的各类文体娱乐活动,根据实际,组织开展喜闻乐见、丰富多彩的民族文化活动,营造积极健康的互动氛围; 3. 协助有关部门开展少数民族服饰、传统工艺、劳作工具等具有鲜明的民族传统文化的宣传推介策划活动,打造具有特色民居的地域园区,结合民族特色发展旅游业。

资料来源:环江陈双屯村委,笔者 2018 年 1 月 7 日调研采集。

与陈双屯相同的是,南丹县巴平村的 7 名女党员也分别参加了邻里协调岗、治安巡逻岗、环境整治岗、农技培训岗、考核监督岗等 5 个岗位,为村民提供各种服务(见表 2.6)。

表 2.6　南丹县六寨镇巴平村无职妇女党员设岗定责一览表

姓　名	参加岗位	职　责
莫莲魁 (组长) 柏水英	邻里协调岗	经常深入农户进行民意调查,及时收集群众反映的意见和建议;及时向"两委"报告本村重大事项;收集村内弱势群体的基本情况;为弱势群体提供救助信息,带头开展救助行动。向村民群众进行法制宣传教育,协助村组干部排查不稳定因素;调解民事纠纷,解决群众生产生活中发生的各种矛盾问题,维护社会稳定。
黄启英	治安巡逻岗	在村两委的领导和公安民警指导下,在重要时段进行治安巡逻守护,对辖区重点部位实施检查,做好重点防范;全面了解本村的治安状况,及时发现违法犯罪活动苗头和治安、灾害事故隐患,协调有关部门落实整改;发现现行犯罪活动及时报告,对抓获的现行违法犯罪嫌疑人及时送交公安机关处理。宣传法律法规和安全防范知识。

续表

姓　名	参加岗位	职　　　责
黄秀妍	环境整治岗	负责对本村巷道及门前院落环境卫生进行监督管理和协调整治,督促群众讲究公共卫生;协助支持"两委"开展环境卫生检查评比活动。
陈菊英罗小兰	农技培训岗	积极参与科技试验和示范活动,带头宣传科技知识,推广现代农业技术;注意收集、掌握农业科技方面知识,并及时向群众传播。
罗美芬	考核监督岗	监督村干部是否依法办事、公道正派、作风扎实,村务党务公开等工作是否规范;监督干部、群众否遵纪守法,是否有违反法律法规的行为,并及时提出意见和建议。协助党组织开展民主评议、积极分子考察、开展星级示范户评比等工作。

资料来源:南丹巴平村村委,笔者 2018 年 1 月 12 日调研采集。

3. 参与村委活动

大部分普通壮族妇女既非村委委员,也不是党员,但这并不妨碍她们以极大的热情参与到村民自治中来,在许多每一件村民参与的事务中,如投票选举、参加村民大会决议、制定村规民约等,她们都认真行使自己的权利,无论文化程度和年龄。如巴平村每年至少开两次村民大会,男、女、老都参加,一起表决有关村里的重大事项。巴平村村民进行投票选举时,村里很多年轻的妇女也投出自己神圣的一票。南丹塘香寨有一个传统,即每年大年初一上午,全寨村民聚集在一起召开全体村民大会,虽然每年会开 2—3 次村民大会,但只有大年初一这一次是最重要的,因为只有这一天人最齐,外出打工的、上学的都回来了。会上,除了村干部讲话外,还要选几个村民代表发言,包括老、中、青等,其中就包括妇女代表,要上台讲话,告诉大家在新的一年当中妇女应当做什么事。

塘香寨大年初一的村民大会有一个非常重要的功能,就是通过当年的村规民约和村民决议,每户户主都要在决议上签名,从 2014 年和 2015 年村民在村规民约上的签名,可以看出上面有很多妇女的名字,很显然她们是本户的户主,在家中享有决策权和领导权,因此代表家庭在村规民约上签字,这一个个密密麻麻、或整齐或潦草的签名,彰显着村中壮族妇女的政治地位。

(二)在村民理事会会中的作用

1. 担任理事会成员

除了两委之外,为了加强村民自治,一些壮族村寨自发地成立了理事会,这些成员都是村民自发选举的,成员全部义务为村民提供纠纷调解、公益建设方面的服务。在理事会中,也出现了很多妇女的身影。如笔者在刘三姐的家乡宜州市马山塘屯调研时,了解到在该屯 5 名理事会成员中,就有一位女性成员覃美姣,年纪是所有理事会成员中年龄最大的,虽然她的文化水平不是很高,却因德高望重受到群众的尊重。南丹塘香寨的理事会有 20 多人,其中就有好几位妇女。平乐县青龙乡郡塘村委龙山自然村理事会有 2 名妇女:李柳芬和李壮芬。巴平村有的理事会也有多名妇女成员,在村里评选"星级示范户评比"活动中,理事会的妇女成员认真讨论,公平举手表决,最终选出了大家满意的结果。

2. 担任村民小组长

为了加强村民自治,许多壮族村寨在村民理事会下面设立了村民小组长,而许多妇女也担任了这一职务,如宁明县珠连村八个村民小组各有一名妇女小组长,他们都是 38—56 岁的中年妇女,受过初中及以上教育,年富力强,经验丰富,精明能干,具有较好的威信。通过她们的工作,使村委在各个屯的工作顺利开展。

（三）成立专门的妇女自治组织

壮族妇女较高的政治地位,还体现在许多村寨自发成立了专门保障妇女权益的自治组织,在村委下面设立妇女委员会,或成立"妇女之家",或成立妇女联合分会等。如壮族聚居的贵港市覃塘区樟木乡黄龙村村委会就成立有妇女委员会,该委员会的职责如下:

（1）宣传、贯彻党和国家保护妇女的政策,培养妇女自立、自强精神。

（2）组织妇女参加学习,提高妇女文化水平,帮助妇女增收致富。

（3）维护妇女合法权益,发挥民主参与、民主议政的作用。

（4）普及科普知识,优教,倡导文明、健康、科学。

（5）协助党组织,发挥妇女在两个文明建设中的作用。

（6）组织妇女参加村民选举。

（7）积极配合妇联工作。

刘三姐的故乡宜州市马山塘屯成立了温馨的"妇女之家",该组织的功能有四项,包括思想教育功能、科技普及功能、文化娱乐功能、妇幼保健和计划生育知识推广宣传等功能。既关心妇女的身心健康,又兼顾其文化教育。在组织建设上,"妇女之家"的领导小组由 3 人组成,均为女性,1 名组长,2 名组员,组长就是上文提到的马山塘屯理事会成员、党小组组长覃美姣,组员分别是马山塘屯会计韦小慧与村民苏林,有干部,也有专业人员与普通村民。妇女之家还设了3支妇女队伍，每个队伍都有带头人，分别是文艺队带头人覃艳萍、妇女创业带头人覃礼红，养蚕带头人覃爱明，促进妇女的自主创业与文化发展。"妇女之家"2016年度工作计划有5项，分别是：

（1）组织学习《妇女权益保障法》《婚姻法》《广西实施〈妇女权益保障法〉实施办法》《人口与计划生育法》《未成年人保护法》以及宣传党和国家在农村的方针、政策。

（2）组织开展"三八""中秋""重阳"等节日庆祝活动。

（3）组织开展《公民道德建设实施纲要》、预防艾滋病、禁毒、交通安全等宣传教育活动。

（4）组织参加桑蚕、甘蔗、蔬菜、水果等种养和管理技术培训班。

（5）开展"五好文明家庭""平安家庭""和谐家庭"等评选。（见图2.19）

图2.19　宜州马山塘屯的妇女之家

南丹塘香寨也自发成立了妇女自治组织——妇女联合分会。该寨已拟好的《2018年大年初一塘香寨全体村民的若干决定》第二条规定："成立塘香寨妇女联合分会。妇女是塘香建设的重要力量，由全体妇女选出一名分会主任，两名副主任，三名委员，带领全体妇女为塘香的建设与文明和谐发挥更大的作用。"塘香寨妇女不一定有很高的文化水平，但长期以来都具有良好的政治素养和敏锐的政治眼光。2017年党的十九大前夕，她们自发绣壮锦《壮乡儿女永远跟党走，和各族人民共筑中国梦》献给习近平总书记和党中央，还自发做布鞋、绣鞋垫送给北海的驻防官兵，受到中共中央办公厅和中国人民解放军总政治部的发文嘉奖。该寨也因此在广西众多民族村寨

中脱颖而出，获得"中国少数民族特色村寨"的称号。（见图 2.20、图 2.21）

图 2.20　南丹塘香寨壮族妇女为党中央绣壮锦

图 2.21　南丹塘香寨壮族妇女为部队做鞋

综上所述，壮族妇女从古至今都在各种社会组织中享有很高的政治地位和权利，这构成了壮文化一道靓丽的风景，也使得壮文化孕育出与其他民族文化截然不同的特征。这种传统培育了她们参政议政的强烈意识，也锻炼了她们高度的政治才干与素质。在古代，她们是基于母系社会的特征残余政权与社会管理，到了现代化的今天，则是自发自主地参与到村寨、乡镇等自己所在群落的各项经济、文化建设当中。现在广西壮乡建设得越来越美丽，其中就有她们的汗水、智慧和辛劳。

第三章　壮族社会经济习惯法的母系特征：
兼论壮族妇女的经济地位及权益保护

在古代文献关于西南少数民族风俗的记载中,妇女承担或参与了大部分生产工作。这一特征无论是在农业生产中,还是在商品交易、手工业生产或家务劳动中都体现得非常明显。以至于民国时期的广西学者感叹:"诸蛮妇女,幼年颇姣好,且活泼好动,孔武有力,百斤之物,负之而趋,不亚于男子。蛮区各县,凡'耕耘'、'烹饪'、'纺织'、'贸易'、'养育'、'负担'诸事,女子皆能任之,故其立于家庭地位,同为经济生产上重要之人物,有时并能赡养男子。"[①]生产交易是壮族习惯法的经济基础,其经济基础的母系特征,决定了习惯法整体的母系特征。

第一节　壮族农业生产习惯法的母系特征

一、古代文献关于"男逸女劳"特征的记载

西南少数民族大多属于稻作文化圈,农耕是支撑其长期生存发展的关键生产方式,而妇女在农业生产中占据了非常重要的地位,壮族妇女成为农业生产的主要劳动力。据《汉书·地理志》记载,荆州以南地区男女比例为1：2,适合畜养动物及种植谷物:"民一男二女,畜及谷宜。"[②]因此耕耘、种植、收割乃至樵采、井臼,农耕活动的各个环节基本由妇女完成。早在宋代欧阳修的《南僚诗》就描述了这一现象:"男夫不耕凿,刀兵动相连。"[③]宋代

---

① 刘锡蕃:《岭表纪蛮》,台北南天书局1987年版,第41页。
② [汉]班固:《汉书·地理志上》,册6,卷28,页1523—1537。
③ [清]王锦总修:[乾隆]《柳州府志》,卷37·艺文,页2,故宫珍本丛刊第197册,海南出版社2001年版,第365页。

周去非在《岭外代答》中以"惰农"的概念全面描述了广西妇女在生产生活中的主导地位："深广，旷土弥望，田家所耕，百之一尔。必水泉冬夏常注之地，然后为田。苟肤寸高仰，共弃而不顾。其耕也，仅取破块，不复深易。乃就田点钟，更不移秧。既种之后，旱不求水，涝不疏决，既无粪壤，又不耔耘，一任于天。即获，则束手坐食以卒岁。其妻乃负贩以赡之，己则抱子嬉游，慵惰莫甚焉。彼广人皆半羸长病，一日力作，明日必病，或至死耳。"①明代朱孟震在《西南夷风土记》也作了类似的"女健"的描述："治生男耕稼，女织纴，土地肥饶，米谷木帛皆贱，故夷中无饥寒告乏者，男反好闲，女雇劳力，治外负载贸易以赡其夫，盖女壮健而男萎靡也。"②明代嘉靖《钦州志》记载当地风俗："喜逸惮劳，弗务本业，多游手……妇攻男事而忽女工。"③

在许多清代广西地方志中，处处可见这种"男逸女劳"的记载。如康熙时期的《左州志》记载当地"男子多逸，妇女负劳，操井臼□□躬，采薪于山，仄饮于河"。④雍正《广西通志》记载富川县"穷民之妇，日汲水鬻钱以养其夫"。横州"男子不务耕商，好赌博，妇女知守阃则，勤刺绣"。永淳县"惟男好逸，女负劳，春秋力作"。⑤乾隆时期修订的各级地方志中，罗城县"俗好游惰，男不知力田，女独苦井臼"。⑥象州"其妇女勤俭，力供井臼，职尽饷不遑，自逸者所在皆有"。⑦兴业县"其流弊有不能无议者。女德贵贞，内门不出，而田畴蓑笠幅巾跣足，遍于女流，即胼胝耕耘樵牧担负之事，以习其苦，此中州所罕见也"。⑧廉州"廉郡无乃近是，他如妇女力作愁苦甚矣"。⑨道光《义

---

① [宋]周去非：《岭外代答》，杨武泉校注，中华书局1999年版，第146页。

② [明]朱孟震：《西南夷风土记》，台北广文书局1979年版，第20—21页。

③ [明]林希元纂：《钦州志》，天一阁藏明代方志选刊，陈秀男点校，中国人民政治协议会议、灵山县委员会文史资料委员会编印，第39—40页。

④ [清]李铨谨纂修：《左州志》，卷上·风俗，页15，故宫珍本丛刊第196册，海南出版社2001年版，第16页。

⑤ [清]金鉷修、钱元昌、陆纶纂：[雍正]《广西通志》（二），卷32·风俗，页6、页10、页11，广西古籍丛书编辑委员会、广西地方志编纂委员会办公室据清雍正十一年（1733年）刻木影印，广西人民出版社2009年版，第573、575、576页。

⑥ [清]王锦总修：《柳州府志》，卷11·风俗，页2—3，故宫珍本丛刊第197册，海南出版社2001年版，第92页。

⑦ [清]蒋白莱编纂：《象州志》，卷1·形胜·风俗，页14，故宫珍本丛刊第198册，海南出版社2001年版，第13页。

⑧ [清]王巡泰修：《兴业县志》，卷4·风俗，页16，故宫珍本丛刊第202册，海南出版社2001年版，第332页。

⑨ [清]何御主修：《廉州府志》，卷4·风俗，页1，故宫珍本丛刊第204册，海南出版社2001年版，第36页。

宁县志》载:"妇人力作倍于男子。"①包括生活在云南文山的壮族也保留了这一习俗,林则徐修订的《广南府志》就记载:"村寨皆夷民,耕织相兼,男子懦而性惰,女健而力勤。"②光绪《恭城县志》记载了当地妇女全面承当劳动生产的艰苦情形:"庶民之家妇女亲操舂杵,担汲于江,摘蔬于野,樵薪于山。"③《同正县志》则记载了一个妻子用自己的劳动养活吸大烟的丈夫的事例:"周黄氏,城东福朗坊人,凤有贤操,家甚贫,无子,夫丕基有鸦片癖,体质孱弱,不能力作,惟以捡卖猪屎为业,几于不能度活。氏处此困境,而能含辛茹苦,努力工作,昼则入山樵采,夜则替人纺织,取佣值以赡其夫,夫寿六十五,终夫世无倦容,亦无怨声。"④

二、劳动力数量上的女性优势

在农业生产上,壮族妇女与"男主外、女主内"的汉族生产方式迥然不同,妇女一直和男子并肩劳动,共同分担着重任,在以一家一户为单位的农耕中,妇女劳动力数量往往超过男子或持平。20世纪50年代中国科学院民族研究所对中国少数民族进行的社会历史调查中,曾对各个壮族地区的劳动力数量有过详细的记载,通过对比各个壮族地区劳动力数量,可以看出在大部分地区,妇女的劳动力数量都大大超过了男子。例如宜山县洛东乡壮族在1958年春,社里按各方面的需要,对劳动力作了如下的分配与安排:负责夏种工作的,共划出594人,计男228人、女366人。⑤男女劳动力比率为0.6:1,女劳动力超过男子138人,超过率60.5%。据20世纪50年代武鸣县双桥乡生产办公室的统计,全乡有男劳动力2 738人、女劳动力3 406人、半劳动力1 266人。⑥其中全劳动力妇女超过男子668人,超过率24%。现将该乡大路、坛雷、杨李三个社劳动力情况列表如下,可以看出3个社无论是全劳动力还半劳动力,妇女的数量都大大超过男子(见表3.1)。

---

① [清]谢沄修:《义宁县志》,据清道光元年抄本影印,台北成文出版社1975年版,第41页。
② [清]林则徐等修,李希玲纂:《广南府志》,台北成文出版社1967年版,第48页。
③ [清]陶墫修,陆履中等纂:《恭城县志》,清光绪十五年刊本,台北成文出版社1968年版,第505页。
④ 杨北岑等纂修:《同正县志》,卷8·史乘,台北成文出版社1975年版,第208页。
⑤ 广西壮族自治区编辑组编:《广西壮族社会历史调查》(第五册),广西民族出版社1986年版,第29页。
⑥ 广西壮族自治区编辑组编:《广西壮族社会历史调查》(第三册),广西民族出版社1985年版,第133—134页。

表 3.1　20 世纪 50 年代武鸣县双桥乡大路、坛雷、杨李三个社劳动力情况列表

社　名	全劳动力		半劳动力	
	男	女	男	女
大路社	270	553	54	86
坛雷社	156	236	19	58
杨李社	138	190	17	28

资料来源：广西壮族自治区编辑组编：《广西壮族社会历史调查》（第三册），广西民族出版社 1985 年版，第 133—134 页。

都安县高兴乡总共分为 31 个生产大队，20 世纪 50 年代有各族劳动力 27 875 人，其中男 12 604 人，女 15 271 人，平均每个劳动力负担耕地 2.7 亩，女劳动力比男劳动力多出 2 667 人，现将定福大队劳动力列表如下（见表 3.2）。[①] 从表中可以看出，虽然该大队总人口妇女比男子多出 55 人，但劳动力却超过男子 66 人。

表 3.2　20 世纪 50 年代都安县高兴乡定福大队劳动力情况列表

总户数	总人口			劳动力								
	合计	其中		全劳			半劳			合计		
		男	女	小计	男	女	小计	男	女	合计	男	女
389	1 705	825	880	681	332	349	131	41	90	812	373	439

资料来源：广西壮族自治区编辑组编：《广西壮族社会历史调查》（第六册），广西民族出版社 1985 年版，第 109 页。

此外，当时对龙胜各族自治县龙脊乡 7 个家庭的调研中，人口数量男女持平，均为 20 人，而劳动力数量的分布也不相上下，男 9 人，女 8 人，几乎持平（见表 3.3）。

由于妇女在生产中的巨大优势和主导地位，也因此影响了壮族妇女的婚姻价值观及家庭结构。中原地区传统婚姻的意义在于，女子通过出嫁为自己寻找生存的依靠，但壮族妇女的强健和独立使她们无需仰赖男子亦可获得饱足的生活，因此一些妇女甚至选择了独身："边关之各县城厢之独生妇女原因：且乡间女子常劳，男子常逸（桂西女子，常任农耕经营缝纫抚育诸

[①]　广西壮族自治区编辑组编：《广西壮族社会历史调查》（第六册），广西民族出版社 1985 年版，第 109 页。

表 3.3　龙脊乡 20 世纪 50 年代家庭劳动力情况一览表

姓　名	人口			劳动人数		
	男	女	合计	男	女	合计
廖仕富	3	5	8	1	0	1
廖仕隆	4	4	8	1	2	3
廖兆宣	2	3	5	2	1	3
廖兆丰	4	4	8	1	1	2
廖贞汉	2	4	6	1	1	2
侯庆丰	2	2	4	1	1	2
潘瑞祥	4	4	8	2	2	4
总　计	20	20	40	9	8	17

资料来源:广西壮族自治区编辑组编:《广西壮族社会历史调查》(第一册),广西民族出版社 1984 年版,第 77 页。

事),不惯其操作之苦,故选择不得其人,则独身不嫁。虽小小山城,居民仅数百户,而不嫁妇女,常达四五十人之多。"[1]一些妇女即使在丈夫死后,仍可独当一面,撑起整个家庭,如 20 世纪 50 年代田东县檀乐乡阮妈欢,家里有土地,母亲 60 多岁,她的丈夫死后,全家全靠她劳动。[2]另一方面,一些缺乏劳动力的家庭,却急于迎娶妇女以补充家庭生产力不足的问题。据 1984 年 4—5 月的调研,武鸣县两江公社壮族有些缺劳动力的家庭,在儿子还小时,就为他娶一个成年女子,有的年龄甚至相差十多岁。目的是为家庭补充劳动力。这里曾流行一句俗语:"老婆老婆,老点无妨。"[3]

三、性别分工上的女性优势

(一)总体分工的情况

"上古之世……丈夫不耕,草木之实足食也;妇人不织,禽兽之皮足衣也。"[4]男子与妇女自古以来因体力上的差别而存在工种的不同,但壮族妇女不仅在劳动力数量上多于男性,在农业生产的劳动分工上,也普遍比男子

---

[1]　刘锡蕃:《岭表纪蛮》,台北南天书局 1987 年版,第 295 页。

[2]　广西壮族自治区编辑组:《广西壮族社会历史调查》(第五册),广西民族出版社 1986 年版,第 109 页。

[3]　《武鸣县两江、府城两公社社会历史调查资料》,见广西师范大学历史系、广西地方民族史研究室编:《广西地方民族史研究集刊》(第三集),1984 年 11 月印,第 230 页。

[4]　《韩非子·五蠹》。

承担更多的工作，或者与男子承担同样的工作。按通常的情形，妇女由于生理方面天然的劣势，本应承担生产中较轻的工种，但实际上受母系社会生产方式的影响，妇女和男子一样承担了农业生产中所有繁重的工作。顾炎武《天下郡国利病书》记载永宁州风俗："男妇事耕种，无别生活。"①雍正《广西通志》记载贺县民人"颇知务稼穑，男女相力作"。雒容县"男女皆力田赶圩，佃耕而食"。②乾隆《柳州府志》也记载："雒容县男女皆力田赶圩。"③道光《庆远府志》记载妇女有专属的耕地工具："刀耕者，如锸略小而锐，用以垦地。思恩妇人多用之……东兰男女耕山颇勤俭……男耕女籽无懒惰。"④光绪《贵县志》记载当地妇女无论贫富都从事繁重的劳动："乡间妇女，在室者缝纴外兼操井臼，在田者饷馌外兼执耘锄，居城厢者虽富家大族亦不辞井臼缝纴之事。"⑤民国《柳江县志》风俗诗曰："妇子俱任田，镰声听轧轧。""因时事所事，男妇或无晚。"⑥民国刘锡蕃在总结广西壮族的"优点"时，其中第（七）点就是"妇女男子均事苦作，同为经济生产上之重要人物"。并指出壮民"无功名富贵之奢望，其男女皆以苦力农耕为其毕生之事业……大抵凡达十二岁以上之男女，即须从事种种劳苦工作"。⑦1929 年 10 月制定的《广西东兰革命委员会最低政纲草案（有关妇女部分）》第（五）条特别规定："男女教育、政治、经济、工资一律平等。"⑧可谓对妇女劳动承担能力的一种法定认可，在这方面，壮族妇女与男子一起撑起了社会的经济命脉。

从实践调研的情况看，妇女除了犁田、耙田等较重的体力活之外，其他耕作活计如耘田、铲田基、刮地、插秧、扯秧、薅草、除草、送肥、施肥、翻田、收割等全部承担，而且犁田和耙田等工作也是夫妻二人加一头牛共同完成。

---

① ［明］顾炎武：《天下郡国利病书》（十一），卷 30·广西，页 4 下—5 下，四部丛刊续编 080 册，上海涵芬楼影印昆山图书馆藏稿本，台湾商务印书馆 1966 年版。

② ［清］金鉷修，钱元昌、陆纶纂：［雍正］《广西通志》（二），卷 32·风俗，页 6、页 14，广西古籍丛书编辑编纂委员会、广西地方志编纂委员会办公室据清雍正十一年（1733 年）刻木影印，广西人民出版社 2009 年版，第 573、577 页。

③ ［清］王锦修，吴光升纂：《柳州府志》，据 1956 年北京图书馆油印本翻印，柳州市博物馆 1981 年翻印，第 2 页。

④ ［清］唐仁纂，英秀修：《庆远府志》，道光八年辑，广西河池市地方志编纂委员会办公室点校，广西人民出版社 2009 年版，第 55、300 页。

⑤ ［清］夏敬颐主修，王仁钟协修：《贵县志》，1893 年修，贵港市地方志编纂委员会办公室据紫泉书院藏本 2009 年 12 月翻印，第 626 页。

⑥ 柳江县政府修：《柳江县志》，广西人民出版社 1998 年版，第 392 页。

⑦ 刘锡蕃：《岭表纪蛮》，台北南天书局 1987 年版，第 281、121 页。

⑧ 广西壮族自治区地方志编纂委员会编：《广西通志·妇联志》，广西人民出版社 2001 年版，第 336 页。

阳朔高田一带的壮族地里的活由双方分担,耕地百分百是男性,但插秧一起干,洗衣服带小孩还是女性干得多。表 3.4 为 20 世纪 50 年代调研的广西各地壮族的两性分工,可以看出妇女承担的工种普遍多于男子,她们不仅要承担田地里从下种到收割的一切工种,还要和男子共同分担一些重活,此外还要承担全部的家务劳动和带小孩、照顾老人等活动,劳动负担较男子为重。

(二)专属妇女的工种

在许多地区壮族的生产习惯法中,一些工种是必须由妇女来做的,男子不得插手或干预,如果男子帮忙,反会被讥笑或抨击,有些甚至是严格的禁忌。这些工作主要包括插秧、扯秧、运肥、收割、家务等,这些工种劳动强度都很大,不亚于男子的耕田、犁田,之所以专属于妇女,与少数民族特殊的原始崇拜有很大的关系。

1. 插秧

一些地区插秧、扯秧和播种的工作必须由妇女来完成,这并非由于此类活计轻松,主要原因在于,这些工作都与“繁殖”“生殖”“增值”有关,“春种一粒粟,秋收万颗子”,壮族群众在插秧或播种时,总希望播撒下去的秧苗或种子能在秋天获得更多的收成,而只有妇女才具备“生殖”的生理机能,因此,只有让妇女从事这一工作,才能保证粮食的收成与增值。因此,从生殖崇拜的角度来说,这些工作就变成了妇女的专属工作,具有不可替代性。这也成为壮族生产习惯法母系特征的一个重要方面。古代文献也有很多这方面的记载。如乾隆《柳州府志》描述了壮族妇女不吝惜特殊的服饰也要完成春间插秧的情形:“女衣不掩膝,长裙细褶,缀五色绒于襟袂裙幅间,善涉水,手摄裙幅,视水浅深以次收展,春间插秧,男女俱在田中,其已嫁而未生子者,则以裙覆其足,虽淹至膝,弗屑也。”[1]光绪《贵县志》记载:“贫家妇女佣工以日计,惟分秧打稻而已。”[2]插秧非常耗费体力的重活。清代壮族诗人赵荣正在《插秧词》里写道:“君不见稼穑之艰难,朝暮时向田间看……又苦泥深欲没骭,林鸟频呼脱布袴。纵有秧马可骑行,行来一步难一步。日当正午苦莫奈,舍业暂憩绿杨阴……今日佝偻步田中,忘却山头已挂月。”这种艰苦的劳

---

① [清]王锦总修,吴光升纂:《柳州府志》,卷 30·瑶僮,页 3,故宫珍本丛刊第 197 册,海南出版社 2001 年版,第 242 页。

② [清]夏敬颐主修,王仁锺协修:《贵县志》,1893 年修,贵港市地方志编纂委员会办公室据紫泉书院藏本 2009 年 12 月翻印,第 635 页。

表 3.4 广西各地壮族性别分工情况一览表

地区	男女分工			资料来源
	男	女	共同	
天峨县白定乡	犁田、耙田、铲田塍、补田塍、挑粪和薅草	扯秧、插秧、备地、薅草	剪禾、割禾	广西壮族自治区编辑组编:《广西壮族社会历史调查》(第一册),广西民族出版社1984年版,第2页。
龙胜县龙脊乡	挖田、耕田、耙田、插田、打谷,打柴,年老男人看牛、看田水、到山上找柴火	耘田和扯秧,在家中煮饭菜、缝衣服、带小孩	其余工作	同上,第73—74页。
南丹县拉易场乡	水田的犁田、耙田、耘田、打谷、送粪施肥及上山砍柴、割草	水田的扯秧、插秧、铲田基、割禾及备地耕作过程的一切活路,所有家务	备地生产需用牛拖犁及收割杂粮的挑运	同上,第163页。
南丹县月里乡	犁田地、耘田、播种、挑粪、挖粪、打柴、割草、打谷子和挑稻草	拔秧、耘田、种玉米、种棉花、纺纱、织布、割禾、舂米、煮饭、喂猪、用翻锹来翻土	1931年以后,除犁田、耘田仍由男性操作外,其他劳动男女共同操作	同上,第207页。
环江县龙水乡	犁田、耘田、挖牛栏粪、挑粪、翻田(用脚犁)、拔秧、收割、割草、砍柴、烧石灰和烧草木灰等	翻田和翻地(用脚犁)、插秧、耘田、收割、刮地、种棉花和纺纱织布等	解放后女性已做挖粪、砍柴、耘田、割草	同上,第242页。

续表

地区	男女分工			资料来源
	男	女	共同	
环江县坡管乡	犁田、插秧、耘田	扯秧、插秧、剪禾、挑水、烧火、煮饭等家务;劳动与副业生产——做米粉、做豆腐、打草鞋等		广西壮族自治区编辑组编:《广西壮族社会历史调查》(第三册),广西民族出版社1986年版,第270、272页。
南丹	犁田、耙田、掘土、打谷、打柴	扯秧、插秧、割禾、除草、家庭纺织缝制		同上,第2页。
西林县那劳区维新乡	犁田、耙田、挖甘蔗地、打鱼、砍伐木柴、起田坎、放田水	扯秧、插秧、挑水、冲米、喂猪、打猪菜、洗衣物、纺衣物、做饭、取柴	挖地、收谷、剪谷穗	同上,第171页。
百色县两琶乡	犁田、耙田、插秧、挑肥、修补田基、打谷、运谷	割田基草、拔秧、开山地种植棉花、玉米培土、割稻、打谷、全家的穿衣和煮吃等繁重家务	耘田和收割	同上,第218页。
上思县思阳乡	犁耙田地、挑谷、盖屋、挑担、拉车	一切家务劳动和插秧、除草、收割、打柴草、家务如舂米、做饭、针线等		广西壮族自治区编辑组编:《广西壮族社会历史调查》(第三册),广西民族出版社1985年版,第44—45、80页。
上思县那汤乡	犁耙田地及裁缝衣服	拔秧、插田、耘田、割谷、家务劳动	挑担	同上,第89页。

续表

地区	男女分工			资料来源
	男	女	共同	
武鸣县双桥乡	犁田、耙田、打谷	插秧、舂米、磨谷		同上,第134页。
那坡县那坡乡	犁地	织布、家务	犁田、耙田、耘田、下种、插秧、送肥、收谷、开荒、打柴	同上,第161—162页。
宜山县洛东乡	犁田、耙田、翻地、耙地、烧石灰、挑粪、打谷、砍柴、割草、刈草皮灰、修制农具等	扯秧、插秧、耘田、割稻禾、护理棉花、蓝靛、纺织、缝补家务、喂养家畜		广西壮族自治区编辑组编:《广西壮族社会历史调查》(第五册),广西民族出版社1986年版,第10页。
田东县檀乐乡	抢种抢收时犁田、耙田、铲田、塍下种玉米时犁地、耕地、起畦	扯秧、插秧、送肥;下种玉米时送肥下种		同上,第79页。
东兰县那烈乡	犁田、耙地、插秧挑运妇女拔的秧苗、割稻的谷穗	拔秧、割谷、护理棉花蓝靛、家务劳动		同上,第136—137页。
武鸣县邓广乡	犁田、耙田、打谷、伐木、建房子	拔秧、插秧、耘田、割禾、运肥		广西壮族自治区编辑组编:《广西壮族社会历史调查》(第六册),广西民族出版社1985年版,第3页。
武鸣县清江乡	耕地、耙田、打谷	种插、耘田、施肥以及日常家务		同上,第41页。

动,常常使妇女累弯了腰。①民国《同正县志》记载了一首《农妇叹》的诗歌,反映了妇女插秧耘苗的劳苦:"日火烧天云欲焚,水田煮热风蒸熏,辛勤农妇望苗长,卷袴担笠杖而耘,一耘苗及胫,再耘苗及髀,绕见冀冀秀田野,背汗生盐面成赭。"②壮族民歌也歌颂了妇女精湛的插秧技艺:"见妹插田乖又乖,一行插去一行来。中间好比打墨线,两边好比剪刀裁。"③

与秧苗有关的事宜由妇女从事的传统,即使进入当代社会也依然保留如故。在 20 世纪 50 年代的少数民族社会历史调查中,广西各地壮族都有插秧、拔秧工作由妇女专任的记载。如环江县城管乡壮族女孩子从十五六岁开始挑水、烧火、煮饭,学着做田里的活路。妇女中约有十分之三的人会犁田。按过去此地习惯,男子管犁田、插秧、耘田,女子扯秧,男子绝不扯秧,否则会使别人笑话。妇女在劳动中的地位:除犁田、耙田等重劳动中,只有少数妇女能够胜任外,其余田间劳动妇女全部熟识,特别是插秧、剪禾两项,更是妇女的拿手活路。④武鸣县邓广乡壮族男人过去之所以不拔秧,是因为拔秧需要长时间的弯腰和两手不断的挥动,腰酸骨痛,所以男人不肯干,拔秧就成为妇女的"天职"。⑤这一记载似乎说明拔秧之所以专属女性,是因为活太累容易伤及腰部影响生育能力男子不愿干导致的。而根据广西师范大学 1984 年 5 月所做的调研,这种状态在 30 多年后以后没有多大改变,属同一地区的武鸣县双桥公社平福大队种田以女性为主,如插田、管理都是女性干。男性只参加犁耙收割,剩余时间多做小生意、家务。⑥

为了打破这种"插秧专属妇女"的传统生产习惯,在人民公社时期,曾对这一模式进行过改造,以改变男子的思想观念和劳动方式。如上思县思阳乡壮族 1958 年以来,出现了不少妇女英雄模范。模范男插秧手梁世殷的事迹,在打破常规推动生产上有重要意义。男人历来是不参加插秧的,只搞犁耙田。赖平社只有 142 个妇女进行插秧,每天只能插 30 多亩。犁耙田在立

---

① 梁庭望编著:《壮族风俗志》,中央民族学院出版社 1987 年版,第 107 页。
② 杨北岑等纂修:《同正县志》,卷 8·艺文,据民国二十二年铅印本影印,台北成文出版社 1975 年版,第 261 页。
③ 覃国生、梁庭望、韦星朗:《壮族》,民族出版社 2005 年版,第 80 页。
④ 广西壮族自治区编辑组编:《广西壮族社会历史调查》(第二册),广西民族出版社 1986 年版,第 286 页。
⑤ 广西壮族自治区编辑组编:《广西壮族社会历史调查》(第六册),广西民族出版社 1985 年版,第 3 页。
⑥ 历史系 80 级赴双桥社调组整理:《武鸣县双桥公社部分大队社会经济状况》,见广西师范大学历史系、广西地方民族史研究室编:《广西地方民族史研究集刊》(第三集),1984 年 11 月印,第 133 页。

秋前五天即可全部搞完,而插秧要拖到立秋后十天才能搞完,这就会影响实现生产计划。因此梁世殷提出了"男人参加插秧"的建议,社委立即采纳了他的意见,提出"男人上午犁耙田,下午参加插秧"的号召,梁世殷首先带头报名参加,在他的影响下,其他的男社员也纷纷地报了名。开始时梁世殷分秧慢,苗数不均匀,并且外线弯曲,被其他社员取笑为"爬蛇式""自由式",但梁世殷虚心地向女插秧手学习,劳动率逐渐提高,由每天插二分增加到插四分、六分乃至每天插一亩多,已经赶上或超过最熟练的妇女了。在梁世殷的带头与推动下,男人参加插秧的越来越多了,同时也提高了妇女的插秧效率,赖平社由每日插秧 30 多亩提高到每日插秧 90 多亩,可以提前五天完成插秧任务。在全乡插秧比武竞赛上,梁世殷十分钟插秧 549 株,女插秧模范零瑞英十分钟插秧 667 株。"骐骥千里,非一日之功",男子插秧能手仍然比不过妇女插秧能手,要改变这种状况,恐怕要经过长期的努力。①

2. 积肥

积肥工作在许多壮族地区似乎也专属于妇女,原因是否也与插秧一样,不得而知。乾隆《柳州府志》就记载:"二月犁田,男女运粪行歌于途。"②壮族果然是好歌的民族,即使是运粪这样脏累的工作,也能在歌唱中愉快地进行。据 20 世纪 50 年代的调研,一些壮族地区积肥也是男子的"禁区",而妇女则充分发挥她们在这一领域的传统优势,在人民公社时期,涌现出许多妇女积肥能手,如武鸣县邓广乡壮族担水粪的活男人则绝对不做。解放后合作化后,如四和小社寡妇韦凤仙,入社以后,一贯乐观积极,工作样样跑在其他社员的前头,别人找一天绿肥,一般至多是 90 斤或 100 斤,她却能找到150 斤以上。1956 年,她全年的工分是 3 275 个,而社里其他强男劳动力和生产队长一般所得的工分,至多也是 3 000 个。韦凤仙这一年在社里被评为甲等劳动模范。③1958 年,东兰县中和区东里屯开展粮食增产运动,狠抓肥料关,有一首歌,赞扬积肥能手陆美芬:"陆美芬,真能干! 挑担赛过男子汉,同志们,快加劲赶! 人人都像陆美芬,积肥任务超额来实现。"陆美芬每天都创造新的纪录,第十天里她挑了 11 担,创造了最新的纪录。十天很快,

---

① 广西壮族自治区编辑组编:《广西壮族社会历史调查》(第三册),广西民族出版社 1985 年版,第 44—45 页。

② [清]王锦修,吴光升纂:《柳州府志》,据 1956 年北京图书馆油印本翻印,柳州市博物馆1981 年翻印,第 6 页。

③ 广西壮族自治区编辑组编:《广西壮族社会历史调查》(第六册),广西民族出版社 1985 年版,第 3 页。

陆美芬小队每人积肥 40 担,比原计划超额 10 担。①

3. 收割

收割是非常繁重的工作,也是稻作农耕的最后工序,是前面全部工序的最终成果。但这一工作在很多地方也专属妇女,明代包裕作描述广西收割情景的风俗诗《麦黄歌》称:"大麦黄,小麦黄,家家男女等麦场……男(金彭,打麦声)女刈不辞劳。"②乾隆《庆远府志》也记载:"谷或剪或刈,皆出女手。"③妇女专任收割,确系妇女在生产中起关键作用的又一有力证据。原因有二:其一在思想观念上,与插秧应是同出一理——即妇女所具有的生殖功能。其二则是由于生产技术落后及耕地面积一般较为狭小,同时也为了尽可能多地收获,广西壮族群众过去收割谷子,并不使用镰刀大面积收割,而是使用小巧的套在手指上的手镰,一根一根剪禾,这种工作需要极大的耐心和灵巧性,更适合妇女从事,因此成为妇女的专利。广西民族博物馆"壮族文化馆"陈列了在广西不同地区拍摄的壮族妇女施肥收割图,生动地反映了妇女在这方面的劳动主导地位(见图 3.1)。

图 3.1 拍摄于广西不同地区的壮族妇女施肥、收割图
资料来源:广西民族博物馆。

---

① 广西壮族自治区编辑组编:《广西壮族社会历史调查》(第五册),广西民族出版社 1986 年版,第 225、227 页。

② [清]汪森编辑:《粤西诗载》(二),桂苑书林编辑委员会校注,广西人民出版社 1988 年版,第 223 页。

③ [清]李文琰总修:[乾隆]《庆远府志》,卷 10·诸蛮,页 9,故宫珍本丛刊第 196 册,海南出版社 2001 年版,第 381 页。

4. 家务劳动

妇女除了承担繁重的耕作劳动外,还要全面承包家务劳动,包括舂米、磨米、烧饭、煮菜、挑水、砍柴、背柴、收集草料、牲畜养殖等。这就比男子多出了很大的工作量。田工男子尚可在某些方面帮忙和分担,但家务劳动男子则基本不能帮忙或分担。这在某些地区是严格的禁忌,例如,男子不能从厨房的橱柜前走过或坐在橱柜前,因为那是专属妇女的领地。据《马关县志》记载,云南文山地区马关一带的壮人(过去称侬人)"其俗男惰女勤"。那些地方的男人除了干田里的几种农活外,其余农活和家务事一概不管。劳动的重负主要由妇女承担,她们起五更睡半夜,即便怎样忙不过来,男人也不帮忙。社会舆论耻笑那些帮助妇女做家务事的男人。①广西民族博物馆展示了壮族传统磨米的三种方式:马拉磨米、石碾磨米和妇女磨米,也就是说,如果不用畜力和机械,就只能靠妇女用双手磨米了,见图3.2:

马拉磨米　　磨米　　石碾加工

图 3.2　壮族传统的磨米方式

资料来源:广西民族博物馆。

20世纪50年代的调查显示,各地壮族均或多或少存在男子绝不染指家务的现象。如天峨县白定乡解放前在长期的分工劳作后,在男性方面受到了坏的思想意识的影响,因而影响了家庭工作,如有些人把挑水认为是妇女的天职,只有妇女才值得去挑水,男人是不肯干此工作的。因此有时家庭没有水烧饭煮菜,仍袖手不动,要等到妇女从外面归来,才去挑水,做饭煮菜,结果不是影响了工作,便是影响了休息时间。②田东县檀乐乡壮族在平常日子,妇女在家管理家务、煮饭、舂米、挑水、扯棉条、织布、染布、做鞋、缝衣、带小孩。至于家务,是在女人忙不开,无法分身时,男人才帮忙。缝补针

---

① 覃国生、梁庭望、韦星朗:《壮族》,民族出版社 2005 年版,第 118 页。
② 广西壮族自治区编辑组编:《广西壮族社会历史调查》(第一册),广西民族出版社 1984 年版,第 2 页。

线工作完全是女人负担。从这看来，女人工作很繁杂，负担很重，男人工作有时候还可休息一下，如犁田，上午最多犁到九点钟就回来了，直到下午三、四点才上田。①西林县那劳区维新乡壮族分工较细，有些地方不能越界，女工的活男人绝对不干，男工的活女子也绝对不干，偶然有男子做妇女的工作，则会被讥笑为笨仔等。妇女在劳动上似乎比男子做得较轻，其实不然，工作繁琐零碎得多。一天的工作，仅从家务来看，如冲米、煮饭、挑水、喂猪、鸡，有小孩的，还要照料小孩，同时纺纱织布、做鞋等，是非常繁忙的。每天必须早起，一直做到晚间。男子做完田工回家后，虽然看见没有煮饭，宁愿饿肚子也不动手。②

　　而同一地区在不同时期的调研都显示出同样的结果。如据 20 世纪 50 年代的调查，武鸣县邓广乡壮族从工作量来说，男人做了上午的半天工作后，再没有做其他的工作，女人则整天劳动，他们除了同男人一样出工搞农活以外，还负责家务工作。她们常年四季都是早起晚睡，农闲期每天的劳动时间也达到 11 个小时以上，至于农忙期则要超出 12 个小时以上。所以这里的妇女是非常辛苦和勤劳的。如挑水舂米，一般男人是不做的。③而据 1984 年 4—5 月广西师范大学的调研，武鸣县两江公社壮族打柴、挑水、做饭、插田等活都是女人干的，女人就像奴仆一样，累死累活。④笔者采访一位上思县的壮族妇女，她说我们那里的妇女很辛苦，干完田里、地里的活，还要做家务，男的只做田里、地里的活，很少做家务——"我们主要是种甘蔗，收割甘蔗的时候很累，一次只能砍一根甘蔗，虽然砍甘蔗男女都做，但妇女晚上回家后还要做饭，照顾老人小孩。"由此可见，壮族妇女与男子在劳动分工上也存在极大的不均衡性，男子基本上只承担田工或伐木、盖房等必须由男子完成的工作，而妇女除承担田工外还要承担家务和纺织，正如 1925 年 10 月 3 日《广西妇女联合会成立宣言》所说："妇女们随着他们的家人工作于田间，其能力比起男子并无两样，同时，她们还是一个家庭的管理者——什么缝纫啊，织布啊，烹饪啊，育儿啊，一切琐务，她们也得一手包办，所以她

---

① 广西壮族自治区编辑组编：《广西壮族社会历史调查》(第五册)，广西民族出版社 1986 年版，第 79 页。

② 广西壮族自治区编辑组编：《广西壮族社会历史调查》(第二册)，广西民族出版社 1986 年版，第 171 页。

③ 广西壮族自治区编辑组编：《广西壮族社会历史调查》(第六册)，广西民族出版社 1985 年版，第 3 页。

④ 《武鸣县两江、府城两公社社会历史调查资料》，见广西师范大学历史系、广西地方民族史研究室编：《广西地方民族史研究集刊》(第三集)，1984 年 11 月印，第 231 页。

们自朝至晚,没有安息的余暇。"①

四、劳动素质上的女性优势特征

在劳动素质方面,妇女也普遍高于男性,即妇女的劳动效率、劳动强度普遍超过男子。这方面最突出的表现就是对劳动时间的有效利用上。从文献记载的情况看,在日常的劳动时间上,妇女普遍长于男性,而且男子在农闲时期,一般都进行充分的休闲,而妇女却无法享受农闲,一年到头基本无休息,在田工、家务能基本劳动之外,还要利用农闲时间纺织、打柴、打草、喂养畜禽等。如隆林县委乐乡由于自然灾害的威胁,加上生产技术的落后,劳动力浪费很大,致使妇女也要从事繁重的耕作,如犁田、锄田、耙田等,终年劳碌不休。除农活外,妇女还有烦琐的家务劳动和纺织等工作,甚至砍柴挑水都有她们的份。男的劳动除了有部分与妇女相同外,其他如修建房屋、做家私等活是男子做的,但比起妇女来看就休闲得多,傍晚他们可以在凉台上聚坐闲谈,而妇女却做纺纱、织布和刺绣的工作。②田东县檀乐乡壮族解放前对剩余劳动力的处理,冬季农闲时间,妇女都上山打柴打草,平均每个妇女每年要打上 300 担茅草过冬,男人出外帮人建筑房子。③武鸣县清江乡壮族一般农民,每年把劳动力投到农业生产并不多,在农忙期每天工作约 9 个小时(其中绝大部分时间是给地主打工);在农闲时约工作 4 个或 5 个小时。男人做了半天工即做其附带的劳动(如修理工具等)或休息,有的即出外打工。④环江县城管乡壮族女孩子从十五、六岁开始挑水、烧火、煮饭,学着做田里的活路。妇女中约有十分之三的人会犁田。除插秧、收割大忙之外,妇女主要从事家务劳动与副业生产——做米粉、做豆腐、打草鞋等。⑤都安县高兴乡壮族妇女与其他各族劳动妇女一样,担负着生产的主要劳动,是生产战线上的一支主力军。她们不仅与男子一样参加劳动,同时还要担负其家

---

① 广西壮族自治区地方志编纂委员会编:《广西通志·妇联志》,广西人民出版社 2001 年版,第 334 页。
② 广西壮族自治区编辑组编:《广西壮族社会历史调查》(第一册),广西民族出版社 1984 年版,第 30 页。
③ 广西壮族自治区编辑组编:《广西壮族社会历史调查》(第五册),广西民族出版社 1986 年版,第 80 页。
④ 广西壮族自治区编辑组编:《广西壮族社会历史调查》(第六册),广西民族出版社 1985 年版,第 41 页。
⑤ 广西壮族自治区编辑组编:《广西壮族社会历史调查》(第二册),广西民族出版社 1986 年版,第 270、272 页。

务劳动和进行其他副业生产,如养猪之类。很多壮族妇女会犁田、耙田等,比之汉族某些地区的妇女劳动强度要大很多。[1]

正是由于妇女在生产劳动中的主动地位,因此在解放后的土改时期、互助合作社和人民公社时期,广西的壮族妇女充分发挥其传统优势地位,取得了很大的成就,涌现出了大量女劳模、女劳动能手和女生产英雄。在其他地方需要大力宣传的"男女平等""妇女解放""妇女也顶半边天"等口号,在广西地区似乎毫无障碍就得以实现。如武鸣县清江乡壮族解放后,许多妇女不但积极生产,而且还担任了生产领导工作。如汇泉屯妇女曾兰英,当上了生产队长后,这个生产队的成绩一直跑在别队的前头。[2]都安县高兴乡解放后几年来,妇女在各个生产战线上作出了重大贡献,在各个运动中涌现出不少的女英雄和劳动模范。[3]20世纪50年代宜州市矮山屯的互助组在夏月英互助组的带动下,各方面均取得比较好的成绩,夏月英因此荣获二区模范宣传员的称号。[4]据《合浦县志》记载,1958年,组织妇女开展"试验田""三八农科组""铁姑娘班"等竞赛活动。1960年,全县有铁姑娘班467个,妇女送肥专业队3 061个,田间管理专业队450个,造林专业队601个,妇女水稻试验田、丰产田2 580亩。1989年以来,发动全县妇女参加种水稻、甘蔗、玉米、造林、养禽畜、养蚕、养殖珍珠等项目竞赛活动,农村有4.76万户、9.87万人参加,占妇女劳动力总数的52%。[5]

除了传统的农活妇女干得有声有色外,体现出明显超越男性的劳动素质。1957年,东兰县中和区东里屯修水坝,妇女班见到男青年劳动懈怠,尽管是个别的,也给他赌一个气,便编出山歌来唱道:"干活莫要懒洋洋,筑坝工地是战场。男的莫要打瞌睡,看看女队斗志昂。"陈家茂、黄大仁他们听了巧姑娘的歌声,鼓了一肚子的气,歌喉也痒得忍不住了,便打开嗓子唱道:"妇女干劲冲破天,男的定要赶上前。全力攻破筑坝关,不获全胜非好汉。"[6]据《合浦县志》记载,1960年,全县有5.58万名妇女参加合浦水库水利建设,占工地民

---

[1] 广西壮族自治区编辑组编:《广西壮族社会历史调查》(第六册),广西民族出版社1985年版,第109页。

[2] 广西壮族自治区编辑组编:《广西壮族社会历史调查》(第六册),广西民族出版社1985年版,第41页。

[3] 广西壮族自治区编辑组编:《广西壮族社会历史调查》(第六册),广西民族出版社1985年版,第109页。

[4] 宜州市政协编:《宜州文史》(7—13合集),第七期,2012年12月印,第25页。

[5] 合浦县志编纂委员会编:《合浦县志》,广西人民出版社1994年版,第230页。

[6] 广西壮族自治区编辑组编:《广西壮族社会历史调查》(第五册),广西民族出版社1986年版,第224页。

工总数的 48％。①鉴于广西妇女作为主要劳动力的特殊情况,1950 年发布的《广西省人民政府关于土改时农村妇女劳动力计算方法的布告》(省农字二十一号)特别规定以妇女作为划分阶级和计算劳动力的标准,可谓对现实情况的认证:"查广西农村妇女一般都参加农业生产劳动,在土改分田时,若每年有三分之一时间从事主要劳动的妇女,即一年中有四个月从事农业生产上主要工作部门的劳动。除犁田外,如耘田、割禾、打谷、插秧或做其他农业生产上之重要劳动事项,在划分阶级计算劳动力时,应算该妇女有主要劳动力。"②

在原始的母系氏族社会,男子的社会分工是狩猎和保卫部落安全,而妇女则负责采集、种植工作和家务劳动,原本二者的分工是较为公平的,且相对来说,男子承担的责任更重大一些,分工更重要一些,因为狩猎和战争的危险系数更高。然而,随着农作技术的发展和养殖范围的扩大,渔猎业在人类生活中的比例逐步下降,而农业在生活中的比重逐步增大,男子的狩猎所带来的收获是不稳定的,而妇女的采集和种植工作却可以带来稳定的食物来源,因此人类的生存更多依赖于妇女的工作,妇女也因此赢得了更高的地位。进入近现代社会后,由于自然生态环境的变化,动物资源逐渐减少,狩猎变得愈加困难稀少,尤其是解放后,狩猎活动被全面禁止和取缔;此外,随着部落间争斗的减少,相对和平的生活使男子的战争功能也逐步丧失殆尽,男子从事的两项主要生产活动已全部消失,但原始社会分工所形成的生活习惯和思维模式却保留了下来,因此导致了这种"男逸女劳"的表面现象。因此,对壮族男子产生误解是不公平的,而且,笔者在广西各地调研时,真真切切地感受到壮族男子的勤劳奋进以及对妇女发自内心的尊重与爱戴。

实际上,"男逸女劳"明显并非壮族的专利,西南地区的少数民族或多或少都存在一些母系社会特征,只是程度不同而已。如明代钱古训所著描述云南德宏地区少数民族的《百夷传》记载:"其俗贱妇人,贵男子,耕织徭役担负之类,虽老妇亦不得少休。"③《黔游指南》记载:"其族女勤男逸,妇人日出而耕,日入而织,获稻与稽储之。"④民国《宣威县志稿》记载:"妇归宁,夫迎之或用牛车或用马车,可并载妇子及所携物,马性驯,以靷授,妇累犹小,否

---

① 合浦县志编纂委员会编:《合浦县志》,广西人民出版社 1994 年版,第 230 页。
② 广西壮族自治区地方志编纂委员会编:《广西通志·妇联志》,广西人民出版社 2001 年版,第 339 页。
③ [明]钱古训:《百夷传》,江应樑校注,云南人民出版社 1980 年版,第 95 页。
④ 履坚:《黔游指南》,(五)·苗民风俗考,见劳亦安编:《古今游记丛钞》(五),卷 40·贵州省,台湾中华书局 1961 年版,第 70 页。

则褓在背而鞀在手，或滇为持提篮，日本人江添喜与游历过宣，目其事而察其状，诧曰：女权乃尔偏重。"①《滇南新语》载剑川"男既远游，女当门户，催粮编甲，亦多妇代夫役，皆能练事无误"。②其中保留最完整的恐怕要数生活在云南丽江地区的纳西族了。对比起尚停留在母系社会的纳西族，壮族妇女的社会负担已减轻了不少，至少男子已在生产方面分担了大量的工作。从这一点上来说，壮族社会仍是较为进步的。

进入现代社会后，壮族妇女仍在劳动生产发挥着重要的作用。特别是几年来，大量农村男子进程务工，农村只剩下大量的留守妇女、老人和儿童，俗称"386199 部队"（即三八节、六一节和重阳节），妇女更加成为农村的主要劳动力。但她们发挥自己的所长，毅然担负其建设家乡、致富创业的重任，在农村发展产业经济的大潮中贡献出了中坚力量。德保县云梯村的女村主任说，本村男的都外出务工了，妇女就在家养猪养鸡，耙田犁地都是女的干，完全发挥半边天的作用。2018 年 1 月初，笔者在"中国少数民族特色村寨"南丹县罗富镇塘香寨调研时了解到，该寨大量青壮年男子进城务工后，妇女们支撑起了全村的经济生产，上级政府考虑到当地的自然环境，决定走特色产业发展道路，提倡该村在荒山坡上种植核桃，村里妇女积极响应政府的富民政策，背着孩子上山种树，完成了核桃树的种植任务，核桃树已蔚然成林，即将产生经济效益。而同为中国少数民族特色村寨的环江陈双屯也大力发展特色产业，种植的砂糖橘远销海内外，产值惊人，每家每年至少都有五六万的收入，而这一成绩的取得，也是村中大量留守妇女完成的。砂糖橘从种植、养护、采摘、拣选都倾注了她们的心血。

第二节　壮族手工业习惯法的母系特征

一、壮族妇女手工纺织业的发达

（一）清代以前文献对壮族妇女纺织业的记载

在壮族的手工业中，纺织业首屈一指。壮族很早以前就掌握了高超的

---

① 宣威县志所编：《宣威县志稿》，卷 8 之四·民族，台北成文出版社 1967 年版，第 763 页。据民国二十三年铅印本影印，中国方志丛书第三十四册。
② ［清］张泓：《滇南新语》，见劳亦安编：《古今游记丛钞》（五），卷 39·云南省，台湾中华书局1961 年版，第 29 页。

纺织技艺，在广西各地出土的新石器时代的纺轮，足以说明壮族纺织业悠久的历史。（见图 3.3）壮族创造出了"越布""壮锦"等驰名中外的纺织品，其中广西壮锦与南京云锦、成都蜀锦、苏州宋锦并称"中国四大名锦"，在古代一直是朝廷的贡品。古代文献对广西壮族发达的纺织业早在记载，如东汉王符所做《浮侈篇》批判当时贵族的奢靡之风，连家中的仆妾都身穿"葛子升越，筩中女布"，[①]而据沈怀远《南越志》记载：葛子、女布皆为南越贡品。《南史》记载，南朝宋武帝时，由于两广地区进贡的纺织品过于精美，竟然招致朝廷的封杀："广州尝献入筩细布，一端八丈，帝恶其精丽劳人，即付有司弹太守，以布还之，并制岭南禁作此布。"[②]但壮族创造出的精美纺织品"越布"还是逐渐受到了上层统治者的青睐，甚至成为时尚。《南齐史》记载："（梁）武帝乘龙舟游江中，纴越布为帆，缚镕石为足榜，人皆着郁林布，帝王夸为炫耀，其珍可知。"[③]文中提到的"越布""郁林布"都是壮族的特产。《隋书》中也记载了南朝的后齐后主对越布的偏爱："好令宫人以白越布折额，状如髽帼；又为白盖。"[④]可见在当时，壮族妇女的纺织品已风行中原地区的上层宫廷社会。唐代诗人李贺的诗歌《感讽五首（其一）》生动形象地描写了岭南官府催逼壮族妇女缴纳越布的残酷状态："合浦无明珠，龙洲无木奴。足知造化力，不给使君须。越妇未织作，吴蚕始蠕蠕。县官骑马来，狞色虬紫须。怀中一方板，板上数行书。不因使君怒，焉得诣尔庐。越妇拜县官，桑牙今尚小，会待春日晏，丝车方掷掉。越妇通言语，小姑具黄粱。县官踏餐去，簿吏复登堂。"[⑤]从诗中可以看出，越布是当时重要的朝廷税赋物资，壮族妇女忍受着沉重的手工业剥削。诗中自始至终都是壮族姑嫂两人应对官府，当时的妇女深受封建礼节约束，但壮族妇女却能直接独自与政府官员交涉，可见其在生产和家庭中居于主导地位。唐代诗人刘禹锡在描述岭南少数民族风情的《蛮子歌》中也称赞了当地妇女的织布技艺："蛮女钩辀音，蛮衣斑斓布"。宋代《方舆胜览》记载武缘县："人工于织布，煮练如雪缜密可爱。"[⑥]范

---

① ［南朝宋］范晔：《后汉书·王符传》，册 6，卷 49，页 1635—1636。
② ［唐］李延寿：《南史》，宋武帝纪，册 1，卷 1，页 28。见广西壮族自治区通志馆编：《二十四史广西资料辑录》（一），广西人民出版社 1987 年版，第 412 页。
③ ［明］钱古训：《百夷传》，江应樑校注，云南人民出版社 1980 年版，第 94 页。
④ ［唐］魏征、颜师古、孔颖达编：《隋书·五行志》，册 3，卷 22，页 630。见广西壮族自治区通志馆编：《二十四史广西资料辑录》（二），广西人民出版社 1987 年版，第 6 页。
⑤ ［清］关涵等著：《岭南随笔》（外五种），黄国声点校，广东人民出版社 2015 年版，第 220—221 页。
⑥ ［清］黄君钜初纂，黄诚沅续纂：《武缘县图经》，卷 6，广西人民出版社 2013 年版，第 410 页。

成大在《桂海虞衡志》中也记载了多个壮族精美的纺织品:"练子,出两江州峒,大略似苎布。有花纹者,谓之花练。土人亦自贵重。绫,亦出两江州峒,如中国线罗,上有遍地小方胜纹。"①明代诗人曹学佺《桂林风谣十首》云:"懒妇田间过,忙将织作陈。"②而这些纺织业方面的成就,几乎全部是壮族妇女取得的。图3.4为贵港市覃塘壮族妇女织出的细格布。

 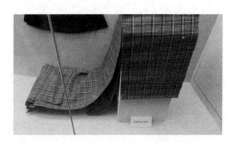

图3.3　贵港地区发现的新石器时代纺轮　图3.4　覃塘壮族妇女织出的细格布
资料来源:贵港市博物馆。

(二)清代文献对壮族妇女纺织业的记载

广西清代地方志对壮族妇女勤于纺织及其精湛纺织技艺也称赞有加,如雍正《广西通志》载北流县"妇人勤纺织"。③融县"女务纺织"。④思明"男子刀耕火种耰,妇女业纺织"。⑤修仁县"男务耕读,女事纺织"。⑥乾隆《柳州府志》就有多处记载:"蛮女喜织之,文最烦缛,间出售城市,值最贵,自衣则谓之斑衣种女","融县男女有别,士尚儒雅,女务纺织"。⑦乾隆《马平县志》

---

① [宋]范成大:《桂海虞衡志》,志器,齐治平校注,广西民族出版社1984年版,第14页。

② [清]吴徵鳌修,黄沁、曹驯纂:[光绪]《临桂县志》,卷8·风俗,页8上,广西人民出版社2013年版,第194页。

③ [清]金鉷修,钱元昌、陆纶纂:《广西通志》(二),卷32·风俗,页20,广西古籍丛书编辑委员会、广西地方志编纂委员会办公室据清雍正十一年(1733年)刻木影印,广西人民出版社2009年版,第580页。

④ [清]金鉷修,钱元昌、陆纶纂:《广西通志》(二),卷32·风俗,页15,广西古籍丛书编辑委员会、广西地方志编纂委员会办公室据清雍正十一年(1733年)刻木影印,广西人民出版社2009年版,第578页。

⑤ [清]金鉷修,钱元昌、陆纶纂:《广西通志》(二),卷32·风俗,页13,广西古籍丛书编辑委员会、广西地方志编纂委员会办公室据清雍正十一年(1733年)刻木影印,广西人民出版社2009年版,第577页。

⑥ [清]金鉷修,钱元昌、陆纶纂:《广西通志》(二),卷32·风俗,页6,广西古籍丛书编辑委员会、广西地方志编纂委员会办公室据清雍正十一年(1733年)刻木影印,广西人民出版社2009年版,第573页。

⑦ [清]王锦修,吴光升纂:《柳州府志》,据1956年北京图书馆油印本翻印,柳州市博物馆1981年翻印,第3页。

记载当地："男子计口而耕，妇女度身而织。"①道光《庆远府志》记载："壮女作土锦，以绵为经，以五色绒为纬，纵横绣错，华美而坚。惟忻城、永定花样更佳，工作更巧。东兰壮女能作花巾，或花草或人物，或鸟兽或字，以白布一副，用笔墨画样，巧者折而数之，配以机轴，织成宛然。"②光绪《横州志》记载横州城厢风俗"男子不事耕商，妇女克勤刺绣"。③光绪《贵县志》记载："妇女非岁节大事，不见家翁伯叔，所事惟纺织刺绣剪制。"④许多古代诗人都在诗歌中讴歌了壮族妇女辛勤纺织的艰辛，如许朝《蛮诗·其一》曰："供输一体万方平，此地犹传'布缕征'；楼上梭声终夜月，辛勤缕缕见夷情。"⑤清代宜山教谕李维序所写《周安竹枝词》赞颂："少女勤劳习妇工，织成土锦绿兼红。于归裁作合欢被，文采鸳鸯灿室中。"⑥

（三）民国时期壮族妇女的纺织业

进入民国后，开始出现了现代纺织机械和技艺，一些男子也开始参与到纺织业中，但大部分壮族地区的妇女依然采用传统技艺辛劳纺织，解决全家人的穿着问题。据民国《思恩年鉴》载："县属各乡妇女，皆利用冬闲织布，系用旧式织布机，出布宽一尺左右。"⑦民国二十二年（1933 年）编的《那马县志草略》记载："那马惟妇人织居多。现时改良，男人以高机织者间亦有之，惟少数而已。"⑧民国二十五年的《来宾县志》记载："乡民自制者，限于土布、麻苎，甚或庄棉，压线横斜，平直不中式。今日城市渐有缝衣机器，然终不如手工针线之坚实。女工针黹，或士族富户亦能以彩绒绣花卉，儿冠女鞋犹雅丽可观，至纺绩织染则四邻相望也，惜未讲求工致，无佳品输出，所织布染以土靛，浅蓝、深青两色颇佳，殊酌浣濯。"⑨民国三十五年（1946 年）编的《三江县志》也多处记载了当地各族妇女擅长纺织的特点——"其衣料以其妇女

---

① ［清］舒启修，吴光升纂：《马平县志》，广西人民出版社 1997 年版，第 26 页。
② ［清］唐仁纂，英秀修：《庆远府志》，道光八年辑，广西河池市地方志编纂委员会办公室点校，广西人民出版社 2009 年版，第 56 页。
③ ［清］谢钟龄修，朱秀纂：《横州志》，据清光绪二十五年（1899 年）刻本重印，横县文物管理所 1983 年 11 月印，第 12 页。
④ ［清］夏敬颐主修，王仁锺协修：《贵县志》，1893 年修，贵港市地方志编纂委员会办公室据紫泉书院藏本 2009 年 12 月翻印，第 621 页。
⑤ 刘锡蕃：《岭表纪蛮》，台北南天书局 1987 年版，第 250 页。
⑥ 《广西忻城民歌编委会》编：《广西忻城民歌选》，广西人民出版社 2009 年版，第 302 页。
⑦ 广西壮族自治区编辑组编：《广西壮族社会历史调查》（第二册），广西民族出版社 1986 年版，第 286 页。
⑧ 《马山县志》办公室：《那马县志草略》，民国二十二年一月一号立，1984 年 5 月印，第 17 页。
⑨ 宾上武修，翟富文纂修：《来宾县志》，台北成文出版社 1975 年版，第 426 页。

自织染之土布为唯一品","女多樵务织纴","壮人丧,锦衾裖,绸袍褂,至三四套,其衾裖及亲友所需之帛,则出于女,故为之女者,率于平日预备,并织土白布一二十匹以待"。①刘锡蕃在《岭表纪蛮》中对壮族妇女在家庭纺织业方面的卓越贡献有非常高的评价:"自灰色化以下之各种蛮族,所著衣裙,完全为其手制,故蛮人妇女,无人不善纺织。其工细者,数月而成疋,曰'娘子布'。其质为苎麻,染青色,九洗九染,布敝而色犹新。侬人尤所优为,故'侬人青'之名,见称于社会。……东兰、凤山之壮女,所织花布,亦称工致。天保、忻城等处,善以丝绵织'壮锦',花纹灿烂;彩饰织绺,可数十年不敝。蜀锦谱中有'广西锦'之名,即系此物。"②据民国二十二年(1933年)广西经济调查团所收集的资料,当时广西各县家庭织布业非常发达,而从事家庭织布业中很多地区女性人数都多于男性(见表3.5)。

从表3.5可以看出,在本家庭从事织布业的人口当中,桂林、郁林、邕宁、平南、龙州、桂平等县的女性劳动力均高于男性,其中龙州全部为女性,男子从业人数为零;而在两性均从业的县份,超过率最高的是平南,妇女从业人数超过男子12倍之多;其次是桂平,为3倍,郁林和邕宁也分别达到1.9倍和1.6倍之多。而家庭雇工中,平南县全部为女性。在家庭学徒人数上,桂林、贺县、平南的女性人数均超过男性,其中平南全部为女性。由于女性在家庭纺织业中发挥的巨大作用,致使织布业成为广西当时的重要支柱产业,享誉海内外,一度成为对外贸易的首要输出商品:"就各业在本省之经济地位,自以织布业最为重要。查本省对外贸易,进口各货,以纱布为最大宗(1933年情形,纱值六百余万元,布值五百余万元)。目下省内植棉事业,实验虽未成功,然织布一业如能更加发达,则仅须输入洋纱(本省布业现时所用面纱均属自省外输入之纱),对于本省经济,未始不无裨益。"③

(四)1949年以后壮族妇女的纺织业

解放后,壮族妇女在纺织业上的高超技艺,更是得到了较大的发挥。上思县思阳乡壮族1956年年底建立了毛巾社,有一技术指导员,名叫施瑞琼,对于织毛巾的技术已有多年的经验。在该社与她相竞争的有吴玉珍,1955年才参加织巾工作,她肯钻研,一心要把社里生产技术提高,从无到有,并且熟悉掌握,创造发明了多种花样,自己创造共六种,她在社里起了很

---

① 魏任重修,姜玉笙纂:《三江县志》,台北成文出版社1975年版,第120、139、147页。

② 刘锡蕃:《岭表纪蛮》,台北南天书局1987年版,第131页。

③ 张妍、孙燕京主编:《广西年鉴(第二回)》,民国史料丛刊1017,史地·年鉴,大象出版社2009年版,第25页。

表 3.5 民国二十二年(1933年)广西各县家庭织布业工作人数一览表

县名	总家数	调查家数	家庭人口 总计	工作人数					雇工人数			学徒人数		
				男	女	男童	女童	合计	男	女	合计	男	女	合计
桂林	400	97	4.35	0.93	1.00	0.20	0.2	2.33	1.91	0.09	2.00	0.03	0.04	0.67
郁林	—	35	5.94	0.80	1.57	0.06	0.09	2.61	0.66	—	0.66	—	—	—
贺县	140	30	4.00	1.13	1.10	0.07	0.16	2.46	0.23	—	0.23	0.20	0.03	0.23
平乐	30	25	3.16	1.04	0.84	0.08	0.08	2.04	1.40	0.04	1.44	0.12	—	0.12
柳州	35	24	4.13	1.21	0.92	0.08	0.08	2.29	1.68	—	1.63	0.20	0.04	0.33
邕宁	200	20	5.25	0.85	1.40	0.40	0.50	3.15	1.45	—	1.45	0.95	—	0.95
平南	—	19	5.16	0.11	1.37	—	0.26	1.74	—	0.68	0.68	—	0.11	0.11
宾阳	—	8	4.88	1.00	0.88	0.25	0.12	2.25	0.68	—	0.03	—	—	—
龙州	—	4	3.75	—	1.25	0.25	0.25	1.75	—	—	—	—	—	—
钟山	—	2	3.50	3.50	—	—	—	3.50	—	—	—	—	—	—
桂平	—	2	4.50	0.50	1.50	—	—	2.00	—	—	—	—	—	—

资料来源:张妍、孙燕京主编:《广西年鉴(第二回)》,民国史料丛刊 1017,史地·年鉴·大象出版社 2009 年版,第 28 页。

大作用,群众反映很好,被评为社内劳动模范。①笔者在壮族地区调研时,也常常看到一些人家里仍然摆有古老的织布机,一些老年妇女仍然织传统的土布和壮锦,而且这些技艺并没有随着时代的变迁而消逝,相反,壮族妇女传统的纺织技艺得到了文化部门的重视,很多都申请了县级、市级、区级甚至国家级非物质文化遗产,那些精通织造技艺的壮族妇女也获得了传承人的称号,得到了较好的保护。例如壮族的壮锦、绣球制造技艺,都获得了国家级非物质文化遗产认证,龙胜县的"北壮服饰"就以"消费习俗"在2008年获批进入桂林市级非物质文化遗产名录。笔者2016年12月在忻城县莫土署衙门调研时,遇到了一位85岁的老奶奶,她是莫氏土司的后裔,也是壮锦的非物质文化遗产传承人,每当有客人造访时,她不顾年事已高,仍然坚持为客人表演壮锦织造技艺,织出的壮锦紧密细致,花纹绚丽,非常美观。(见图3.5、图3.6)

图3.5　正在织壮锦的忻城壮族老奶奶

图3.6　美丽的壮锦

二、壮族妇女手工纺织业的职能

(一)家庭主要经济来源

壮族妇女凭借其高超的纺织技术,使得纺织不仅满足家庭自给,还成为家庭的主要经济来源。历史文献记载了许多广西妇女在丈夫离家或去世

---

① 广西壮族自治区编辑组编:《广西壮族社会历史调查》(第三册),广西民族出版社1985年版,第70页。

后,独立用手工纺织支撑家庭生活、将子女、兄弟抚育成人的感人事迹,如《宋史》记载的周渭之妻:"周渭,昭州恭城人,渭妻莫荃,贤妇人也。渭北走时,不暇与荃决,儿子孩幼,荃尚少,父母欲嫁之。荃泣誓曰:'渭非久困者,今违难远适,必能自奋。'于是亲蚕织碓舂,以给朝夕,二子皆必婚娶。凡二十六年,复见渭,时人异之,朱昂著《莫节妇传》纪其事。"①

明代广西全州涌现出了"蒋氏四姑"的佳话,四位蒋姓女子,终身未嫁,依靠自己的纺织作为家庭收入来源,独立赡养父母并抚养幼弟成年:"蒋氏大姑二姑俱全州蒋文德女,父卒后,见弟景潮年幼,遂同心矢志不嫁,扶弟成立,终老于家,勤于纺绩,置有田产,蒸尝罔替,后四世孙蒋璧明以明经任浙江秀水县主簿,赞曰:'冰洁闺门二祖姑,同心不嫁世间无。立宗扶弟兴家业,遐迩咸钦女丈夫。'十一世孙举人蒋鹏赞曰:'沧海有珠,荆山有玉。不雕不琢,守贞抱璞。两姑有焉,青史足录。女中丈夫,古今有躅。'蒋氏三姑,全州蒋文绍女文德侄女也,母老多疾,无兄弟,矢夫志养母,终不适人,至老而卒后,蒋璧明赞曰:'不容冰语说良人,固守香闺一点贞。织纴组纴惟自处,素娥青女共精神。'十世孙举人蒋宗芝赞曰:'旗山之阳有奇女焉,如珠隐渊,如玉藏璞,如芝兰之幽秀,如松柏之劲骨,绣阁香闺,终身独贤矣哉!克家为令子,抚弟即贤兄,亘千秋而万世,孰与我姑而争荣?'蒋氏四姑,全州蒋□誉女,□誉生一子一女,女见弟弱,悲父老病,守志养父,不肯适人,力纺绩以终养。蒋璧明赞曰:'谨遵父命,抚弟持家。贞心一点,与月光华。举人蒋鹏赞曰:'粤我四姑,闻风兴起。不愿有家,惟知青史。'"②除了上述人物外,表3.6为四库《广西通志》所记载的明清二代靠纺织支撑家业的妇女的事迹,这些妇女分布广西各地,很多只留下一个姓氏,甚至没有姓名,但她们的共同特点就是在失去丈夫或单身的情况下,以手工纺织业养活全家,独撑家业,可见手工纺织业是壮族妇女独立谋生的重要产业。

民国时期的文献在这方面的记载也很多,如民国《来宾县志》记载了多位依赖纺织业以赡家的妇女:曾吴氏,夫死无子,"针黹纺织,孝养舅姑"。蒋方氏,夫死"矢志抚孤,纺织针黹,自养教三子成立"。黄贾氏,"孀居十年,备历艰苦,幸素娴女红,制土布殊精致,染色尤佳,日躬亲负贩往来,县属寺脚、

① [元]脱脱、阿鲁图主修:《宋史·周渭传》,册29,卷304,页10057。见广西壮族自治区通志馆编:《二十四史广西资料辑录》(三),广西人民出版社1987年版,第160页。

② [清]金鉷等监修:《广西通志》(三),卷88·列女,[清]纪昀等总纂:《景印文渊阁四库全书·史部325·地理类》,台湾商务印书馆1986年版,第477—478页。

表3.6　四库《广西通志》所载明清以纺织撑家业的妇女事迹一览表

朝代	姓氏	籍贯	事迹	资料来源
明	覃氏	永淳	覃长寿妻,善事舅姑,勤纺绩,年二十三寡居,屏去服饰,终身无二志,初长寿殁,罩方赈生子昆,昆娶数年又殁,氏抚二孙成立,正统间旌之。	[清]金鉷等监修:《广西通志》(三)·卷88·列女,[清]纪昀等总纂:《景印文渊阁四库全书·史部325·地理类》,台湾商务印书馆1986年版,第478页。
	蒋妙庆	宜山	莫朝宣妻,朝宣领景泰癸酉乡荐,卒,氏年二十二,翁姑哀其寡,将嫁之,氏又不许,以女工自给,训子骄业泰应贡。亦卒,氏率其妇生浃薄,躬勤绩,抚育三孙自满,自,广,自矜,皆有成,皆年七十终。	同上,第480页。
	阮氏	苍梧	廖绍禄妻,年二十三而寡,子襁褓,誓不二志,家贫,勤纺绩以抚孤。	同上,第481—482页。
	蒋氏	全州	十岁母死,十七父又殁,二弟幼目疾,誓不嫁以抚二弟……氏起居谨严,优勤自励,日操井臼,夜业女工,弟长任为娶妇。后婿任栋林立,家业日裕,皆氏力也。	同上,第482页。
	梁氏	武宣	王炳妻,炳卒,氏年十八,家贫,苦誓死守节,昼夜纺绩用给,育遗腹孤子贤,补县学弟子员,又卒,孙肇伯尚幼,氏又育之,裘祖于户职,氏年七十有五,人无间言。	同上,第483页。
	萧氏	富川	年十八归吴晨,越二年,晨卒,舅姑亦相继亡,氏殡殓如礼,无子,家甚贫,惟以女工给朝夕,年逾七十,人无间言。	同上,第483页。
	石氏	苍梧	尹世雍妻,归九载,世雍卒,无子,家贫甚,或劝氏母自苦,氏叱之。姑亦早孀,性严历,日纺绩,奉姑甘相依,始终不少间,时人称为双节。	同上,第483页。
	宋氏	南丹	适舍人甘诚,生子甫晬,诚卒,家贫,织红自给……后抚子霖成立,任柳庆参将,正德十三年旌表。	同上,第486页。

续表

朝代	姓氏	籍贯	事迹	资料来源
明	骆氏		尚书吴某举之母,处士英之妻,英早世……时家索萧甚,岁连褪而顺窆同遗,率如常,已则潇滚幼缀,性不喜纷华,嫁时衣三十年尚襦如也。	同上,第486—487页。
	郑氏	临桂	适曾璋,璋有一妾,氏处之坦然。璋学省学,称双节云。	同上,第488页。
	程氏、刘氏	崇善	嘉靖时,本府孝廉黄子颜媳也,子颜生子三人,长倍,次亿,次佩。倍娶程氏,亿娶刘氏,倍与亿相继早亡。程年十九,无子;刘年二十一,止一女,父忧怜其少,欲为改嫁,二人以死自誓,同处一室,上事翁姑,下抚弱女,数十年如一日。	同上,第488页。
	马氏	灵川	詹廷玉妻,廷玉偕父母相继死,遗二孤,朝不谋夕,氏勤纺绩自给,教男习学。长子忠朴邑庠生,末儿亦死,氏守志忘如,寿九十。	同上,第490页。
	扈女	容县	年十六受甘礼聘,未嫁而礼亡,父母又相继死,女终。奉诏旌其门曰:冰霜妇节。	同上,第491页。
	李氏	归顺州	土官李琛女,适归顺州土官长子岑器。器为其弟所杀,氏年二十七,复子父母家……夜明灯坐中堂,群媳环之,纺绩至鸡鸣,乃锁门而寝,晚年操守益严。	同上,第491页。
	陈氏	宾州	舒销妻,年二十二夫亡,遗子泰,方二岁,家贫以女红自活,孀居二十余载,邻人不识其面。	同上,第493页。
	舒氏	桂林	中卫舍人舒桧之女,年十六归于本所应袭千户刘采,采卒,氏方二十一岁,一子国泰在褪褓,氏恸哭儿绝……独处一至,惟勤纺绩,抚孤而教之,虽褚姊妣,非大故不相见,事继姑以孝闻,年六十有四,志节懿如。	同上,第494—495页。
	林氏	怀集	梁起潜妻,起潜卒,氏年二十四,父母劝其再醮,氏纺绩抚孤,誓死不从。饮子储英黄序,诸孙林立,报寿八十有七。	同上,第495页。

续表

朝代	姓氏	籍贯	事　迹	资料来源
明	李氏	思恩	千户所总旗虞汴妻，年十七归汴，家徒四壁，泰不再嫁。	同上，第495页。
	林氏	容县	覃泰妻，年十八归泰，泰卒，誓不再嫁。家甚贫，纺绩自给，前后直指使者，四旌其门。	同上，第495页。
	于氏	怀集	张云祥妻，万历初，尚猛严秀珠反，云祥从堂兄百户大经进剿阵亡，氏年二十三，舅姑垂老，子中美仅三龄，氏日纺绩以养亲，夜则燃薪课子，悲苦弥深，精操益励，督孤子勤业有声。	同上，第496页。
	潘氏	隆安	黎善明妻，年十六适善明，止生一女。善明卒，氏年二十八，家贫茹苦，日织以供衣食，人常讽以改行，号泣拒之，守节四十四年而终。	同上，第497页。
	欧阳氏	瓯州	守欧阳经女，适平乐郡庠生莫希爱。希爱死，氏方二十一岁，孝事继姑……继姑生终，所余产尽为族人侵占，氏结茅屋自活，茹荼几十年乃终。	同上，第497页。
	胡氏	北流	庞儋妻，年二十七而寡，抚子甫七岁。及长，娶媳李氏，省身复矢，知县杨林芳具额旌奖。	同上，第498页。
	彭氏	临桂	关辅宗妻，夫亡，氏二十岁，家甚贫，姑老子幼，氏誓守节，勤女工以赡养。	同上，第499页。
	谭氏阎氏	昭平	黄铨、黄聪妻，诠兄弟早丧，二妇皆少，并誓守节亲，纴绩以营诠莽事，正静持家，阎箴完洁，诠子长亦亡，抚孙克嗣明经，黄钟伸其后也。	同上，第502页。
	邓氏	灌阳	庠生唐允禧妻，年二十一，允禧死，子祚任方四十日……躬织纴，课家僮，力耕杼，任朴弟子员，年七十有九，两院疏旌奖。	同上，第502页。
清	严氏	岑溪	廪生梁观政妻，兰观兰甫妻，兰死，氏年二十余，家甚贫，日亲井臼，子龙甫数岁，氏日勤纺绩，教二子读书有成。	同上，第503页。
	赵氏	崇善	百户魏兰妻，年二十八夫卒，氏年十七有九，氏日勤纺绩，抚孤长成。	同上，第504页。

石塘两墟及贵县属石龙墟,售率倍徒,由是渐有居积"。①民国《同正县志》也记载了一位孀妇以纺织养家人的事例:"韦绣日原配马氏,城外盐行街人,年二十于归,越三年寡,无出,有劝改适者,辄涕泣拒绝,家贫,纺织度日,孝翁姑,抚弟侄,始终如一。"②

(二) 家庭成员自给

对于一般的壮族家庭,妇女纺织主要是满足家庭成员的消费需求。广西民族博物馆记载贺县壮人的清代资料曰:"喜能织服绣履重赖,其男子所携必家自织者。"③民国《贵县志》记载:"清光绪中叶以前,衣料多用土货,县属比户纺织,砧声四彻。"④进入现代社会后,尤其是建国后,壮族妇女手工纺织业虽然发达,但其主要职能还是满足家庭自身的穿衣取暖需要,没有商业目的。一家老小从头到脚、从头帕到衣裤、裙衫、鞋袜,全都从妇女的织机上出来。据20世纪50年代的调查,广西大部分壮族地区的妇女在农忙之余,还要从事繁重的纺织工作,但基本上都用于家庭自给,家庭成员的穿着全部由妇女解决。而男子是绝不染指这一劳动的。因此手工纺织业几乎由妇女以一己之力全部承担。妇女的纺织工作,全部利用农闲时间进行,故妇女几乎没有休息的时候。如南丹县拉易乡壮族只是所有的家务琐事,则又绝大部分落在妇女的肩头。男耕女织的社会,固早已不复存在,但从这里的由挖土种棉,一直至成布靛染的整个过程,几乎都全部由妇女担任,也还可以窥见一些男耕女织社会的残辉遗影。壮族家庭妇女过去人人都会种棉织布,本乡妇女种棉纺布的历史悠久。⑤东兰县那烈乡壮族妇女很久以来就已掌握了纺纱织布的技术,直至解放前,差不多每家都有木制的纺纱机、织布机,农闲时节或夜晚,妇女大多干织布工作,供家穿着所需。⑥隆林县委乐乡从采棉到缝制衣服,以至补衣都是妇女做的。纺织是农民妇女们历来的家庭副业,因为忙于生产,她们只有在每日空隙时间(膳后及晚上)才能工作,即使白天到田边生产,有时休息就抓紧进行。本地妇女如平寨屯三十六

---

① 宾上武修,翟富文纂修:《来宾县志》,台北成文出版社1975年版,第518、519、530页。
② 杨北岑等纂修:《同正县志》,台北成文出版社1975年版,第213页。
③ 广西民族博物馆资料。
④ 欧卿义主修,梁崇鼎纂:《贵县志》,卷2·生活状况,民国二十三年(1934年)修,贵港市地方志编纂委员会办公室2014年10月翻印,第127页。
⑤ 广西壮族自治区编辑组编:《广西壮族社会历史调查》(第一册),广西民族出版社1984年版,第163、169—170页。
⑥ 广西壮族自治区编辑组编:《广西壮族社会历史调查》(第五册),广西民族出版社1986年版,第141页。

户,就有四十一张织布机。①

天峨县白定乡解放前家务方面也存在着男女的分工:纺、织、缝制衣服、做布鞋挑水和带小孩都由女性负担。白定乡各屯纺织手工业不论是解放前或解放后都很盛行,归里屯的四十九户中缺乏纺织机的仅有七户,这七户中除了一户因为家中没有妇女外,其余六户都还借用别人的纺织机自纺自织。因纺织手工业有了长远的历史,并且在解放前的漫长时期内,一般农户都靠自纺自织来解决全家的衣着问题。白定乡妇女虽用很低劣的纺织机来工作,但她们的技术并不是很低。她们用洋纱织成的方格布或条纹布,看起来使人疑为机布,从此亦可见妇女纺织技术的高明,但是不管是过去还是现在,她们都是利用农闲时间来进行工作,她们所以要纺纱织布,绝大部分的家庭都是为了自给。所以你现在到各屯去可经常发现年老已不能出工的老婆婆手中拿着纺纱机在集中精神纺着土纱。②田东县檀乐乡壮族纺织业是壮族妇女历来的家庭副业之一,也可以说是她们的特点之一。壮族妇女擅长这种纺织业。但她们又是农业生产的主要劳动力,故其纺织纱布只能在农隙时间(主要是膳后及晚上,解放前多在秋后农闲期间)进行,这里的壮族妇女几乎都具有纺织的技能,惟其熟练程度有差异。她们的纺织品主要是白土布,也有土纱线、蚊帐布和较精美的有斑点条纹彩色的土线毯。其质量不次于机织的洋纱线毯,结实、耐用,很适于农家使用。③

(三)妇女个人副业

除了用于家庭自给外,一些地区的壮族妇女还将多余的纺织产品拿到集市上出售或交换,以补贴家用,因而产生了纺织业的商业功能,变成了一项重要的家庭副业,也变成了妇女的主要收入来源。如广西民族博物馆记载融县壮人的资料为:"妇女时携所织壮锦出售,必带竹笠而行。"太平府属土人"时负丝绸袋趁墟,负物而归"。④妇女纺织与男子狩猎一样成为农活之外的技能,如道光《庆远府志》记载:"耕种之暇,男或采樵攫兽,女纺织染布,各有工技。"⑤一些地方官员顺应这种潮流,专门为妇女设立了纺织品交易

---

① 广西壮族自治区编辑组编:《广西壮族社会历史调查》(第一册),广西民族出版社 1984 年版,第 30、36 页。

② 广西壮族自治区编辑组编:《广西壮族社会历史调查》(第一册),广西民族出版社 1984 年版,第 2、9—10 页。

③ 广西壮族自治区编辑组编:《广西壮族社会历史调查》(第五册),广西民族出版社 1986 年版,第 86 页。

④ 广西民族博物馆资料。

⑤ 〔清〕唐仁纂、英秀修:《庆远府志》,道光八年辑,广西河池市地方志编纂委员会办公室点校,广西人民出版社 2009 年版,第 300 页。

市场，如《天河县乡土志》记载，清代咸丰年间的县令伏作霖"创设东门外贩妇布行，以免男女混杂，今犹因之"。①民国《同正县志》记载："十月初十为双十节，（妇女）在家者则制男女鞋以售于市。"②民国《那马县志草略》记载当地妇女出售纺织品已形成统一的度量工具："乡村妇女，买卖粗棉麻等布，多用十六排钱尺。"③

20世纪50年代，上林县高贤乡壮族本地各村妇女利用农闲或晚间时间和矮机来织制，自己逢圩日挑到圩上零售。④除了零售外，也有一些地区由于家庭纺织业很发达，形成了家庭加工的产业链，出现了规模化生产、处于织布业上游的"织户"，如解放前的桂林、郁林地区："全省布业，除桂林外，郁林亦颇发达，该县每年产布亦在20万—30万匹之间。织布之在郁林，为农家副业，多由商人发纱于织户或迳将纱牵于机头发于织户，而由织户织成布匹，向商人换取些微工资，将布交还商人发售，与桂林之普通系由织户自行购纱，自行织造，自行贩卖者不同；以故郁林织户总数，难以估计。以言出品，则郁林布较桂林布为精致。"⑤《凌云县志》记载：兄弟姐妹都可以拥有自己的私房钱，农村姑娘有利用空隙时间种棉花自纺自织自染的土布和找土特产出卖，买回细布。⑥《乐业县志》也有相同的记载。⑦

三、壮族妇女家庭手工纺织业的劳动强度

（一）纺纱织布的劳动强度

壮族妇女纺织的工序非常繁杂且功劳量繁重，耗时耗力，包括扛面、纺纱、织布、染布、裁制、缝制、刺绣等，即使是文人士大夫也对妇女纺织工作的劳动强度抱予同情，如清代武鸣诗人黄彦坊所写的《岭山女工咏六首》，就形象详细地描述了妇女纺纱织布的各道工序：⑧

① 杨家珍总纂：《天河县乡土志》·听讼，台北成文出版社1967年版，第20页，中国方志丛书第135号。
② 杨北岑等纂修：《同正县志》，卷7·礼俗，台北成文出版社1975年版，第175页。
③ 《马山县志》办公室编：《那马县志草略》，民国二十二年一月一号立，1984年5月印，第8页。
④ 广西壮族自治区编辑组编：《广西壮族社会历史调查》（第六册），广西民族出版社1985年版，第87页。
⑤ 张妍、孙燕京主编：《广西年鉴（第二回）》，民国史料丛刊1017，史地·年鉴，大象出版社2009年版，第25页。
⑥ 凌云县志编纂委员会编：《凌云县志》，广西人民出版社2007年版，第192页。
⑦ 乐业县志编纂委员会编：《乐业县志》，广西人民出版社2002年版，第605页。
⑧ ［清］黄君钜初纂，黄诚沅续纂：《武缘县图经》，卷6，广西人民出版社2013年版，第410页。

扯棉花

寒闺隐隐一灯红,十岁娇娃学女工。玉手纤纤偏耐冷,扯棉声彻竹篱东。

织布

密缕拖来十丈鲜,深更札札未应眠。娇儿慎莫频啼抱,待制新衣好拜年。

染布

伊详江上去娉婷,洗出蓝花湛一汀,十五女郎夸染布,斜阳低处斗红青。

(原注:染布者,捞出河中洗之,晒干复染后,却用树皮红者浓煎,染之即成,深青、扬赤最为上品。)

壮族妇女自种自摘出棉花后,要全部用手工将棉花纺成线,再织成成布,为全家缝制衣物,正如林国乔《天河风土诗·其一》中曰:"城厢内外少耕田,妇女纷纷竞种棉。"①光绪《贵县志》记载:"妇女织布制衣,须市棉花织就自染,自春秋深村落砧声四起,丁东可听。"②民国《贵县志》记载竹枝诗《九月开缸》曰:"秋风吹老菊花黄,染布争开蓝靛缸。夜半天清人语寂,声声砧杵月中撞。"③南丹塘香寨的《十二月感恩祭祀歌》唱到:"七月来祭棉花神,喜看棉球像铜铃;棉球开除白棉朵,万缕千丝做衣裙。"但纺纱织布本身就是一项很复杂艰辛的劳动,非常耗时耗力,一般需要 20 天左右的时间,耗费相当的工力。如西林县那劳乡维新乡壮族通常一个妇女每天能纺出的棉线,粗的五两,细的四两,加上弹棉、煮纱、加浆、织布等,从棉花到成布约需二十个工左右。④环江县龙水乡壮族妇女到十四五岁以后,即开始学习纺织,故在成年的妇女中,绝大多数都是熟悉这套技术的,即使个别不懂纺织的妇女,她们也要自己种棉花,或者是从市上买回棉花,然后自己帮人干农活,换工来替自己纺纱织布。现就高低不同的技术,一人一天所能完成的工作量见表 3.7。正是由于工作效率低,所以纺织一套成年人的衣服布料(长旧尺二丈四尺、宽一尺一寸)需皮棉一斤半,如以一个中等技术每天所能完成的

---

① 刘锡蕃:《岭表纪蛮》,台北南天书局 1987 年版,第 249 页。
② [清]夏敬颐主修,王仁锺协修:《贵县志》,1893 年修,贵港市地方志编纂委员会办公室据紫泉书院藏本 2009 年 12 月翻印,第 626 页。
③ 欧卿义主修,梁崇鼎纂:《贵县志》,卷 2·节令,民国二十三年(1934 年)修,贵港市地方志编纂委员会办公室据紫泉书院藏本 2014 年 10 月翻印,第 134 页。
④ 广西壮族自治区编辑组编:《广西壮族社会历史调查》(第二册),广西民族出版社 1986 年版,第 179 页。

工作量计算,共需十七个工才能纺织完成。但据另一种说法,需工略少,具体计算如下:

　　轧棉半工　　弹棉搓条半工　　纺纱六工　　框纱一工　　煮浆晾晒一工

　　套筒半工　　牵纱上机二工　　织布二工　　以上共十三个半工①

表 3.7　环江县龙水乡壮族妇女纺纱织布一人一天所能完成的工作量

工序	轧花(斤)	弹棉(斤)	搓条(斤)	纺纱(两)	框纱(斤)	煮纱及晾晒(斤)	浆纱及晾晒(斤)	套筒(斤)	牵纱上机(丈)	织布(丈)			备注
										上等	中等	下等	
上等	3	8	5	4	1	20	15	3.8	40	1.4	1.5	2	① 上等布幅宽1.1尺,中等布幅宽1尺,下等布幅宽9寸
中等	1.5	6	4.5	3	0.8	20	15	3	30	1.2	1.3	1.7	② 牵纱上机是三人同作的工作量
下等	1	5	4	2	0.6	20	15	2.6	20	1.0	1.2	1.5	

　　资料来源:广西壮族自治区编辑组编:《广西壮族社会历史调查》(第一册),广西民族出版社 1984 年版,第 265 页。

　　云南坡芽壮寨也有大量反映妇女纺织的壁画,从纺纱到织布的工序都非常细致地表现出来,说明妇女纺织在壮族群众生活中的重要地位。(见图 3.7、图 3.8)

　　图 3.7　坡芽壮寨的妇女纺纱壁画　　　图 3.8　坡芽壮寨的妇女织布壁画

---

①　广西壮族自治区编辑组编:《广西壮族社会历史调查》(第一册),广西民族出版社 1984 年版,第 265 页。

（二）缝制衣物的劳动强度

黄彦坊的《岭山女工咏六首》对壮族妇女缝制衣物的各道工序是这样描述的:[1]

缝衣

娇儿瑟缩怯风来,啼索新衣向母催。我是女流无尺寸,度儿长短称身裁。

制鞋

为营方履闭深闺,竹箬匀圆妙剪齐,露湿不愁苔径滑,任郎稳步上云梯。

绣花

徐牵彩线十分妍,花样翻新最可怜,漫道小娃犹稚齿,看伊绣出并头莲。

织成成布后,还需要漂白、制靛、染布、裁剪、缝制、绣花等工序,才能完成一件衣物,因此缝制衣裙也要耗费大量的时间和工力。从广西各地的调查情况看,纯手工缝制一套衣物,约需要1—2个月的时间。如南丹县月里乡壮族农民在解放前绝大部分是穿土布衣裳,土布多数是妇女自己种棉纺织和缝制的。她们纺织的时间都是利用晚上和秋收后农闲的冬季进行,织出的布全部自用。据月里寨调查统计,全寨有轧棉机三架、纺纱机二十六架、织布机十三架。没有织布用具的人要织布时,可以向邻舍借用,或以换工的方法解决,即请人家帮织布一天,之后就得去帮他做田间工作一天,这也是不同工种的互助。据了解以往壮族农民要做成一套衣服需花很多时间:计种棉、轧棉1天,弹棉和卷条1天,纺纱8天,工框1天,煮纱浆纱1天,套筒1天,上线3天,织布3天,染布4天,缝制2天,共30多天的工时,当然也不能这样推算。尽管如此,这种家庭纺织手工在农村中还占着很大的地位。[2]龙脊壮族做成一套女装衣裙约需41天劳动,其他弹条、制靛时间还未计算在内,因此做衣服花去的时间很长,要使家中男女老幼都得衣穿,则必须花去更多时间。[3]（见表3.8）

---

① [清]黄君钜初纂,黄诚沅续纂:《武缘县图经》,卷6,广西人民出版社2013年版,第410页。

② 广西壮族自治区编辑组编:《广西壮族社会历史调查》(第一册),广西民族出版社1984年版,第221页。

③ 同上书,第122—123页。

表 3.8　龙脊壮族妇女做成一套女装衣裙所需时间一览表

工种	裙	衣	
纺纱	(一斤)2 天	半斤 1 天	注:所有布一起 15 天可染 15 丈
织布	(一丈二)11/2 天	(一丈二)11/2 天	
染布	15 天	15 天	
缝制	1 天	1 天	
绣花	20 天	10 天	

资料来源:广西壮族自治区编辑组编:《广西壮族社会历史调查》(第一册),广西民族出版社 1984 年版,第 122—123 页。

百色两琶乡解放前,家家都有土织布机,一般一个妇女一架,于每年秋收后进行纺织,原料主要或全部都是自己种的棉花。棉花差不多家家都种,于旧历正、二月间开荒种植,亩产约十斤皮棉。做一套衣服约需一斤四两皮棉左右。采摘棉花后,就烤去棉籽,需要半天时间,弹棉及搓成棉条(妇女自己弹棉,用一个小弓一天弹得二斤左右)要用一天,纺纱用四天,挂纱半天,煮晒半天,套筒半天,上扣一天,织布一天半(每日纺织得二丈八尺),漂白用一天半,如果要染成黑布还须十个早上,总计作一套衣服须用半个月时间以上。[1]宜山县洛东乡壮族在光绪年间,老辈人在山坡上种二、三分地的棉花,自己纺纱织布,绝少买洋纱的。本乡八岁以上的女孩一般都学习纺纱、针线,秋冬以后,晚上青年妇女便聚集在一起进行纺线,交流经验,互相学习。一人一天能纺纱 4—6 两,织布 1.2—2 丈(用矮机织)布宽 1.3 尺或 1.2 尺。缝一套土布衣服需布二丈(裤 8 尺,上衣 1.2 丈)。2 丈布要织一天半,快的一日可织完。二丈布需纱一斤半,需纺四天,染洗一天;缝一条裤需半天,上衣需工一天,共须八九个劳动日。[2]壮族民歌《生活苦歌》就反映了妇女纺织缝制方面的辛劳:"哥讲哥苦妹更苦,哥讲哥难妹更难。补件衣裳三斤重,大旱三年晒不干。"[3]壮族著名的民间传说《织壮锦》中也谈到老妈妈为了织壮锦而弄瞎双眼的故事。图 3.9 是家庭纺织业的全部工序,可以看出壮族妇女的耐力与辛劳。

---

① 广西壮族自治区编辑组编:《广西壮族社会历史调查》(第二册),广西民族出版社 1986 年版,第 221 页。

② 广西壮族自治区编辑组编:《广西壮族社会历史调查》(第五册),广西民族出版社 1986 年版,第 40 页。

③ 覃国生、梁庭望、韦星朗著:《壮族》,民族出版社 2005 年版,第 71 页。

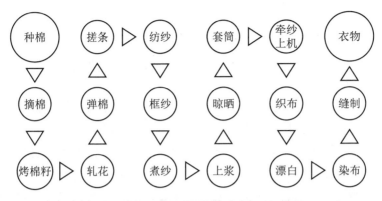

图 3.9　壮族妇女纺织制衣的全部工序示意图

（三）壮族妇女家庭纺织业的劳动价值

　　虽然从上面的工序看,家庭手工纺织耗费了壮族妇女大量的时间和心血,但由于劳动效率较低,导致高付出、低价值的现象,即妇女付出了大量的精力,但实际分摊到产品上的工作价值却低得可怜。从种棉需要帮工到纺纱、织布、做成衣物,每一步都凝聚了壮族妇女的汗水和心血,但产品的价值也不是很高。这不禁令人更加钦佩壮族妇女为家庭所付出的艰辛劳动。以南丹县拉易乡为例,该乡壮族妇女当时从十五岁起就学习纺织,故绝大多数成年妇女都熟悉这套技术的,如果不会纺织的妇女,也要自己种棉,把收获的棉花,雇请邻居纺织。这里的纺织工具很简单而又粗笨,而从事操作的妇女技术也不高,从轧花直到织成布匹所经手续又很繁琐,故工作效率是极低的。纺织成一套成人的衣服,需要长二丈八尺、宽一尺二寸的小白布一匹,计用皮花二斤,需工共十六个半,各工序所需工数如下:轧花半工,弹棉及搓棉条半工,纺纱八工,框纱半工,煮纱上浆一工,套筒一工,牵纱上扣三工,织布三工。如果据此来计算劳动价值,过去一匹小白布的市价,最多能值四元。除去皮花二斤,应值一元六角;雇人弹棉搓条二斤,应给工资四角八分。减去轧花半工,弹棉搓条半工,则纺织共需十五个半工,收入仅一元九角二分,则平均每工仅值一角二分四厘。如果连同种棉所需人工计算,则劳动价值也不见高。兹据调查年产籽花十斤的耕地,所需的劳力是:砍山掘地四工,碎土四工,点种半工,除草间苗一工,中耕除草二工,收花一工,合计为十二工半。籽花十斤,可轧皮花二斤十两。据此计算,则耕种收获皮花二斤,需工十个,加上纺织需工十六个(减去雇工弹棉搓条半工),总计二十六工。一匹小白布售价四元,减去雇人弹搓条工资四角八分,实得三元五角二分,则平均每工仅值一角三分五厘。[①]

如今,随着现代纺织产业的发展,广西农村的手工纺织业已成为历史,但值得庆幸的是,为了保护这一传统的技艺,许多县市都把壮族传统服饰制作这一项列做了非物质文化遗产,而且传承人都是妇女,使传统手工纺织业得到了很好的延续。其中壮族织锦技艺已于2006年入选第一批国家及非物质文化遗产名录,壮族服饰制作技艺、宁明壮族民间染织工艺、那莲赛巧节等也已于2014年入选自治区级非物质文化遗产名录,得到了良好的保护与传承。(见表3.9)

表3.9 壮族纺织技艺入选国家级、区级非遗名录情况一览表

级 别	批次	时间	项 目	类 别	地域
国家级名录	第一批	2006年	壮族织锦技艺	传统技艺	百色
自治区级名录	第五批	2014年	壮族服饰制作技艺	传统技艺	南宁
			宁明壮族民间染织工艺	传统技艺	崇左
			那莲赛巧节	民俗	南宁

资料来源:广西非物质文化遗产网。

此外,继承优良的传统,广西许多壮族地区兴起了一种新兴的产业——种桑养蚕,而且这种特色产业还成为忻城、宜州、环江、南丹、永福等地的支柱型产业。这一产业链的模式是:农户在自家种桑养蚕,然后按照市场收购价将茧种卖给纺织企业,双方分别获利。而这种产业,也主要是由妇女来完成的。例如,笔者2018年1月初在环江县调研时,了解到该县当时最大的企业就是茧厂。一位大安乡下洞屯的村民告诉笔者:"现在村里农户主要是养蚕,全村30户人家,140个人,其中有20户养蚕。我家共种了4亩桑树,种了有20年了,每年4—9月能养12—14批蚕,12天1批,1批100斤,一斤蚕31—32元钱,年收入2万元,都是我老婆在家弄。"环江县人民法院的案件执行率2017年在河池市位列第一,2017年春节前1月结案1 000多件,都是企业欠农民种桑叶、种蚕茧款的案件,这些案件的顺利执行让农民过了一个好年。笔者在永福县永安乡喇塔村屯调研时,该村一名农妇也说,虽然家中只有她和丈夫两人,但依靠种桑养蚕,每年的收入也很可观,每年4—9月份能收获好几批茧种,企业直接收购,不必为销路担忧,收入也有保

---

① 广西壮族自治区编辑组:《广西壮族社会历史调查》(第一册),广西民族出版社1984年版,第195页。

障。虽然现在是冬季农闲时间,但她每天要去桑田砍桑苗,以便明年开春能长出好桑叶。

综上,壮族妇女承担的家庭纺织业是一项仅次于农业生产的工作,农业生产解决的是壮族人民的"饱"问题,而纺织解决的是壮族人民的"温"问题,缺一不可。哪一样做不好,都可能导致家庭成员食不果腹、衣不蔽体。如果说农业生产是壮族男子与妇女共同完成的,那么纺织几乎完全是妇女独立完成的,正是她们多年如一日,世世代代地坐在织机前的佝偻背影,才维持了壮族人民体面的生活,奠定了壮族社会发展基础。

四、壮族妇女从事的其他家庭手工业

除了纺织业外,壮族妇女还从事其他家庭手工业,有的纯粹是满足家庭甚或消费需要,也有的通过零售补贴家用,一些甚至传统只有男性承担的手工业,壮族妇女也开始涉足。例如龙脊乡解放后几年来,新有三十人学会了木工,其中包括侯家屯的妇女。[1]据民国二十二年(1933 年)广西经济发展调查,当时广西各地的妇女除从事家庭织布业外,还纷纷从事染布业、织袜业、制鞋业、烟丝业、织席业、纸伞业、制篦业等家庭手工业,为广西经济作出了巨大的贡献。(见表3.10)从表中可以看出,在某些行业,如平乐县的织袜业、苍梧县和平乐县的织席业、桂林的制篦业等,妇女家庭从业人数都超过了男子,而桂林的纸伞业只有妇女和女童从业,没有男子,其他很多领域女工与男子的数量持平,足见壮族妇女在手工业方面发挥的巨大能量。

表3.10　1933 年广西各县家庭手工业(除织布业外)工作人数一览表

手工业	县名	总家数	调查家数	家庭人口					雇工人数		学徒人数	
				总计	工作人数				男	女	男	女
					男	女	男童	女童				
染布业	桂林	50	4	2	1	1	—	—	2.67	—	1	—
	苍梧	13	7	—	—	—	—	—	10.85	3	—	—
	郁林	—	4	2.67	1	0.67	—	—	2.67	—	—	—
织袜业	桂林	65	9	4.56	1.22	0.55	—	—	1.33	0.22	1.44	0.33
	平乐	6	3	1.33	0.33	0.67	—	—	2	—	1	0.67
	贺县	—	1	8	3	3	—	—	—	—	—	—

---

[1]　广西壮族自治区编辑组编:《广西壮族社会历史调查》(第一册),广西民族出版社 1984 年版,第 85 页。

手工业	县名	总家数	调查家数	家庭人口					雇工人数		学徒人数	
				总计	工作人数				男	女	男	女
					男	女	男童	女童				
制鞋业	苍梧	40	6	—	0.5	0.17	—	—	6	—	1.83	
	桂林	7	3	—	1	0.33	—	—	3.66	—	5	
烟丝业	邕宁	14	8	—	0.25	—	—	—	7.89	3	0.75	
	桂林	20	3	—	1	1	—	—	8.67	7.33	2.67	
	平乐	6	2	15	1	0.5	—	—	0.5	—	—	
	贺县	—	2						7	4		
织席业	邕宁	13	7	5.57	2.20	2.14	—	—	0.57	—	2.2	
	宾阳	—	6	8.67	1.83	1.67	—	—				
	苍梧	—	1	5	1	2	—	—				
	平乐	3	1	5	1	2	—	—	1			
纸伞业	宾阳	—	11	5.45	2	1.82	0.36	0.36				
	桂林	20	2	4	—	0.5	—	0.5	3	—	—	
制篾业	桂林	40	13	4.92	1.54	0.92	0.08	0.15	1.23	0.08	0.77	—

资料来源：张妍、孙燕京主编：《广西年鉴（第二回）》，民国史料丛刊1017，史地·年鉴，大象出版社2009年版，第35—57页。

第三节　壮族市场交易习惯法的母系特征

一、"妇人为市"的文献记载

（一）明代以前

在壮族的商业交易习惯法中，从事集市贸易的，大多是妇女，历代文献对这一独特现象也多有记载，如长期流放广西柳州的柳宗元在描述广西风情的诗中云："趁墟傛女键，占籍马人空。"[1]唐代记载岭南风物的《岭表录异》就描述了岭南妇女专擅卖酒的情形："大抵广州人多好酒，晚市散，男儿

---

① 刘锡蕃：《岭表纪蛮》，台北南天书局1987年版，第221页。

女人倒载者,日有二三十辈。生酒行郎,两面罗列皆是女人,招呼鄙夫,先令尝酒。益上白瓷瓶谓之瓵,一瓵三文。不持一钱,来去尝酒致醉者,当垆姬但笑弄而已。"①宋代《岭外代答》描述了钦州地区妇女精于贸易并养活男子的风俗:"城郭墟市,负贩逐利,率妇人也。而钦之小民,皆一夫而数妻。妻各自负贩逐市,以赡一夫。徒得有夫之名,则人不谓之无所归耳。为之夫者,终日抱子而游,无子则袖手安居。"②宋代侬智高在起义时,"狄青为帅,有妇人卖蔬于道,一卒倍取,青斩之"。③

（二）明清时期

清代从中央官方舆地志到广西各地地方志、文人笔记等也处处记载了广西壮族"妇女专贸易"的现象。如明代《五杂俎》记载:"岭南多妇人为市,又一奇也。"④雍正《广西通志》载永淳县"趁墟贸易,率多妇女。"永康州"每逢墟场,妇女杂沓,赶趁贸易。"田州"妇女贸易墟市。"⑤乾隆《廉州府志》就记载了当地妇女支撑门户的情景:"古云男服事乎外,女服事乎内,此常理也。廉介粤西,支持门户皆女子,或胼手胝足尽力南亩,或逐末趁墟肩挑贸易,皆妇女为之,男子执役则群相诟厉。"⑥乾隆《梧州府志》记载:"市多妇女,椎髻跣足,枭谷卖薪。"⑦"容县瑶僮妇人跣足,入市与男子贸迁,性好流徙。"⑧乾隆《庆远府志》记载河池州瑶僮"其力作及走墟市大半皆由妇人,谓之坐男使女。"⑨嘉庆《一统志》记载广西思恩府"市廛多妇女贸易。"⑩《田州

---

① [唐]刘恂:《岭表录异》,鲁迅校勘,广东人民出版社 1983 年版,第 10 页。
② [宋]周去非:《岭外代答》,杨武泉校注,中华书局 1999 年版,第 429 页。
③ [宋]沈括:《梦溪笔谈》,见[清]汪森辑:《粤西通载》(11),广西师范大学出版社 2012 年版,第 244 页。
④ [明]谢肇淛:《五杂俎》卷三·地部一,转引自胡朴安编著:《中华全国风俗志》,上海科学技术文献出版社 2011 年版,第 262 页。
⑤ [清]金鉷修,钱元昌、陆纶纂:《广西通志》(二),卷 32·风俗,页 11、页 12、页 18,广西古籍丛书编辑委员会、广西地方志编纂委员会办公室据清雍正十一年(1733 年)刻本影印,广西人民出版社 2009 年版,第 576、579 页。
⑥ [清]何御主修:《廉州府志》,卷 4·风俗,页 2—3,故宫珍本丛刊第 204 册,海南出版社 2001 年版,第 36—37 页。
⑦ 胡朴安编:《中华全国风俗志》上编,河北人民出版社 1988 年版,第 310 页。
⑧ [清]吴九龄、史鸣皋纂修:《梧州府志》,卷 8·瑶僮,页 39,故宫珍本丛刊第 201 册,海南出版社 2001 年版,第 173 页。
⑨ [清]李文琭总修:《庆远府志》,卷 10·诸蛮,页 7,故宫珍本丛刊第 196 册,海南出版社 2001 年版,第 380 页。
⑩ 牟华林、钟桂玲整理:《嘉庆重修一统志·广西统部》,光明日报出版社 2019 年版,第 141 页。

志》记载："田州妇女贸易墟市。"①清《粤西偶记》记载宾州"狼妇独美，尝绣衣骑牛，入市贸易。"②嘉庆《永安州志》重申了前代"岭南多妇人为市，又一奇也"③的记载。《武缘县图经》记载："村落多倚市，弃女红，贸易用中钱。"④清代壮族诗人谢兰在一首诗中写道："市声喧响郡城东，贩妇如花倩倚风。多嚼槟榔街上立，迎人一笑牙齿红。"⑤由此可见，"妇女专事贸易"并非偶然，而是广西各地壮族长期、普遍存在的一种习惯。

最重要的是，同一地区不同时期的地方志文献，都记载了这一相同的现象，以壮族众多的横县为例，其历代文献都不约而同地详细描述了当地"妇女专任贸易"的现象，有力地证实了"妇女专任贸易"现象在商业贸易领域的盛行。如明代王济在《君子堂日询手镜》记录横县妇女从事贸易的主要原因是由当时不公平的徭役制度造成的："余初到横，入南郭门，适成市荷担贸易，百货塞途，悉皆妇女，男子不十一。余甚疑焉，询之，云城中居者，寻戎籍，不敢买仆，有仆则差，虽武弁之家，例不得免，故厮役寻用妇女，至于贩粥侍从亦然。大家巨族有至一二十人，有善经纪者，值银二十两，有司民间亦染此俗。诚可鄙也，又有乡村人负柴米入市，亦是妇人，尤为可笑。"⑥同为明代的王圻在《稗史汇编》中将上述记载原文引用。⑦而雍正《广西通志》记载横州"女婢负米于市"。⑧光绪《横州志》也记载横州村乡"男女以耕种采草为业，日贸易于城中"。⑨

（三）民国

"由来男女间之关系，为上下的，而非平等的，此为不可讳言之事实，上下

---

① 胡朴安编：《中华全国风俗志》上编，河北人民出版社 1988 年版，第 306 页。

② 清陆祚蕃著：《粤西偶记》，见劳亦安编：《古今游记丛钞》（四），卷 36·广西省，台湾中华书局 1961 年版，第 80 页。

③ ［清］李炘重修：《永安州志》，卷 4·风俗，页 18—19，故宫珍本丛刊第 199 册，海南出版社 2001 年版，第 352 页。

④ ［清］黄君钜初纂，黄诚沅续纂：《武缘县图经》（卷 6），广西人民出版社 2013 年版，第 410 页。

⑤ 梁庭望编著：《壮族风俗志》，中央民族学院出版社 1987 年版，第 137 页。

⑥ ［明］王济：《君子堂日询手镜》，中华书局 1985 年版，第 14—15 页。

⑦ ［明］王圻纂集：《稗史汇编》（上），卷 13·地理门·风俗，页 11 下—12 上，北京出版社 1993 年版，第 207 页。

⑧ ［清］金鉷修，钱元昌、陆纶纂：《广西通志》（二），卷 32·风俗，页 10，广西古籍丛书编辑委员会、广西地方志编纂委员会办公室据清雍正十一年（1733 年）刻木影印，广西人民出版社 2009 年版，第 575 页。

⑨ ［清］谢钟龄修，朱秀纂：《横州志》，据清光绪二十五年（1899 年）刻本重印，横县文物管理所 1983 年 11 月印，第 12 页。

关系之形成,虽原因复杂,而男女经济力之差异,实为主要原因,询致在家从父,出嫁从夫,夫死从子之旧伦理,几成女子之金科玉律。"[1]据民国《天河县乡土志》记载:"妇女勤操作,负贩谋生,无缠足坐食习气,此其可取者也。"[2]由于壮族妇女擅长贸易,使得她们摆脱了这种纲常关系的束缚,实现了经济乃至人格上的独立,即使在夫死子幼或家中无男丁的情况下,也依靠自己的贸易能力担负起整个家庭的生活,甚至发家致富的。民国《来宾县志》则记载了许多以自己的贸易活动独自赡养家庭的媚妇:谢李氏,夫死子幼,"时家徒四壁,氏于针黹外,制豆腐售之,藉取微息供饔飧";梁李氏,夫死女幼,"乃自作苦,昼赁舂,夜纺织,藉给饔飧";巫罗氏,夫死子幼,"家贫,乃赁舂负贩以为生";翟覃氏,媚居守节,"惟月艺蔬饲畜,母所豢豕肥脂滋长,岁尝货数头,酒酿尤良,向无一瓮酸败,以故倍售,日有储蓄,并儿岁脩所入,寸寸铢铢,悉以置田……至今家人袭母遗迹,妇女无媮惰,童孺无冻馁";韦罗氏,夫死子女幼,"内织外耕,备极劬瘁……(子)广达以乱世文学靡所用,悉弃去,奉母治产,兼营商业,日渐居积田宅,以次增拓"。蒙韦氏,夫死子幼,"善居积,渐至小康,性恤贫困,戚族婚丧有不举者,乞贷辄予之,偿者多不计息";[3]贵港市登龙桥李氏家谱中的《高祖姚胡太孺人墓志》也记载了一位靠商业贸易养活二子成人的寡妇事迹:"于是苦志守节,仰事俯畜,艰苦备尝。及先高祖见背,太孺人乃携二子归郭南依父母家,勤劳工作,蓄资为二子就傅费。我伯祖、我祖年渐长,遂携之归里。服畴服贾,兼以为业,于是家稍裕。"[4]

二、壮族妇女从事贸易业的特点

壮族妇女从事贸易业,主要原因是她们精于计算,聪明能干。根据文献的记载,壮族妇女非常有商业眼光和头脑,能敏锐地发现商机。如《岭表录异》记载壮族妇女采集野生朱瑾花售卖赚钱:"俚女亦采而鬻,一钱售数十朵。"[5]忻城土司家族的家谱《莫氏总谱》记载了一位一生勤于经营因而积累了巨额财富的壮族普通妇女,堪称壮族的"吴周氏"(清末陕西女首富),她就

---

① 于道存:《女子在继承法上之地位》,广西司法旬刊1933年第1期,第14页。

② 杨家珍总纂:《天河县乡土志》·人类,台北成文出版社1967年版,第55页,中国方志丛书第135号。

③ 宾上武修、翟富文纂修:《来宾县志》,台北成文出版社1975年版,第516、528、529、531—532、720页。

④ 李毓星主编,李伊辑公后裔编纂:《登龙桥李氏家乘》,广西贵港城城下街李竹庵公世系支谱,2015年9月印,第18—19页。

⑤ [唐]刘恂:《岭表录异》,鲁迅校勘,广东人民出版社1983年版,第20页。

是徐氏奶（1870—1947年）："徐氏奶，迁江良塘人，父母早逝，无缘学堂却精通珠算，为世人赞叹。奶自幼经商，从事养猪，作豆腐，酿酒专业，寒来暑往，起早贪黑不辍劳作，每日粗茶淡饭，将结余硬币银毫光洋埋于室内地窟，日积月累数可观。奶与前夫有钱无子，前夫殁，奶守寡惨淡经营多年，储蓄愈丰。光绪年间奶与思练穷塾师煦南公结为伉俪，同甘共苦，情深意笃，长子承宣问世，奶告之公，家埋有硬币可济贫，遂雇轿夫前往搬运，因多而重压断轿杠焉。奶欲建作坊重操旧业，公曰，经商辛苦且风险大，不如购买田地租稳妥，奶从公意，呜呼，为此家成地主矣！"①一些妇女还从事走村串寨的流动商贩工作，如宜山县洛东乡壮族做小生意的人特别多，几乎每村都有半数以上的人家从事担头生意活动，来往于附近几个圩镇，如三岔、宜山、南乡、洛西之间。这种小贩活动，男女都有参加。②

在贸易业中，特别值得一提的是壮族妇女在屠宰业中的特殊地位。按常例，杀猪屠牛、宰杀鸡鸭鱼肉这种需要力量、胆识且血腥的工作乃男子之专利，非男子不能胜任，但在壮族地区，竟然由妇女担任此工作，这一迥异于中原地区的习惯引起了文人士大夫的关注与惊叹。早在唐代房千里著《投荒录》就记载岭南妇女善屠宰的风俗："岭南无问贫富之家，教女不以针缕绩纺为功，但躬庖厨勤刀机而已。善醢醓菹酢者，得为大好女矣。斯岂遐裔之天性与。故俚民争婚配者，相与语曰：'我女裁袍补袄，即的然不会，若修治水蛇黄鳝，即一条必胜一条矣。'"③这其中，最令人咋舌的莫过于屠牛了，牛体型硕大，力气很猛，难以驯服，屠牛乃一项非常复杂的工作，但却是壮族妇女最拿手之屠宰业。明代王圻《稗史汇编》记载了岭南地区妇女操刀宰牛的习惯："南海人解牛多女人，谓之屠婆、屠娘，皆缚牛于大木，执刀以数罪：某昔牵若耕不得前，某昔乘若渡水不得行，今何以免死耶，以策举颈挥刀斩之。"④乾隆《柳州府志》也有类似的记载："解牛多俚妇，亦曰屠婆，缚牛于木，数之曰：某时牵汝耕田不肯耕，某时乘汝渡水不即行，今何以免死，乃杀之。"⑤关于这条

---

① 《莫氏总谱》全集（第六谱），忻城县莫氏联谊会2014年编，第175页。
② 广西壮族自治区编辑组编：《广西壮族社会历史调查》（第五册），广西民族出版社1986年版，第10页。
③ ［清］汪森编辑：《粤西丛载》（中），黄振中、吴中任、梁超然校注，广西民族出版社2007年版，第758页。
④ ［明］王圻纂集：《稗史汇编》，卷14·地理门·南夷，页24上，北京出版社1993年版，第229页。
⑤ ［清］王锦总修：《柳州府志》，卷30·瑶僮，页11，故宫珍本丛刊第197册，海南出版社2001年版，第244页。

记载,很多有关两广少数民族的文献都有重复,应当是较为普遍的现象。除了屠牛之外,壮族妇女对于狩猎宰杀野生动物也毫不畏惧。据明代王济在《君子堂日询手镜》记载:"飞仓……有肉翅而赤者,形如蝙蝠,大如野狸,妇人就蓐,藉其皮则易产。"①

此外,由于壮族妇女抛头露面从事贸易商业,因此很多对外应酬交流、担负礼物往来都是由女子来完成的,她们大方从容,独立自信,负重勤勉,在各种社交活动中应对自如,绝不像"大门不出,二门不迈"的闺秀们。金鉷《广西通志》记载:"象州妇勤馌饷。"②乾隆《廉州府志》对当地妇女勤于担负工作感叹万分:"山海妇女裸膝跣足,各佩山刀,行坐不离,岭南集记云:岭南婢子赤脚行市中,亲戚馈遗,担盘盒,就溪水洗足,着履而后入,有四十五十无夫家者。甚有肩木挑盐往来如织,雇夫过山,辄以女应,红颜落此,真在犀提劫中矣。廉郡犹无以女应夫者。视彼差甚。"③嘉庆《永安州志》也有类似的记载:"亲戚馈遗,盘盒俱妇女担负。"④光绪《临桂县志》记载:"岭南妇女多不缠足,其或大家富室闺阁则缠之,妇婢俱赤脚行市,亲戚馈遗,俱妇女担负。"⑤

值得一提的是,壮族妇女从事贸易业非常讲求诚信公平,童叟无欺,甚至在一些地区形成了独特的"君子菜市"。如在平南县大洲镇和富藏乡富藏村的集市上,镇上的农妇每天一早起来到地里摘菜,把菜洗干净,再用稻草或茅草将菜扎成每把约 0.5 公斤后,挑到集市的青菜市场卖。农妇们在卖菜时,在装菜的簸箕上放上个小竹筒(或矿泉水瓶),并标上每把青菜的单价,然后就回家忙家务或农活。顾客在买青菜时,直接按标价把钱投入竹筒内。顾客多是镇上的居民。买菜者若是小额钞票,而竹筒内的钱又够找零时,则买菜者自行从竹筒内拿回找补的钱。天入黑时,农妇们即去菜市收摊取回竹筒内的钱。人们都约定俗成,不会不给钱或少给钱,更不会自己找补钱时而多拿竹筒内的钱。这种贸易方式于 20 世纪 50 年代在大洲镇、富藏

---

① ［明］王济:《君子堂日询手镜》,中华书局 1985 年版,第 48 页。

② 胡朴安编:《中华全国风俗志》上编,河北人民出版社 1988 年版,第 302 页。

③ ［清］何御主修:《廉州府志》,卷 4·风俗,页 2—3,故宫珍本丛刊第 204 册,海南出版社 2001 年版,第 36—37 页。

④ ［清］李炘重修:《永安州志》,卷 4·风俗,页 19,故宫珍本丛刊第 199 册,海南出版社 2001 年版,第 352 页。

⑤ ［清］吴徵鳌修,黄沁、曹驯纂:《临桂县志》,卷 8·风俗,页 5 下,广西人民出版社 2013 年版,第 193 页。

乡和大安镇部分村落一直沿袭至今。[①]

三、实践调研情况

笔者常年在广西各地调研，所到之处，就乡村墟市贸易所见，确与古文献记载相差无几，几乎大部分壮族地区做生意的都是妇女，实为广西一景。如那坡、百色等地，墟市中摆摊设点都是妇女，从水果蔬菜到活禽肉蛋。（见图3.10、3.11）2014年笔者带领学生在龙胜各族自治县瓢里镇调研时，该镇街上的人口大多数是壮族，由于地处国道边，是龙胜去往三江、贵州、湖南的必经之地，因而形成了一个很大的农村集贸市场，而该市场中各摊位经营的几乎清一色都是妇女，她们或卖菜、卖肉、卖日杂、卖家电、卖家具、卖服装，或提供缝纫、修鞋、餐饮等服务，俨然一副妇女承包贸易活动的画面。这些壮族妇女算账、收钱、进货、讲价，做得驾轻就熟，处处透着干练麻利，正是她们保证了这一贸易点的繁荣。笔者曾陪两位瑞士朋友参观过这一市场，他们对此地妇女做生意的能力也大为赞赏，频频竖起大拇指。笔者2016年12月在忻城县政府调研时，看到成群的妇女冒着大雨围在县政府门前，一打听才知道这些妇女都是当地市场中的摊户，因政府要提高市场管理费，她们到县政府来申诉，仔细观察，会发现几乎清一色均为妇女，只有个别男子。2018年1月，笔者在南丹县罗富镇、六寨镇调研时，恰逢集日，两镇均是壮族聚居地，集市上热闹非凡，但细看就会发现，大部分做买卖的都是妇女。

图3.10 那坡县乡村集市　　图3.11 百色市菜市活禽摊档

对于壮族妇女从事屠宰业，这并非虚传。在壮族地区的墟市，在肉食

摊,的确有许多妇女挥舞着屠刀,熟练地售卖牛、猪、狗、鸡、鸭、鱼等肉食品。
她们毫不畏惧和忌讳"血肉横飞"的场面,镇定自若。笔者有不少同事来自
其他地区,见到市场中由妇女出售肉类食材,很是惊奇与诧异,这与其他地
区屠户多为男子迥然不同。壮族妇女在社会经济交往中的能干与重要性,
已是不争的事实。壮族诗人罗建民写得《壮姑赞》最能说明新时期壮族妇女
继承传统习惯,仍然在各行各业所发挥的巨大作用:"不戴头巾不扎腰,无脂
无粉艳如桃。插秧横竖苑苑对,织锦回环幅幅娇。书海淘金寻大业,商场学
艺赶新潮。连情且待歌圩考,袖里藏球未肯抛。"①

---

① 广西民族事务委员会、广西诗词学会编印:《民族风情》(内部刊物),广西南宁市源流印刷
厂 1996 年印,第 47 页。

第四章　壮族婚姻家庭习惯法的母系特征之一:对妇女财产权益的保护

第一节　壮族妇女对母家的财产权益

中国古代的继承制度是以父系的血脉划分的,因此妇女不属于家庭的正式成员,一旦出嫁,便成为其他血缘集团的外姓族人,因此母家的遗产继承对妇女是很少考虑的。"我国古时,只有宗祧继承,无所谓财产继承,有之,亦以宗祧继承为前提耳,而宗祧继承,又专限于男子,女子不与焉,女子对于母家财产,除特别情形外,殆不得过问。积习相沿,社会上一般心理,遂视为当然。"[①]但在壮族地区,妇女不论在出嫁前、出嫁时、出嫁后,对母家的财产都享有相当的权益。

一、在室女的财产权益

(一)在室女的土地权益

作为一个以农业文明为基础的国家,中国古代土地在社会经济中的地位是至关重要的,而以男性为主导的农业生产自然排斥女性对土地的所有权,"我国女子之不得承受先人遗业,数千年于兹国家律法载之皇然(即辗转承继之制),社会习惯牢不可破。"[②]但是,诚如上一章所言,既然壮族的经济生产具有一定的母系特征,这决定了壮族妇女在土地这种重要的生产资源上也拥有一定的话语权和占有权。壮族女子在未嫁时,娘家即给予其一定的土地作为其独立的财产,这在其他地区是不可想象的。

---

① 于道存:《女子在继承法上之地位》,广西司法旬刊 1933 年第 1 期,第 13 页。
② 季威:《女子承袭遗产问题之商榷》(二),载神州女报馆编:《神州女报月刊》第 4 期,社论三,见沈云龙主编:《近代中国史科丛刊》三编·第三十八辑,台北文海出版社 1967 年版,第 13 页。

1. 土司的"脂粉田""梳妆田""乳母田""养姑田"

作为唐宋之后广西实际的统治者,土司们在对待官族妇女的财产问题上表现出极高的礼遇。土司手中掌握着大量的土地,这是其主要的财产,而这些土地中会专门划出一部分给土司眷属,其收入用于妇女们购置首饰、衣物、胭脂水粉、梳妆等的开支,美其名曰"脂粉田""梳妆田"。如忻城土司就专门有"脂粉田",是忻城土司分给其妻、妾、姐妹、女儿的田产,将所得之租专供其购置衣妆、首饰、胭脂水粉之用。①南丹土官的官田中,第八种是"梳妆田",专为土官妇女梳妆而得享有此田之收入,在南丹县城内约有五挑,佃户须为土官的妻女们梳头打扮。②有了这些土地的收入保障,土司的女儿可以打扮得珠光宝气,高贵非凡,如《赤雅》记载:土司世胄"其女珠衣雀扇,火齐金镫,乍见讶为仙者"。③乾隆《柳州府志》也记载:"壮富者,男女皆以银作大圈加颈。"④除此而外,忻城土官还有奶妈田、养姑田等。⑤南丹土官也外有乳母田,专为土官照拂小孩、喂奶等。⑥奶妈田保证了土司女子的健康成长,而养姑田则是专为终身未出嫁的土司妇女养老用的,有了这些田地做保障,土官的女儿不必再为出嫁发愁,其有独立的财产足撑其生活。即使土官的女儿无人可嫁,宁愿守着闺房到鬓发如霜,靠脂粉田吃到老死。⑦

2. 普通壮族家庭的"妆奁田"

除了土司眷属享有土地外,普通壮族人家的女儿,不论贫富,同样可在未出嫁时享有土地权益,称为"妆奁田",即作为女子出嫁时的妆奁支出。如民国《隆安县志》记载:"富家间有分给女子田亩者,谓之嫁奁出,然不及男子二十分之一。"⑧《宾阳县志》也记载:"至于女子,法律上虽定有财产继承权,惟普通则仅得享动产之分润而已,盖以事亲之责,男子比女子为重故也。然亦间有得享不动产者。"⑨无论何种名目,这种土地属于未出嫁姑娘的私产

---

① 忻城县志编纂委员会编:《忻城县志》,广西人民出版社 1997 年版,第 544 页。

② 广西壮族自治区编辑组编:《广西壮族社会历史调查》(第二册),广西民族出版社 1986 年版,第 4、158 页。

③ [明]邝露:《赤雅》,蓝鸿恩考释,广西民族出版社 1995 年版,第 1 页。

④ [清]王锦修,吴光升纂:《柳州府志》,卷 30·瑶壮,柳州市博物馆据 1956 年北京图书馆油印本 1981 年翻印,第 3 页。

⑤ 忻城县志编纂委员会编:《忻城县志》,广西人民出版社 1997 年版,第 545 页。

⑥ 广西壮族自治区编辑组编:《广西壮族社会历史调查》(第二册),广西民族出版社 1986 年版,第 158 页。

⑦ 覃国生、梁庭望、韦星朗著:《壮族》,民族出版社 2005 年版,第 59 页。

⑧ 刘振西等纂:《隆安县志》,卷三,页 30 下,台北成文出版社 1975 年版,第 200 页,中国方志丛书第 206 号。

⑨ 《宾阳县志》,八编,1961 年广西壮族自治区档案馆铅印本,见丁世良、赵放主编:《中国地方志民俗资料汇编·中南卷》(下),书目文献出版社 1991 年版,第 904 页。

是毫无疑问的,其出产、孳息、收入也全部归在室女享有。《壮族风俗志》也谈到,壮人对于传授经验十分重视,比如姑娘从十一二岁开始,分给她们一两分地,让她们自己耕种,收入归己。积累多年,出嫁的时候就可以带走作为私产。壮话叫"累",即私房钱。姑娘们可以在这块土地上摸索耕种的规律,为长大以后担当劳动重任积累生产知识。这块小小的土地,是她们漫长生活道路的起点、万里航行起锚的港湾。①

(二)母家分家时在室女的财产权益

受地理环境的影响,壮族地区耕种的土地地块较小,而且采取一夫一妻的单户小家庭生产方式,因此一旦子女成年之后,就与父母分家单过,在分家过程中,必然牵涉到土地和财产的分配。但在这种分配过程中,女儿往往与男子享有平等的财产权益,不会受到歧视和排斥。如百色两琶乡在田产的继承方面,一般都是在子女长大成人后分家时,平均分配给子女,不仅亲生子女能分得,就是收养的子女也可分得。收养的子女是否能分得,决定于养父母对待养子女的态度,如果养父母是将养子女看成亲生子女,养子女则可分得田产,如果养父母是将养子女当成雇工,就分不到任何家产(包括田产在内)了。②西林县的做法是,分家时,一般按人口多少进行分配财产,不论妻生、妾生、继生或入赘子女,每人都分到一份。未成家的子女,随其自愿,跟谁其所分那份财产一起并归,以后婚事由跟随的家长操办。如果是女子出嫁的,原分得的财产不再享受,归为原跟随的亲人所有。分家后,如家长一方死亡了的,原分得的财产由其子女来继承。③

(三)母家遗产继承时在室女的财产权益

当父母去世产生遗产继承时,在室女和男子一样享有遗产继承权的。如《罗城县志》记载:"人民于遗产继承除有嫡亲子孙照常接管遗产外,未嫁出之亲生女亦可承父母遗命接管家业……其继承遗产手续在亲生子女则立有分单。"④《宜北县志》亦有相同记载。⑤可见不仅在室女有继承权,而且还立有书面凭证。《崇善县志》也记载:"遗产继承:至于亲女、养子,

---

① 梁庭望编著:《壮族风俗志》,中央民族学院出版社 1987 年版,第 111 页。
② 广西壮族自治区编辑组编:《广西壮族社会历史调查》(第二册),广西民族出版社 1986 年版,第 229 页。
③ 西林县地方志编纂委员会编:《西林县志》,广西人民出版社 2006 年版,第 1055 页。
④ 江碧秋修、潘实篆纂:《罗城县志》,第 2·民族,页 34,台北成文出版社 1975 年版,第 50 页,中国方志丛书第 211 号。
⑤ 《宜北县志》,八编,民国二十六年铅印本,见丁世良、赵放主编:《中国地方志民俗资料汇编·中南卷》(下),书目文献出版社 1991 年版,第 936 页。

或得沾染。"①有些地区未嫁女虽然有继承权，但分得较少，如《武宣县志》记载："遗产：人民习惯，财产继承权向来多属男子，女子仅稍得分润。新律妻女有承继财产权，已渐有行之者。"②除了未嫁女有继承权外，有些遗产是指定由女儿继承，男子不得继承的，据《广西西隆县苗冲纪闻》记载："母之私蓄，男儿们不得染指，其父亦无过问之权；但在她过世时，才归各个女儿（无论已婚已嫁均分给），如果没有女儿的，才归儿子承袭。"③

在没有男性继承人的情况下，许多壮族地区财产全部由女儿继承，如《宜北县志》记载：遗产继承"若无男子，则全部财产皆归其女享承，别人不得侵占，或亦有一部分与房族者。"④《平乐县志》记载："遗产继承亦有因无子有女而传之于女者。"⑤上思县那荡乡壮族女子没有财产继承权，若没有儿子的可以例外，不需经过叔伯和舅父的同意。⑥解放初的民族调查材料也提供了相关的案例，如靖西县表亮乡的俗语说："有男归男，无男归女，无女归族，无族归众。"⑦1954 年靖西县诚良乡壮族妇女覃桂青解放前父母死了遗下水田三十二担谷种，房屋一间（三进）都被亲属覃加知、覃必深、覃必林分摊去了，因为她未曾出嫁才留下十担水田和房子。⑧这说明孤女是享有自己父母的遗产继承权的。在这方面最值得称道的是壮族对成为孤儿的独女的财产保护。阳朔高田的干部说，本地孤儿由父亲的兄弟即叔伯养大，她的财产可能会逐渐被叔伯作为抚养费用占有了，习惯法也是认可的，不过其他的财产包括山场都可以由叔伯兄弟占有，但房子绝对不行。房子任何人不能占，一定是孤儿的，这一点很明确。龙脊村侯家寨发现的一份立于清同治九

---

① 《崇善县志》，十编，1962 年广西壮族自治区档案馆铅印本，见丁世良、赵放主编：《中国地方志民俗资料汇编·中南卷》（下），书目文献出版社 1991 年版，第 919 页。

② 《武宣县志》，八编，民国二十三年铅印本，见丁世良、赵放主编：《中国地方志民俗资料汇编·中南卷》（下），书目文献出版社 1991 年版，第 973 页。

③ 隆林各族自治县地方志编纂委员会编：《隆林各族自治县志》，广西人民出版社 2002 年版，第 847 页。

④ 《宜北县志》，八编，民国二十六年铅印本，见丁世良、赵放主编：《中国地方志民俗资料汇编·中南卷》（下），书目文献出版社 1991 年版，第 934 页。

⑤ 《平乐县志》，八卷，民国二十九年铅印本，见丁世良、赵放主编：《中国地方志民俗资料汇编·中南卷》（下），书目文献出版社 1991 年版，第 1017 页。

⑥ 广西壮族自治区编辑组编：《广西壮族社会历史调查》（第三册），广西民族出版社 1985 年版，第 119 页。

⑦ 桂西壮族自治区人民政府民族婚姻问题研究室编印：《靖西县第十区表亮乡壮族婚姻情况调查报告》，民族婚姻情况调查资料之六，1954 年 9 月编印，第 9 页。

⑧ 桂西壮族自治区人民政府民族婚姻问题研究室编印：《靖西县第一区诚良乡附近一带壮族婚姻情况调查报告》，民族婚姻情况调查资料之五，1954 年 9 月 25 日编印，第 8 页。

年(1870年)的《分财产清单合同》让我们看到了壮族对女儿继承遗产权的严格保护制度以及上文提到的"分单"格式:

> 同治九年庚午正月初七为兄侯金汉身于正寝。庚午年二月十二日为大嫂故世内寝,育侄女六岁为孤哀,年幼未知其情,是以当族亲戚面算,开列于后:计开各占祖父之田,恐后不知土名,开于内单:

> 下饭横田上节禾苗六屯,下墨田乙处禾苗七屯,禾仓一个,瓦房三间,屋场地三间,荒田占下分谷四百斤,桥头田上升禾苗四屯,喇鱼田一处,禾苗二屯。钉锅大小六个、扒锅大小五个。扒钉两个,送龙堡二妹在内:酒醢菜坛七个,小坛钵头七个,大碗两个,锅铲一个,饭碗二十九个,酒杯五个。锄头三把,田基刀一把,小刀三把,斧头一把,大剪刀一把,小剪刀一把,锹一把,书柜一个,半边桌一个,四方桌一个,火钳一把。撑架一个,碓宽(坎)一个,碓嘴一个,银梳一把,旁桶三个,水桶一对,石磨一付,桥桶一对,饭桶三个,花被窝一床。我兄去世,共用钱十四千三百八十文结清,酒饭不在于内,下欠钱三千五十文,归于胞弟金活结还。我嫂终世,费用钱二十千五百文,外送家婆裙一件,胸巾一块,又送家叔青麻布九尺一寸。此张付与外岳,永远收存,二张一样。

> 当外岳廖金全未收。

> 当侯金活面立

> 凭证房亲人侯永福收钱五十文

> 侯金保收钱五十文

> 侯永贵收钱五十文

> 廖金秀收钱五十文

> 廖玉明收钱五十文

> 潘日映笔收钱五十文①

从分单记载的情况来看,继承人是一名年仅6岁的孤女,她的双亲相继去世后,她的叔父和族人并没有因她年幼弱小是个女子而侵吞她父母的家庭财产,而是把她父母遗留的财产在亲族面前一一列单详细说明,包括一针一线、一碗一瓢,并严正声明这些财产都由这位孤女继承,任何人不得侵占。最难能可贵的是,她父母的丧葬费用都是由她叔父支付的,而且还因此欠了债,但她叔父不但没有从她父母的遗产中克扣相关丧葬费用,还说明债务由

---

① 广西壮族自治区编辑组编:《广西少数民族地区碑文、契约资料集》,广西民族出版社1987年版,第170—171页。

叔父负责偿还。在分单的最后,还有各房族人签名见证,并交女孩的外公家一份,作为执行的保障和监督人。细读这份遗产分单,可以深深体会到壮族习惯法对妇女财产权益的保护,哪怕是一个幼弱的孤女也要全力保护。从分单的内容来看,这位孤女的财产不在少数,包括不动产和动产等多项,其中不动产包括土地和房屋2项,仅土地就价值禾苗19屯、谷400斤。动产包括农具、厨具、家具、杂具、卧具和首饰等6项。如此大的一份家业,她的亲族不但没有垂涎,反而立单尽力保全,这真是壮族维护妇女财产权益的最好凭证。(见表4.1)

表 4.1　龙脊侯家寨壮族孤女继承遗产项目清单

财产类型	名目	明细	数量	总计
不动产	土地	下饭横田上节	禾苗6屯	禾苗19屯,谷400斤
		下墨田乙处	禾苗7屯	
		桥头田上升	禾苗4屯	
		喇鱼田一处	禾苗2屯	
		荒田占下分	谷400斤	
	房屋	禾仓	1个	
		瓦房	3间	
		屋场地	3间	
动产	农具	扒钉	2个	
		锄头	3把	
		田基刀	1把	
		小刀	3把	
		斧头	1把	
		锹	1把	
		撑架	1个	
		碓宽(坎)	1个	
		碓嘴	1个	
		石磨	1付(副)	
	家具	书柜	1个	
		半边桌	1张	
		四方桌	1张	

续表

财产类型	名目	明　细	数　量	总　计
动产	厨具	大小钉锅	6口	
		大小扒锅	5口	
		锅铲	1个	
		火钳	1把	
		饭桶	3个	
		酒醢菜坛	7个	
		小坛钵头	7个	
		大碗	2个	
		饭碗	29个	
		酒杯	5个	
		旁桶	3个	
		水桶	1对	
		桥桶	1对	
	杂具	大剪刀	1把	
		小剪刀	1把	
	卧具	花被窝	1床	
	首饰	银梳	1把	

资料来源：广西壮族自治区编辑组编：《广西少数民族地区碑文、契约资料集》，广西民族出版社 1987 年版，第 170—171 页。

二、壮族妇女的嫁妆权益

（一）嫁妆的性质

1. 妇女继承权的替代与补偿

据笔者的调查分析，嫁妆实际上是妇女继承权的一种替代或补偿，或者说是女儿对娘家财产继承权的一种提前兑现。进入父系社会之后，女儿的继承权被逐步剥夺，尤其是出嫁的女子，完全丧失对父母的财产继承权。但鉴于壮族社会强大的母系基因，为了保障妇女的财产权益，因此在女儿出嫁时，极尽补偿之能事，将其未来的继承"期权"提前变现，从而间接地维护了妇女对母家财产的继承权。正如壮族的俗谚："儿子得遗产，女儿得嫁妆"，双方最终实现了平等。因此广西壮族十分重视嫁妆，因为这是壮族妇女财产权益的重要体现，不可小觑。民国《平乐县志》对此有精辟的分析："嫁奁：我国数千年法制，女子无继承财产权，故为之父母者，追其及笄而遣嫁时辄厚其妆奁，盖以女之所得止此一次，多不吝惜。富者每按其一岁之租额所入以为支出之标准。俗有'崽吃田底，女吃田面'之谚，殆指此也。然女子出嫁，类皆由母主持，父则以其事太烦琐而不之理，其母之爱女，性本天然，往往又出其系蓄以为增益……虽然民国政府于民国五十七年有女子继承权法令之颁布，但沿习日久，虽有明知应得承受遗产之利益，宁放弃其请求权而不知较，以免骨肉乖违，故只于嫁奁上要求增加，而以争产诉诸法律解决者绝少。"①贵港市六八村壮族的传统习惯法就是"男的得田地，女的得嫁妆"，嫁妆的丰厚程度看父母的条件。由于习惯上女儿没有继承权，家里条件好的，在女儿出嫁时，父母多给一些嫁妆。由此可见，通过嫁妆争取自己对娘家财产的权益，已成为壮族妇女委婉对抗"出嫁女无继承权"的一种方式，可谓"曲线救国"，这样也可以避免自己与娘家兄弟可能产生的矛盾与纠纷。换而言之，嫁妆是对"女子无继承权"制度的一种合理规避。

《岭表纪蛮》还记载了一些壮族地区特殊的婚嫁仪式，可谓女子对被剥夺继承权的一种象征性抗议和控诉，这更可以解释嫁妆的弥补性质："据武缘图经所载，壮女出嫁，前数夕，即号哭痛詈！其哭之段落，则分为三：其始怨自身不为男子，俾承宗祀；次则述其父母劬劳抚养，难报亲恩；终则数其兄弟之霸己于人，希图谋占家产。婚期，女子别其父母而归于婿家，为母者，例须以饭饲女。女不食，含诸口，出门，兄弟立于门侧，女吐饭，望而喷之。号泣而去！此种意义，是壮族女子对于财产承继方面，从前必曾经过有团体有组织的斗争，其后因与国内政治上之主张抵牾，因而陷于失败。女子不服，遂于出嫁之日，采用此等手段，以为抗争。母为女子，盖表同情于其女之动作，故于此际以饭饲，以示慰恤之意。吾人观其一方表示其无可如何之态度，一方又表示其一种有规则之行为，人人如是，居然成俗，断非无因而然也。（按：女子于出嫁时，吐饭于兄弟怀内，此俗在桂东各县，亦间有之，但无詈骂之语。）"②由此可见，在由母系向父系社会过渡、逐步被剥夺继承权的过程中，妇女曾作过顽强的抵抗，最终双方妥协的结果便是嫁妆。

正因为如此，很多壮族家庭，包括父兄在内，为女子准备嫁妆时毫不吝惜，就是这个道理。表面上看妇女似乎放弃了继承权，但实际上却通过嫁妆

① 黄旭初监修，张智林纂：《平乐县志》，台北成文出版社1967年版，第79页。
② 刘锡蕃：《岭表纪蛮》，台北南天书局1987年版，第67页。

取回了平衡。从壮族的很多"讨嫁妆"的民歌来看，女儿在出嫁时，理直气壮地向家中的父母、兄弟、哥嫂、叔婶逐个讨要嫁妆，且要求颇高颇多，丝毫没有自卑或怜惜的表示，因为她们明白这是自己应得的财产份额，而家中的亲人也尽量满足女儿的要求。如壮族民歌《麻雀》唱道："大哥陪嫁梧州笼，二哥陪嫁广州箱，铜盆、镜子三哥置，四哥陪嫁象牙床，五哥没有陪嫁妹，寄钱回来买梅香。"①柳江县壮族民歌《中间有个杨四姐》唱道："娘上街，买金簪；爷上店，买绫罗；多买绫罗少买纱，打扮女儿嫁张家。"②宾阳壮族民歌《讨嫁妆》唱道："爹呀爹，我要金边盖碗勒细茶。妈呀妈，我要红漆踏板象牙床。叔呀叔，我要一对鸳鸯烛。婶呀婶，我要一对鸳鸯枕。哥呀哥，我要红绫并缎绸。嫂呀嫂，我要红绫配绿袄。弟呀弟，我要银子装粒粒。"③藤县一带民歌《嫂嫂》唱道："爷爷陪嫁金笼箱，妈妈陪嫁象牙床，哥哥陪嫁银板凳。"④

由兄长准备嫁妆更能体现嫁妆对继承权的补偿性质。笔者采访贵港市港北区庆丰镇中龙村大冲村（关都生产队）的卢氏壮族妇女，她说，当地的嫁妆从彩礼中出，女家预算时，不但要办完嫁妆，还得预备酒席的钱。但是，如果女儿家里较富，就多办点嫁妆，并不以彩礼为限。比如我有个姑丈，20世纪80年代结婚时只给了我那个姑姑600元礼金（当时礼金的一般标准是2000元，别人来看过我姑，都愿意给5000—6000元礼金），我奶奶抱怨礼金太少，只能办酒席，办不了嫁妆。最后是我爸和我叔出了姑姑的嫁妆。以前的嫁妆是一个衣柜、一个木箱，还有床上用品和两个桶，条件好的多一台缝纫机，现在都是家用电器，如冰箱、空调、消毒柜等。我还有个姑是个哑巴，她出生的时候村里流行脑膜炎，就落下了后遗症。但是她却因为嫁妆丰厚嫁了一个正常人。姑丈家里很穷，有三个儿子一个女儿，长子用换头亲的方式解决了娶老婆的困难，姑丈是三子就拿不出彩礼了，但我家经济条件好一些，我爸和我叔给了我那个哑巴姑姑很多嫁妆，是当时村里女孩出嫁最风光的，所以她的婆母很满意，就没有嫌弃我姑姑的残疾。由这些案例可见，嫁妆一般由女儿的父母准备，如果父母年老无力，而兄弟又成年的，则由成年兄弟准备嫁妆，这其实是预支了儿子们对父母的财产继承权，或者说是儿子们对女儿财产权的一种让渡，抑或是儿子们对女儿不能继承娘家财产的一种补偿。而且嫁妆的丰厚也决定了妇女婚后在夫家的地位及生活幸福

---

① 商璧辑解：《桂俗风谣》，广西民族出版社1984年版，第157页。
② 商璧辑解：《桂俗风谣》，广西民族出版社1984年版，第13页。
③ 商璧辑解：《桂俗风谣》，广西民族出版社1984年版，第53页。
④ 商璧辑解：《桂俗风谣》，广西民族出版社1984年版，第156页。

程度。

从文物来看，一些壮族地区有专门用来做女儿嫁妆的物品。例如在贵港市博物馆展出多个青花双喜罐，是清代嘉、道、咸、同四朝惯用的一种嫁妆品。此罐略显粗笨，但其作工较细，形体规整、古朴，纹饰繁而不乱，运笔清晰、流畅，是时代特征明显和具有较高的艺术价值与史料价值的工艺品。（见图4.1）这种特定的民间嫁妆品体现出父母对女儿的偏爱与看重，它们不但可以工艺品使女儿风光出嫁，得到夫家的尊重，又可作为生活实用器，充满了对女儿婚后美满生活的祝福，最重要的是，还可以作为女儿的一种物资储备，如果日后生活发生困难，这种作工精美的瓷罐也可以变现为一定的财产利益，帮助女儿渡过生活难关。这些青花纹罐现在都具有很高的文物价值和收藏价值。

图4.1　清代贵港民间专门用作嫁妆的青花双喜罐

2. 对聘礼的对等返还

嫁妆除了提前兑现继承权外，还有一个重要的性质，就是对男方支付聘金的一种对等返还。在壮族地区有一种普遍现象，即聘金交付给女方父母后，并不会被女方父母侵吞，相反他们会拿出部分或全部聘金用来为女儿购置嫁妆，甚至倒贴和远远超过聘金的数额。因此，嫁妆的多少往往视聘礼的丰厚而定，二者基本持平，"至于聘金之来，完全璧返，为婚姻不论财礼之表示，不独富有者所得聘金为然，稍足支持者大率类是。贫者嫁女，其被帐、衣饰、箱橱、盆桶，则视所得聘金多寡以为等差，究亦不免于填补，盖以亲眷之酒宴多所消耗，不能尽取偿于馈赠也。"[1]《来宾县志》亦载婿家所付纳征礼即为女家妆奁费："婿家既定婚期，先半年或一年行纳吉礼，俗谓之报日，婿

---

① 黄旭初监修，张智林纂：《平乐县志》，台北成文出版社1967年版，第79页。

家具仪物，女家答仪略如纳征之例，又或婚家从简，纳征纳吉皆不具仪物，代以银钱，盖所谓折乾也，俗语倒其文曰乾折。纳吉之时聘金若干，须随纳其半或大半或全数，俾女家装资得所取办云。"①新中国成立初期的社会历史调查文献都证实了这一点，如1954年在靖西城良乡的调研就表明，女方在结婚时除了将男方送来财礼办嫁妆回送外，一般女方还补送三分之一左右的嫁妆费用。②20世纪60年代武鸣县邓广乡女家所备的嫁妆多寡视男家所送的"礼钱"多少来定。③进入现代社会，宜州市怀远镇结婚时女方家要陪送，其价值相当于或超过男方送的钱，主要送衣物铺盖家具，如今时兴送彩电冰箱等家用电器。④

笔者的实践调研也证实了这一点。2017年6月，在贵港市覃塘区调研时，该区人民法院民庭的法官说，本地农村结婚都要付聘礼，各个地方标准都不一样，一般是1万元—3万元，有部分达到4万元。但女方是要返还的，还要陪嫁的，因此聘礼剩得也不多。一般嫁妆都是从聘礼中出，聘礼给的多，嫁妆就多，除了日常用品外，农村陪嫁摩托车、电视机的也有，还有陪嫁小车的，超过了彩礼钱。离婚时男方要求退还礼金的，女方就要求扣除嫁妆。遇到这种案件，20世纪90年代初时法律规定不明确，就尊重当地的风俗习惯，适当返还礼金，嫁妆不退还，而是直接从礼金中扣，只能折算。新的婚姻法出台后，只能按照新的规定。中国少数民族特色村寨覃塘区姚山村的彩礼是3万元—5万元，一般是3万元，女方的嫁妆、办酒席的钱都从彩礼中出，超过的部分由女方家承担。覃塘区大董村的习惯是，财礼一般是3万元，女方拿到彩礼后再置办嫁妆，看家庭情况，有些买完嫁妆后就所剩无几了。东兰县人民法院的法官说：本地结婚时，男方给女方多少聘礼，女方就拿这个钱买成家庭用品。双方离婚时，如果全部消耗成家庭用品，就平分，如果女的还补贴了一部分买家庭用品，就要给女方多分一些，这种财产分割方式双方都同意，一般纠纷不大。环江、南丹一带的司法工作人员也说，一般拿到聘礼后，女方父母都会购置成家用电器或家具送给新婚夫妻，

---

① 宾上武修，翟富文纂修：《来宾县志》，县之人民一·氏族，台北成文出版社1975年版，第274页。

② 桂西壮族自治区人民政府民族婚姻问题研究室编印：《靖西县第一区诚良乡附近一带壮族婚姻情况调查报告》，民族婚姻情况调查资料之五，1954年9月25日编印，第5—6页。

③ 广西壮族自治区编辑组编：《广西壮族社会历史调查》（第六册），广西民族出版社1985年版，第37页。

④ 宜州市怀远镇人民政府、中共河池地委党史研究室、河池地区地方志办公室编：《怀远镇志》，2000年印制，第231页。

看新家缺什么就买什么,比如电视机、冰箱、洗衣机、摩托车等。本地的嫁妆往往超过聘礼,比如男方给 3 万元聘礼,女方父母则陪嫁一辆 6 万元的三轮车。一位上思县的壮族妇女说,本地男方付彩礼后,女方拿了钱买好嫁妆、电视、冰箱、洗衣机、摩托车、空调,反正男方家缺什么就买什么,买完也不剩多少了。由此可见,在离婚退还聘礼时要扣除嫁妆,进一步证明嫁妆是聘礼的一种对冲机制。

壮族以嫁妆对等返还聘金的制度值得赞赏和提倡,其优点在于,第一,制止买卖婚姻。壮族父母并未将女儿当做商品和"摇钱树",通过结婚聘礼来赚取钱财,相反,他们把聘礼全部花在女儿身上,并作为家庭财产回赠给新婚夫妻,是一种平等先进的理念,是对女儿的一种尊重,这也是壮族妇女身份地位较高的一种体现。第二,减少家庭纠纷。如果在结婚前一味向男方索要过多的聘礼,必然导致女儿婚后与丈夫在此问题上产生纠纷,且容易造成二人婚后生活出现困难,但壮族聘礼大部分、全部甚至超额返还给男方,更多的是对新婚夫妻的一种美好祝福,很难产生纠纷。第三,降低聘礼标准。由于壮族岳父母并未将聘礼当做谋利的工具,而是变现成婚后家庭生活物资,因此壮族地区的聘礼标准都不太高,远远低于其他地区的水平,如贵港覃塘区有些村寨的聘礼基本在 3 000 元以上,一般都是 1 万元到 2 万元。现在在一些地区聘礼已成为许多男子结婚的一个沉重负担,全国各地频频出现各种因聘礼引发的纠纷,但广西却鲜有这样的案件发生,原因就是广西农村聘礼的数额并不高,有的地方仅几千元就可以,没有给男方造成太大的经济压力。

3. 妇女婚后的个人财产

嫁妆在结婚后被女方带入男方的家庭后,其性质应如何界定呢? 从实践调研的情况看,嫁妆即使融入新的家庭生活,但大部分情况下仍是专属于妇女的个人财产。如在红水河和柳江沿岸一些地方,新娘的花轿轿底垫有夫家银钱,祝福将来进财添宝。银钱以后是她的私产。[1]另一个例证是,上思县那荡乡新娘的出嫁服饰需要留下将来死后陪葬,认为这样死去的人到了阴间,生活才富裕。[2]忻城县民委工作人员就说:嫁妆是妇女的独立财产,比如棉被等,嫁过去由妻子自由支配,是其私人财产。

嫁妆是妇女个人的财产,最典型的表现就是按照壮族的习惯法,离婚时

---

① 　梁庭望编著:《壮族风俗志》,中央民族学院出版社 1987 年版,第 51—52 页。

② 　广西壮族自治区编辑组编:《广西壮族社会历史调查》(第三册),广西民族出版社 1985 年版,第 119 页。

女方不一定要退聘礼，但可以带走嫁妆。有些地区退还嫁妆的原则是：如男方提出离婚，则女方有权带走全部嫁妆，如是女方提出，则可带走一半嫁妆。如据西林县那劳区维新乡习惯法，男方提出离婚，女方送来的嫁奁一律退回。①靖西县表亮乡离婚时嫁妆则看情况而定，如是男方提出者，女方都能全部带走，但女方提出者男方只给一半，法院也按照这一情况判决。②但有些地区则不论谁提出离婚，女方都可带走嫁妆。如贵港市港城镇六八村的习惯是，女方离开家时，可以拿走自己的专用物品以及嫁妆。贵港市覃塘区岑岭村的习惯是，如果刚结婚没多久就离婚的话，应退还女方嫁妆，女方娘家人来把嫁妆扛走。即使结婚时间长，如果男方在离婚中存在过错的话，女方不但可以要求赔偿，还可要求取回嫁妆。覃塘区大董村的习惯是，离婚时女方可以带走嫁妆。阳朔高田一带的壮族习惯法时，结婚一年以内离婚的，嫁妆可以全部带走或退还，一年以上就不退了，因为双方已经共同生活过了。在一份针对 85 名壮族群众的调查问卷中，对于"您认为如果离婚双方是否应该退还聘礼和嫁妆？"，选择"应该"的人最多，占了 38.38％，其次是"看离婚的原因"，占 34.34％，回答"不必"的仅占 6.06％，可见主张退还嫁妆的人还是占了多数。（见图 4.2）

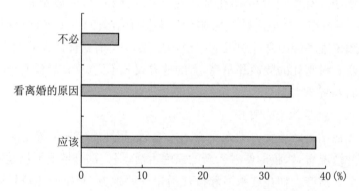

图 4.2　关于离婚应否退还聘礼与嫁妆的问卷调查数据统计

　　司法人员的讲述更证明了嫁妆是属于妇女的个人财产。如覃塘法院一名长期办理执行业务的韦法官追忆了执行取回陪嫁物的案件。20 世纪 90 年代由于经济不发达，群众生活水平不高，陪嫁的物品在当时都属

---

① 广西壮族自治区编辑组编：《广西壮族社会历史调查》（第二册），广西民族出版社 1986 年版，第 192 页。

② 桂西壮族自治区人民政府民族婚姻问题研究室编印：《靖西县第十区表亮乡壮族婚姻情况调查报告》，民族婚姻情况调查资料之六，1954 年 9 月编印，第 11 页。

于贵重物品,因此离婚时女方主张取回嫁妆的较多,当时取回嫁妆案件的发生率比较大,而取回陪嫁物的概率也比较大,因为女方认为这些东西是从娘家带过来的,离婚取回理所当然。1997年韦法官在贵港市港南区思怀乡大岭村就执行了一起这样的案件。离婚双方共同生活六七年,育有2个小孩。男的在广东当厨师,月收入4万元,在当时属于高收入阶层,因有外遇而导致夫妻闹矛盾离婚。法院判决离婚,子女均随女方,男方一次性支付女方子女抚养费2.5万元现金,此外女方还要求取回陪嫁物。当时的陪嫁物是四大件,包括录音机、自行车、缝纫机、手表,还有个人陪嫁的棉被和衣服。法官去执行的时候没有汽车,只好到石卡派出所借了一辆手扶拖拉机,去男方家拉这些物品,男方家的人还不错,调解通了,东西全部拉了回来,一共拉了两车拖拉机。女方连尿桶都要拉回来,还要把小罐里的米全部倒完拿走,被韦法官阻止了,法官说家里还有老人家,留一些给他们。在另外一起西山乡的陪嫁物取回执行案件中,女方连沙发都要取回拉走。

　　现在此类案件的执行用人民币折价的比较多,因为社会基本的趋向都在转变,法院也倾向于折价,不主张实物执行,原因有三:其一,实物执行拉走会导致男方没有面子。在乡土熟人社会,壮族群众都很看重脸面,法院派车到男方家拉东西,往往导致男方家颜面尽失,激发负面情绪,家里人会跳出来阻止,增加执行的压力。群众会认为法院是来抢东西,影响也不好。其二,随着社会经济的发展,人们已不再注重实物,而更注重直接获得现金。如有些男方当事人对女方说:"这些东西都用过了,我不要你的,你拉走吧!"还有的男方当事人甚至直接把东西拉到法院来当场交接,因为嫁妆都已经是用过的旧物,家里留这些东西也没用。还有男子再婚的,新嫁来的妻子也不愿用原配的东西。其三,实物执行法院须派车派人力,会增加执行成本,因此实物执行越来越难。现在法院主张对双方当事人多做调解工作,共同协商陪嫁物品的价值,直接支付货币补偿。如果值多少钱说不清楚,那就双方讨论一个合理的价格,比如某物原来买的时候值100元,现在折价80元,适当地按人民币折算。再比如双方意见不一致,一方说值10 000元,另一方说值8 000元,那就让双方定下来再做调解,最终按中间值确定价值,还有的按结婚时间直接折半,效果也不错。

　　我国目前的法律对嫁妆并没有直接明确的规定,但根据《中华人民共和国民法典》第一千零六十二条的规定精神,在婚姻登记之前一方接受的赠与应当属于婚前个人财产,所以嫁妆如果是在婚前由女方父母赠与的,应当属于女方婚前个人财产。可以看出,壮族传统习惯法对嫁妆性质的认识,与这一法律规定的在原则上是契合的,足以说明壮族对妇女的尊重是一种合理、先进的社会制度。图 4.3 是对壮族妇女嫁妆性质的诠释。

图 4.3 壮族嫁妆性质分析图示

(二)嫁妆的种类

1. 以土地为嫁妆

传统的壮族地区,无论是土司还是平民,都有用土地来陪嫁女儿的习惯。土司富有土地,对女儿的财产权益也很维护,不仅在女儿未出嫁时拨给其脂粉田,而且在女儿出嫁时,也会以土地作为嫁妆。"因为昔年土司地方极广,阶级又严,比方土司之女从不下嫁所属人民,因此必须远适异地,如每嫁一女辄以田土陪送,谓之'胭脂田'。"[1]《岭表纪蛮》就记载了这样的事实"粽粑田与内庄奁田:土官嫁女,尝割其所有内庄田之若干亩为奁田,女死后,仍收回为己有。"[2]笔者从马山县前往忻城县调研时,曾在路上看到一个"金钗"的地名,经仔细查阅文献和询问当地人后,发现这个地名就与土司给女儿陪嫁土地有关系。据《忻城县志》的记载:"嫁妆田:莫氏土司之女出嫁,有时亦以田地作嫁妆。"据民国年间出版的《隆山县志》载:"金钗,原名夷江,据前辈相传为忻城土司官有地,因为嫁女适安定土司官为媳,吉期在迩,一时采办妆奁不齐,尚缺金钗一项,乃以夷江地抵作金钗陪嫁,至安定后,遂改以金钗地名。"另一说,"清光绪年间,安定土司潘孟甲之女嫁给忻城土司莫绳武的兄弟莫仲求为妻,潘土官以夷江一个地方的田地作女儿陪嫁的首饰——金钗——给忻城土司,于是将夷江改名金钗"。[3]而居住在忻城土司衙署旁边的一位壮锦文化传承人说,嫁妆以前是按照个人的经济条件来支付,土司会给自己的女儿准备金钗、银钗,来不及准备,就分给土地。忻城去

---

① 周如谨:《贵州省土地整理之计划及其办理经过》,台北成文出版社、(美国)中文资料中心1977年版,第16432—16433页,萧铮主编:《民国二十年代中国大陆土地问题资料》第33辑。

② 刘锡著:《岭表纪蛮》,台北南天书局1987年版,第260—261页。

③ 忻城县志编纂委员会编:《忻城县志》,广西人民出版社1997年版,第544页。

马山的路上有个地方叫金钗,就是有个土司嫁女儿来不及准备嫁妆,就把那片土地划给女儿,叫作"金钗地",这块地就归丈夫家里所有,如果丈夫家里比较明理,会派人去耕种,然后收成归女方,所取得的收入由女方自由支配。上述说法,都印证了一个事实,就是土司嫁女,会以土地作为陪嫁,已成定制。

　　而在民间,父母以土地作为女儿的陪嫁,也并不在少数,一般中等以上人家,土地较为宽松的,都会陪嫁土地,如民国《平乐县志》记载:"又其甚者,于嫁奁外,拨田产以供其收租,曰'养姑田'。"[1]宜山县洛东乡壮族过去曾有这样的习惯:中等家庭的女子出嫁时,得到少量的一份田地,作为私有,用来种植棉花,以解决衣着的问题,因为初出嫁一两年,夫家不供其衣着,而且过去还有不落夫家的旧俗,女子常回娘家住宿。这种田当地人称之为"裙带田"。如泵村韦尔金之姑出嫁时,得裙带田约 500 斤田面。[2]隆林县委乐乡壮族妇女出嫁,好多是有私田陪送的,新娘的母亲如果有私份田或牛只,当女儿出嫁时,她总把其私份田的一部分给女儿一起带到夫家,这份田是作为新娘私人的,以后的收入也是归新娘所有,除丈夫外夫家不能占用。这些新娘私份陪嫁田,将来如果离婚,女方仍然带回。等到女方生儿育女,出嫁女儿时,又将这份私田赠给女儿陪嫁出去。[3]百色两琶乡壮族当女儿或养女出嫁时也可分得田产。[4]龙胜壮族女儿可于出嫁时,获得少量田地或耕牛做陪嫁。[5]龙脊壮族嫁女以牛或田作陪嫁的亦有之。[6]上思县思阳乡壮族地主富农之家嫁女还送婢女、牛只、田地等。[7]实践调研中,贵港市六八村的村主任说,本地壮族为了照顾女儿,在女儿出嫁时,有的父母出钱给女儿买房,还有的父母有地的,比如有一片 100 多平方米的山林,就和儿子们商量把这块山林划给妹妹做嫁妆,大部分兄弟都没意见。

---

[1]　黄旭初监修,张智林纂:《平乐县志》,台北成文出版社 1967 年版,第 79 页。
[2]　广西壮族自治区编辑组编:《广西壮族社会历史调查》(第五册),广西民族出版社 1986 年版,第 25 页。
[3]　广西壮族自治区编辑组编:《广西壮族社会历史调查》(第一册),广西民族出版社 1984 年版,第 53 页。
[4]　广西壮族自治区编辑组编:《广西壮族社会历史调查》(第二册),广西民族出版社 1986 年版,第 229 页。
[5]　龙胜县志编纂委员会编:《龙胜县志》,汉语大词典出版社 1992 年版,第 93—94 页。
[6]　广西壮族自治区编辑组编:《广西壮族社会历史调查》(第一册),广西民族出版社 1984 年版,第 134—135 页。
[7]　广西壮族自治区编辑组编:《广西壮族社会历史调查》(第三册),广西民族出版社 1985 年版,第 80 页。

2. 动产嫁妆

(1) 钱财、首饰

虽然嫁妆各地没有统一的标准，但直接以金钱、首饰作为嫁妆，是许多富有人家的做法，有些数额还非常多。如光绪《贵县志》记载：举行婚礼时，"亲朋酿酒、银物馈赠女家，务以奁饰相高"，结婚后婿"偕妇归宁母家，女家父母宴之于堂，亲族各以金银相赠，谓之三朝上门礼"。①民国《全县志》记载："西延女家亦盛备妆奁以陪嫁，有需扛伕百余名者，此种靡费之习气，全延皆然。"②西林维新乡那劳地区地主岑德昌的女儿出嫁时，手镯带满臂膀外，还挑了一大担。③有时因新娘带去大笔丰厚的嫁妆，甚至导致夫家暴富，如东兰县那烈乡壮族地主黄松龄之家，在其祖父时还没有什么家财，但到了他的父亲，娶韦拔群烈士的姑母为妻，韦父过去是富有者，当黄母出嫁时带了许多金钱财物，黄父则利用作投机生意，囤积居奇，通过做生意而赚了大钱。④

但这种嫁妆愈多愈有颜面之习，很容易引发相互攀比，导致嫁妆愈来愈重的恶俗，《平乐县志》感叹："至若中人之产，又如婚娶者之撑持门面而受亏累，每有嫁女嫁穷人（此系俗语，谓人因嫁女而穷也）之感叹焉。"⑤由于嫁妆太重，甚至导致一些人家因嫁女儿倾家荡产、欠下债务："每见中人之产，因儿女婚姻事或丰具聘礼，或厚其妆奁，竞尚奢华，寝至称贷撑持，田庐易主，家以中落，一蹶而不复兴，比比然也。"⑥靖西县城良乡个别亦有因嫁女而送嫁妆倾家荡产者。如覃有光，解放前先后嫁出四个女儿，每嫁一个女儿需变卖田地补钱才可购置嫁妆送去男家，等到把四个女儿嫁完了，也把家中二十担水田卖光，致使家中陷于贫困破产。⑦上思县那荡乡壮族妇女出嫁一般陪嫁物很多，有几套衣服和被帐箱柜等，过去的确有些人因嫁女儿借债的。⑧

事实上，嫁妆太重的问题在历史上一直存在，壮族群众也一直在抵制这

① ［清］夏敬颐主修，王仁锺协修：《贵县志》，1893 年修，贵港市地方志编纂委员会办公室据紫泉书院藏本 2009 年 12 月翻印，第 627 页。
② 黄昆山等修，唐载生等纂：《全县志》，台北成文出版社 1975 年版，第 174 页。
③ 广西壮族自治区编辑组编：《广西壮族社会历史调查》（第二册），广西民族出版社 1986 年版，第 210 页。
④ 广西壮族自治区编辑组编：《广西壮族社会历史调查》（第五册），广西民族出版社 1986 年版，第 137 页。
⑤⑥ 黄旭初监修，张智林纂：《平乐县志》，台北成文出版社 1967 年版，第 79 页。
⑦ 桂西壮族自治区人民政府民族婚姻问题研究室编印：《靖西县第一区诚良乡附近一带壮族婚姻情况调查报告》，民族婚姻情况调查资料之五，1954 年 9 月 25 日编印，第 5—6 页。
⑧ 广西壮族自治区编辑组编：《广西壮族社会历史调查》（第三册），广西民族出版社 1985 年版，第 120 页。

种不良之风,许多乡规民约都对嫁妆的标准作出了限制,从而防止了嫁妆愈涨愈高之势。有些土司借嫁女之名,乘机向土民勒索,在土民的斗争下,很多土官被迫减少或取消因嫁女向土民征收的各项杂银陋规,如发现于大新县的一批乾隆年间的土官"免例规碑"都规定减免"嫁女钱"。乾隆二年(1737 年)立于大新县太平公社安平大队的安平土州《永定例规碑》规定:土官"长男长女婚嫁,每次准收七色银一千两;至次男次女,概行禁革。"①乾隆二十一年(1756 年)立于大新县全茗公社的《详奉宪批勒石永远碑记》规定:"免嫁女妆奁。"②乾隆五十一年(1786 年)立于全茗公社的《茗盈土州奉批详定应办额规款项碑》规定:"免嫁女妆奁银两。"③乾隆五十二年(1787 年)立于全茗公社的《全茗土州呈准照章应留应革地粮等项碑》规定:"本官如遇婚丧大事及长男长女婚嫁,民间助银一百两,应照乾隆五年奉颁印册收取。如一年之内婚丧并集,应各减银二十两。"④除此而外,一些没有土司管辖的地区群众自发地制定标准和乡规民约,对嫁妆的最高额度加以限制,以杜绝嫁妆钱财太多的弊端。如道光二十六年上林县覃排乡禄庆山石上的《奕世遗规》规定:"娶媳妇帮钱二十千文,嫁女帮钱十千文。"⑤民国六年(1917 年)立于兴安县金石公社的《兴安县兴龙两隘公立禁约碑》规定:"女家送亲之日,只许抬衣柜一乘,□女男客只许两席,多一个者,公罚绝不宽贷。妇女衣饰,不许仍绣五彩,只宜穿青一色,前置五彩者襟内,仍以青服盖之。首饰只许穿带(戴)年表、银牌、手镯、余具不用。"⑥虽然嫁妆太贵不值得提倡,但由此也可看出壮族群众对嫁女的重视。

(2) 生活用品

嫁妆最常见也最合理的是生活用品,如生产工具、衣物、厨具、家具、卧具等,这些可以帮助新婚夫妇促进生产和家庭幸福。《壮族风俗志》记载,新娘的陪嫁主要是卧具和衣服:"新娘的陪嫁看家境情况,通常有几床新被,几

---

① 广西壮族自治区编辑组:《广西少数民族地区碑文、契约资料集》,广西民族出版社 1987 年版,第 1 页。

② 广西民族研究所编:《广西少数民族地区石刻碑文集》,广西人民出版社 1982 年版,第 23 页。

③ 广西民族研究所编:《广西少数民族地区石刻碑文集》,广西人民出版社 1982 年版,第 27 页。

④ 广西民族研究所编:《广西少数民族地区石刻碑文集》,广西人民出版社 1982 年版,第 29 页。

⑤ 上林县志编纂委员会编:《上林县志》,广西人民出版社 1989 年版,第 565 页。

⑥ 广西民族研究所编:《广西少数民族地区石刻碑文集》,广西人民出版社 1982 年版,第 129 页。

条蚊帐，几套到几十套衣服，此外还有衣箱、木柜、镜台等。一张油漆一新的新床是陪嫁物中必不可少的，它象征女儿成家立业，生男育女，生根开花。有钱人家，甚至送几十条壮锦新被，送耕牛、田地和使女。嫁妆由接亲队伍带回去，摆在厅堂上供客人观赏，陪嫁越多，娘家送亲人也就越光彩，新娘在妯娌中地位也就越高。"①各地因风俗不同而异，如民国《平乐县志》记载："于是筹办嫁奁，大而床橱，小而杯箸，举凡服饰、器用，应有尽有，即供给客用之帐背亦为之备（威东粤人流寓者嫁女，其花床由男备办）……如其有婢女陪嫁者，男家于行聘仪物加一双鹅，女家受其一而返其一，此俗例也。又有以牛只为辅奁者，农村中常见之。"②《全县志》也记载："女家亦置备妆奁、床帐、被褥、桌凳各物谓之陪嫁。"③龙脊壮族若女家较富裕，则也有陪送大批嫁妆，如同治八年（1869年）廖金全家办喜酒，女方送的礼物有：中绸马褂一件、洋花长衫一件、汗衣纺绸一、纺绸小衣一、云头鞋一双、假帽一顶、袜一双、小袋一，送给伯娘的胸巾岔四、腰带卅条。而女方的家族亦送不少礼物，她的伯爷给衣一件，妹衣一、三母每人一件共三件。天保绣衣袖一、仁祥绣衣一、金昌衣一、光元二女衣一、主父钱四百文、主母衣一、大女钱二百、岳母钱百文、二媳钱百文。④表4.2为史料记载的广西各地壮族的陪嫁物品，可以看出大部分以被褥、帐、席、床、箱、柜、衣物、鞋帽、袜巾、锅碗瓢盆等日用品为主。

民国《同正县志》记载的结婚陪嫁物最详细，共分木料、锡料、赠仪、芹仪、奁仪五种，其精细繁琐程度令人惊叹，可见女家对女儿出嫁之重视，见表4.3。

（3）农作物和动植物

在马山、上林、忻城、武鸣等地，壮家女子出嫁的时候，在嫁妆之外，还有送五谷和六畜作为种子的。五谷往往以农作物种子为最多，六畜有牛、羊、猪、马及鸡鸭鹅等家禽，视家底厚薄情况而定，家底厚的几乎样样给，家底薄的，也往往给一只母牛、一只猪种，都是平常的事。这些东西，女儿拿回夫家，家庭不论如何困苦，都不随意宰杀和出卖，但可以出卖或宰杀其生下的后代。⑤值得注意的是，壮族的一些嫁妆习俗还包涵促进生态的积极意义，即

---

① 梁庭望编著：《壮族风俗志》，中央民族学院出版社1987年版，第50页。
② 黄旭初监修，张智林纂：《平乐县志》，台北成文出版社1967年版，第79页。
③ 黄昆山等修、唐载生等纂：《全县志》，台北成文出版社1975年版，第165页。
④ 广西壮族自治区编辑组编：《广西壮族社会历史调查》（第一册），广西民族出版社1984年版，第134—135页。
⑤ 红波：《马山等地壮家婚俗》，南宁师范学院广西民族民间文学研究室编印：《广西少数民族与汉族民俗调查》（第三集），1983年3月15日印，第86—87页。

表 4.2　广西各地壮族的陪嫁物一览表

地区	县份	乡镇	陪嫁物品	资料来源
桂林	龙胜		被四床，帐两床，箱一个及其他生活用具不等	龙胜县志编纂委员会编：《龙胜县志》，汉语大词典出版社 1992 年版，第 93 页。
河池	宜州	洛东乡	贫苦人家，至少也要棉被和蚊帐各二床；富裕的人家，还送雕花架床、木箱、皮箱、梳妆台，以及十来套衣服，几十斤白、蓝色土布作陪嫁	广西壮族自治区编辑组编：《广西壮族社会历史调查》（第五册），广西民族出版社 1986 年版，第 67~68 页。
	环江	龙水乡	一般都有不同的嫁妆，富家受对方财礼较多，有的陪嫁的棉絮被褥多至十床八床、衣服，土布各一件，贫家仅有几件土布衣服	广西壮族自治区编辑组编：《广西壮族社会历史调查》（第一册），广西民族出版社 1984 年版，第 280 页。
		城管乡	棉被、蚊帐、裤子、垫单、箱子等物，富有的人家送马和牛	广西壮族自治区编辑组编：《广西壮族社会历史调查》（第二册），广西民族出版社 1986 年版，第 316 页。
	南丹	六寨雅陇大队	一个衣柜和儿床被子	张一民，何英德，王时阶：《南丹县六寨公社雅陇大队社会历史调查》（1982 年 8 月 10~13 日），见广西师范大学地方民族史研究室编：广西地方民族史研究集刊（第二集），1983 年 11 月印，第 179 页。
百色	隆林	委乐大队	箱子、脸盆一类	七九级赴委乐调查组：《隆林县委乐队社会历史初步调查》，见广西师范大学历史系，广西地方民族史研究室编：广西地方民族史研究集刊（第二集），1983 年 11 月印，第 203 页。
	田东	檀乐乡	棉被两床至四床，床架一张，席子一张，蚊帐一张	广西壮族自治区编辑组编：《广西壮族社会历史调查》（第五册），广西民族出版社 1986 年版，第 121 页。

续表

地区	县份	乡镇	陪嫁物品	资料来源
百色	靖西	诚良乡	棉被两床,蚊帐一床,木箱两个,锅头一个,三脚灶一个,布鞋人对	桂西壮族自治区人民政府民族婚姻问题研究室编印:《靖西县第一区诚良乡附近一带壮族婚姻情况调查报告》,民族婚姻情况调查资料之五,1954年9月25日编印,第5~6页。
		表亮乡	棉被蚊帐各一床,木柜、架床、木箱、面盆、门帘、席子各一件	桂西壮族自治区人民政府民族婚姻问题研究室编印:《靖西县第十区表亮乡壮族婚姻情况调查报告》,民族婚姻情况调查资料之六,1954年9月编印,第4页。
南宁	武鸣	邓广乡	被帐一床,面盆两个木箱两个、柜子一张,桌子一个,椅子二张到四张,少量的衣服与布条,有的还陪嫁一只牛	广西壮族自治区编辑组编:《广西壮族社会历史调查》(第六册),广西民族出版社1985年版,第37页。
		清江乡	被帐一床,床架一个,桌子一张,椅子四张,柜子一个,谷子二百余斤(布至生小孩时才送到)。较久之前还有的人陪嫁织布机一架;嫁妆随新娘同时送到男家	广西壮族自治区编辑组编:《广西壮族社会历史调查》(第六册),广西民族出版社1985年版,第72页。
	上林		被褥,布匹,花布鞋、梳妆桌等	上林县志编纂委员会:上林县志,广西人民出版社1989年版,第477页。
崇左	大新		木床一架,大柜小柜各一只,衣箱2~3只,木椅四张;还有镜架、盆架、浴盆、衣服、蚊帐、被席等物。如果是富裕人家,嫁妆更多,要是贫寒之户,只有木箱一只,衣服数套而已	王战初主编:《大新镇志》,广西人民出版社1996年版,第166页。
防城港	上思	那荡乡	有钱人家一般有棉被两床,蚊帐两张,木箱两个,柜子一把,雨伞一个,雨伞一把;无钱人家也得给衣服二、三套,棉被、蚊帐各一床,木箱一个,雨伞一把	广西壮族自治区编辑组编:《广西壮族社会历史调查》(第三册),广西民族出版社1985年版,第121页。
		思阳乡	床、被、蚊帐、柜、箱、台、椅、锅头以及鞋、袜、手巾等	广西壮族自治区编辑组编:《广西壮族社会历史调查》(第三册),广西民族出版社1985年版,第80页。

表 4.3　《同正县志》记载结婚女家所办之礼物种类

木料	花床、八仙台、梳妆台、花婆桌、排几、茶几、书柜、脸盆架、高柜等（贫者减半）
锡料	香炉、烛台、衬瓶、槟盒、面盆、茶壶、酒壶、高灯、铜盆、钱锅碗盏等
赠仪	缎鞋花鞋、手巾等
芹仪	新郎之被褥、帐子、洋毡小帽、缎鞋、手巾、面盆、书柜中之文房四宝等
奁仪	新人之被褥、帐子、妆镜、面盆、木盘、皮箱、木柜、簪环首饰衣服布匹等

资料来源：[民国]杨北岑等纂修：《同正县志》，卷 7，礼俗，据 1933 年铅印本影印，台北成文出版社 1975 年版，第 163—164 页。

在女儿出生的时候，种树以便将来为其准备嫁妆，是一项很好的生态保护习惯。例如据广西蓝祥美所写的《龙州金龙乡生男育女习俗》诗云："南生妹子北生郎，郎种花心妹种桑。树大成材人婚嫁，书房卧室两堂皇。（注：婴孩出世，父母即分别为子女婚嫁作物质准备。既可有备无患，又能推动生产，不失为良好的传统习俗。花心即花心树，又名苦楝树。）"[1]生男孩种的苦楝树，是材用林和药用林，生女儿种的桑树，是经济林，壮族父母对女儿的未来确实提供了殷实的保障。

随着壮族地区经济的发展，人民的生活水平日益提高，物质极大丰富，嫁妆已经超出了传统的种类，开始向多样化和高档化方向发展，还有向现金化方向发展的趋势。如早在 20 世纪 60 年代，武鸣县双桥乡壮族女方陪嫁的东西，在二三十年前是衣服、被帐、面盆、鞋子、织机、小牛、有钱人还有椅子、桌子、柜子、箱子之类。近 20 多年来已没有织机、小牛。有的用钱来代替小牛，故称"牛钱"。[2]横县进入 20 世纪 80 年代后，随着人民生活水平的提高，男方给女方的礼金钱不断增加，女的陪嫁品也不断增多，不论城镇或农村，不少人的陪嫁品有电视机、自行车、缝纫机等高档商品。[3]如今的陪嫁物都成了家用电器和交通工具等。如笔者在靖西调研时，当地龙临镇的女司机说，本地妇女生孩子，如果是未婚生育的，娘家就送被子和鸡，嫁妆也一块送过来；已婚生孩子的，嫁妆是被子、柜子、冰箱、家用电器等，包括全部的生产用品与家用电器，用男方家的聘礼来买，金额基本持平，超过部分娘家自己补贴。在人均收入很高的阳朔高田一带的壮族，娘家给女儿的嫁妆都

---

① 广西民族事务委员会、广西诗词学会编印：《民族风情》（内部刊物），广西南宁市源流印刷厂 1996 年印，第 22 页。

② 广西壮族自治区编辑组编：《广西壮族社会历史调查》（第三册），广西民族出版社 1985 年版，第 154 页。

③ 横县志编纂委员会编：《横县志》，广西人民出版社 1989 年版，第 608 页。

是当时比较值钱的日用生活品，以前是自行车、电视机（比如小时候的芦笛牌黑白电视机），现在有给轿车的，也不贵，买个 20 多万的车作嫁妆，大部分都给实物，很少给钱，现在有的家庭直接给银行卡，富有的有给几十万的。如果家里面两个孩子，一个儿子，一个女儿，女儿出嫁能给 20 万元至 30 万元的嫁妆，但不再继承娘家的遗产。以前很重视彩礼，彩礼过的越多，嫁妆就越多，现在移风易俗，高田生活很富裕，双边都很有钱，都不用给彩礼了，但嫁妆一定要给。

三、招赘女的财产继承权

虽然有些地区已剥夺了出嫁女的继承权，但由于壮族盛行入赘婚，因此留在家招赘的女儿对父母的财产享有绝对的继承权，历代文献对此均有记载。如《罗城县志》记载："有因无子而以亲女招赘及或子死以媳招赘以接管家业者……入赘及接继子则立有赘书继书等。"①《平乐县志》记载："无子有女，以招赘夫婿而继承遗产者。"②《榴江县志》记载："遗产继承一节，除招赘之女得依名额摊承外，皆为子孙所承受。"③《龙胜县志》记载，龙胜壮族招赘女有继承权。④20 世纪 60 年代的社会历史调查表明，百色两琶乡壮族女儿或养女招赘的可分得田产。⑤环江县城管乡壮族招郎入赘的女儿，可以和兄弟分得同样一份土地。⑥笔者调研时，忻城土司衙署的壮锦传承人也说，本地出嫁的女儿没有继承权，但招赘上门的女儿就有继承权。阳朔高田的干部也说，本地壮族招赘的女儿享有父母的全部财产，一点都不能少。

龙脊壮族对于招赘继承田产分成三种情况：（1）女子一般是不能继承财产的，如果没有儿子只有女儿的，绝大多数则招郎入赘，财产可由女子来继承，但必须得将一小部分田地分给较亲的兄弟或子侄，不然得不到亲属的承认，日后财产继承权就没有保障。（2）如无嗣经房族同意，已嫁的女儿及女

① 江碧秋修、潘实篆纂：《罗城县志》，第 2·民族，页 34，台北成文出版社 1975 年版，第 50 页，中国方志丛书第 211 号。
② 《平乐县志》，八卷，民国二十九年铅印本，见丁世良、赵放主编：《中国地方志民俗资料汇编·中南卷》（下），书目文献出版社 1991 年版，第 1017 页。
③ 《榴江县志》，十编，民国二十六年铅印本，见丁世良、赵放主编：《中国地方志民俗资料汇编·中南卷》（下），书目文献出版社 1991 年版，第 968 页。
④ 龙胜县志编纂委员会编：《龙胜县志》，汉语大词典出版社 1992 年版，第 93～94 页。
⑤ 广西壮族自治区编辑组编：《广西壮族社会历史调查》（第二册），广西民族出版社 1986 年版，第 229 页。
⑥ 广西壮族自治区编辑组编：《广西壮族社会历史调查》（第二册），广西民族出版社 1986 年版，第 278 页。

婿可以转回娘家继承产业，但亦要将一小部分田产分给亲属。并立契约保障日后财产所有权，集成后，女婿要改随岳家姓。(3)如丈夫死后，没有子女，妻子可以招夫填房，招来的丈夫有权继承产业。但也要将一小部分田地分给原夫的兄弟或子侄，才能得他们的同意，并立契约为据，保障财产的所有权。①对于这种制度，最有力的证据就是订于道光三十年(1831年)十一月十五日龙脊村平段寨的《分田契约书》，其中写的是一位壮族妇女在留家招赘后，继承了家庭的全部产业，包括动产和不动产，并在其老年丧夫时，将家业均分给叔父家的几名过继族侄，可谓招赘女独享财产的典型。

龙脊村平段寨的《分田契约书》

立遗书公分田产人潘氏，系本宗婶母，受赘为妇。昔我父潘良大，胞叔良厚兄弟二人，家业均兴。父叔两造无嗣。我父况育二女，次女适人，留我在家，招接赘夫潘金元承守家业，遗兴无废。因命骞无嗣，而夫早逝，诚忠守孀无异。其胞叔所招同族侄子潘弟足为继，生有六男，长次已故。据道光十年，我凭妹夫廖光福、蒙良床二人，招接继兄弟足三男抚养为嗣，承管家业，顶当户口，待老送终。今已有孙，母子和睦无逆。因道光十九年，缺人佣雇，接第六男顾养在边，望长佣作，代他娶媳。年今稍长，得妻负恩，留居多载，与家反目，意欲分爨。不已，经请房族中人，将家业均分。六三兄弟，各执拈阄受业，不敢拣择争取。各照分单各管。只奈老四、五二人，因见六得宠而四五望蜀，起欲争竞，故以凭中又将仓头田一处，价值三两；又拉救田二丘，价值二两；又寨古朗东田三丘，价一两；又寨古八两，每两价禾六十六秤，此数处归与老四、五二人均占，乃在膳田分出。其余养老膳田，土名那梭田一段，苗禾三十屯，归与真接之子老三管业，永为子孙丧祭之田。六、五、四兄弟三人，不得扯动分散侵占。今我老□公分，兄弟各管业。今凭立书之后，不敢争竞□□生端，后悔异言。如有此者，任凭老三执字到官，自干其逆罪。六、五、四者，今恐无凭，确立分书合同，付与老三亲手收存，永远为据。

计开家业田山各处土名于后：

那梭田一处，禾苗三十屯，永为养老膳田，归与老三子孙管业。

又额外均分寨古田一处、奇乙山田边一处、更鸾田一处、大盘山一处、房头田一处、达落山一处、仓头田一处、路朝竹山一处，此四处一共

---

① 广西壮族自治区编辑组编：《广西壮族社会历史调查》(第一册)，广西民族出版社1984年版，第115页。

该苗二十二屯,此数老三管业,又浪枯田一处苗三屯。①

从文中的记载,我们可以大致理出招赘妇女潘氏与文中其他人物的关系,由于她与赘夫无嗣,因此便过继了赘夫家族的两个族侄接嗣,并因此产生财产分割纠纷。文中提供的信息表明,潘氏自己的家庭已经绝嗣,父亲和叔父都没有男性继承人了,她的招赘丈夫也早逝无嗣,但她却能够过继叔父的继子所生的儿子为继承人,她的财产不但没有被族人瓜分,反而受到族人的尊重和保护,而且她作为一个孤寡妇女还可以过继养子为家庭承接香火。(见图4.4)

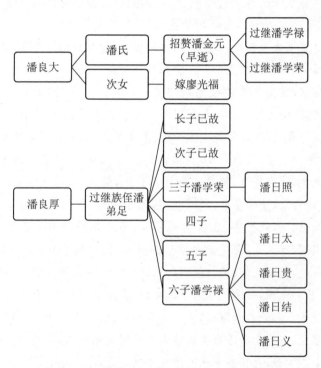

图4.4 龙脊招赘妇女潘氏与族侄的关系示意图

对于自己手中掌握的巨大家业,潘氏在几个族侄中间进行了公平合理的分配,首先,三族侄潘学荣是从小就过继过来顶嗣的,母子关系持续时间最长,因此所分得财产也是最多的,约三分之二的土地和田产都分给了潘学荣;其次,六族侄潘学禄是成年后因家中劳动力不足才接过来作为养子的,母子关系持续时间相对较短,因此与潘学荣平分三十屯养赡田,其余家产两

① 广西壮族自治区编辑组编:《广西少数民族地区碑文、契约资料集》,广西民族出版社1987年版,第166页。

人各执拈阄平分;最后,第四、五族侄,虽与潘氏没有接养顶嗣关系,但担心他们眼红潘学荣与潘学禄获得的财产,就专门划出一部分田产来补偿他们,以免同胞兄弟之间产生纠纷。应当说这个分产方案是非常科学的,既维护了与自己有继养关系的族侄的继承权益,又照顾了其他与自己无关系的族人的利益,而各位族侄对她的这一分配方案也完全接受和认可。(见表 4.4)

表 4.4　潘氏为众族侄分配财产方案一览表

姓　名	分　得　田　产
三子潘学荣	那梭田一处,禾苗三十屯,永为养老膳田,归与老三子孙管业。 又额外均分寨古田一处、奇乙山田边一处、更鸾田一处、大盘山一处、房头田一处、达落山一处、仓头田一处、路朗竹山一处,此四处一共该苗二十二屯,此数老三管业,又浪枯田一处、苗三屯
四子	从膳田分出仓头田一处,价值三两;又拉救田二丘,价值二两;又寨古
五子	朗东田三丘,价一两;又寨古八两,每两价禾六十六秤,二人均分
六子潘学禄	潘氏养赡田三十屯,与潘学荣各占一半,其余家产两人各执拈阄平分

族侄们对潘氏分配方案的认可,从后来的几份契约书中可以看出来。咸丰八年(1858 年),潘学荣、学禄兄弟二人订立《分居合同书》,再次重申潘氏分配方案:"实依婶娘口断,拈阄均分,各管各业,立有遗书为据。"①同治五年(1886 年)潘氏去世后,同治十一年(1872 年),两兄弟再次订立《休息杜后书》,依据的还是潘氏的分产方案:"凭中将婶母家业均分,各管各业"。②光绪十一年(1885 年),潘学禄与自己的四个儿子潘日太、日贵、日结、日义订立《悔休书》,仍然重申"凭中将婶母家业分占,各管各业"。③光绪二十八年(1902 年),潘学荣与其子潘日照将潘氏当年分给两兄弟共同享有的养赡田单独出卖,潘学禄为此向官府起诉,要求获得一半价银,其起诉状《喊禀词文》中就是以潘氏在道光三十年(1850 年)的分配方案为理由和依据的。④至此,在这件长达 70 多年的分产纠纷中,潘氏这位招赘妇女一直受到族中后辈人的敬仰和爱

---

① 广西壮族自治区编辑组编:《广西少数民族地区碑文、契约资料集》,广西民族出版社 1987 年版,第 167 页。

② 广西壮族自治区编辑组编:《广西少数民族地区碑文、契约资料集》,广西民族出版社 1987 年版,第 171 页。

③ 广西壮族自治区编辑组编:《广西少数民族地区碑文、契约资料集》,广西民族出版社 1987 年版,第 189 页。

④ 广西壮族自治区编辑组编:《广西少数民族地区碑文、契约资料集》,广西民族出版社 1987 年版,第 191—192 页。

戴,她对财产的划分也一直得到族人的执行和遵守。

四、妇女出嫁后对母家的财产继承权

壮族妇女既已享受了嫁妆,按习惯法出嫁后不再享受父母遗产,但受母系遗风的影响,一些地区出嫁的女子仍可继承父母遗产,这分为两种情况:

一是父母家保留部分"妆奁田"和"粽粑田",作为出嫁女子回娘家省亲时的费用开支,如《岭表纪蛮》也记载:"思恩河池一带之妇女,每归宁,辄携鹅鸭遗母家,母家则以粽粑为答礼,年年如是,至老而止。此项费用,则出自女父母所划定之某项田业,称为'粽粑田'。故各族妇女,或有继承权,或无继承权。若前所述,则似流入过渡状态,保持其半继承权。"①《宜北县志》也记载:"又留一部分作为女子赔(陪)奁田,以备节季女子归宁送与禾把、粽粑之类。"②龙脊壮族父母死后,姐妹回娘家可以由自己愿意在兄弟的任何一家吃饭,在姐妹有什么"人情",兄弟们联合负责办理。③据《武缘县图经》的记载,一些妇女出嫁后在夫家分家时,还须得到母家的资助:"嫁女曾经百计图,又来向我索盘盂,家逢贼入真堪笑,顿失爷娘长物无。原注:子媳分爨,其外家必送锅碗器用等物,谓之送家赀。贼入家者,盖武缘生女之俗谚也。"④

二是父母在分配遗产时,留一小部分给出嫁女,作为补偿,如《柳城县志》记载:"遗产,女子出嫁不得承受,亦有少数承受者,名曰'跟姑'。"⑤西林县分家时,一些家庭父母为了不让嫁出之女寒心,在分家时也常分出一小部财产留给她们,以表示关心和一视同仁。⑥由此可见,壮族并未彻底进化到"男性继承制",仍然保留了从母系继承制到父系继承制的某些过渡性特点,是一种不完全的"双线继承制"。在这方面也有许多典型的案例,如民国二十一年(1932年),龙脊壮族潘运福的祖父死后,埋葬在白鹤岗廖家坟地。头人潘安照便去邀约潘亲元、廖东顺、廖兆吉、廖金华等头人,说潘运福侵占了廖家的坟地(依照当地的惯例各姓有各姓的坟场,要葬在别姓的坟场,首

---

① 刘锡蕃:《岭表纪蛮》,台北南天书局1987年版,第260—261页。
② 《宜北县志》,八编,民国二十六年铅印本,见丁世良、赵放主编:《中国地方志民俗资料汇编·中南卷》(下),书目文献出版社1991年版,第934页。
③ 广西壮族自治区编辑组编:《广西壮族社会历史调查》(第一册),广西民族出版社1984年版,第112页。
④ [清]黄君钜初纂,黄诚沅续纂:《武缘县图经》,卷6,广西人民出版社2013年版,第419页。
⑤ 《柳城县志》,其他,八卷,民国二十九年铅印本,见丁世良、赵放主编:《中国地方志民俗资料汇编·中南卷》(下),书目文献出版社1991年版,第947页。
⑥ 西林县地方志编纂委员会编:《西林县志》,广西人民出版社2006年版,第1055页。

先要征得别姓同意或出钱买取），要潘运福出罚款。他们不知道潘美益（即潘运福祖父）原在廖家出生，后随其母回娘家继承产业，他才改姓潘。潘运福以此理由与之争辩，不给罚款。①从这一案例中，可以看出潘美益是随母亲回到娘家继承遗产，并因此改为母亲娘家的姓，可见出嫁生子的妇女也有权继承娘家财产，但后辈须改姓。权利义务对等，按照"继承谁家的遗产就改谁家的姓"之原则，这样也有一定的合理性。

三是有许多壮族父母会把自己的遗产留给独女。如天等县在20世纪80年代曾发生过一起出嫁养女继承养母遗产案——言某玉诉言某保房屋遗嘱继承纠纷上诉一案。该案原告人言某玉（女）出生后六个月即由言覃氏抱去抚养，至1980年冬言覃氏逝世止，言某玉从未与言覃氏中断过生活来往，言某玉的成长、结婚和生育下一代，均与言覃氏唇齿相依，皆为当地政府和群众公认。覃氏逝世后，言某保以其少年时已承嗣伯父言某新（言覃氏之丈夫）为由要求继承遗产：按当地风俗习惯，老人去世丧葬时，男性捧牌，扛竹筒水，因此言覃氏逝世后的遗产，理应由其继承，并擅自占住言覃氏遗产房屋前座，遂引起与言某玉相争。1981年4月，案经天等县人民法院审理，认为言覃氏与言某玉确属养母女关系，言覃氏临终前立有遗嘱，并留有遗言，其全部房屋财产归言某玉继承，且与其生前一起谈叙过的人反映的内容均完全吻合，因此依法判决言覃氏的全部房屋财产归言某玉所有。言某保不服，提出上诉。1981年11月12日，南宁地区中级人民法院二审终结，认为根据《婚姻法》规定，言某新去世后，其财产应由其妻言覃氏继承。言覃氏与言某玉系养母女关系，两者关系视同亲生母女一样，享有母女间的一切权利义务。言覃氏死后，其一切财产理应由言某玉继承。言某保上诉无理，予以驳回，维持原判。②这一案件中，养女的继承权尚且如此维护，更何况亲生女儿的继承权？由此可见，壮族出嫁妇女的继承权是有例可循的。德保县云梯村的村主任说，本地觉得生女儿很好，喜欢生女儿，出嫁的女孩和双女户都可以继承父母的承包地，村里有一个独生女嫁到隆林去，但村里分地、分土地补偿款都给她的。女儿的财产继承权与儿子平等，女儿的嫁妆与儿子的彩礼一样多。阳朔高田一带的壮族，家里是独女的，家中的财产全部归女儿继承，女儿可以在结婚前就和丈夫讲好，两个孩子，一个跟父姓，一个跟

---

① 广西壮族自治区编辑组编：《广西壮族社会历史调查》（第一册），广西民族出版社1984年版，第98页。

② 广西壮族自治区高级人民法院《审判志》编辑室编：《广西审判志》（讨论稿），1991年9月15日印，第707页。

母姓。

在出嫁女没有继承权的地区,如果父母和兄弟同意的也会产生例外。在笔者的实践调研中,也遇到很多这样的案例,如覃塘区姚山村的村委说,一般本地出嫁的女儿也不回来争父母的财产,但是如果发生这方面的纠纷,理事会和村委会都会支持女儿的继承权。贵港市港北区港城镇六八村的村主任说,本地有很多妇女结婚后,又和丈夫回到娘家的村来居住,起房子,我们这里很多的。宜州市庆远镇司法所所长说,本地有一个女孩嫁到凤山,但父母在这里建好了房子,女儿与女婿又回来和岳父母住。覃塘区法院的法官说,本地也有出嫁的女儿回到娘家住并获得财产的,如有一个女儿,她的弟弟不在村里住,但在村里有房子,开了一个小商店,后来弟弟的老婆死了,没有人经营这个店,她就回来住,经营这个店,现在弟弟把这个店给她了。忻城县北更乡政府一名工作人员说,本地嫁出去的女儿没有继承权,除非父母特别有钱,自愿分给女儿也可以,现在都有。宜州市文化馆的工作人员说,本地没有规矩女儿可以继承遗产,就看父母与女儿的感情,想给就给,给的话也是从仁义道德角度来讲的。在笔者针对壮族群众的调查问卷中,只有 26.26% 的人认为出嫁的女儿能继承娘家财产,35.35% 表示不能,但还有 28.28% 的表示要看父母的态度,10.10% 的人认为要看家里财产的多少。由此可见,壮族出嫁妇女没有继承权只是相对的,她们可在一定程度上享有。(见图 4.5)

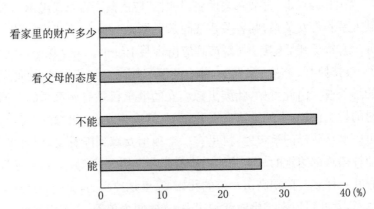

图 4.5 关于出嫁女能否继承父母遗产的问卷调查数据统计示意图

现在广西壮族的城镇地区越来越多地出现出嫁女回来要求分割遗产的案件,原因有二:第一,农村地区财产少,女儿可争的意义不大,但城镇地区经济发达,尤其是近年来房地产价格居高不下,父母遗留的房产是一笔非常可观的财产，一些女儿开始积极争取自己的经济权益。第二，城镇地区文化信息发达，一些妇女在接受了现代法治的洗礼后，也产生了强烈的维权意识。据覃塘法院法官介绍，樟木镇曾发生过一起出嫁女的继承权案件，娘家的老人过世后，留有房产，但该妇女的两个兄弟一个已经去世，另一个想全部继承房产，就没有分房产给她，女儿就起诉到法院，在法院的协商下最终分给了她一部分。2017年6月，笔者调研时，覃塘法院的某庭长说，在乡镇发生过女儿争夺遗产继承权的案件，几兄妹打官司，因为父母的遗产多、价值高，但农村没有这种事情。覃塘民三庭的法官说，在城镇地区，以前父母没有什么遗产可继承，现在在街上起了房子的家庭，出嫁女都会要求分割财产。那坡法院的工作人员也介绍，本地农村习惯是女孩子嫁出去不回来分父母的遗产，有些父母生前就已经把遗产处理了，与哪个孩子住就多分一点。但在县城不一样，一套房子动辄价值几十万元，出嫁出去的女儿就要争了，这样的案件一旦起诉到法院都按婚姻法规定公平判决。

近年来，农村也出现了出嫁女回来争取土地、土地赔偿金或房屋的，对这种情况，司法部门一般都是将法律和习惯法结合起来，采取多元灵活的办法协商解决。河池市中院人民法院的法官介绍，对于女儿的继承权，承认出嫁女的征地补偿款的分割，出嫁女享有相应的分割权。宜州庆远镇司法所陆所长说，本地嫁出去的女儿，有些回来要土地的，因为城区拆迁要给安置地，比较值钱，这种案件就按国家的法律，再结合一些农村的习俗，比如她应该得两份地，但给她得一份地也可以。宜州某派出所所长说，本地家里房屋的继承权，大部分也有女儿的名分在里面，如家里有三兄弟和一个女儿，那个女儿也有份，其房屋继承权的体现就是折现，即三兄弟会把她的那一份折现给她，如土地也是折现。环江县人民法院副院长谈到，现在农村法治有一个很大的盲点就是外嫁女的地位，即村成员资格问题，包括她的土地征收、征用、农村生态公益林的补偿问题，外嫁女的户口没有迁出去，男方家的村子又不给，这类案件也找不到法律依据，关于农村的各项公益建设资金如何适用出嫁女的问题，希望国家相关法律能给予合理的界定和规制。

令人欣慰的是，壮族地区的法院在遇到外嫁女要求土地权益的案例时，都能以国家的相关政策为依据，积极维护她们的权益。2008年笔者在都安瑶族自治县隆福乡崇山村调研时了解到一起案例，就是维护壮族出嫁妇女的土地权益的。该案发生在2004年，原告是当地平内屯壮族王氏三姐妹，被告为都安县大兴乡林堂村平内生产队。1981 年农村进行第一轮土地联产承包责任制时，三原告取得了其所在生产队 2.1 亩责任地的土地承包经营权，承包期间，三原告均按时完成各项税费任务。1995 年，原告大姐出嫁到广西桂平市某村 6 队。1997 年，原告二姐随大姐嫁到该村第 21 队。1996 年，三妹到桂平探望大姐、二姐时，与该村 5 队的梁某同居至今。三原告分别出嫁后，在其原籍的户口均未迁出，原有的责任地由其家人代为耕种。2001 年被告进行土地小调整时，以三原告已出嫁为由收回其责任地 2.1 亩。三姐妹为此向都安县人民法院提起诉讼。法院审理后认为，大姐、二姐虽已出嫁，但尚未将户口迁出，在婚入地亦未取得土地承包经营权，主张原籍地保留其原承包的土地（约 1.4 亩），符合中共中央办公厅、国务院办公厅（2001）9 号《关于切实维护农村妇女土地承包权益的通知》第三点的规定，法院予以支持。原告三妹出嫁之后，虽未将户口迁走，但对自己的主张未能提供足够的证据予以证实，对其诉讼请求不予支持。判决原告大姐、二姐对其承包的土地享有承包经营权，被告在判决生效后立即将收回的责任地退回给两原告继续承包经营，驳回三妹的全部诉讼请求。这起案件，让人看到了现代司法对壮族出嫁妇女权利的保障与尊重。

第二节　壮族妇女对夫家的财产权益

妇女财产权益长期的缺失，在近代遭到许多有识之士的抨击："吾国恶俗，由来重男轻女，数千年之女界黑暗史，良足有令人椎心饮痛不忍道者。彼时我女子固无论对于家庭、对于社会，莫不受人侮辱，视等玩具。以女子处家庭社会中，一若毫无关系，直不啻一傀儡、一什物耳，完全正当之教育，固不能与男子共享，其视为必要之担负者，咸卑鄙琐屑之事。"[1]按照传统礼教，"一入夫门深如海"，妇女只能成为丈夫的附庸，不能享有自己的财产权益，但在壮族地区，妇女婚后在夫家不仅对家庭共同财产享有处分权和管理权，还可享有独立的财产权益，这一点较之内地可谓先进前卫。

---

[1] 社英:《女子宜注重道德浅论》，载神州女报馆编:《神州女报月刊》第 3 期，社论三，见沈云龙主编:《近代中国史科丛刊》三编·第三十八辑，台北文海出版社 1967 年版，第 11 页。

一、妇女对家庭共有财产的支配处分权

"吾国女子伊古以来,第一不幸之事,即在家庭中不能与男子享同等之利益。"①但在壮族家庭中,对于夫妻共同财产,夫妻双方都有处分权和决策权,尤其是土地、房屋等不动产,在买卖、典当时,必须由夫妻双方同意才可。甚至一些情况下,由妻子全部掌握家中的财产权,如在大新县雷平镇发现的一份《续弦书契》,某男子再婚续娶妻,在书契中明确写明了婚后双方的权利义务,清楚表明家庭一切财产由继妻掌握支配,而且前妻遗留的子女儿媳还应当服从继妻管理。

续弦书契

具立凭书夫农徽纯……中年丧偶……至今三岁,未得同志之人,适逢村邻农□业之女,宜亲不谓我愚,不辞我贫,愿同心同德,□作家室,同情同意,合为夫妻……家产一切,由妻掌管,所得钱财归妻收用。前妻生存二子,若有过恶,任从痛责。若添生儿子,家产一切均分。至年老力弱,子媳犹当孝敬,不得薄待继母。此乃亲父的笔写,与继母为凭。若遇恶逆子媳,请祈公众责罚。

民国二十年(1931 年)七月初一日②

表 4.5 是在广西各地发现的清代至民国期间土地、房屋、林木、山场的买卖、典当、继承及借贷的契约,上面无一例外写明是由夫妻商议或母子商议作出的处分。如果男子是一家之主,妇女根本没有决策权的话,只需男子决定就可签字成立,但这些书契上都写明是"夫妻商议"或"母子商议",也就是说,对于家中不动产的流转和重大的财产处分行为,必须由夫妻双方协商,共同作出决定才能保证民事行为的有效成立,对方才认可,否则,如果不注明是"夫妻商议"或"母子商议"的话,很可能导致该行为的无效或被撤销。由此可见,对于家中财产,男子未婚前,与母亲共同拥有,因此要作出处分,必须由母子共同决定;男子婚后,与妻子共同享有家庭财产,要作出处分,须夫妻二人都同意才可,也就是说,母亲和妻子对家中财产的处分和男子享有平等的发言权。

---

① 社英:《女子承袭遗产问题之商榷》(一),载神州女报馆编:《神州女报月刊》第 4 期,社论二,见沈云龙主编:《近代中国史料丛刊》三编•第三十八辑,台北文海出版社 1967 年版,第 7 页。

② 广西壮族自治区编辑组:《广西少数民族地区碑文、契约资料集》,广西民族出版社 1987 年版,第 35 页。

表 4.5　广西各地由夫妻双方商议的不动产买卖契约

发现地区				当事人	事由	商议人	时间	资料来源
县	乡镇	村街	屯					
大新	雷平镇	那岸村	上利屯	农文忠	卖筋竹山	夫妻商议	乾隆四十年（1775年）二月十七日	广西壮族自治区编辑组:《广西少数民族地区碑文、契约资料集》,广西民族出版社 1987 年版,第 40—41 页。
		都楼街		农　班	典当田地	夫妻商议	嘉庆十三年（1808年）五月初五日	同上,第 44 页。
				何　暖	典当田地	夫妻商议	道光二十二年（1842年）五月十一日	同上,第 63 页。
			仓侧屯	农生贵	无嗣;接取他人之子立后	夫妻商议	光绪二十一年（1894年）七月二十九日	同上,第 26—27 页。
			伏均屯	黎枝贞	卖田	夫妻商议	光绪十一年（1885年）四月初八日	同上,第 90 页。
				高阿包	卖铺地	母子商议	同治十二年（1873年）五月十七日	同上,第 86—87 页。
		安平村	托村屯	赵毓秀	卖田	夫妻商议	咸丰六年（1856年）四月初一日	同上,第 70 页。
				吴英全	借钱	夫妻商议	咸丰十一年（1861年）三月十五日	同上,第 73 页。
				赵　云	借钱	母子商议	咸丰十一年（1861年）七月二十日	同上,第 73 页。
				农世禄	典当田地	母子商议	光绪二十五年（1899年）六月初四日	同上,第 95 页。

续表

县	发现地区			当事人	事由	商议人	时　　间	资料来源
	乡镇	村街	屯					
	雷平镇	安平村	陇棍屯	方成玉	卖畲地	夫妻商议	光绪十七年（1891年）六月十五日	同上，第93页。
				农振光	卖田	夫妻商议	光绪三十年（1904年）□月二十五日	同上，第99页。
				方荣恩	卖竹木	夫妻商议	宣统元年（1909年）七月初一日	同上，第101页。
				梁修业	卖畲地	夫妻商议	民国十四年（1925年）二月廿三日	同上，第105页。
			下利屯	李辉	永卖田	夫妻议安	光绪二十二年（1896年）二月初八日	同上，第28页。
				黎仪主	典卖田地	夫妻商议	光绪二十五年（1899年）四月三十日	同上，第94页。
大新	宝圩乡	堪圩村	埠新屯	黄南福	卖畲地	夫妻商议	乾隆五十七年（1792年）九月十八日	同上，第42页。
				李焦	卖田	与妻子商议	道光十年（1830年）三月十四日	同上，第56—57页。
				黄元生	典当田地	夫妻商议	道光十三年（1833年）四月十三日	同上，第59—60页。
				黄安	典当田地	夫妻商议	道光二十四年（1844年）四月初一日	同上，第65页。
				黎崇权	典当田地	夫妻商议	同治二年（1863年）四月十一日	同上，第75页。
				黎崇权	卖田	夫妻商议	同治二年（1863年）四月十一日	同上，第76页。

续表

发现地区				当事人	事由	商议人	时　间	资料来源
县	乡镇	村街	屯					
			埠新屯	黎崇礼	卖畲地	夫妻商议	同治二年(1863年)四月十一日	同上，第75—76页。
				农耕盛	卖田	夫妻商议	同治二年(1863年)四月十二日	同上，第76页。
				黎崇贤	卖田	夫妻商议	同治五年(1866年)三月初十日	同上，第79页。
				黎崇贤	卖畲地	夫妻商议	同治六年(1867年)三月初五日	同上，第80页。
				黄(尾康)	卖田	母子商议	嘉庆五年(1800年)二月二十日	同上，第43页。
大新	宝圩乡	壇圩村	埠美屯	农吉	典当田地	夫妻商议	嘉庆十三年(1808年)三月廿六日	同上，第45页。
				黄暖	典当田地	夫妻商议	道光二年(1822年)三月二十日	同上，第53页。
				黄元结	典当田地	母子商议	道光十一年(1831年)四月初二日	同上，第58页。
				黎周	典当田地	与子商议	道光十二年(1832年)三月廿三日	同上，第58页。
				黄元结	典当田地	母子商议	道光十二年(1832年)五月十五日	同上，第59页。
				黄暖	典当田地	夫妻商议	道光十五年(1835年)二月廿九日	同上，第60页。
				农凤连	卖田	夫妻商议	道光十五年(1835年)四月初十日	同上，第61页。

续表

发现地区				当事人	事由	商议人	时间	资料来源
县	乡镇	村街	屯					
大新	宝圩乡	塄圩村	埠美屯	黄何陈	典当田地	母子商议	道光二十三年(1843年)二月廿一日	同上,第64页。
				黎崇贤	永远卖田	夫妻商议	同治十年(1871年)四月初一日	同上,第82—83页。
				黎崇贤	卖田	夫妻商议	同治十年(1871年)四月初七日	同上,第84页。
				黄金龙	典当田地	夫妻商议	光绪十六年(1890年)四月初二日	同上,第92页。
			新圩屯	梁富	卖塘	父母商议	嘉庆十五年(1810年)七月初五日	同上,第46页。
				黄花	卖备地	夫妻商议	咸丰三年(1853年)三月十八日	同上,第70页。
				农乐成	卖备地	母子商议	光绪十七年(1891年)二月初八日	同上,第92页。
			叫茶屯	黎周	典当田地	夫妻商议	道光十一年(1831年)十二月初三日	同上,第57页。
			博埠屯	农凤	典当田地	夫妻商议	道光十五年(1835年)六月初四日	同上,第60页。
			那逐屯	黄何帝	卖地,屋	夫妻兄弟商议	同治元年(1862年)十二月十五日	同上,第74页。
				姝兄娘	卖田	夫妻商议	同治四年(1865年)三月廿三日	同上,第77页。
			明仕屯	李竜	卖田	母子、兄弟商议	民国二十六年(1937年)五月□日	同上,第109页。

续表

县	发现地区				当事人	事由	商议人	时间	资料来源
	乡镇	村街	屯						
大新	宝圩乡	民智村	那隆屯		黎聪	典当田地	夫妻商议	嘉庆十六年(1811年)七月初六日	同上，第47页。
	全茗乡	全茗街			袁莅纪	卖地基	母子商议	同治六年(1867年)十二月六日	同上，第81—82页。
					袁莅麟	卖地基	母子商议	同治十一年(1872年)二月十二日	同上，第84页。
	□□乡				冯赐福	卖地基	夫妻商议	光绪十四年(1888年)十月十二日	同上，第95页。
龙胜	龙脊	廖家寨			廖弟广	卖断山场	夫妇商议出卖	道光十九年(1839年)二月二十日	同上，第163页。
					廖正旺	卖断田	夫妻商议	光绪十年(1884年)五月十三日	同上，第188页。
		侯家寨			侯金榜	卖禾仓	母子商议	同治二年(1863年)十月初六日	同上，第170页。
			平寨屯		潘日皎	断卖山场	夫妇商议	光绪十八年(1892年)五月十五日立	同上，第190页。
百色	两琶乡	者架	牛角村		黄布身	卖田产	夫妻商议	宣统三年闰六月十五日	广西壮族自治区编辑组编:《广西壮族社会历史调查》(第二册)，广西民族出版社1986年版，第227页。

这其中,有一份《高何包卖铺地契约》较为典型,契约写明是家中只有母子,二人决定出卖祖传的铺地一处,而且不仅母子商议,最后的当事人签名处也写明母子二人的姓名,可见对于家庭共有财产,妇女不仅有共有权,而且在订立买卖契约时,必须签明确认,转让才能产生法律效力。

高何包卖铺地契约

立约永远卖铺地人高何包、亲母余氏,系州城圩街移居科岜村。今家中贫寒,无米度活,不已,母子商议,愿将祖父遗下铺基一处,坐落圩街中,共起得铺屋二座之地,宽有一丈三尺,前至大街,后至河边,左近邱家,右界农姓。先通本街近邻,无人承受,凭中问到卷嵩巷赵老兄台印国福处实永买,取出本铜钱九千文足,即日亲手领钱回家应用。

中保人本街黄致富
立永卖地基人高何包、亲母余氏请人代笔
同治十二年(1873 年)五月十七日①

现在这种情况依然如此。贵港市覃塘区法院的民事法官说,以前20世纪80年代,村里的事务按照惯例都是男的作为户主去参加,但男的回家都要跟女的商量,特别是涉及捐款的,只不过最终夫妻俩的商讨结果是通过户主的口表达出来,男的作代表而已。

二、已婚妇女独立的财产权

壮族已婚妇女不仅对家庭共有财产拥有处分权,而且还可以在家庭中独立享有属于自己个人所有的财产,这一点比夫妻共有制度还要先进。

(一)独立占有土地的权利

1. 龙脊壮族的妇女膳老田制度

作为农耕民族,土地是壮族群众赖以生存的自然资源,也是一个家庭最重要的财产,在龙脊地区的壮族中,有一项流传已久的习惯法——膳老田制度,即在妇女生前为其划分一块土地,由其独立享有所有权,以作为其养老支用。妇女对膳老田可任意支配,既可自己耕种,也可找人代耕,也可雇人耕种,还可以出租,所得收入皆归己所有。死后膳老田由子女或家族继承。因此,许多龙脊壮族家庭在分割家庭财产时,会单独划出一份土地,作为妇女个人享有的财产,这在其他民族是不多见的。例如,下面这份龙脊地区订

---

① 广西壮族自治区编辑组编:《广西少数民族地区碑文、契约资料集》,广西民族出版社1987 年版,第 86—87 页。

立于清光绪年间的《膳老书》就很明确的写明，立据人有一位庶母，由于父亲年老，而庶母担心若父亲故后自己的养老问题难以解决，为了打消庶母的疑虑，立据人请族人写下《膳老书》，明确规定将家中的一部分土地划分给庶母作为膳老田，这些土地包括禾田和宅基地山场，价值七十千文，足够庶母养老，并写明田地属于庶母私人所有，因此完全由她决定其使用方式，族中子弟不得干预。

膳老书

立膳老书字人廖正旺，为早失恃，父后而亦聚慈庶母以来，数载频无据傲，及今因父年迈力衰，而我庶母有怯，一心之疑，恐终无赖之怀，故此请当二叔写立膳老之田，龙廷田一处，禾苗十屯，又外有屋山场一并在内作算，本钱七十千文正，以付庶母执之有赖，况免日所心疑。是立书以后，当尽菽水承欢，不分庶嫡之亲，生饲死葬，必尽其礼，庶几不至凋零。倘立书以后，如我有逆违书，任从庶母将此膳老之田，或租与人佃耕，而收获或贩卖于他人，而收价需租，子等再不阻当议论。如我顺书行之后，一毫不敢索需入子业。今恐人心不古，实立膳老之书一纸，以付庶母执之为据。

在场人：廖仁美
凭中人：廖仁贵、廖弟蛮
代笔人：廖永福
光绪八年（1882 年）壬午岁十一月十九日亲立①

而民国时期龙脊的一份民事起诉状则揭示了膳老田在流转方式上的一些惯例，该地区一直存在着为家中妇女设立膳老田的习惯，而且膳老田不得买卖，只能典当，且必须允许回赎。在这份诉状中，原告指出因家中一时困难，将自己母亲的膳老田典当出去临时周转，并非卖断，后有能力回赎时，对方却以卖断为由拒绝，原告被迫向政府起诉要求回赎母亲的膳老田。

禀状归赎田产文

具民事辩诉状人国民潘昌元，年四十岁，住居龙脊平寨，离城四十里，职业耕种。为为富不仁，伪契讹断，恳恩集案，确讯究断，照契归赎，以儆土豪，而分泾渭事。缘民于民国己未年，因急钱使用，托中将祖遗三坡田一处，立契当卖与土豪萧作楷为业，当价一百三十千，其田仍归

---

① 广西壮族自治区编辑组编：《广西少数民族地区碑文、契约资料集》，广西民族出版社1987 年版，第 187 页。

民耕作。每年进田分谷,契内载明不限远近,钱到照契回赎。延至本年月内,民备价向肖问赎,不但抗拒不允,反说此田伊已买断。民闻不胜诧异。伏思此田共计一十四屯,计谷二十余石,乃系民母养膳,当时作低价当卖,原预备转赎,故房族并无一人在场,若系卖断,以当时价每屯至少值钱二十千,统共应得断价二百八十千之谱。以现时之价,每屯值钱四五十、六七十千不等。该土豪觊觎田多价少,乃私伪契,藉税吞谋,以此推之,究非诬断而何。前当官衙局董理论是否,伪造先诣,武圣庙盟誓共衷心肠。该萧姓自知情非,不敢盟誓,恐遭神谴,乃投县署起诉,先发制人。似此为富不仁,若不颁恩集案,面较笔记,讯明究断,将见未断之田,被土豪伪契吞谋,致民损失甚巨,情何以堪。起诉至县长台前公鉴。①

2. 其他壮区妇女独立享有土地权益的情况

在其他的壮族地区,也存在着妇女独立拥有土地所有权的情况。例如20 世纪50 年代土改时期,南丹县拉易乡在普查土地耕牛占有情况时,就有一些已婚妇女独立拥有数量可观的土地和耕牛,如表4.6 所示。从合计的数量来看,两名妇女拥有的土地折合亩数占13 户人家土地折合亩数的20％之多,数量可谓庞大:

表4.6　南丹县拉易乡地主水田耕牛占有情况调查表

村　名	姓　名	水田亩数	耕牛数(头)	备　注
关　脚	陆宝珍妈	50	0	原有耕牛4 头,后发瘟死亡
桥　村	李良华妻	50	5	
全村总数	13 户	488	72	

资料来源:广西壮族自治区编辑组编:《广西壮族社会历史调查》(第一册),广西民族出版社1984 年版,第180 页。

笔者在调研时,也看到许多妇女独立占有土地的案例,例如笔者在宜州市庆远镇司法所了解到的一起调解案例。该案中的当事人,一位壮族母亲独立拥有一处老屋和部分园地,因队里要征收土地,与自己的三个女儿之间就宅基地如何安置分配产生纠纷,最终在司法所的帮助下,四人圆满达成了解决协议。

① 广西壮族自治区编辑组编:《广西少数民族地区碑文、契约资料集》,广西民族出版社1987 年版,第198 页。

调解协议书

当事人：母亲覃某，女，壮族

当事人：长女，女，壮族

当事人：次女，女，壮族

当事人：三女，女，壮族

四位当事人因宅基地产生矛盾，由覃某向庆远镇司法所提出申请，2016年3月17日组织双方调解，经协商当事人达成如下协议：

1. 覃某名下有一处老房及部分园地，覃某与三个女儿协商一分为二，覃某、次女、三女共一份，长女一份。

2. 覃某名下老房被队里征收后，分别安置这两份土地给双方。

3. 长女这份土地决定置换队里宅基地建房。

4. 覃某、次女、三女这份土地要求队里安置一份宅基地建房，如果队里安置的宅基地不能符合当事人的要求，当事人则要求队里把这份土地作价一次性付清给当事人。

5. 覃某、次女、三女这份土地覃某、三女同意给次女建房，如次女今后建房在她未回家居住情况下，房子可以给覃某居住使用。

6. 如队里的安置地覃某、次女、三女不满意，当事人要求队里补偿安置费，此安置费由三位当事人均分。

7. 覃某名下的宅基地及附属园地以实际丈量为准。

而在宜州市怀远古镇，笔者在文昌街街委会看到一封感谢信，写信人说明其母亲在文昌街有一处独立房产，作为遗产留给了子女：

怀远镇文昌街委会：

我母亲因病于1995年9月18日逝世，享年80岁。在她的一生中和我们兄弟姐妹的成长过程中，一直得到街委会的支持和帮助，在此向你们表示衷心感谢！

母亲留给我们六个兄弟姐妹的遗产主要是房屋（即怀远镇文昌街××号房屋），因兄弟姐妹六人现都已成家，因此遗产的处理大家都倾向于将房屋出售变成纸币形式，然后平均分配给兄弟姐妹继承。因为大家认为办理房屋出售手续，都必须有六兄弟姐妹所有人签字，并亲自到场签字方能生效。

望街委会予以监督和支持。

长子

1995年10月30日

（二）独立订立不动产买卖契约的权利

壮族妇女既然可以独立拥有不动产，因此也一直有拥有独立订立契约的资格和能力，她们在壮族习惯法体系中，一直是独立的法律主体。在广西各地发现的一批清代至民国的土地、房屋买卖契约中，签约人都是妇女，她们既可以作为出卖人，也可以作为买方，这些契约也具有完全的法律效力。

1. 作为卖方

壮族妇女可以作为出卖人，将自己拥有所有权的土地、房屋、林木等转让给别人，如原存大新县雷平镇那岸村上利屯道光二十九年（1849年）的《梁二姑卖屋契约》，卖方就是一对孤苦无依的母女，她们在儿子（兄长）死后，因无钱殡葬，就将自家的房屋出卖，以换取殡葬费，因此该卖屋契约就是以母女俩的名义签订的。

梁二姑卖屋契约

立永远卖屋约人赵氏，女梁二姑，系北化林更甲上利村居住。今因无钱殡葬儿子，不得已，母女商议，凭中问到同化同村梁慎处，卖买家木，取出本铜钱一千五百文，即日领钱回家殡葬。当面言定：其家木随约两交与钱主收执。修整照约内界不相争。除内界，不论石、木交钱主，不敢收迁片瓦，交与屋主。……①

但在有些地区，如果土地契约的出卖人是孀妇的话，买受人担心其丈夫宗族的人会有争议，为了防止出现这种情况，往往需要宗族的人在契约上签字确认，以免日后土地发生异议。如靖西县诚良乡妇女覃姆荷（中农）解放前丈夫死了两年，遗有一女生活困难，想将丈夫遗下四分种的一块畲地卖给同村覃必远，议价光洋三十元，但覃恐日后其房族纷争不敢要，后覃姆荷请求大伯覃必林、小叔覃必克签字打手模才得出卖。②

2. 作为买方

同理，壮族妇女还可以作为买方订立土地转让合同。大新县发现的一批清代的土地典当、买卖契约中，买（典）受人均为妇女，而且有些妇女还写清了其丈夫的名字，可见其丈夫仍健在，并非孀妇，却仍然以自己的名义独立承受土地转让。

---

① 广西壮族自治区编辑组：《广西少数民族地区碑文、契约资料集》，广西民族出版社1987年版，第67—68页。

② 桂西壮族自治区人民政府民族婚姻问题研究室编印：《靖西县第一区诚良乡附近一带壮族婚姻情况调查报告》，民族婚姻情况调查资料之五，1954年9月25日编印，第8页。

表 4.7　大新县妇女作为土地买受人的契约一览表

发现地点	时　　间	出卖(典)人	买(典)受人	标的
雷平镇安平村	嘉庆十四年(1809 年)	农文金	黄懋功妻农氏	典当田地
雷平镇	道光二十二年(1842 年)	何　暖	李讳太太	典当土地
雷平镇伏均屯	光绪十一年(1885 年)	黎枝贞	杜门何氏	卖田
宝圩乡圩新屯	光绪十七年(1891 年)	农乐成	同村红妹	卖畲地

资料来源:广西壮族自治区编辑组:《广西少数民族地区碑文、契约资料集》,广西民族出版社 1987 年版,第 35、62、90、92 页。

在上述契约中,有一份契约值得单独论述一下,因为这份契约不仅买方是妇女,是卖方的胞妹,而且在契约中写明,该土地"交与胞妹永为世代子孙常产业",而且也不得"冒言争占"。从契约中提供的信息看,农乐成的胞妹已经另外成家,嫁给了同村人,农乐成将土地卖给胞妹,却自始至终未提及胞妹的丈夫,可见这份土地买卖契约是其胞妹独立签订的,而且转让之后,该土地也是属于其胞妹的个人财产,以后可以传承给自己的子孙,任何人不得有异议。

农乐成卖畲地契约

立约永远卖畲人农乐成,系西化圩新村居住。今因家中无钱需用。不已,母子商议,愿将本分祖父遗下之畲地,土名唤畲格辛,坐落尾那处,先通族内无人承受,立文契问到同村红妹处实受,取出本铜钱五千七百文足,即日亲手领钱回家应用。当面言定,其畲明卖明买,实钱实约。其畲地交与胞妹永为世代子孙常产业。其畲或东崩而西锄,南坏而北播,不关内兄之事。其畲日后有人冒言争占者,系在约内有名人承当是实。今口无凭,人心非昔,为此,立约一张交与胞妹收执存照。

中保人农乐茂记号

立约永远卖畲人内兄农乐城请人代笔

光绪十七年(1891 年)二月初八日[①]

(三)独立订立借贷契约的权利

壮族群众常因生活困难,需要发生金钱或物质上的借贷,而妇女既可以作为借贷方,也可以做出借方,独立参加到乡村金融流通市场中来。

---

① 广西壮族自治区编辑组:《广西少数民族地区碑文、契约资料集》,广西民族出版社 1987 年版,第 92 页。

1. 作为借贷人

"按照男主外，女主内"的惯例，家中缺钱对外借贷，本是男主人的事务，但如果家中无男子或丈夫死亡，妇女也可以独立签订借贷合约，如下面这份发现于大新县的《黎美借钱谷约书》。妇女黎美在丈夫死亡后，为了凑足丧葬费，从本村胞弟黎葱处借了钱和谷物，数额不在不少数。从借约中提供的信息看，二人虽是姐弟，但"亲姐弟明算账"，不仅规定了苛刻的利息条件，而且还本付息的期限也非常紧迫，最后更是注明"人心难信"，立字为凭，可以排除其弟是出于亲情帮助自己的胞姐，而更像是两个毫无血缘关系的人订立的借约。这说明，壮族妇女有足够的自信订立这种近乎高利贷的合同，而对方当事人也对壮族妇女的偿债能力非常信赖，才敢订立这样的借贷合约。

黎美借钱谷约书

立借钱谷约人黎美，系西化圩新村，今因男亡丧事，本家穷寒，无钱谷殡葬夫，妻极心欲自身哀。将与本村胞弟黎葱处，实借取出本钱二千足，又借谷六斗正，就六月廿三日亲手领钱、收谷卜葬使用，两人当面言讫：其钱谷共起利，其钱年中每月千二行利钱六十文，其谷年中每斗二拦利谷五补足。其本钱谷不问近远赔还，年中利息交清，不能拖欠，不待问矣。其本钱谷不敢负骗，两人对面言语是实。但人心难信，为此立约一张交与弟黎葱收执为凭。

立约借钱谷黎美

道光十五年（1835 年）六月廿三日①

另外一份百色两琶乡解放前的借贷字据，借贷人是一位壮族妇女"刘妈令妹"，因为无钱娶儿媳妇，因此以家中祖田做抵押向邻村人借钱，令人惊奇的是，从字据中"父子商议"的字样可以判断，她的丈夫与儿子都健在，却让她一个妇女出面作为借贷人订立契约，可见妇女往往作为家庭对外的"代表人"作借贷关系的当事人。

立契借银凭字人系牛角村刘妈令妹，为因家里寒微，无银醮斋少媳，是以父子商议，情愿将有祖父遗下之公田一处，土名那井，秧种十五勉，坐落对面牛角村，托中作抵当到黄兰村王珍和处，看人忠厚，备出大价花银一百五十毫正，即日当中三面言明，其银两相交讫明白，借主领银归家醮斋，并无少欠分厘，日后其银行利谷每年十毫四十斤算，限至

---

① 广西壮族自治区编辑组：《广西少数民族地区碑文、契约资料集》，广西民族出版社 1987 年版，第 62 页。

十月之间,登门秤谷交清楚,不敢少欠颗粒,若有迟误者秤谷不清,任由银主追中保人一力承当,不敢反悔,恐口无凭,人心难信,故而立此凭契一张,交与银主收执为存据。

> 硬中保　韦虾安心　资银□毛
>
> 代笔　黄文卿　资银二毛
>
> 民国八年二月初八日[①]

2. 作为出借人

如第三章所述,一些壮族妇女由于擅长贸易经营,因此积累了非常可观的财富,因而常常成为被借贷的对象,有些妇女甚至成为职业放债人或高利贷者,赚取超额利润。如果债务人难以偿还债务的,会沦为放债人的长工,如东兰县那烈乡壮族韦品三在 1947 年因患病而借地主韦妈述合的谷子400 斤。陈永文到解放前夕已是一贫如洗,全家老幼均被迫给地主韦妈述合做工谋生。[②]表 4.8 是龙脊民国时期以妇女为出借人的借贷情况,平安屯有两位中农妇女借贷给别人光洋等。

表 4.8　龙脊乡民国以来四个屯和平安屯的借贷情况调查表

屯名	债主姓名	阶级成分	借贷种类和数目	时　间
平安	廖景元妻	中农	光洋约 50 元,纸青约 3 担	解放前放了十多年
平安	廖玉清母	中农	光洋约 50 元	解放前放了五、六年

资料来源:广西壮族自治区编辑组编:《广西壮族社会历史调查》(第一册),广西民族出版社 1984 年版,第 81 页。

3. 作为保证人

保人制度是壮族民间借贷常用的担保方式,即以保证人的方式担保债权的实现。在一些壮族地区的借贷契约中,也出现了妇女作为保证人的情况,这说明,第一,妇女在借贷行为中与男子一样具有完全的法律资格和能力;第二,妇女需具有相当的经济实力,才能充当保证人的角色,而借贷双方也对妇女担任保证人充满信任,如下面这份发现于大新县的借约中,最后的保证人为"妻赵氏",也就是由借贷人吴英全的妻子赵氏担任此笔借款的保证人。夫妻相互担保债务,这是一种非常复杂的法律关系,若要生效,必须

[①]　广西壮族自治区编辑组编:《广西壮族社会历史调查》(第二册),广西民族出版社 1986 年版,第 231—232 页。

[②]　广西壮族自治区编辑组编:《广西壮族社会历史调查》(第五册),广西民族出版社 1986 年版,第 138 页。

以夫妻财产独立为前提，即妻子以个人财产担保方为有效，足见壮族妇女在夫妻财产关系中的独立地位：

吴英全借钱约书

　　立约借钱人吴英全，系五处托村住，今因急需无钱应用，夫妻商议，不已，凭中问到同村农叔甫处，实借取出本铜青钱三十四千文正，即日亲手领钱回家使用。当面言定，其钱行利三分，限至本年十月内就将本利还清，不敢少欠。如有越限少欠者，钱主任从到家追问原本，借主亦不敢生端反悔异言。如有之，钱主任将上城田那彭一召大小共七片发卖赔清是实。恐口无凭，人心难信，实钱实约，立约存证。

保人妻赵氏
立约借钱吴英全
证人族内赵武
请人代笔
咸丰十一年(1861年)三月十五日①

（四）独立参加财产诉讼及民间纠纷解决机制的权利

　　壮族妇女为了维护自己的财产权益，常常作为独立主体参与民事诉讼。很多情况下，壮族妇女的财产被他人侵夺时，她们勇敢地拿起法律武器，义无反顾地投入到诉讼程序当中，依靠自己单薄的力量和锲而不舍的精神，获得司法上的胜利。民国二年(1913年)，原永定最后一任土司韦秉钺强占邻村寡妇蓝韦氏两座住房和一片土地。蓝韦氏多次状告未果，遂前往省城告状。经过县、省两级反复审查，民国三年(1914年)，宜山知事赖人存布告将被土司侵占房屋及土地归还蓝韦氏。而后又得当时广西都督兼民政长陆荣廷的批文训令，蓝韦氏胜诉。蓝韦氏将赖人存布告及陆荣廷训令分别刊石二块，立于其家大门两侧。②笔者采集到一份记录民国二十四年(1935年)广西邕宁县(现邕宁区)地方法院审理毁屋伤人事件的手抄文献。据该文献记载，定稳村壮族村民梁瑞云等有一片面积约二亩许的祖传畲地，因家中人口稀少，仅有妇孺，被村里王黄两大恶族仗着人多势众，纠集该族后生四五十人，以遮塞其家祖坟风水为由，将畲地之石堤拆毁，意图侵占，并毁屋伤人，梁瑞云不畏权势，不顾家中贫困及农忙等困难，不屈不挠地告状。她

---

① 广西壮族自治区编辑组：《广西少数民族地区碑文、契约资料集》，广西民族出版社 1987 年版，第 73 页。

② 李楚荣主编：《宜州碑刻集》，广西美术出版社 2000 年版，第 236 页。二碑民国三年 (1914 年)立于石别镇永定关上村蓝家门坪上。

先向向都县法院起诉后,法院一审判决王黄败诉,但两大恶族不甘心,"以为败诉于弱小民族等于虎豹去文,犬羊同羁,遂仗其财力反案上诉,"邕宁地方法院二审后,认为两大恶族行为纯属"豪劣得志""荒谬已极",驳回上诉,维护了弱者的权益。

建国以前,除了官方的诉讼外,由于长期的自治,壮族民间发展出了一套纠纷解决机制,即"头人""寨老"调解纠纷制度。壮族妇女既然有自己独立的财产,且能订立民事契约,因此如果发生纠纷,妇女完全可以以自己的名义请头人、寨老调解。如光绪年间,龙脊乡马塘村人许长富的妻子和她小叔许长荣,因争园地便请龙喉的头人廖桂元到来调解,先是长荣去请,廖桂元说:"你先给我三百文钱,又杀一只鸡请我吃一顿,明天我再给你解决。"结果吃完了鸡,拿了钱,就回去了。第二天长荣的嫂嫂又去请廖桂元,他照样的说,也同样吃了鸡拿了钱,便叫他们嫂叔到园中去,将园地作两份平分,叫他们各取一份,并叮嘱他们各管各业,不要再生事端,说完便回家去。后来许长荣苦笑的对人说:"我们叔嫂都输了,只有廖桂元这个人赢了。"① 在此案件中,该妇女是有丈夫的,但从纠纷发生到最后纠纷解决,自始至终都是该妇女一人参与纠纷调解,面对对方当事人和头人,说明壮族妇女在发生财产纠纷时,可以独立申请民间纠纷调解机制。

进入现代法治社会后,壮族妇女更加注重利用法律武器保护自己的财产权益。笔者在中国少数民族特色村寨贵港市覃塘区新岭村调研到一起现代妇女行使诉讼权及申诉权维护自己财产权益的案件。2015 年 10 月 6 日,村民覃某到村委会提起申诉,因其亲属在 2012 年 8 月发生交通事故,牵涉到保险赔偿。该交通事故中另一受害人家属韦某代理办结已收保险公司 11 万元支配,但却未给予覃某应得的份额,覃某向法院起诉韦某。经村委会调解后,认为双方的纠纷主要是缺乏沟通,心态不平,而代理代办人也应付给事故受害者家属所得保险费。最终双方为了日后和谐相处,达成协议:第一,覃某要求韦某应付保险费 5 万元,才撤诉;第二,韦某要求撤诉后七天内付清,双方签订协议。这一案件中,壮族妇女勇敢拿起法律武器维护自己的权益,但在村委会调解时,也能积极调整心态,接受和解。

(五)独立捐赠财产组织公益活动的权利

由于许多壮族妇女有自己独立的财产且有处分权,因此许多妇女可以独

---

① 广西壮族自治区编辑组编:《广西壮族社会历史调查》(第一册),广西民族出版社 1984 年版,第 97 页。

立捐赠财产，实施社会公益。广西各地有许多庙宇、桥梁、道路等，都是民众自己捐资修建的，一般在这些设施周围都会立功德碑，写明捐赠者的名字，这其中就有许多妇女是以个人的名义捐赠，他们的名字永远留给了后人。修建于乾隆四十六年（公元 1781 年）的防城港江平潭吉安良的灵光禅寺，寺内的《灵山寺钟记》就记载了捐赠人姓名及金额，其中许多是妇女，见表 4.9。

表 4.9　灵山寺捐赠妇女名单

捐钱金额	姓　　　名	人数
钱六贯	黄文艚妻裴氏、段公卒妻刘氏、刘文基妻刘氏、刘文乔妻黄氏、刘文淬妻黄氏、段文执妻刘氏、黄门段氏、段氏赡、刘氏惠、黄氏榴	10
各助古钱（模糊）	刘金山妻潘氏、刘氏南	2
各助古钱六勺	段文及妻刘氏、郑公花妻刘氏、黄得财妻黄氏、段文少妻刘氏、段公恩妻吴氏	5
助古钱五勺	刘文匡妻何氏、黄文珠妻吴氏	2
古钱四贯五勺	刘文存妻段氏	1
古钱四贯	潘世潭妻武氏	1
古钱二贯	曾有寿妻阮氏	1
钱五勺	武氏（老六）	1

资料来源：广西壮族自治区编辑组编：《广西少数民族地区碑刻、契约资料集》，广西民族出版社 1987 版，第 262 页。

上表中的妇女完全可以以丈夫的名义捐赠，却一定要写清楚是某某妻子的个人捐赠，可见对妇女独立人身权的重视。许多壮族妇女都曾捐钱修建桥梁、祠堂、道路等公益设施，如马山县的周鹿仙人桥，居周鹿圩水浦，近县城前，传闻仙女刘三姐于宋时所建。[1]庆远府的节孝祠于"道光七年，县民妇李廖氏偕子浑湛捐建于城东龙江书院东侧"。[2]1913 年 6 月制定的广西《女界合群求进会第二次改订章程》第八章"会员之权利和义务"第十八条会员之义务（三）为："赞助慈善公益事业。"[3]龙胜金竹壮寨壮族廖华宣夫妇于

---

[1]　《马山县志》办公室整理：《那马县志草略》，民国二十二年一月一号立，1984 年 5 月印，第19 页。

[2]　［清］唐仁纂，英秀修：《庆远府志》，道光八年辑，广西河池市地方志编纂委员会办公室点校，广西人民出版社 2009 年版，第 106 页。

[3]　广西壮族自治区地方志编纂委员会编：《广西通志·妇联志》，广西人民出版社 2001 年版，第 333 页。

1937 年至 1938 年修由本寨往马骆寨路 2 公里。①进入 21 世纪,壮族群众的生活水平越来越高,收入大大增加,一些出嫁的妇女慷慨捐赠自己的资财为村寨公益作出贡献。例如笔者在德保县云梯村调研时,村主任骄傲地说,2018 年重阳节,本村外嫁的妇女请所有在村的村民聚餐,相当于回娘家,请全村的人吃饭,都是她们自发的,还送老人礼物,村里 70—80 岁的老人都有红包,每个红包里最少 500 元,她们这次总共花了 5 万—6 万元钱。

第三节　壮族妇女离婚及丧偶后的财产权益

一、妇女离婚时的财产权

壮族妇女不仅在婚内享有财产权益,即使离婚,仍可带走一部分财产。广西各地的壮族习惯法都允许妇女离婚带产,但按照离婚由谁提出的而分不同的情况,如西林县那劳区维新乡习惯法,如果男方提出离婚,女方送来的嫁奁一律退回。在女方未再嫁之前,生活费用由男方负责,一直到她有新夫之日为止。如有子女,统归女方带走,男方要留子女,须得女方同意。男方双方自愿离婚,则将女方到男家后所置下的一切产业(原有财产除外)均分,然后各自分离。②百色两琶乡壮族男方提出离婚,要退回女方一切嫁奁,但女方在男方家时所积下的财富不得带走分文,男方亦不负责女方在未再嫁时的生活费。

1954 年土改时期,民族工作者在靖西、镇都地区就离婚带产问题所做的调查表明,当地壮族群众普遍赞成妇女离婚时可以带走一部分或一半财产,但具体到各个乡镇又有所不同,如表亮乡群众对离婚带产问题,意见较多,各有不同的看法,有人说:"如果是男方提出离婚的,就分给田地、嫁妆也全部给,谷米则按她落夫家劳动的情况来分配,如果是女方提出的话就一样也不给,因为是她离我而不是我离她。"对随便离婚者群众一致主张不分给任何财产。只有少数人赞成离婚带产,如农大光说:"土改时各有各的产量,既保护私有权,离婚时均应分给田地才合,女方先提者不分给财产不对,否

---

① 龙胜县志编纂委员会编:《龙胜县志》,汉语大词典出版社 1992 年版,第 104 页。
② 广西壮族自治区编辑组编:《广西壮族社会历史调查》(第二册),广西民族出版社 1986 年版,第 191—192 页。

则妇女为怕不得财产而不敢提离婚，这就等于变相强迫婚姻了。"妇女也认为带产才合理，如黄立三说："土改时各有各的产量，离婚时应该带去，不得分田的中农，也要按土改时每人所分得的一份给女方，嫁妆虽然是男家的钱，但女家也出工夫去做，因此离婚时应分半才合。"①而诚良乡对离婚带产这个问题的处理办法，大多数人的意见归纳起来：第一，无论男女提出离婚，关于女方的嫁妆应各分一半。因为女方的嫁妆大部分是男方婚时送去的礼金做的。第二，田地可按土改时分给一份。（但中农的多数同意按贫雇农所分得的产量分给，不同意按家庭人口分配）第三，耕牛：看具体情况而定，（如女方落夫家已久，而且又系共同劳动所得，应分给一份，多的可分给一只）但以不影响生产为原则。第四，房屋：也看具体情况，如多的、女方也落夫家久了的，同时又不愿再结婚的，可分给一份，但不能带走或变卖，拆毁等。第五，生活费用方面，如系参加共同劳动所得，应按人口分给一份，但因穷困没有了的就不给。②镇都县把兰乡群众对离婚带产的态度，中间层则既不反对也不完全接受，如黄廷章贫农说："政府规定离婚带财产，我们还有何话说，当然对的了，不过妇女嫁后不落夫家，来要什么财产，不是我离她，是她离我，我离她什么都给，她离我最多给一半，这样才公道。"干部进步层和妇女多拥护同意要求分给财产，覃福全（贫农小组长）说："妇女离婚，应分给财产，因为夫妻共同生产安家，不分给她出去吃什么？平均分才合公平道理。"中农则说土改不分土地，我们不是贫雇农不应分给土地。妇女多同意带产，如罗秋祥说："毛主席领导妇女解放才得翻身，土改中妇女分得一份土地，离婚结婚都可以带走，财产也按男女平等分给，这样才算是妇女得到真正的翻身，男女平等。"③

20 世纪 50 年代的离婚案件也体现出妇女离婚时是享有财产权益的。当时婚姻法尚不发达，但法院在判决时充分尊重壮族传统的习惯法，在离婚分割财产时，属于妇女结婚时自带的财产及婚后自己购置的财产，仍然判归女方所有。如藤县覃某（女）与彭某（男）婚姻纠纷审判监督一案，覃某与彭某经人介绍相识，于 1951 年 2 月自愿结婚，婚后初期夫妻感情很好，后来覃

---

① 桂西壮族自治区人民政府民族婚姻问题研究室编印：《靖西县第十区表亮乡壮族婚姻情况调查报告》，民族婚姻情况调查资料之六，1954 年 9 月编印，第 12—13 页。

② 桂西壮族自治区人民政府民族婚姻问题研究室编印：《靖西县第一区诚良乡附近一带壮族婚姻情况调查报告》，民族婚姻情况调查资料之五，1954 年 9 月 25 日编印，第 16 页。

③ 桂西壮族自治区人民政府民族婚姻问题研究室编印：《镇都县第九区把兰乡婚姻情况调查报告》，壮族婚姻情况调查资料之二，1954 年 10 月编印，第 6 页。

某发现彭某有肺结核病,夫妻感情逐渐趋于破裂,争吵越来越多,且彭某在农村的家中已有了两个妻子和儿子等,即于 1957 年 3 月向人民法院提出离婚诉讼,在法庭调解中,彭某也同意离婚,至于家庭财产问题,双方争执不下,女方提出现住的铺屋是女方母亲关佩芳和女方于 1951 年 1 月拿金银买的;棉被两张,是女方结婚后带来的;木箱、皮箱各一个,是女方婚后自己买的。男方提出现住的铺屋是自己买的,当时确实借有女方母亲关佩芳稻谷五百斤、人民币三万元(旧币),其余是自己积蓄下来的;木箱、皮箱各一个,棉被两张,是结婚后买的。1957 年 7 月 28 日,藤县人民法院审理该案,经审理认为彭某提出的理由符合情理,可以认定,覃某提出的理由,不可采信。判决:第一,准予覃某与彭某离婚。第二,现在的铺屋是彭某所买,归彭某所有。所借女方母亲关某稻谷五百斤、人民币三万元(旧币),应由彭某归还。第三,女方婚前财产,小皮箱一个、麻蚊帐一张、凳子一个、铜煲一支、木盆一支等归女方所有。第四,婚后购买的棉被一张、木箱一支、床一张、小锅一支、锅铲一把、菜刀一把、水缸一支归女方所有。第五,医疗用具,弯腰盆一个、脐带剪一把、体温表二支、热水袋一支等归女方所有。判决后,覃某提出上诉。1958 年 8 月 15 日,容县地区中级人民法院二审终结,认为现在的铺屋由覃某、彭某、关某共同购买,应为三人共有财产,撤销藤县人民法院 1957 年 7 月 28 日判决的第二项,维持判决的第一、三、四、五项。该铺屋二分之一归覃某、彭某所有,二分之一归关某所有。二审终结以后,黄某、彭某(子)以彭某是他父亲,要求继承其二分之一铺屋为由提出申诉,1958 年 11 月 11 日,广西壮族自治区高级人民法院调卷再审,认为二审处理是正确的,申诉无理,予以驳回,通知黄某、彭某(子)停止缠讼。[①]该案两审判决虽然基本遵循的是夫妻财产平分的原则,但对于房屋共有状态的认定及对家具、生活用品的分配,还是较多倾向于离婚妇女,支持她们婚前婚后的财产权利。

20 世纪 80 年代的壮族离婚案件也体现出对妇女财产权益的保护。如南丹县陈某(男,42 岁,壮族,供销社干部)与莫某(女,43 岁,壮族,农民)离婚一案,原告陈某与被告莫某于 1970 年经人介绍自由结婚,婚后夫妻感情一般,已生育一男一女两个小孩。原告认为与被告没有共同语言,性格各异,加之长期在外工作,生活两地分居,常为家庭琐事发生争吵。经法院调

---

① 广西壮族自治区高级人民法院《审判志》编辑室编:《广西审判志》(讨论稿),1991 年 9 月 15 日印,第 551—552 页。

解,夫妻仍不能和睦相处,1988 年 4 月 28 日,原告再次提出离婚诉讼。1988 年 11 月 7 日,南丹县人民法院审理该案,经调解达成协议:第一,陈某与莫某自愿离婚,第二,小男孩陈某,由男方抚养,并随其生活;小女孩陈某芬,由女方抚养,并随其生活。第三,财产分割:共有房屋四间,其中房屋二间、耕牛二头、衣柜一个、房前屋后果木为莫某所有;房屋二间属陈某所有。第四,陈某补给莫某人民币 4 000 元。①本案最终的财产分配中,明显看出保护妇女的倾向性,女方所获得的财产明显要多于男方。男方除了获得两间房屋外,其他家庭财产都给了女方,而且还要支付赔偿款给女方。

笔者在调研中发现,大部分壮族地区都承认妇女离婚时的财产权,一般男方都会给予女方一定的经济补偿,分给一定的财产,人民法院在判决时也会酌情考虑当地的习惯。以贵港市为例,2017 年 6 月笔者调研时,该市壮族聚居区覃塘区人民法院民三庭的某法官说,本地离婚一般是夫妻双方协商,决定哪些物品归谁,现在群众比较开明,大部分男方在离婚时都会给予女方补偿,因为女方离婚后生活比较困难。很多家庭的子女都留给男方,女方拿点经济补偿就走了。覃塘区岑岭村的覃医师说,本地农村的财产主要是房子,离婚时无法分割就补偿女方一部分钱。岑岭村的一位村民说,本地如果是男方提出离婚的,就要补偿女方,但如果是女方提出离婚,就无需补偿男方,因为女方也没有财产可以拿来赔。财产分割农村没有,街上(城镇地区)就有,有财产就分配。覃塘大董村的小学保安黄师傅说,本地农村没有财产,如果双方愿意,会给女方一点补偿。特别需要指出的是,有些妇女离婚后,由于无娘家可回,没有房屋居住,还会出现离婚不离家的情况,即女方离婚后还继续生活在男方家,以保障妇女的基本生活,与古代不得休妻的"三不去"中的"有所娶而无所归"类似。例如贵港市港北区港城镇六八村的村主任说,现在还有离婚不离家的情况,离了婚女方还继续住在这里,因为女方没有房子,离婚了也没地方住,村民也不反对。覃塘区法院林法官说,本地因丈夫有外遇导致的离婚,媳妇离婚不离家,因为有小孩了,还住在公婆家,公婆也认可,向着女方,法院也不要求妻子搬离。这种妇女"居住权"的行使,可以看出壮族习惯法对离婚妇女财产权益的保障。

广西其他壮族地区也都承认女方离婚时的财产权。如 2017 年 8 月笔

---

① 广西壮族自治区高级人民法院《审判志》编辑室编:《广西审判志》(讨论稿),1991 年 9 月 15 日印,第 677 页。

者在河池地区调研时，河池市中级人民法院的法官说，本地离婚案件判决时，财产与子女倾向于保护女方的权益。隆林法院的法官说，本地如果是男方提出离婚的，女方一般都会要求提出"青春损失费"，法院一般不支持，只能在财产上适当倾斜。宜州人民法院民一庭的法官说，法院在分割离婚财产的时候，夫妻认可的共同财产，按照双方的意见来分。如果争执不下的，哪一方有过错，哪一方就分得少一些，还考虑子女抚养一方要多分一些份额，还有的提出不要了，把财产赠送给小孩，法院都尊重他们的意见，偏向他们一方。在调解的时候，可以权衡一下当地的风俗习惯，在没有法律依据的情况，判决过错方可以少分一些，保护妇女儿童的合法权益，从几个方面综合，促成双方达成协议。除了男方给女方补偿外，一些地区的离婚妇女即使回到娘家，也能分得一定的财产作保障，如忻城县司法局工作人员说，本地顺义乡加北村的女子离婚了，回到娘家，还要适当的分点财产给她，与入赘形成鲜明的对比（赘婿如果离婚回到原家庭是不分财产的）。

在离婚方面特别值得一提的是"习惯婚"，即有些壮族群众由于年龄未达标或法律意识淡薄等原因，虽然按照传统仪式举行了婚礼，组成了家庭，但却未在相关部门登记，这种"婚姻"一旦破裂，女方将面临极大的危机，有可能会人财两空。面对此类案件，人民法院的法官都会考虑传统习惯，尽量照顾女方的利益。如2016年12月，宜州人民法院民一庭的法官说，这种案件在壮族地区很多，往往是以离婚案件起诉到法院，但一般都是按解除同居关系来处理，最难处理的就是财产分割，这种案件不能按照夫妻共同财产处理，往往对女方很不公平，很同情当事人。许多人同居了五六年，甚至同居了八年，小孩也有了，但房子登记在男方父母名下，土地是集体的，女方到男方家同居后，就把老房子拆掉了，男女双方共同筹钱建起了新房子，但分割的时候对女方很不利，这种情况下只能通过法官的自由裁量权，在分割财产的时候法官可以考虑适当倾向女方。2017年6月，贵港市覃塘区法院执行庭的老法官说，以前在基层法庭的时候，有些人没有登记就同居生活了，闹离婚时，女方要求赔偿"青春费"或"贞操费"，虽然他们在法律上不属于婚姻关系，法律也不支持这些费用，但女方对这个看得很重，当地农村也很讲究这个，女方确实有所付出，所以就做调解工作让男方适当地补偿女方。

二、妇女丧偶后的财产权

壮族妇女丧偶后也有财产保障，一是留家不改嫁的，就可以继承夫家部分或全部的财产，如忻城县民委说，本地寡妇只要不出嫁，在家带着孩子就可以继承夫家的财产。阳朔高田一带的壮族,不改嫁的寡妇当公婆的女儿来看待,享有夫家所有的财产,相当于女儿留在家招赘,享有家人一样的权利。又如靖西县壮族丈夫去世后,母子平分遗产,由村中具有一定威望的年老族长主持分产。①隆林县委乐乡壮族死者生前衣服鞋袜多,死了除身上穿去之外,所遗衣物,由儿子承用,如无子女,则由其妻承用。②二是留家招赘,获得夫家全部财产的继承权,如西林县父亲死亡的,母亲可以招婿上门继承家业;如母亲改嫁不随带子女的,原分得的家产不得带走,留给子女;如随子女改嫁者,可以带走他们原分得的全部财产。③实践调研中,宜州市庆远镇司法所所长说,丈夫去世的,家庭条件好的就让寡妇招赘,条件不好的就净身走了。

至于丧偶后改嫁的,也是可以带走财产的,至少可以带走自己的嫁妆,如靖西县壮族寡妇如有子女即不能再嫁,可继承丈夫的财产,如无子女,可以再嫁并带走自己的妆奁。④靖西县表亮乡的寡妇改嫁能带走自己的嫁妆。⑤妇女不仅可以改嫁,还可带产改嫁,如忻城北更乡政府工作人员说:本地夫家父母去世后,寡妇可以继承夫家的财产;带孩子改嫁也可以,男孩子也可以带走,改嫁也可以带走财产;寡妇也可以招婿,不改姓,孩子可以跟任一方姓,双方协商。

综上所述,壮族在财产法上确实赋予了妇女财产权,这种财产权使得她们从人身上对男子的依附关系变成独立的法律个体,但这并不是说她们反过来压迫男子,而是与男子呈一种平等的关系。"男女间之权利义务,原属平等,乃自男系握政以来,利用治者之威权,压迫女子,蔑视其人格,剥削其权利,妇女既处于被治者之地位,遂不得不任其束缚,而永为重男轻女之畸形状态,不知社会之进化,在互助不在斗争,已成颠扑不灭之理论,男女之间,应和衷共济,同谋人类之幸福。"⑥

---

① 中南行政委员会民族事务委员会办公室编印:《中南区少数民族婚姻情况汇集》,1953 年3 月编印,第 42 页。
② 广西壮族自治区编辑组编:《广西壮族社会历史调查》(第一册),广西民族出版社 1984 年版,第 64 页。
③ 西林县地方志编纂委员会编:《西林县志》,广西人民出版社 2006 年版,第 1055 页。
④ 中南行政委员会民族事务委员会办公室编印:《中南区少数民族婚姻情况汇集》,1953 年3 月编印,第 42 页。
⑤ 桂西壮族自治区人民政府民族婚姻问题研究室编印:《靖西县第十区表亮乡壮族婚姻情况调查报告》,民族婚姻情况调查资料之六,1954 年 9 月编印,第 9 页。
⑥ 于道存:《女子在继承法上之地位》,广西司法旬刊 1933 年第 1 期,第 23 页。

第五章　壮族婚姻家庭习惯法的母系特征之二：对妇女人身权益的保护

壮族习惯法不仅保护妇女的财产权利，还保护妇女的人身权利。较高政治地位和殷实的经济实力，也使壮族妇女的人身权益受到较高的重视与保护。三者相辅相成，互为表里。因此，壮族习惯法中有具有很多保护妇女权益的内容。当我们深入观察壮族独具特色的母系婚姻家庭习惯法时，保护妇女权益的内容就成为不可忽视的一个重要方面。这些内容，不仅和"男尊女卑"的古代传统相比是难能可贵的，而且对今天这一地区的妇女权益保护也有极大的参考和借鉴价值。壮族婚姻家庭习惯法对妇女权益的特殊保护，主要从保护妇女生命健康、严厉惩处侵害妇女权益的犯罪行为、维护妇女的婚姻自主权等方面体现出来。

第一节　对壮族妇女生命健康权的保护

一、对妇女生命权的保护

（一）对妇女生命权的重视

壮族对妇女的生命权看得很重，在习惯法上，妇女的生命比男子的生命价值更大，杀死一名妇女比杀死一名男子在习惯法上的后果要严重得多，很多文献都有反映。乾隆《柳州府志》记载："壮人好杀，一语不相能，辄挺刃而斗，斗或伤其一，由此世世为仇。然伤男子，仇只二姓，若伤其妇，而妇之父母、伯叔、兄弟，皆冤家矣。"[①]乾隆《象州志》有类似的记载："或伤其一男子，

---

① ［清］王锦修，吴光升纂：《柳州府志》，卷30·瑶壮，柳州市博物馆据1956年北京图书馆油印本1981年翻印，第10页。

仇只二姓，女子则妇之父母、伯叔、兄弟，皆与仇怨。"①这两则记载充分说明妇女的生命对整个家族都是非常珍贵的，一旦被杀害，将可能引发大规模且长久不休的氏族血亲复仇问题。光绪《横州志》记载的内容与乾隆《柳州府志》一模一样，②这些持续的文献记载与引用，说明这一制度在壮族地区一直存在。

对妇女生命权的维护还体现在土官办理相关的案件上。南宁地区天等县镇结土官文稿中有一份《申报州民妇被劫文》，记载了一起针对普通妇女的抢劫伤害刑事案件，该妇女报警后，土官亲自去查看妇女的伤情，一面派人医治受害人，一面立刻派人捉拿凶手，仅四天后案件即告侦破，凶手被缉拿在案，抢走的财物也被追回。这起案件中土官表现出少有的干脆利落和高度的重视程度，跟受害人是妇女有一定的关系，可见壮刑事习惯法将妇女的生命权作为重点保护对象之一：

> 本年三月十七日，据卑土州属□□村民□□具呈报称：本月十六日申刻，突有□□之妻□氏，无故亲到蚁家顶□□出村外来看棉花要卖等语。民女信以为真，跟出村外无人之处，被□□持刀砍伤，将身上首饰脱要去一空。蚁女昏醒爬回，现在伤重，伏乞擒拿究办等情到州。卑土州立即伤目前去查看，果见伊女项□头脸着伤。遂一面选差目□□出具保辜，拨医调治。遂于二十一日，据土目□□等拦获项□□一名到案，经卑土州讯问，据项□□供认，现年二十六岁，于本月十六日，小妇人在村边见□□之女项□身上带有几件首饰，一时自起意用刀将项上砍伤。当时项□昏去，小妇人忙将首饰脱取，逃去到□村有一家素不相识不知姓名躲住过几天。实抢得扁簪一条，银立练一围，银镯二对，已将一只找去得钱六百余，俱放伊其家收起，乞查取等供。③

（二）对虐待妇女行为的处罚

对壮族妇女生命的保护，最重要的体现莫过于习惯法对虐待妇女行为的严惩了。虽然壮族妇女在婚姻家庭中享有较高的地位，但作为弱势群体，难免会出现家庭暴力虐待妇女的行为，壮族对此尤为重视，习惯法对虐待、

---

① ［清］蒋白莱编纂：《象州志》，卷4·诸蛮，页13，故宫珍本丛刊第198册，海南出版社2001年版，第44页。

② ［清］谢钟龄等修，朱秀等纂：《横州志》，横县文物管理所据1899年（清光绪25年）刻本1983年11月重印，第82页。

③ 广西壮族自治区编辑组：《广西少数民族地区碑文、契约资料集》，广西民族出版社1987年版，第123页。

遗弃、杀害妇女的行为规定了严厉的惩罚措施,以示对妇女生命权的尊重。

1. 习惯法的保护

事实上,对妇女生命权的保护,从妇女一出生就开始了。这方面最重要的体现就是许多习惯法严禁虐杀女婴,如龙胜孟山规碑规定:"育女当遗,或男或女均系骨肉,不得溺杀,那人如不遵者查出公罚不恕。"①在一些壮族宗族的家训中,也严禁溺杀女婴,保护妇女的生命权,如贵港三区罗氏族谱记载的清光绪二十六年的《新增家训》中有一条是"戒溺妇":"男妇虽别,性命一般。呱呱而泣,胆战心寒。水中一抛,于心何安? 乍离母腹,旋入鬼关!生死反掌,天理伤残。故杀子孙,律法难宽。奉劝慈亲,救命血盘。"②贵港《冯氏族谱》的"家规族法"第二条也规定:"对待子女,不能重男轻女。"③现代的村规民约更是如此,2016 年笔者在宜州市马山塘屯调研时,该村的村规民约第六条婚姻家庭第五款规定:"禁止歧视、虐待、遗弃女婴,破除生男才能传宗接代的陋习。"

壮族地区的许多村规民约都有严禁虐待妻子的条款,如立于兴安县金石公社新文大队大寨屯的《兴安县大寨等村禁约碑》规定:"一禁不许娶讨妻媳贪奸心反不正,深更逃走出外,吞烟、自缢、自伤毒害,地方人不准。"④而对于丈夫虐待妻子,习惯法规定了众多惩罚方式,主要有:垫尸活埋、入家坐食、赔偿命价、罚款、监禁等。例如,广西百色县两琶乡的壮族习惯法规定,丈夫打死妻子,要将丈夫活垫死尸而埋。虽然后来以赔人命钱为主,但赔多少由岳家提出,要是赔不了钱也要以命填来。丈夫虐待妻子至发生"自尽"惨案,亦按打死妻子案办理。⑤西林县那劳区维新乡壮族习惯法规定,丈夫打死妻子,岳家组织几十人到他家杀牛猪坐食,并视其家当进行罚款,交完款后,还要押他到官府监禁。⑥环江县龙水乡壮族习惯法规定,如果丈夫打死妻子,或妻子受逼自尽,岳家便邀集大帮的家族到婿家,先把她家所有的牲口家禽一齐吃光,然后再索赔人命钱或送官究治。⑦清光绪初年(1875 年),龙脊金竹

---

① 龙胜县志编纂委员会编:《龙胜县志》,汉语大词典出版社 1992 年版,第 522 页。
② 贵港市三区罗氏族谱编纂委员会编:《贵港三区罗氏族谱》。
③ 广西贵港市冯氏龙泉三界支脉理事会编:《冯氏族谱》。
④ 广西民族研究所编:《广西少数民族地区石刻碑文集》,广西人民出版社 1982 年版,第 127 页。
⑤ 广西壮族自治区编辑组编:《广西壮族社会历史调查》(第二册),广西民族出版社 1984 年版,第 245 页。
⑥ 同上书,第 193 页。
⑦ 广西壮族自治区编辑组编:《广西壮族社会历史调查》(第一册),广西民族出版社 1984 年版,第 276 页。

寨有一个人因为误打死了自己的妻子，团总潘定璠便去毛呈恳恩女家去龙胜告状，又去恐吓男家，要男家出钱去赎罪，虽然团总从中揽财，但女家最终也获得了部分赔偿。①

壮族习惯法还为受虐待妇女提供民间救济的途径和纠纷解决的方式。例如，壮族村寨普遍实行寨老制来调节纠纷，解决矛盾。媳妇受到公婆虐待、家庭财产分割等，都由寨老出面解决。红水河边有一个壮族寨子，其中有一户梁姓人家，因为阅历丰富、办事公正，被尊为寨老。一个地主家的儿媳妇挨了丈夫的打，跑到他家去躲了一天，请他出面调解。②2016 年 12 月底笔者调研时，宜州市的怀远古镇村民说，本地夫妻矛盾都找家里的长辈调解，如妻子被丈夫打了，都是找自己家里解决。宜州市文化馆工作人员说，本地如果丈夫打妻子的，可以请寨老调解解决。忻城县民委工作人员说，都安、马山、宜州交界处一带，如果男方出轨的，整个家庭要处罚他，要吃牛、羊、猪，征得女方的同意后，还要将男方驱逐出家族。一旦被驱逐出族，每年家族扫墓也不给他参加，烧香都不给，如果他烧了香，就把他的香偷偷拔了。贵港市覃塘区岑岭村村民说，本村虐待妻子导致离婚的，可以要求赔偿，双方协商，直到满意为止，一般都是赔 2 万元以上，都是男的赔。覃塘区大董村里小学校长说，如因男方外遇离婚，一般女的可以提出赔偿。贵港市港北区港城镇六八村村民也说，本地很少有虐待，虐待案发生率很低。2019 年 1 月笔者调研时，德保县司法局工作人员说，本地没有虐待妇女的，人家嫁个人给你，你不能虐待，如果虐待的，娘家会来哄抢东西，给你倾家荡产，所以没有敢虐待的。

新中国成立之后，民族地区的法治建设也步入正轨，一些壮族村寨依然把保护妇女身心健康的传统保留了下来，并将其作为村委的工作任务之一，如贵港市覃塘区樟木镇黄龙村的党员承诺内容中，就包括向妇女宣传维权知识，关心妇女、留守儿童、留守老人及做好妇女安全教育工作等内容，可见村委将妇女权益保护放在很重要的位置上。（见表 5.1）

2. 司法保护

进入近代社会后，法治观念逐渐深入人心，一些妇女也开始勇敢地拿起法律武器，运用官方司法惩治虐待妇女的行为。如民国宜州结婚时，大门槛上，早摆一马鞍，新娘绻脚跨越而过，刚走二三步，新郎早等候着，用量布尺

---

① 广西壮族自治区编辑组编：《广西壮族社会历史调查》（第一册），广西民族出版社 1984 年版，第 95—96 页。

② 梁庭望：《壮族风俗志》，中央民族学院出版社 1987 年版，第 139 页。

表 5.1　黄龙村党员承诺内容

姓　名	承诺内容
韦美英	带头宣传妇女维权知识,维护妇女权益
黄梅芳	关心妇女、留守儿童、留守老人
韦玉珍	做好本村妇女安全教育工作

　　资料来源:贵港市覃塘区樟木乡黄龙村村委。

　　从空连打三下,这叫作"打下马威"。"打下马威"一般都注意适度,打重了,新娘刚踏进家门就遭打,心里会留下伤痕。民国曾发生一起"打下马威"而引起的纠纷。有一年,县城陈家为儿子娶得一位品德兼优的姑娘罗氏,过门时罗氏被新郎用两支量布尺(其母安排的)在肩上狠打以致当场倒地,观众大哗,送亲娘提出质问被陈家亲友劝走。次晨罗母派亲戚来探视,见罗女受伤卧床,不思饮食。后请宜山公立医院院长派医师带药来治疗,十多天后才痊愈。罗氏被打之次日,罗母告到法院,法院指定"民事息讼合解庭"进行调解,责令陈某到岳母家赔礼"认罪",请求谅解。[①]1929 年 10 月制定的《广西东兰县革命委员会最低政纲草案(有关妇女部分)》第(七)条规定:"严禁男子虐待妇女。"[②]

　　新中国成立初期,法院体系尚未完全建立起来,但当时壮族地区一些妇女仍有较高的维权意识,在遭受家庭暴力、虐待时,及时通过司法途径保护自己的生命健康权。据《合浦县志》记载,1952 年,全县共解放婢女 76 人,童养媳 117 人,处理封建虐待案 300 件。[③]如那坡法院 1950 年第一号民事判决书,就是一起妇女因家庭暴力起诉离婚的案件,虽然案情多有波折,但该案中的妻子遭受家暴是不争的事实,因此司法人员最终还是很好地保护了被家暴妇女的权利,准予其离婚:

　　　　　　镇边县人民政府民事判决(民字第×号)

　　原告张某某,女,年×岁,住法窝乡法隆村某地

　　被告农某某,男,年×岁,住城厢街镇玉村某地

　　右当事人因请求离婚事件,本府判决如左:原告与被告准予离婚。

　　事实:原告声明请求为如主文之判决,其陈述略称:原告于 1948 年

---

① 宜州市政协编:《宜州文史》(7—13 合集),第七期,2012 年 12 月印,第 26—27 页。

② 广西壮族自治区地方志编纂委员会编:《广西通志·妇联志》,广西人民出版社 2001 年版,第 336 页。

③ 合浦县志编纂委员会编:《合浦县志》,广西人民出版社 1994 年版,第 230 页。

9月19日与被告结婚,婚后初尚相好,并无异议,不意于1949年旧历四月间,氏回母家返,无故受夫家举家人打骂,不能居住,迫转回母家,事后仍常来夫家,至今年四月十六日又被被告全家人痛骂,24日被被告殴打一次,本年旧历正月氏从母家返来,被其全家人闭户拒绝入门,并当所辱骂,声言不以氏为媳,使氏无所归宿,特来请求离婚云云。

被告声明请求将原告之诉驳回,其答辩略称:被告自娶原告后,初勤持姑夫,侯聪指示,次渐渐怠慢,不遵领导,懒理家务,家母难免不无指责,并无有虐待她及打骂,原告之理由,实为故意捏词诬控,虚构事实,请求驳回云云。

理由:本件原告请求与被告离婚,其理由系以受被告不堪同居之虐待,质之被告辩供则全无此事实,业经本府传讯调解无效,复传原告到府请求再行审讯判准离异,本府饬员再传定期辩论,原告到庭供称坚决与被告离婚,被告不依时到庭,辩论仅具有理由书前来,阅其第三项理由,坚持离婚调解无效时,本人虽难以强令忍痛脱离,但以顾全本人于结婚时财物上的损失为原则等词。特讯原告辩称,被告以前送来之聘金,法光六十元,用置妆奁尚不敷,那有退还他聘金,被告声请如不能履行此条件,则暂行搁置不予判定。本府碍难照准,当由到庭一造之辩论而为判决。

综上论结,原告之诉为由理由,应邀其请求,今依中华人民共和国婚姻法第五章第十七条第一项条款判决如主文。

1950年7月5日

镇边县人民政府

本月17日经再传讯调解,原告坚持离异,并不能退还被告聘金,应否照文判决。再来一次传讯,如双方愿意为原则,如再如此坚决,则照判决处理(五十四)

县长陈元生

副县长梁正保

代理司法科长林繁□

在依法治国的今天,很多法院更是把维护妇女权益放在首位。如贵港市覃塘区法院在维护妇女权益方面的做法就很值得借鉴:①

---

① 本部分关于贵港市覃塘区法院在维护妇女权益方面的材料来自笔者2017年6月在覃塘区法院调研采集的《覃塘区法院"1458"推进家事审判改革工作成效好》工作报告。

第一，机构与制度保障。该法院设有家事案件独任（调查、调解）法官10名，其中3名法官长期从事妇女儿童维权岗工作，2名法官拥有心理咨询师资格。家事审判机构实行"1＋2"模式，即在民一庭和两个派出人民法庭设立家事审判合议庭，初步实现家事审判机构和人员专门化。同时覃塘法院实行人身保护机制。家暴受害人可向法院书面申请人身安全保护裁定，法院经审查认为人身安全保护裁定申请理由成立的，依法作出裁定，并同时抄送家庭暴力受害人所在辖区的公安机关。家庭暴力受害人发现对方当事人违反人身安全保护裁定内容时，有权请求公安机关调查、帮助，并可以请求人民法院追究对方当事人拒不履行人民法院已经发生法律效力裁定的法律责任。2016年3月23日该院发出首份人身保护裁定。

第二，在证据规则方面，在"发现客观事实、追求实质公正"价值取向指导下，大胆探索符合家事审判的证据规则。如针对家庭暴力案件，对受害方明显有伤的家庭暴力案件，降低证明标准，合理分配举证责任，对受害方受伤时对方不在场的证据由否认方举证等；扩大法院依职权进行调查取证范围，对诉讼偏低的群体加大释明力度，弥补其诉讼能力上的不足等；依当事人申请或者依职权主动走访，对有必要的家事案件尤其是涉及家暴或多次起诉的离婚案件，走访当事人的亲属、邻居、所在地村委（街道）干部并形成制度。

第三，在宣传普及方面，法院除利用"两微一网"平台，大力宣传维权知识，还邀请辖区内的社区村委妇女主任参与旁听庭审，法官专门为120名覃塘区妇女干部上法律课，先后12次开展送法进校园、巡回法庭进乡村、送法进农户等活动，通过以案说法、开展座谈等方式，面对面增进群众对家事纠纷处理的了解，提高妇女维权意识和法律水平。

第四，新建5个配套设施，推动审判人性化。法院保持原有妇女儿童维权岗设施，新建立了家事审判法庭、调解室、心理咨询室、探视中心、视听室（培训教室）等家事审判专门场所。家事审判法庭将家庭的温馨与法律的庄严结合在一起，调解室以"和"为主旋律，不设原被告席，当事人关系设置如妻子、丈夫、父亲、母亲、儿子等席卡，营造平和的环境；心理咨询室经过温馨的布局，让需要心理辅导的当事人呈现放松的状态，更好地疏导当事人对立情绪；探视中心将为离异后的父母提供一个双方都能接受的探视小孩的场所；视听室将作为法制教育、家庭讲堂、法官说法、业务培训等场所，目前青少年法制教育基地正在设计建设，建设完成后，亦将成为家事审判的重要组成部分。

第五,构建8项工作机制,形成工作合力。法院自妇女维权岗建立之初就已经开始与妇联合作,妇联的同志作为法院的人民陪审员参加了大量案件的调解和审理。法院与司法所、妇联、综治信访维稳中心、社会团体、村调解员等沟通、衔接、联动调解实现常态化。法院建立以家事法官为中心,人民调解、妇联等群团组织紧密合作的多元化纠纷解决机制。目前,法院从妇联干部、社区干部、社区挂点律师、人民调解员中,各选任了20人分别担任家事调解员、家事调查员,共开展家事调查16次。法院利用与覃塘区司法局联合推动司法确认工作实施的契机,加快网络工作平台的建设,以后司法所与法院家事审判庭可以通过网络远程联合办公,一些简单的家事纠纷群众可以不用跑来法院,在纠纷发生地当场就地解决。法院的家事审判庭还与司法所、妇联等部门建立了微信群,相关机构的工作人员遇到法律上的疑问,可以随时联络法官提问。不但提问工作人员的疑问得到解答,其他在群的工作人员也同时学习了相关法律知识。

笔者在环江县人民法院参观时,看到该法院的接待大厅中专门设有妇女儿童维权岗,由女法官负责接待,妇女可直接就家庭维权问题咨询、起诉,(见图5.1)同时,法院还设有多个设施先进、环境整洁、优雅温馨的家事调解室,营造出一种友好平等的气氛,可以让一家人心平气和地坐在一起讨论问题,解决纠纷。(见图5.2)

图 5.1　环江法院接待厅的妇女维权岗　　图 5.2　环江法院的家事调解室

靖西市人民法院立案庭也设有妇女儿童权益保护岗,法院本身联合妇联专门开设绿色通道,这个岗位大部分由女同志担任,群众感到比较温柔可亲,做工作比较容易接受。(见图5.3)法院大厅还设有导诉台,对妇女儿童案件进行引导。(见图5.4)法院内部在民事一庭中分离出来专门的家事审判庭,主要审理涉及妇女儿童、婚姻、财产等案件。例如同德镇有一位妇女,老公与别人出轨，生了小孩，经常虐待妻子，法院就针对她发布了一份人身保护令，发给当事人后，产生了很好的结果。对于有法律效力的裁定，不执行的话就是不执行法院裁定令，就可以入罪，对该妇女起到了很好的保护作用。

图 5.3　靖西法院立案庭的妇女维权岗　　图 5.4　靖西法院的导诉台

二、对妇女健康权的保护

壮族习惯法还非常重视妇女的身心健康，这种重视主要从禁忌习惯法表现出来，而且都与妇女的产育紧密相连。在妇女未生育之前，就要遵守许多禁忌，以求将来不会难产或短命。

妇女怀孕后，更是有诸多禁忌，这些禁忌都是为妇女创造一个安静良好的生育环境，并在饮食上加以限制，以保证顺利生产。

妇女生育时和生育后，更是万事都小心翼翼，生恐影响妇女的顺产及身体的恢复，这方面的习惯包括两点：第一，请产妇的娘家人照料陪伴，使产妇身心放松愉悦；第二，设置标志禁止外人入家，使产妇安心静养。笔者在龙胜县泗水乡里排壮寨调研时，发现该寨 2006 年 7 月 20 日全寨村民大会讨论通过的《里排壮寨寨规民约十二条》第六条第二款规定："家庭、丈夫要帮助孕产妇住院分娩。"该规定显然是针对保护妇女产育健康权利的。

第二节　对壮族妇女性权利的保护

妇女由于自身的生理特点和体质原因，常常成为一些特定犯罪行为的侵犯对象，诸如强奸、拐骗等，这些犯罪严重损害妇女的人身权利和精神健康。壮族地区也存在着这类犯罪，但令人欣慰的是，在长期的社会发展中，南方各少数民族的习惯法都形成了对这些犯罪的严厉打击和惩处的制度，从而有效地保护了妇女的人身权利和身心健康，维护了社会秩序的稳定。

一、对强奸罪的惩处

强奸罪是专门针对女性性权利的一种犯罪，也是对妇女危害性最大的一类犯罪。各地壮族习惯法都对强奸罪作出了严厉而明确的惩罚规定，包括对犯罪分子进行从人身到经济上的多重制裁。对强奸罪的严厉惩处，反映出壮族对妇女权益的特别尊重和维护。在壮族习惯法中，壮族对强奸罪的惩处是较为全面和严厉的。虽然因地域的不同而有所变化，但总体来说，壮族习惯法对强奸罪都规定了多重惩罚机制，使犯罪者从精神和物质上都付出惨重代价，从而认识到自己行为的不正当性。在强奸犯罪中，最大的危害后果是受害妇女的名誉和精神损失，而壮族习惯法在这方面规定了充分的补偿。

（一）人身处罚

壮族地区历史上的许多土官法律和村规民约都对强奸行为作出惩戒规定。如清代《滇黔土司婚礼记》载："壮仆所居，俱刀耕火种为业，其俗淳庞，大有三代遗风焉。第轻杀重奸，罪犯者男女皆斩，即亲子弟毋赦。"①光绪十八年（1892 年）八月十五日百色平果县《陋规蠲免碑刻》规定，强奸罪与拐骗罪与命盗等案都属于重案，须专派四名差役去办，并专门拨付办案经费："命、盗、奸、拐、忤逆、不孝等事，准差四名，每名奉钱四百文。"②太平土州土官规定：强奸案，囚禁半年罚银 200 毫（弹压时改为 100 毫）。③上林县三里、巷贤的基督徒在宗教活动中，常以《规范十诫》为日常行为约束，其中第七条就规定："不可好色犯奸淫。"④广西武鸣县双桥乡的壮族，制定一些"禁条""乡约"，每逢阴历八月就将"禁条""乡约"贴在竹棍上，插在路边，其内容大都有严禁污辱妇女的条款，违者受罚或坐牢。⑤百色县两琶乡壮族习惯法规

---

① ［清］翟昌文、陈鼎：《滇黔土司婚礼记》，清刻本，卷 1，第 3 页上，知不足斋丛书零本，桂林图书馆藏。

② 广西壮族自治区编辑组编：《广西少数民族地区碑文、契约资料集》，广西民族出版社 1987 年版，第 239 页。1954 年中南民委及广西省民委民族工作组调查收集。

③ 广西壮族自治区编辑组、《中国少数民族社会历史调查资料丛刊》修订编辑委员会编：《广西壮族社会历史调查（四）》，民族出版社 2009 年版，第 78 页。

④ 上林县志编纂委员会编：《上林县志》，广西人民出版社 1989 年版，第 469 页。

⑤ 广西壮族自治区编辑组编：《广西壮族社会历史调查》（第三册），广西民族出版社 1985 年版，第 148 页。

定,如果女方丈夫当场发现强奸,强奸者被打死无事。要是一犯再犯,即送官府监禁若干年,并打二百至三百板。如再犯达三件以上者即行枪毙。[①] 1990年岑溪县梨木乡的《治安联保合约书》第三条规定:"不乱搞男女关系和拐骗活动。"[②]

显然,强奸罪是各个地区壮族都深恶痛绝的行为,因而成为所有习惯法绝对不能容忍的罪行。许多群众对强奸行为深恶痛疾,自发组织起来惩治强奸犯。武鸣县邓广乡壮族四和村贫农韦金甫回忆:"解放前,我和刘义华等人,见到地主苏平勋乱搞男女关系,强奸别人妻女,心中就不服,要打抱不平。为了惩戒他,我们几个人就一起把地主苏平勋打了一顿。"[③]民国初年,广西南丹县一个庄主因长期强奸庄丁的妻子,激起众怒,被群众杀死,尸体也被投进岩洞中。[④]实践调研中,贵港市覃塘区岑岭村村民说,本地群众对强奸犯深恶痛绝,以前由族头出面放在猪笼里,拿去让村民一起批斗。

由于习惯法对强奸罪的重惩,广西历代以来的司法机关也顺应壮族习惯法,对强奸罪也予以严惩,如清代《天河县乡土志》记载了一起严惩强奸犯的案件,咸丰年间,天河县县令伏作霖执政期间,"尤长于听讼,邑南乡某因奸杀其妹,自来报案,意欲嫁祸于他人,作霖可其状,灭灯夜讯,阴遣差役伪为其妹魂寻冤,某喃喃私语,立露实情,案破不累旁人。"[⑤]民国时期发生在全州县的一起轮奸案,被害人勇敢向司法机关报案,2名犯罪人均被判处无期徒刑,并褫夺公权终身,这样的判决结果,即使以今天量刑标准来看,也似过重。

全州县唐三仔、唐黄婆仔强奸一案,唐三仔,男,二十岁,全州县安坡村人,唐黄婆仔,男,十八岁,全州县安坡村人。唐三仔与唐黄婆仔于民国七年正月二十九日,同在安坡村后,土名土地堂地方拾取锑矿,是日早饭后,迫有谢汉裔之孙女,即蒋延进之妻谢氏归宁母家,行至该处,唐三仔、唐黄婆仔二人即将谢氏拉至该处附近山内按倒在地,轮流强奸,唐三仔先奸,唐黄婆仔后奸,谢氏力难抗拒,遂被奸淫,事后唐三仔、唐黄婆仔各自走散,谢氏本不认识该二人,被奸后行至山边,见与外家

① 广西壮族自治区编辑组编:《广西壮族社会历史调查》(第二册),广西民族出版社1985年版,第243页。
② 岑溪市志编纂委员会编:《岑溪市志》,广西人民出版社1996年版,第1049页。
③ 广西壮族自治区编辑组编:《广西壮族社会历史调查》(第六册),广西民族出版社1985年版,第30页。
④ 广西壮族自治区编辑组编:《广西壮族社会历史调查》(第二册),广西民族出版社1984年版,第23页。
⑤ [清]杨家珍总纂:《天河县乡土志》,台北成文出版社1967年版,第20页。

有亲戚之唐先发子在山边拾矿,即告知被奸情形,请其查究强奸者姓名,回至外家,将前情哭诉谢汉裔,谢汉裔具诉至县。民国七年三月二十四日,全州县公署审理该案,经审讯属实,唐三仔、唐黄婆仔二人共犯强奸蒋谢氏之所为,各依刑律第二十九条第一项之规定判处无期徒刑,并褫夺公权终身。判决以后,唐三仔、唐黄婆仔不服,提出上诉。民国七年七月二十日,广西高等审判厅第二审终结,认为一审判处事实、适用法律均无不合,维持原判。唐三仔、唐黄婆仔仍上告,民国七年十月二十一日,大理院第三审终结,上诉驳回,维持原判。①

　　正是由于壮族刑事习惯法的严惩和打击,使得壮族地区的强奸罪数量非常少,犯罪率很低。据民国二十一年(1933 年)广西省政府对全省各地法院所审理的犯罪件数统计,强奸罪、猥亵及奸淫的数量与妨害婚姻及家庭、妨害风化等犯罪相比,明显偏少,大部分县都是空白,这要归功于壮族传统习惯法对妇女性权利的保护。(见表 5.2)

表 5.2　广西省犯罪人数及罪别(1933 年)统计

审理机关	妨害婚姻及家庭	妨害风化	强奸	猥亵及奸淫	合计
高等法院	24	5			180
第一分院	32	12		4	311
桂林地方法院	57	7			393
平乐分院	2	2	2		133
全县分庭	12				141
兴安分庭	9	3			110
灌阳分庭			2		107
恭城分庭		5			57
富川分庭					76
贺县分庭	8	9			107
钟山分庭	15	3		3	113
苍梧地方法院郁林分院	10	7			135
容县分庭	20				74
桂平分庭	14	9			153

①　广西壮族自治区高级人民法院《审判志》编辑室编:《广西审判志》(讨论稿),1991 年 9 月 15 日印,第 157—158 页。

续表

审理机关	妨害婚姻及家庭	妨害风化	强奸	猥亵及奸淫	合计
贵县分庭	9				92
博白分庭	6				74
柳州地方法院	29	4			258
宜山分院					19
邕宁地方法院	39	10			609
扶南分庭					6
荔浦县政府		2			142
陆川县政府		1			33
回河县政府	5	4			19
柳城县政府	1		3		16
迁江县政府					46
武鸣县政府					22
绥渌县政府	3	4			47
西林县政府					5
百色县政府					11
镇边县政府	1				19
万承县政府					16
养利县政府					9
龙州县政府				1	23
宁明县政府					8
合计	294	97	7	8	3 567
百分比	8.24	2.72	0.2	0.22	100

资料来源:张妍、孙燕京编:民国史料丛刊 1015 史地·年鉴《广西年鉴》(第一回)
〈二〉,大象出版社 2009 年版,第 300—303 页。

地方法院的数据也证明了这点,据苍梧地方法院贵县分庭 1931 年 11 月起至 1933 年 12 月受理案件统计表,奸淫案和略诱①案都非常少,三年分别只有 10 件和 11 件,1933 年这两类案件均为空白,远低于杀人、伤害、毁损、侵占、窃盗,甚至比侵坟案件还少,(见表5.3)这足以说明民间习惯法对强奸行为的强大抑制功能。

---

① 谓以强暴、胁迫或伪计,拐骗妇女或幼童。

表 5.3　苍梧地方法院贵县分庭受理案件统计表（自 1931 年 11 月起至 1933 年 12 月止）

案别	1931 年	1932 年	1933 年	合计
奸淫	3	7		10
略诱	3	8		11
杀人	1	20	13	34
伤害	8	27	42	77
毁损		10	18	28
诈欺	2	8	10	20
侵占		9	6	15
诬告		3	5	8
抢夺		4	4	8
窃盗	10	21	26	57
强盗		3	3	6
脱逃		6	3	9
背信	2		1	3
侵坟		7	5	12
伪证		1	1	2
恐吓		1	1	2
行贿		1		1
渎职		1	1	2
勒索		1		1
赌博		5	1	6
伪造文书		1	6	7
妨害交通		1	1	2
妨害风化		2	5	7
妨害婚姻	1	8	10	19
妨害自由		14	15	29
其他	3	6	2	11

　　资料来源：欧卿义主修，梁崇鼎纂：《贵县志》，卷 3，民国二十三年（1934 年）修，贵港市地方志编纂委员会办公室 2014 年 10 月翻印，第 147—149 页。

　　另一个证据是，据 1932 年广西省监狱的罪名统计，省第一监狱和第二监狱中关押的罪犯中，因犯"猥亵及奸淫"罪名被关押的罪犯也为零，可见性犯罪在广西的发案率是非常低的。（见表 5.4）

表 5.4　1932 年广西省监狱罪名比较

罪　名	第一监狱			百分比	第二监狱			百分比
	男	女	计		男	女	计	
妨害婚姻及家庭	23	35	58	13.01				
妨害风化	1		1	0.22				
略诱及和诱					15	19	34	9.00
奸非及重婚					13	13	26	6.95
猥亵及奸淫								
总计	392	7	446	100	336	38	374	100

资料来源:张妍、孙燕京编:民国史料丛刊 1015 史地·年鉴《广西年鉴》(第一回)〈二〉,大象出版社 2009 年版,第 308—309 页。

现实的司法情况也是如此,大部分壮族地区基层法院都反映,审理的强奸案数量非常少,如 2017 年 6 月,贵港市覃塘法院在访谈中称,每年审理的强奸案只有 2—3 起。2018 年 1 月初,环江法院也称,现在强奸案很少了,不是被告人有病就是被害人患抑郁症,都是有特殊原因的。对于因早婚同居导致的强奸罪,法院在审理时也会酌情考虑,在量刑时予以照顾。2017 年 8 月,河池市中级人民法院介绍,本地少数民族早婚现象比较普遍,有一个壮族女孩未满 14 岁,老爸也不管她,村里有个亲戚把她介绍给一户山里的人家。她在那户人家生活了两三个星期,其间与该户人家的儿子发生了关系。女孩的父亲发现女儿不见了,就到处问,知道女儿的行踪后,父亲也希望把女儿的婚姻办下来,但男方家很穷,拿不出彩礼,只给了三四万元,婚礼就没有办成,父亲就向公安机关报了案。山里的小伙子听说后就在叔的陪同下从山里出来投案,在半路被警察抓住。本案在审理时,一审未认定自首,判处 5 年有期徒刑,上诉到中院后,二审法院在量刑时,充分考虑了当地的风俗习惯,考虑到当地各民族普遍早婚,而且认定其主观上有自首情节,因为他当时住在山里,有完全的人身自由,却没有逃跑,还主动来投案,后来主要依靠自首减刑到一年半。这起案件的处理合法合理,既遵守了国家法律的规定,又顺应了当地的民情风俗。

(二)经济处罚

包括到强奸者家中坐食酒肉,对强奸者予以罚款、罚工、赔偿损失等。

1. 坐食酒肉

《柳州府志》云:壮人"人与妇通,以牛酒谢罪,谓之洗妆。"① 龙胜各族

---

① [清]王锦修,吴光升纂:《柳州府志》,卷 30·瑶壮,柳州市博物馆据 1956 年北京图书馆油印本 1981 年翻印,第 11 页。

自治县龙脊乡的壮族习惯法规定，对于强奸案，如果有充分的人证或者物证，女方的丈夫可以对强奸者付诸武力，还根据其家庭情况，索取十吊八吊不等的"赔礼金"，并由后者办一桌酒席，请排解的头人、女方及其丈夫吃一顿，以示歉意。[①]西林县那劳区维新乡壮族习惯法对强奸案的处理为，强奸者要被女方的丈夫纠合几十人前往他家杀牛、猪坐食，并视其家当加以罚款，交完款后才收队回家，否则继续坐食。这样，女方的名誉非但不受损失，反而受到社会尊敬和丈夫的爱戴，说她坚贞妇道、心思耿直。如果事情被其丈夫发现后，强奸者被打死无事，不过这时罚款免收。[②]

2. 罚款

许多壮族地区的村规民约都曾经规定了对强奸罪罚款的标准和条文。宜山县洛东乡壮族坡榄村韦氏祠堂条规第一条规定："不得私通奸淫，逆礼乱伦，玷辱门风等弊。如犯等弊，众议罚入祠堂钱十千文。"[③]上思县那荡乡壮族的乡约规定："凡强奸者，罚款七千二百文至一万零八百文铜钱（后改铜仙）归众。"[④]百色县两琶乡壮族习惯法对强奸者罚款三块六或七块二，并作洗面子酒一席，事后又罚做公家工若干时间。[⑤]有些乡规民约虽未写明罚款标准，但罚款是必须的。武鸣县清江乡壮族乡约规定："禁止奸淫，违者罚款。"[⑥]田东县檀乐乡壮族规定，强奸者男方重罚，并写悔罪书。[⑦]一些强奸犯甚至被罚得倾家荡产，如天峨县白定乡解放前有个大地主祥旺屯王甫乔英的祖父，拥有田地最多时约八百挑，大小耕牛约二十头，养两个终生为他工作的长工，有犁耙各十五把，在扯秧插田时有四五十个妇女帮他工作。后来因其子经常强奸妇女，又因一次人命案不断被罚巨款，终于败家，其孙王甫乔英在

---

① 广西壮族自治区编辑组编：《广西壮族社会历史调查》（第一册），广西民族出版社 1984 年版，第 110 页。

② 广西壮族自治区编辑组编：《广西壮族社会历史调查》（第二册），广西民族出版社 1984 年版，第 192 页。

③ 广西壮族自治区编辑组编：《广西壮族社会历史调查》（第五册），广西民族出版社 1986 年版，第 67 页。

④ 广西壮族自治区编辑组编：《广西壮族社会历史调查》（第三册），广西民族出版社 1985 年版，第 111 页。

⑤ 广西壮族自治区编辑组编：《广西壮族社会历史调查》（第二册），广西民族出版社 1985 年版，第 243 页。

⑥ 广西壮族自治区编辑组编：《广西壮族社会历史调查》（第六册），广西民族出版社 1986 年版，第 62 页。

⑦ 广西壮族自治区编辑组编：《广西壮族社会历史调查》（第五册），广西民族出版社 1986 年版，第 91 页。

土改时划为贫农成分。①

3. 赔偿损失

壮族传统习惯法对强奸罪的处理最重要的是赔偿妇女的损失，现在习惯法虽然淡化了，但仍在一定范围内起作用，影响着群众的思维和行动，民间常因协商不成功或赔偿难以达成一致从而最终上升到司法机关。如河池市中级人民法院刑一庭法官介绍，本地少数民族对强奸等行为的确有传统习惯法，但如果发生强奸的事实，一般司法机关都是按照法律来判决。凤山县法院的法官介绍，本地有一个习惯，发生了强奸案件，如果司法机关没有发现并干预的话，就民间平息了，主要采取赔偿的方式，被害人要求赔偿金10万元、8万元、5万元不等，但如果司法干预了，进入司法程序，也会考虑本地的风俗习惯，支持赔偿金。2008年，本地1名男子多次奸淫1名不满14岁的幼女，两家通过协商决定赔女孩家5万元，男子也给了。后来该幼女懂事后自己向司法机关报案，结果该男子被司法机关判了五年有期徒刑，但被告人在被送往监狱服刑时向法院起诉，要求返还之前支付给女方的5万元赔偿款，法院驳回其要求不予支持。强奸案的经济赔偿可以通过刑事案件附带民事诉讼的司法程序获得保障和实现。

（三）精神处罚

许多地方发生强奸案后，都曾经采取赔钱、挂红、赔礼道歉等精神处罚方式，包括强奸者赔偿被害人名誉损失、赔礼道歉、写悔过书等，这些制度从各方面对强奸罪进行规治，既严厉惩戒了犯罪分子，又挽回了被害妇女的名誉权。宜山县洛东乡壮族的乡约规定："强奸掳掠者，除赔偿名誉外，另罚七元二毫。"②上思县三科村的壮族，村民中如果有谁违犯了村规民约或有伤风败俗之事，诸如强奸、调戏妇女等，都由"都老"从中调解或裁决，要当事人赔礼道歉、履行义务、赔偿损失，或要当事人承受罚金或罚工。③

司法实践调研的情况表明，这种传统的处罚方式与现代法治是相互冲突的，司法机关遇到此类案件，都会按照国家刑法的规定处罚。

习惯法在刑事领域适用对许多人来说是难以接受的，因为刑法是最刚

---

① 广西壮族自治区编辑组编：《广西壮族社会历史调查》（第一册），广西民族出版社1984年版，第5页。

② 广西壮族自治区编辑组编：《广西壮族社会历史调查》（第五册），广西民族出版社1986年版，第54页。

③ 广西壮族自治区编辑组编：《广西壮族社会历史调查》（第三册），广西民族出版社1985年版，第124页。

性的法律，犯罪与刑罚必须严格遵照法律。但在少数民族地区，不能生搬硬套，壮族在历史上形成了一整套自己的刑事习惯法，对于强奸、通奸等犯罪都有自己的评判标准和处罚方式，这些习惯法代代相传，留下了深深的烙印，甚至超越了他们对国家法的理解。如果司法机关在审理这些刑事案件时完全不考虑壮族的传统习惯，那么按照国家法所作的判决很难让群众信服，容易引发群众的抵触，反而降低刑法的权威性。"至政治法律，亦为挽回习惯之一原因。"①我国历史上在民族地区执行刑法的"两少一宽"制度就是很好的先例。

（四）对拐骗妇女罪的惩处

拐骗妇女是一种严重侵犯妇女人身权利的犯罪行为。在壮族地区，这类犯罪也非常猖獗，因此壮族习惯法对此类犯罪也作了严厉的处罚规定，包括人身和经济处罚。百色地区的壮族习惯法曾规定，发生拐带案件时，如果抓到拐者，可以当场打死。如果不打死他（她），则看女人的身价，即过去丈夫娶时用去的礼金礼品赔钱，无能力赔时处死。如果抓不到人，无踪可寻，以后发现被拐卖妇女可直接带回，要是该女已经生儿育女，亦可将母子一举抢回，买者不得阻拦，否则被指名为强盗，直接没收其家当。②西林县那劳区维新乡习惯法对于拐妇案：（1）女方在夫家被拐出去，由原夫家负责找人。（2）女方在岳家被人拐走，男方通知岳家要人，否则即纠合几十人到岳家剀猪、杀牛坐食，并视岳家家产多少而加以索赔，到收足赔款后才回去。③

大革命时期，广西革命根据地的苏维埃政权也严厉打击拐骗妇女的犯罪，并顺应壮族的习惯法作出判决，如百色临时苏维埃政府副主席罗文佳，在兼任裁判委员会主席期间，亲自受理调解群众之间的各种纠纷。1930年1月黎咸华呈诉黄家安等串卖其妻黄氏一案，经罗文佳调查核实，以百色临时苏维埃裁判委员会名义作出判决："黄氏窝藏逃妇，应罚毫银十六元。媒人妈生与四嫂串卖逃妇，均各罚银十二元，林彩焕私买逃妇，亦罚银二十元。该银共六十元，应给黎咸华，准予财礼费。至该黄氏即不愿跟随前夫，而愿跟后夫。本府尊重结婚离婚自由意思，将黄氏判还林彩焕。"④从判决结果

①　陈昭令等修：《黄平县志》，卷3·风俗，第157页下，民国十年（1921年）成书，贵州省图书馆据黄平县档案馆藏本1965年复制，桂林图书馆藏。
②　广西壮族自治区编辑组编：《广西壮族社会历史调查》（第二册），广西民族出版社1984年版，第244页。
③　同上书，第192页。
④　广西壮族自治区地方志编纂委员会编：《广西通志·司法行政志》，广西人民出版社2002年版，第45—46页。

来看,当时的苏维埃政权惩处拐骗案件更多依据的是壮族传统习惯法罚款的方式。民国广西省政府在各乡设立了调解委员会,调解各种纠纷,其中就包括拐骗妇女的案件,对这些案件的处理方式也多是传统的罚款,以博白县六永乡调解委员会调解莫达章诱拐莫十六之妻纠纷案为例:

博白县六永调解委员会调解成立书

申请人:莫达章,男,42岁,住六永乡石瓦村水秩地屯

相对人:莫十六,男,22岁,住六永乡石瓦村文小屯

右(上)当事人间因莫达章诱拐莫十六之妻谢氏,带出外地贩卖事情发觉,经族办理,处莫达章赔偿国币陆万元给莫十六为续娶及信誉费用,并由莫达章立写悔过书,儆其将来。自经族处理后,又跟寻回谢氏,莫达章因跟寻回谢氏,不肯交足赔偿数目,双方因此致起纠纷。经本会调解成立,兹记明其内容如左(下):

(1)莫达章犯诱拐罪过,虽经族处理赔偿,但谢氏既已寻回,莫十六无需续娶之理,似应减轻其赔偿款;

(2)本会为息事宁人起见,仍着根据莫达章第二次会酒族邻调处办法,处莫达章贴回莫十六信誉费及赏金国币二万八千元息事;

(3)莫达章前立写陆万元之借据,由莫彩华负责捞回取消;

(4)双方意愿遵处,并无异议。

申请人　莫达章

相对人　莫十六

中华民国三十四年八月九日

博白县六永乡调解委员会

主席　庞捷之

委员　黄祖德

周南

庞翠芝

到场调解人　刘树昌

周以琼

莫华彩①

---

① 广西壮族自治区地方志编纂委员会编:《广西通志·司法行政志》,广西人民出版社2002年版,第44页。

第三节　对壮族妇女婚姻自主权的保护

一、对妇女结婚自主权的保护

（一）自由婚习惯法

在"父母之命、媒妁之言"的婚姻礼教传入广西之前，壮族的婚姻长期处于"男女杂游，不媒不聘"①的自由婚阶段，这给广西妇女创造了极大的婚姻自由空间。壮族妇女可以自己选择婚姻对象，不受任何束缚、限制和压迫，其婚姻自主权受到了充分的尊重。从文献记载的情况看，中央政权渗入壮族地区后，一直试图改变壮族的这种自由婚姻制度，仅从《后汉书》的记载就可略知一二，如"建武二年，（卫飒）迁桂阳太守。郡与交州接境，颇染其俗，不知礼则。飒下车，修痒序之教，设婚姻之礼"。②"建武初，骆越之民无嫁娶礼法，各因淫好，无适对匹，不识父子之性，夫妇之道"。③"和帝时，稍迁桂阳太守。郡滨南州，风俗脆薄，不识学义。荆为设丧纪婚姻制度，使知礼禁"。④"光武中兴，锡光为交阯，任延守九真，于是教其耕稼，制为冠履，初设媒娉，始知姻娶。"⑤在中原士大夫看来，这种婚姻自由属于毫无礼教的野蛮状态，但对壮族群众来说，这种制度具有极大的优越性，这也是他们长期奉行不改的原因，连学者都不得不感叹这种制度的先进性："蛮民的特点之十五：婚姻重恋爱"，"蛮民的优点之五：男女婚配自由，社交平等。"⑥

直至宋代，这种状况依然没有改变，壮族仍旧奉行婚姻自主："桂林邕、宜接夷獠，置守戍。大率民婚嫁、丧葬、衣服多不合礼。"⑦一些壮族地区实

---

① 《列子·汤问》。
② ［南朝］范晔：《后汉书·循吏卫飒传》，册9，卷76，页2459。见广西壮族自治区通志馆编：《二十四史广西资料辑录》（一），广西人民出版社1987年版，第123页。
③ ［南朝］范晔：《后汉书·循吏卫飒传》，册9，卷76，页2462。见广西壮族自治区通志馆编：《二十四史广西资料辑录》（一），广西人民出版社1987年版，第123页。
④ ［南朝］范晔：《后汉书·循吏卫飒传》，册9，卷76，页2472。见广西壮族自治区通志馆编：《二十四史广西资料辑录》（一），广西人民出版社1987年版，第124页。
⑤ ［南朝］范晔：《后汉书·南蛮西南夷传》，册10，卷86，页2836。见广西壮族自治区通志馆编：《二十四史广西资料辑录》（一），广西人民出版社1987年版，第131页。
⑥ 刘锡蕃：《岭表纪蛮》，台北南天书局1987年版，第281页。
⑦ ［元］脱脱、阿鲁图主修：《宋史·地理志·广南西路》，册7，卷90，页2248—2249。见广西壮族自治区通志馆编：《二十四史广西资料辑录》（三），广西人民出版社1987年版，第58页。

行"先斩后奏"式的私奔婚，并以成为心照不宣、约定俗成的婚姻缔结方式："卷伴：深广俗多女，嫁娶多不以礼……其土人亦自卷伴……始也既有桑中之约，即暗置礼聘书于父母床中，乃相与宵遁。父母乍失女，必知有书也，索之衽席间，果得之，乃声言讼之，而迄不发也。岁月之后，女既生子，乃与婿备礼归宁。预知父母初必不纳，先以醨酒入门，父母佯怒，击碎之。婿因请托邻里祈恳，父母始需索聘财，而后讲翁婿之礼。凡此皆大姓之家然也。若乃小民有女，唯恐人不诱去耳。往诱而不去，其父母必勒女归夫家。且其俗如此，不以为异也。"①

从清代到民国的文献看，直至新中国成立前壮族的自由婚制度仍然是主流，难以改变，如《粤西丛载》记载，梧州"男女不行醮礼"。②乾隆时期《柳州府志》记载："罗城县婚姻不用媒妁。"③乾隆时期在广西任职的赵翼评壮女唱歌的诗曰："也无媒妁定莺莺。"④嘉庆时期《广西通志》记载山子夷在求婚及出嫁阶段，女方完全掌握主动权，婚姻是否成立完全由女方决定："若婚嫁则又可笑，有女之家，初不计财，惟槟榔数裹为聘。结婚时，男家媒氏至女家，立门外不敢入，伺主人出，以期告主人，不诺，即辞去，不敢言。明日复往，伺如初。主人诺，则延媒氏入饮。及其婿偕媒氏携果盒往，将及女家，婿乃近舍，媒氏及门，女蹑新草履，负袱挟伞，伞上仍系双草履，随媒氏往婿所，解履授婿，婿穿履，引之而去。媒与父母送者毕返不顾。有子，方偕婿归宁。"⑤民国《三江县志》评价："壮人两性之间男女交际：比六甲自由，婚姻缔合：其始之缔结，则自由为多。"⑥《岭表纪蛮》认为壮族的婚姻制度是《周礼》所刻画的上古婚姻自由模式的"活化石"："周礼：'媒氏掌万民之判，仲春之月，令会男女，于斯时也，奔者不禁。若无故而不用令者，罚之。司男女之无夫家者会之。凡嫁子娶妻，入币纯帛，无过五两。'曰'仲春'、曰'会'、曰'奔者不禁'、曰'嫁娶'，此即活画现代蛮民由歌会以求恋爱，由恋爱以成婚约之画图。"⑦1929年10月制定的《广西东兰县革命委员会最低政纲草案（有关

① ［宋］周去非：《岭外代答》，杨武泉校注，中华书局1999年版，第430页。
② ［清］汪森辑：《粤西通载》（12），粤西丛载，卷18，广西师范大学出版社2012年版，第142页。
③ ［清］王锦修，吴光升纂：《柳州府志》，据1956年北京图书馆油印本翻印，柳州市博物馆1981年翻印，第3页。
④ 刘锡蕃：《岭表纪蛮》，台北南天书局1987年版，第167页。
⑤ ［清］谢启昆、胡虔纂：《广西通志》卷279·列传二十四·诸蛮二，广西师范大学历史系、中国历史文献研究室点校，广西人民出版社1988年版，第6906页。注引自《日询手镜》。
⑥ 魏任重修、姜玉笙纂：《三江县志》，台北成文出版社1975年版，第163页。
⑦ 刘锡蕃：《岭表纪蛮》，台北南天书局1987年版，第270页。

妇女部分)》第(六)条规定："婚姻绝对自由。"①

　　建国初期的社会历史调查表明，大部分壮族地区对妇女的婚姻自由给予了最大的限度，如隆林县委乐乡壮族恋爱的方式大体是这样的：青年男女要找自己认为称心的对象，在劳动中或其他场合下接触，彼此认识、接近、了解、互相爱慕，就谈起相爱的话来，这大都是男子首先主动提出的，初时不经媒人，一般的过程是：追求，在接触时，男女双方相爱而合意，便在表情中有某种暗示，如以眼传情。②

　　(二)以歌为媒

　　1."以歌为媒"的传统习惯

　　壮族妇女自由选择婚姻对象的方式非常多，"自由恋爱结婚，壮族人民历来酷爱唱山歌，男女青年通过赶歌墟、抛绣球、办喜事、赶圩集、赛歌会等社交活动，以歌为媒介，互相认识，倾诉爱情，有的发展到结为夫妻"。③最为典型的一种是"以歌为媒"，即通过对歌互答的方式选取意中人，在唱歌的过程中了解对方的人品，合意则可立即结为夫妻。这种方式不仅尊重了壮族妇女的婚姻自主权，也体现了壮族妇女的智慧与才华，不是单纯以财富和外貌等肤浅的标准去衡量男子。

　　关于"以歌为媒"的婚姻缔结方式，历代文献的记载可谓汗牛充栋，非常详实生动据。许多广西地方志记载了各地壮族妇女"以歌为媒"的习惯，雍正《广西通志》记载了壮族这种独特的择婚方式：富川县"男女答歌相配合"。④左州"十室而五，婚嫁多唱歌踏清为媒妁"。⑤道光《庆远府志》载："思恩妇女出门俱携草帽，婚嫁以牛为聘，以歌合欢，蛮俗大抵以歌成婚。"⑥《广南府志》也记载："侬人如缔婚姻则以歌唱私合，始通父母议财礼。"⑦也就是说，通过

---

① 广西壮族自治区地方志编纂委员会编：《广西通志·妇联志》，广西人民出版社 2001 年版，第 336 页。

② 广西壮族自治区编辑组编：《广西壮族社会历史调查》(第一册)，广西民族出版社 1984 年版，第 52—53 页。

③ 广西壮族自治区高级人民法院《审判志》编辑室编：《广西审判志》(讨论稿)，1991 年 9 月 15 日印，第 624 页。

④ [清]金鉷修，钱元昌、陆纶纂：《广西通志》(二)，卷 32·风俗，页 6，广西古籍丛书编辑委员会、广西地方志编纂委员会办公室据清雍正十一年(1733 年)刻木影印，广西人民出版社 2009 年版，第 573 页。

⑤ [清]金鉷修，钱元昌、陆纶纂：《广西通志》(二)，卷 32·风俗，页 12，广西古籍丛书编辑委员会、广西地方志编纂委员会办公室据清雍正十一年(1733 年)刻木影印，广西人民出版社 2009 年版，第 576 页。

⑥ [清]唐仁纂，英秀修：《庆远府志》，道光八年辑，广西河池市地方志办公室点校，广西人民出版社 2009 年版，第 56 页。

⑦ [清]林则徐等修，李希玲纂：《广南府志》，台北成文出版社 1967 年版，第 49 页。

唱歌是缔结婚姻的第一步。通过对歌相合后，再履行婚姻其他的程序。光绪《横州志》则详细记载了以歌为媒的全部过程："少年男女，皆舞彩巾，歌以择配，歌意所合者，男遗女扁担一条，镌歌数首，间以金彩花卉，而沐以漆。女赠男以绣囊、锦带诸物，悉手制者，约为夫妇，各告父母，乃倩媒以苏木染槟榔并篓叶、石灰定之。"①这种习惯一直延续到新中国成立后很长一段时间，如宜州市怀远镇民国时期有唱歌认识后来结成眷属的。解放后多自由恋爱，其中也有唱山歌认识及经人介绍结合的。②大新镇的情歌唱道："谁人对得此言语，我今就跟结成双。"③许多到广西任职的文人的笔记中，也有大量关于"以歌为媒"的婚姻方式的记载，如明代桑悦《壮俗诗》其二曰："清歌互答自成亲。"④《天下郡国利病书》记载永宁州风俗："答歌为婚，不禁同姓。"⑤《峒谿纤志》记载僚人"婚以木檞聘女，有扇歌檞歌，以为酬唱，相合即为夫妇"。⑥《粤西偶记》则详细记载了"以歌为媒"地界婚姻的全部过程，与光绪《横州志》的记载类似："壮人其俗即习歌，男女皆倚歌自择配，女及笄则纵诸野，少年从者且数十，次第歌，俟女歌意所答而一人留。"⑦

2. "以歌为媒"的时间与地点

"以歌为媒"并非随时随地发生的，而是有一定的时间规律，且有固定的场所，壮族男女以歌为媒的场所一般是歌会、歌圩或采茶会，这是壮族非常有特色的活动。时间上一般分为春秋两次，如明末《赤雅》记载："峒女于春秋时，布花果笙箫于名山，五丝刺同心结，百纽鸳鸯囊，选峒中之少好者，伴峒官之女，名曰天姬队。余则三三五五，采芳拾翠于山椒水湄，歌唱为乐。男亦三五成群，歌而赴之。相得，则唱和竟日。解衣结带相赠以去。(注：浪花歌，乃壮语汉译名词。在壮语里，直呼'欢狼'，壮语'fwen rangh'，'fwen'即山歌，'rangh'乃指开放。意思是无羁束的山歌，实则指在山野唱的情歌。)"⑧乾隆《柳州府志》记载："雒容县喜唱歌，春秋则相聚戏嬉，婚娶

---

① ［清］谢钟龄修，朱秀纂：《横州志》，据清光绪二十五年（1899 年）刻本重印，横县文物管理所 1983 年 11 月印，第 82 页。

② 宜州市怀远镇人民政府、中共河池地委党史研究室、河池地区地方志办公室编：《怀远镇志》，第 231 页。

③ 王战初主编：《大新镇志》，广西人民出版社 1996 年版，第 217 页。

④ 刘锡蕃：《岭表纪蛮》，台北南天书局 1987 年版，第 247 页。

⑤ ［明］顾炎武：《天下郡国利病书》（十一），卷 30，广西，页 4 下—5 下，四部丛刊续编 80 册，上海涵芬楼影印昆山图书馆藏稿本，台湾商务印书馆 1966 年版。

⑥ ［清］陆次云：《峒谿纤志》，中华书局 1985 年版，第 9—10 页。

⑦ ［清］陆祚蕃：《粤西偶记》，中华书局 1985 年版，第 10 页。

⑧ ［明］邝露：《赤雅》，蓝鸿恩考释，广西民族出版社 1995 年版，第 25 页。

概用牛豕。"①《怀远县志》记载："宾州罗奉岭，去城七里，春秋二社，士女毕集。男女未婚嫁者，以歌诗相应和，自择配偶。各以所执扇帕相博，谓之博扇。归日，父母即与成礼。"②

春天是万物萌发的时节，也是青年男女情窦初开的时节，因此春季以歌为媒的情况居多，一般集中在春节、元宵、上巳、清明、端午等节日，这种节日有些属于农闲时期，有些则是群众集体游玩庆祝的日子，因此在庆祝节日的同时，也为青年男女唱歌择偶提供了机会，但各个壮族地区的时间都不一样，如龙胜壮区整个正月是男女青年交往对歌、互倾爱慕之佳期。建国前，思梅一带尤甚，对壮歌和六甲歌，比比皆是。③《武缘县图经》记载："元宵节数日，男女游戏唱歌，互相酬和，同志者以槟榔缔合，此其所以为蛮俗也。"④民国《同正县志》记载的歌圩时间是三月底："盖去县城八九十里为县属之四五区，有一旧俗谓之歌圩。每年三月底则各处男女服饰整洁，及商贾者、赌博者，千百成群聚集于山坡旷野之地，女则携篮持伞或四五人或六七人不等，有一老妇为之媒介，蹲作一堆，男则游行掀看，有合意或旧好者，则唱歌挑之，彼此互答，若相悦意，女投槟而男赠糕，以为定情日，夕乃双双携手而归，即夫家见之，亦不之怪，以为不如是则不丰年。"⑤延续到四五月份的也有，如《岭表纪蛮》记载："尤可怪者，乡村四月农事之暇，复多'歌墟'之俗。及时青年男女靓妆嬉游，趋之若鹜。往往唱歌酬答，作靡曼之音。"⑥《三江县志》记载的歌会时间是清明、端午："壮人在昔皆有歌坪，男女集于其间，而分界限，相距约半里，彼此唱山歌，互相应和，今于清明端午二节行之……大抵会必有歌，歌而后情惬，男女婚姻缔结之始于此场中者，虽尚有必经之过程，其最先媒介，则歌声也。"⑦

也有秋季丰收之后的歌会，如明代嘉靖《钦州志》记载当地风俗："八月中秋，假名祭报粮扮鬼像于岭头跳舞，谓之跳岭头，男女聚观，唱歌互答，因

---

① ［清］王锦修，吴光升纂：《柳州府志》，据 1956 年北京图书馆油印本翻印，柳州市博物馆1981 年翻印，第 2 页。

② 见《怀远县志》，［清］汪森编辑：《粤西丛载》（中），黄振中、吴中任、梁超然校注，广西民族出版社 2007 年版，第 756 页。

③ 龙胜县志编纂委员会编：《龙胜县志》，汉语大词典出版社 1992 年版，第 94 页。

④ ［清］黄君钜初纂，黄诚沅续纂：《武缘县图经》，卷 6，广西人民出版社 2013 年版，第 413 页。

⑤ 杨北岑等纂修：《同正县志》，卷 7·礼俗，据民国二十二年铅印本影印，台北成文出版社1975 年版，第 172 页。

⑥ 刘锡蕃：《岭表纪蛮》，台北南天书局 1987 年版，第 74—75 页。

⑦ 魏任重修，姜玉笙纂：《三江县志》，据民国三十五年铅印本影印，台北成文出版社 1975 年版，第 154 页。

而淫乐遂假夫妇，父母兄弟恬不为怪。"①有的地区次数较多，从春季延续到秋季共四次，如民国《三江县志》记载"其他集会：有定期者，为春秋社、清明节、旧历之三月十五、四月初八、九月十五、或春季土壬用事日，随地而定，届期不约而同，毕集于一定之山上男女各为群，男择女之相悦者相款曲，订期会，在进则可议婚云，此平江一带之习也。"②根据 20 世纪 50 年代的调查，镇都九区是靖西、德保、大新交界地方，每年都有大歌墟集会。四县男女青年会集者万人以上，解放前每年大会期四个，旧历三月廿在把荷街，约有五六千人参加，四月插秧于十五或廿，在龙马墟也有几千人参加，五月牛生日（随旧书上规定而定期），在那沙山坳，有上万人参加，另一个是八月十五日做斋日。男女青年多通过互唱山歌而定情相爱，每逢歌墟期，男女青年便盛装打扮，邀集同伴纷纷赴会，从四面八方会集前来的男女青年三五成群，通过唱歌方式互相物色对象。③还有的地方，似乎每个月逢十五月圆之夜都会举办歌圩，如民国时期林国乔《天河风土诗》其三写出了歌圩的盛况："南乡墟市水环门，赠芍遗钗俗尚存；三五月明歌四起，不销魂处也销魂。"④这其中次数最多、最频繁的就数武鸣县清江乡的歌圩，几乎全年的节日全部囊括。该歌圩已经有很长的历史，无论过去或现在，壮族人民都喜爱它。所以过去每逢一个节日，许多青年男女都聚集在不同的地方进行联欢对唱。通过对唱，选择他们心爱的人。据他们说：这里有很多人是通过唱山歌结为夫妇的，因此夫妻的感情比较牢固，生产也就比较好。表 5.5 是武鸣县清江乡解放前歌圩一般情况表。

3. 历代统治者对歌圩的禁止

由于壮族以歌为媒、依歌择配的习惯与中原的婚姻礼教大相径庭，因此历代统治者都对这一横加干涉和严禁，企图改造和废除这种制度，如雍正年间广西巡抚金鉷曾发布《严禁唱歌示》，认为以歌为婚的习惯是违背封建礼制的"淫乱之风"，予以取缔，并要求广西少数民族婚姻必须实施"父母之命、媒妁之言"。

---

① ［明］林希元纂：《钦州志》，天一阁藏明代方志选刊，上海古籍出版社 1961 年据嘉靖刻本影印，卷 1・风俗，页 32 上、下。

② 魏任重修、姜玉笙纂：《三江县志》，据民国三十五年铅印本影印，台北成文出版社 1975 年版，第 154 页。

③ 桂西壮族自治区人民政府民族婚姻问题研究室编印：《镇都县第九区把兰乡婚姻情况调查报告》，壮族婚姻情况调查资料之二，1954 年 10 月编印，第 6 页。

④ 刘锡蕃：《岭表纪蛮》，台北南天书局 1987 年版，第 249 页。

表5.5　武鸣县清江乡解放前歌圩时间和地点

歌圩日期	参加歌圩人数	地　　点
正月初一至十五	本乡青年100%，老人也参加	
三月初三	本乡青年100%	
五月初五	本乡青年80%	
七月十五	本乡青年100%	大都在马头圩与小陆圩场上
八月十五	本乡青年50%	
九月初九	本乡青年40%	
十月秋收完毕	本乡青年40%	
年底	本乡青年100%，还有老人参加	附注：青年一般是指16岁至35岁的男女

资料来源：广西壮族自治区编辑组编：《广西壮族社会历史调查》（第六册），广西民族出版社1985年版，第66、67页。

本都院抚粤以来，素闻向有唱歌之习，屡经示禁并谕地方官勤宣教化，广为谕晓，务去此淫乱之风，共臻礼义之化，近年亦已稍减，仍有未能尽除者。固土人之旧习相沿，亦由地方各官不以礼义廉耻实力化诲之故也。合行通饬严禁，为此示仰。抚属汉土民苗人等知悉，嗣后男女长大应当婚嫁之时，必须父母为之主婚择配，寻媒说合遵例，不用财礼繁文，只照依本处土俗，礼物先期聘定，或男家迎娶成亲，或女家招婿入赘，听从其便，不许仍蹈陋习，纵容男女群聚唱歌，私相苟合，以养廉耻之心，以成风俗之美。①

在省级大员的高压之下，下面的县纷纷出台相应的禁令取缔唱歌择配的习惯，如雍正十年（1732年）二月，合浦县严禁歌圩上"互歌婚配"。②平乐府知府胡醇仁发布《修仁条陈议》，其中规定："若夫男女会聚唱歌赠答，惟在司民牧者礼以喻之，法以制之，二者而已。每遇朔望，宣讲上谕毕，即以此等恶俗殷殷告诫，仍遍贴告示详明晓谕。更于村落之中设立老诚乡约，俾之宣导教化，是喻之于礼者亦备矣。如有前项苟合并伤风败俗之事，不但罪及本

① ［清］金鉷等监修：《广西通志》（四），卷119·艺文，［清］纪昀等总纂：《景印文渊阁四库全书·史部326·地理类》，台湾商务印书馆1986年版，第518—519页。
② 廖国器修，刘润纲、许瑞棠纂：《合浦县志》，卷5·前事志，民国三十一年版。

犯,并乡里知而不首者,亦行重处,是乃丕变民风之一法也。"①其后的广西地方官员也多次三令五申,如乾隆《庆远府志》记载:"忻城土县民歌唱成婚,近禁制严密,蒸蒸向化。"②但群众对这种严重破坏少数民族传统习惯的方式非常抵触,因此收效甚微,如《武缘县图经》收录的韦丰华《廖江竹枝词》就讽刺了清末当地太守试图严禁歌圩的事件:"兰卿太守曾多事,示禁花歌浪费神。"(原注:李公彦章守郡时,曾厉禁之,而不能止。)③由于群众坚决不执行,还唱歌予以嘲讽,最终朝廷命官的禁令以失败告终:"清季李彦章知思恩府,出示严禁,迄无寸效。"④

不仅朝廷委派的流官试图废除歌圩制度,广西本地的土官也曾多次发文严禁歌圩,如南宁地区天等县镇结土官文稿中就有《禁陋习歌圩告示》:"查州属□□,离州僻远,村民旧习,每于季春初四、十四、二十四三日为期,男女聚集,相对行歌,名曰歌圩。不思男女有别,圣贤垂训,岂宜赠芍报桃,以桑中斗上,俾以私期相约。"⑤还有一份《严禁歌圩以正风俗特示》:"本府下车之初,探风问俗,知土民有互歌定配之习尚,不遽信访知,每年三春时候,或穿红拖绿,三五成群,或携负淆,百十成队,平原席地而饮,高坡联坐而讴,彼唱此和,歌同下里者不愿分袂,或手相随;而并不见有父母之命,媒妁之言。"⑥

进入民国后,广西省政府也以改良风化为名,多次禁止歌圩事宜,甚至动用国家机器逮捕参与歌圩的群众,如1913年,"容州苏次河先生署任罗城县长风裁岸峻,政尚严肃,锐以维持风化自任。时值新岁,属境墟市,男女聚歌如云;即城外市场,亦歌声四起,驱之不去。苏大怒,捕歌者十余人系之。被捕者,大半为妇女。后经人劝说释放"。⑦1933年,广西省政府更是颁布《改良风俗规则》,把歌圩作为陈规陋习加以严禁,以罚金、派警驱止、勒令解散的方式加以破坏:"至人民麕集成墟,互唱淫歌,及各地演唱戏剧,实与风

---

① [清]胡醇仁重修:[雍正]《平乐府志》,卷19·艺文,页40,故宫珍本丛刊第200册,海南出版社2001年版,第592页。

② [清]李文琰总修:[乾隆]《庆远府志》,卷1·风俗,页25,故宫珍本丛刊第196册,海南出版社2001年版,第114页。

③ [清]黄君钜初纂,黄诚沅续纂:《武缘县图经》,卷6,广西人民出版社2013年版,第415页。

④ 刘锡蕃:《岭表纪蛮》,台北南天书局1987年版,第177页。

⑤ 广西壮族自治区编辑组编:《广西少数民族地区碑文、契约资料集》,广西民族出版社1987年版,第132页。

⑥ 广西壮族自治区编辑组编:《广西少数民族地区碑文、契约资料集》,广西民族出版社1987年版,第131页。

⑦ 刘锡蕃:《岭表纪蛮》,台北南天书局1987年版,第178页。

化有关,于规则内本无取缔之规定,嗣据龙州县政府呈请核示取缔歌墟办法前来,当即饬知'凡麕集歌墟唱歌之男女当场查获者,处以一元以上五元一下罚金',以示惩做。现在是项陋习咸相率敛迹,不敢干犯。二十三年一月,并由本府规定各地方演戏办法,于青民电通饬各县局遵照。兹将本年度各县局执行违反改良风俗案件列表于左。"[1](见表5.6)

表5.6　1933年广西各县局执行违反改良风俗规则案件一览表

县局	案　由	办理情形
明江	查祥春村成立歌圩	派警协同该管村长将其驱散
上林	查附近城厢有唱采茶会	派警制止解散
富川	查县属曰砂墟晚间有男女成群对唱	饬该管区公所派警驰往禁止,勒令解散
龙胜	据报城厢附件村民有男女互唱	派警制止勒令解散

资料来源:张妍、孙燕京主编:《民国史料丛刊·政治、政权机构·广西省施政纪录(一)》,大象出版社2009年版,第360—361页。

实际上,壮族通过以歌为媒的方式使妇女能充分依据个人意志选择配偶,这种方式不仅是对妇女婚姻自主权的一种极大保障,也是对壮族文化的一种传承,并没有历代封建政府所污蔑的有伤风化等弊端,其本身对社会风气等并无明显的伤害效应,相反,这是壮族妇女实现幸福美满婚姻生活的必由之路,也是屡禁不止、驱而复生的原因。事实上,一些有识之士早就洞察到了以歌为媒对壮族妇女婚姻所起的巨大作用,这是统治者的铁拳所不能扼杀的优良传统。

良将之谭战略,文豪之论词章,宗教家之言上帝神佛,可谓信之笃而好之深矣,然未有如蛮人之好歌者也。其所以如此者,盖原于后述之种种理由:(一)善唱歌者,能博得妇女之欢心,可藉此为媒介,而达到最美满之恋爱,并可以由此等范围之内,而试验抉择各个恋爱者之谁为惬意,进而达到美满结婚之目的……因此蛮人无论男女,皆认唱歌为其人生观上之切要问题。人而不能唱歌,在社会上即枯寂寡欢,即缺乏恋爱求偶之可能……至于个人方面,各就其意中人缠绵对歌,写其爱慕,因而桑间濮上,以实行其恋爱之自由者,则司空见惯,

[1]　张妍、孙燕京主编:《民国史料丛刊·政治、政权机构·广西省施政纪录(一)》,大象出版社2009年版,第359页。

更属寻常。①

壮族的自由婚习惯法,创造出了丰富多彩的歌圩文化。如今,歌圩作为壮族优秀文化的代表,受到国家及自治区政府的高度重视和保护。目前共有2个歌圩项目入选国家级非遗名录,7个歌圩项目入选自治区级非遗名录,壮族青年男女可以在传统的歌圩上尽情自由恋爱与择配,不仅保护了妇女的婚姻自主权,也传承了传统歌圩文化,见表5.7。

表5.7 入选国家级、自治区级非遗名录的壮族歌圩项目

级　别	批　次	时　间	项　目	类　别	地　域
国家级	第一批	2006 年	壮族歌圩	民俗	南宁市
	第四批	2014 年	壮族三月三		
自治区级	第五批	2014 年	壮族毯丝歌会		
			壮族安龙歌会		
			露圩壮族圩逢		
			横县壮族三相圩逢		
			更望湖壮族歌圩		
	第四批	2012 年	横县云表壮族歌圩		
	第三批	2010 年	隆林壮族歌会习俗		百色

资料来源:广西非物质文化遗产网。

(三)各种集会上的恋爱自由

除了以歌为媒外,壮族男女还通过其他的各种集会结识伴侣,为自由婚姻创造条件,"人民集会之时,男女自相可适,乃为夫妻,父母不能止"。②这些集会包括赶圩、节日、坡会、会集等,如广西民族博物馆记载与广西交界的荔波县壮人资料曰:"岁时祭盘瓠,杂鱼肉酒饭,男女连袂而舞,相悦者负之而去,遂婚媾焉。"③民国《三江县志》记载:"女子社交之表现,至于两性间之交际苗瑶侗壮多属自由,皆表现于后列娱乐集会间,由集会而相约会,则婚姻缔合之步骤也。"④《岭表纪蛮》对各种集会与壮族妇女婚姻自由之间的关系有深刻的论述:

① 刘锡蕃:《岭表纪蛮》,台北南天书局 1987 年版,第 155—156 页。
② [西晋]陈寿:《三国志·薛综传》,册5,卷53,页1251。见广西壮族自治区通志馆编:《二十四史广西资料辑录》(一),广西人民出版社 1987 年版,第 171 页。
③ 广西民族博物馆资料。
④ 魏任重修,姜玉笙纂:《三江县志》,台北成文出版社 1975 年版,第 153 页。

蛮人除浓色汉化者外，其对于子女之两性关系，多采放任主义；……其婚配嫁娶，几完全由当时男女双方之合意而成。……女子于其恋爱时期，称之为"做后生"，其意盖谓恋爱为后生时代应享之权利，人之一生，惟有此时期为"神圣"！为"自由"！为"甜蜜"！为不可轻易放弃，及不受任何外力之纷扰或干涉！故"做后生"之女子，每值集会，则必靓装华饰，联队到场，与男子做公开的交际。遗巾赠悦，花蝶缠绵，其父母虽目见耳闻，如不知也。……总之，恋爱为蛮人必经之过程，蛮人即于此过程中，各择相当配偶，其形式与现代所称之"试婚制度"，虽所取之步骤不同，而归宿实无少异。一旦所择惬意，遂定白头之约，于是交换佩物，执以为信，告于父母，央媒成之；亦有不用媒妁者，盖双方之合作在意志，双方之信守在佩物，媒之有无，非缔婚中之必要条件。①在各种各样的集会中，其中抛绣球是壮族最具特色的自由恋爱方式，也是一项有趣的体育运动，又名"飞驼"："交趾俗，上巳日，男女聚会，各为行列，以五色结为球，歌而抛之，谓之飞驼。男女目成，则女受驼而男婚已定。"②《岭表纪蛮》对抛绣球有详细生动的描述："若凤山、那地山乡之蛮族，则多行'抛球婚姻'。其法：青年男女，各于正二三月之'子日'，于一定之地点，分为两队，各持红绿色带结成之圆球，互相抛接，接后，解球复带，度其长短，如彼此尺度相合，即成配偶。此种纯为形式上之动作，实际上带之长短，男女预先已有密约，不过藉此以为过渡办法耳。若女性对于男性队伍所抛之彩球，拒而不接，则男性可奔于女性队伍之中，扭擦女性身体，以为笑乐；男子不接，女子亦如之。"③

广西许多地区的壮族妇女都通过各种集会来行使自己的婚姻自由权，如比武招亲：壮族诗人韦少耿《百年偕老乐陶陶》写道："张家小姐武功高，比箭寻夫显绝招。射中铜钱欣得偶，百年偕老乐陶陶。"④柳城县古岩乡（俗称北乡洞）西山弄的壮族婚姻，多半是通过自由恋爱，父母不加干涉包办，男女青年双方发生爱情，不经父母同意即可直接谈亲，女方也嫁到了男方家后再回来告诉父母办自己的婚事。男婚女嫁实行婚姻自由选择对象，男女青年，一般在节日"走坡"、利用赶集的机会结识相爱，即可私订终身，女方经常到

---

① 刘锡蕃：《岭表纪蛮》，台北南天书局 1987 年版，第 69—70 页。
② ［宋］周去非：《岭外代答》，杨武泉校注，中华书局 1999 年版，第 422 页。
③ 刘锡蕃：《岭表纪蛮》，台北南天书局 1987 年版，第 72 页。
④ 广西民族事务委员会、广西诗词学会编印：《民族风情》（内部刊物），广西南宁市源流印刷厂 1996 年印，第 37 页。

男家屋里干活,便意味着已经缔结成正式夫妻。①还有妇女通过参加婚丧祭礼结识伴侣,如环江县龙水乡壮族送新娘的女伴,一般多是八至十人,她们来到男家之后,男家就得请一些青年男子陪伴她们唱歌,通宵达旦,到次日客散方罢。歌词的内容,除一些互相赞颂或互相诘难之外,有时也涉及互相爱慕之词,这是青年男女选择婚姻对象的一个公开的社交机会。②南丹壮族丧葬砍牛祭祀时,四方亲友前来看视砍牛络绎不绝,远至一二百里。男女靓妆而至,结队唱歌,藉此以求恋爱,求对象者有之。③总而言之,壮族青年通过一切机会来自由恋爱,正如《岭表纪蛮》所说:"以上各种集会,其性质俱不相同;然其中仍有一种共同之点,为吾人所当知者:即无论何种集会,皆含有男女两性上之交际关系。惟其有此关系,故无论会务以何种条件为目的,而皆能使亿万之蛮人,有如火如荼,如川赴壑之势。而男女'社交方面''恋爱方面''家庭组合方面',即于此等各种会议层幕之下,酝酿而成。此即其间接所得之结果,而亦各种会议中伟大之潜势力也。"④

（四）以哭嫁控诉媒妁婚

部分壮族地区受到礼教的影响,已发展出媒妁婚取代了自由婚,但由于自由婚的悠久历史和强大惯性,即使在这样的婚姻中,壮族妇女也用一些特殊的仪式来控诉媒妁婚,作为一种抗争和对自由婚的纪念,其中最具特色的就是"哭嫁"仪式。"哭嫁"即新娘在出嫁即将离开娘家时,唱"哭嫁歌",包括骂父母、骂媒人、骂兄弟等。例如,民国《贵县志》记载:"女嫁前三日必哭骂媒妁,谓嫁期为死期,以为愈哭骂则愈鼎盛,此亦俚俗之不可解者。"⑤贵港市的壮族哭嫁歌主要广泛流行于平南县、桂平市、港北区、港南区、覃塘区的大部分村屯,比较集中于分布在港北区城镇的 14 个行政村和 65 个自然屯。哭嫁歌一直以来没有手抄本文字记载,只是口头传唱,它的内容是针对当时的封建社会男尊女卑腐朽思想,争取妇女自由而进行斗争所形成的哭嫁仪式。哭嫁的最后环节是控诉包办婚姻,包括《骂媒歌》和《骂郎歌》,集中体现

① 龙瑞生:《柳城县北洞乡的婚俗——婚俗调查之一》,见广西师范大学历史系、广西地方民族史研究室编:《广西地方民族史研究集刊》(第五集),1987 年 1 月印,第 139 页。
② 广西壮族自治区编辑组编:《广西壮族社会历史调查》(第一册),广西民族出版社 1984 年版,第 280 页。
③ 广西壮族自治区编辑组编:《广西壮族社会历史调查》(第二册),广西民族出版社 1986 年版,第 164 页。
④ 刘锡蕃:《岭表纪蛮》,台北南天书局 1987 年版,第 92 页。
⑤ 欧仰义主修、陈继祖、赖汝松协修:《贵县志》,卷 2·婚丧,民国二十三年(1934 年)修,贵港市地方志编纂委员会办公室据紫泉书院藏本 2014 年 10 月翻印,第 129 页。

了壮族妇女争取自由的精神。①解放后，法律实行婚姻自由，极大地切合了壮族群众自由婚的传统习惯，包办婚姻立刻被废除。虽然婚姻自由得到了恢复和保障，但哭嫁歌作为一种特殊制度的产物，却发展成为优秀的文化艺术，值得传承和保护。2008年，贵港的壮族哭嫁歌入选第二批自治区级非遗名录，南宁哭嫁歌也在2012年入选自治区级非物质文化遗产名录，内容包括《骂媒歌》《哭爹娘》《骂舅爷》等。

（五）保持独身的自由

在封建礼教浓厚的地区，妇女想要保持独身实属不易，但壮族妇女有结婚的自由，也有不结婚的自由，文献记载许多妇女如果找不到合适的人家，宁愿保持独身，不出嫁，在这方面，她们也并不承担来自社会与家庭的压力，当然，这也与壮族妇女较强的独立意识和经济地位有关，如嘉庆《广西通志》曾记载宋代贵县保持独身拒绝出嫁的两姐妹："宋初有县民生二女，性孝谨，春月养蚕，尝以一女奴相随采桑，里有来议亲者则愠怒。既而父母以其年长，密以字里人，二女知之，诘朝沐浴更衣，云采桑，登山化二石人。其母往观之，女奴犹立二石傍云。"②四库《广西通志》则记载了一位明代的独身女子："刘氏，名显姑，贺县刘政女，年及笄，父兄为择婿，无中选者，显姑曰吾命也愿终身不嫁，闺壸严肃，凛然如烈丈夫，寿七十有六，人呼为贞女。"③《上林县志》记载，新中国成立前，有钱人家的女子不愿嫁给穷人，城镇女子很少嫁到农村，有的女子寻觅不到合适人家，则不出嫁，人称"老女"。大丰、三里、巷贤、白圩等圩镇当时有不少"老女"。④忻城土官也有几位女儿因无合适人选终身不嫁，如忻城土官莫绳武的第二女因挑选门第而误了岁月，造成终身不嫁。⑤前述第三章第二节所记载的全州"蒋氏四姑"的故事也属于这种情况。

（六）私奔与逃婚

在实行媒妁婚和包办婚姻的地区，壮族青年男女往往通过私奔或逃婚的方式来反抗桎梏，维护自己的婚姻自由权。如1911年天峨县白定乡王广宁去交保屯娶岑树妹为妻，女的不愿，而逃到贵州去嫁人。民国三十一年（1942年）归里屯王甫耀雄与贵州王妈雄要好，想结为夫妇，女方家不许，男

---

① 资料来源：贵港市博物馆宣传资料。
② ［清］谢启昆修，胡虔纂：《广西通志》（五），广西师范大学历史系、中国历史文献研究室点校，广西人民出版社1988年版，第3243页。
③ ［清］金鉷等监修：《广西通志》（三），卷88·列女，［清］纪昀等总纂：《景印文渊阁四库全书·史部325·地理类》，台湾商务印书馆1986年版，第495页。
④ 上林县志编纂委员会编：《上林县志》，广西人民出版社1989年版，第478页。
⑤ 忻城县志编纂委员会编：《忻城县志》，广西人民出版社1997年版，第534页。

女二人逃到凌乐生了一个儿子才转回,父母来找到只给些礼金以后双方亦认为亲家。①马山、都安、上林、忻城等地在解放前解放后都出现过逃婚事件,逃婚的原因也是多种的,首先是不满意父母的包办婚姻,双方得不到父母的许可,往往就产生逃婚行为。逃婚是在迫不得已的情况下作出的决定。逃婚的情侣往往远离家乡,逃到很远的地方去谋生。过了十年八年,生下儿女,回来探父母家时,父母看到儿女双方的婚姻既成事实,也就不咎既往了。此外,有些女子出嫁到夫家,常受丈夫和公婆虐待,提出离婚又得不到父母的同情,最后只好走逃婚的道路了。逃婚的女子,往往有人同情,通过内线介绍,有人引路,偷偷嫁到远方去,这种行为壮话叫作"beifinz"。②对妇女婚姻自主权尊重的一个重要体现,就是不歧视婚前生子行为,不同宗支的青年,婚前婚后(生头一个孩子之前)社交比较自由,私生子被称为"天送来",养于娘家,不受歧视。③

(七)解除婚约的自由

壮族妇女不仅婚姻自由,即使与他人订有婚约,也可以在结婚前随时解除婚姻,即退婚、悔婚,而且无需承担过多的舆论与礼教压力。如《梧州府志》记载:"女既受聘,改而他适,亦恬不为意。"④可谓"无理由退婚",自由开放程度令传统中原地区的妇女难以企及。《武鸣县志》也记载:"富室,子好易妻,女好更夫,有琴瑟既调忽而反目者,有子女既育忽而割情者。男不以悔婚为非,女不以再醮为耻。"⑤由此也产生了一些特殊的解除婚约的制度,如"顶夫"或"替婚":"又边县土人之中,有所谓'顶夫'之俗。'顶夫'者,即不落夫家底女子,愿与所欢合作,则购一人配其夫,或退还其夫财礼,俾其另娶,已则别抱琵琶也。"⑥《壮族风俗志》也记载,桂(广)西解放前个别地方姑娘不喜欢新郎,可找一位愿意的女友替她去成亲,叫替婚。⑦笔者调研的忻城土司府壮锦传承人也说,本地壮族双方达成协议,都不打算结婚了,那就

① 广西壮族自治区编辑组:广西壮族社会历史调查(第一册),广西民族出版社1984年版,第20、21页。
② 红波:《马山等地壮家婚俗》,南宁师范学院广西民族民间文学研究室编印:《广西少数民族与汉族民俗调查》(第三集),1983年3月15日印,第82—83页。
③ 覃国生、梁庭望、韦星朗著:《壮族》,民族出版社2005年版,第41页。
④ [清]汪森编辑:《粤西丛载》(中),黄振中、吴中任、梁超然校注,广西民族出版社2007年版,第748页。
⑤ 《武鸣县志》,十卷,民国四年铅印本,见丁世良、赵放主编:《中国地方志民俗资料汇编·中南卷》(下),书目文献出版社1991年版,第888页。
⑥ 刘锡蕃:《岭表纪蛮》,台北南天书局1987年版,第80页。
⑦ 梁庭望编著:《壮族风俗志》,中央民族学院出版社1987年版,第55页。

退礼。

隆林县委乐乡壮族在这方面较典型，订婚后的悔婚，如果女方不愿意，请媒人通知男方，解除婚约，男方如果同意，就表示要还礼物，女方就将问亲、订亲、节日所送礼物退回，但在纳聘后，退婚就困难些，习俗上认为，交了聘金就算夫妻名分已定了。如果女方提出悔婚，男方是不肯轻易同意的。如果男方提出退婚，所有礼物、聘金一般都不能取回。流行两句俗话是"造米背钱道，帽米愿钱沉"（壮语，意思是女子不愿，就退还钱，男子不愿就白丢钱了）。父母包办婚姻的结果，常常发生逃婚私奔现象，在逃婚期间，姑娘也就找到了情人，等到解除了婚约，就回家来，由情人备款赎回身价，和有情人结成眷属。有些女子，既不满意婚姻，离婚又离不得，或者是夫家不同意离婚，或是父母反对，或是夫家索取的赎金太高，情人负担不起，但爱情深厚，难舍难分，只有双双私奔，远走高飞。如委乐乡囊俄屯黄某甲、黄某乙都因为不满父母包办婚姻，不住夫家，在娘家度"风流"日子找到了称心合意的情人，要求离婚再嫁，受到夫家为难，父母反对，于是她们就和情人私奔到外地，不敢回家探亲，夫家找不到她们，父母也不认她们，直到解放后，她们的情人备了款来赎身，向父母认罪，父母见时势变了，又见她们生儿育女，成家立业，加上亲族相劝，才恢复父女关系，继续往来。①

民国时期，许多壮族妇女开始运用法律武器解除包办婚约，根据民国二十年（1931年）的统计，广西各地法院审理的解除婚约的案件有76起，其中"未得当事人同意"这一原因占比例最高，达到38.2%，第二是"欺诈定约"，占21.1%，第三是男方"游荡无业"，占19.7%，第四是"残疾"，占11.8%，最后是行为不法和其他，分别占5.3%和2.6%。（见表5.8）民国二十一年（1932年），广西各地法院审理的解除婚约案件增加到191起，而原因比例变化不大，其中"未得当事人同意"这一原因不仅所占比例仍然是最高的，而且提高到49.2%，几乎一半，第二依然是"欺诈定约"，占14.7%，第三变成了"其他"，占13.6%，第四才是男方"游荡无业"，占9.95%，最后是行为不法和残疾，分别占6.3%和5.8%。（见表5.9）由此可见，未得当事人同意和欺诈定约是导致解除婚约的两大主要因素，壮族妇女秉承恋爱和婚姻自由的独立意识，对于违背本人意志的强迫、欺诈婚姻，具有强烈的反抗精神。（见图5.5）

---

① 广西壮族自治区编辑组编：《广西壮族社会历史调查》（第一册），广西民族出版社1984年版，第58、60页。

表 5.8　民国二十年(1931 年)广西各地法院审理的解除婚约案件统计

机关名称	解约原因						合计
	未得当事人同意	行为不法	游荡无业	欺诈定约	残疾	其他	
高等法院	8	4	4	4	2	2	24
桂林地方法院	8		2	1			11
柳州地方法院	6			4	1		11
邕宁地方法院				6			6
郁林县政府	3						3
陆川县政府	3		1	1			5
龙州县政府							1
宁明县政府	1		8		6		15
总计	29	4	15	16	9	2	76
占百分比	38.2%	5.3%	19.7%	21.1%	11.8%	2.6%	

资料来源:张妍、孙燕京编:民国史料丛刊 1015 史地·年鉴《广西年鉴》(第一回)〈二〉,大象出版社 2009 年版,第 349 页。

表 5.9　民国二十一年(1932 年)广西各地法院审理的解除婚约案件统计

机关名称	解约原因						合计
	未得当事人同意	行为不法	游荡无业	欺诈定约	残疾	其他	
高等法院	11	5	2	4		5	27
第一分院	5				2		7
桂林地方法院	3		6	3			12
灌阳分庭	2						2
全县分庭	1						1
贺县分庭	2			2			4
钟山分庭	10	2					12
兴安分庭	1			1			2
恭城分庭	1						1
富川分庭	5	1					6
苍梧地方法院容县分庭	5						5

续表

机关名称	解约原因						合计
	未得当事人同意	行为不法	游荡无业	欺诈定约	残疾	其他	
桂平分庭	9		4		1	15	29
玉林分庭	15				4		19
怀集分庭	3						3
博白分庭	12		2		2		16
贵县分庭	1	1					2
柳州地方法院	2		1	1		5	9
邕宁地方法院			10				10
扶南分庭	1	1			2		4
陆川县政府	3		1	1			5
百色县政府						1	3
镇边县政府		1	2				2
龙州县政府		1	1	1			3
宁明县政府	2			5			7
合计	94	12	19	28	11	26	191
占百分比	49.2%	6.3%	9.95%	14.7%	5.8%	13.6%	

资料来源:张妍、孙燕京编:民国史料丛刊1015 史地·年鉴《广西年鉴》(第一回)〈二〉,大象出版社 2009 年版,第 350—351 页。

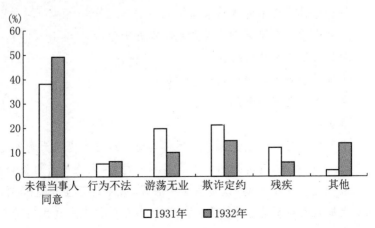

图 5.5 1931—1932 年广西法院审理解除婚约案件原因比较示意图

民国时期广西省高等法院编辑的《广西法官训练所民事诉讼实习案》,其中作为教学案例的第一案就是一起民国二十二年(1933年)发生于南宁宣化地方法庭的童养媳离婚案,案件原告赵乙(化名)是一名被转卖两次的童养媳,但她到了结婚年龄后,却拒绝嫁给未婚夫孙庚(化名),并勇敢向法院起诉,最终法院以尊重其婚姻自由为由判决赵乙与孙庚解除婚约。按照一般的理解,童养媳是命运最悲惨的女子,完全没有人身自由,甚至没有身份权,未成年时做牛做马,成年后被迫嫁给被预订的男子,只有被买卖的余地,鲁迅《祝福》中的祥林嫂就是典型的例子,但在广西壮族地区,却出现童养媳主动要求解除婚约并成功的案例,更毋论其他有完全身份权的妇女,可见壮族妇女在解除婚约方面享有很大的自主权。

赵乙对孙庚诉请解除婚约由续

(某某地方法院民事判决二十二年简字第一号)判决

原告人:赵乙,女,年二十岁,邕宁县人

关系人:赵甲,年四十九岁,邕宁县人

辅佐人:周子律师、吴亚律师、郑卯律师

被告人:孙庚,年二十一岁,邕宁县人

关系人:孙巳,年五十岁,邕宁县人

辅佐人:黄寅律师

参加人:王丁,年四十四岁,邕宁县人

右原告人与被告人及参加人因婚约涉讼及请求损害赔偿一案经本院审理判决如左:

赵乙与孙庚之婚约准予解除

赵甲应偿还孙庚聘金一百元礼物银五十元

参加人王丁之请求驳回

本案诉讼费用由原被两造平均负担

参加诉讼费用由参加人负担

事实:

缘原告之父赵甲于民国十五年将其女乙送与李丙家为童养媳。十八年,丙因病身故,其妻外出佣工。是年三月,媒人钱戊与甲说合,将其女许给孙巳之子庚为妻,议定聘金一百元,先期迎乙至家抚养,俟庚及乙长大成人后再择吉合卺,双方协议,即由孙巳凭媒人钱戊在场交聘金一百元与赵甲收受,并于是年某月备有槟榔、豚肉、鸡、面及金戒指等礼物,迎乙至家抚养,彼此相安二年有余。迨至民国二十年孙巳见子庚及女乙均已长成，欲择吉为之合卺以了向平之愿，讵知乙女主张婚姻自由，不愿与孙庚结婚，孙巳父子则称婚约已定、岂容随意翻悔，互相争执，各不相让，乃投经团局调处不协，呈递到院。嗣王丁（丙之妻）亦以乙女曾经其父送伊家作童养媳业经抚养数年，现乙女长成，应与其子成婚参加诉讼，请求到院，案经讯明现予判决：

查婚姻自由本婚姻之一大原则，婚约应由当事人自行订立。民法上且有强制的规定，法律行为违反强制规定者无效，民法上亦有明文。赵甲（原告之父）代原告订立之婚约，在父母包办婚姻之旧律时代，容或有拘束原告之效力，在婚姻解放之新法时代，要难认为有效，乃原告竟因此无效婚约倍受束缚，法理人情两非其平。基上理由请求，钧院确定此项婚约为无效，并判令被告等负担本案诉讼费用，实为德便。

谨状

右件经原告组学员评议修正提出于道存拟

某某地方法院批第一号

原具状人赵乙

为确认婚约无效以便自由择配由

状悉仰侯饬办传讯核办此批

中华民国二十二年一月十四日

院长　主管庭长　主任推事①

二、对妇女离婚自主权的保护

在传统的婚姻中妇女一旦结婚，就成为丈夫的附庸，"一嫁定终生"，再难以从婚姻的桎梏中挣脱出来。即使对婚姻不满意，也只能咬牙忍耐，从一而终。至于离婚，是难以想象的，在"七出三不去""三从四德"等制度的压制下，妇女只有被丈夫休弃的份，还要遭受舆论的唾弃，自己是没有婚姻决定权的。但壮族妇女不同，她们不仅结婚自由，离婚同样自由，她们以追求个人幸福为婚姻的终极目标，如果觉得婚姻生活不难能满足自己的要求，就可以提出离婚，妇女离婚是正常的行为，不会被视为不轨或不道德，妇女的离婚权不仅得到尊重，而且不会遭受歧视，还可以再去寻找合意的婚姻。无论是传统的习惯法，还是壮族地区的司法，都对妇女的离婚自由权予以认可。

---

① 《广西法官训练所民事诉讼实习案·第一案》，广西司法旬刊 1933 年第 11 期，第 89—94 页。

（一）习惯法对妇女离婚权的保护

1. 离婚自由

壮族妇女的婚姻自由不仅表现在恋爱自由,还表现在离婚自由。即使结婚后,如果婚姻生活不如意或对丈夫不满,妇女都掌握有很大的离婚自主权。虽然到民国时期,包办婚姻制度已传入广西地区,但许多妇女仍以离婚自由权对包办婚姻予以反抗,如民国《那马县志草略》记载:"那马习惯,男女婚姻,悉于幼时未谙,郎才女貌,父母即为之定命配合,及长成嫁娶,非男嫌女,即女厌男,佳偶多成为怨偶,是以男女离婚之事,往往皆有。"①《岭表纪蛮》也记载壮族离婚现象与其他民族比较很常见且手续很简易:"夫在而离婚者,惟侬、壮颇多,苗瑶侗三族,则殊不易见。离婚办法,各地至为不一:……宜北壮人,夫妇感情破裂,当众取绳一条,男女各执一端,中断为二,双方关系,立告断绝,此又一例也。"②

解放初期的社会历史调查资料也表明,壮族妇女享有充分的离婚自由,合则婚,不合则离是许多妇女信奉的精神。如隆林县委乐等五个乡的离婚,绝大多数是由女方提出的,因为:第一,在父母包办婚姻及男尊女卑的情况下,女子的境况特别悲惨,渴求新的幸福生活特别强烈;第二,习俗上男子提出离婚就不能取回赎金,如果女方提出离婚就必须赔还礼金,男方为了得回礼金,除非万不得已,否则总不愿先提出离婚;女方渴求解除痛苦,她就找到新的情人,愿意出钱赎身后,就主动提出离婚,不达目的不止。女子婚后离婚,被社会上公认为一种正常的习俗,不加歧视和反对,但男女双方的父母,为了金钱的损失和情面关系,有时劝告子女不要离婚,或强迫子女不准离婚,甚至毒打女儿,但如果子女坚持,大多数能达到离婚的愿望的。③龙脊壮族由于婚姻是由家庭包办,因而有部分的青年男女对自己的婚事感到不满,曾有不少的青年男女进行反抗,要求离婚,据一般估计约在70%左右。若女方提出则必须偿还过去男方耗费的礼金,其数约相当于120—150元猪肉的钱。如女方人品好,男方又不愿离,而又无法时,只有当女子另嫁时,索取更多的服礼金,一般上等服礼金一百多吊,中等五十至六十吊,下等二十吊左右,从此他们可脱离关系。已生有小孩的夫妻离婚时,在契约上也要写清

① 《马山县志》办公室整理:《那马县志草略》,民国二十二年一月一号立,1984年5月印,第8页。
② 刘锡蕃:《岭表纪蛮》,台北南天书局1987年版,第77页。
③ 广西壮族自治区编辑组编:《广西壮族社会历史调查》(第一册),广西民族出版社1984年版,第58页。

楚，如男方不愿女方将子女带去，留在夫家亦可，若小孩尚小，不能离母时，女方可带去代为抚养，男家每年负责小孩的伙食，其子大后，还回原夫家；若子女与原夫完全断绝关系，则女方可将子女带到新夫家，属于新夫之子，长大后同样能分享部分财产。本地离婚之所以这样普遍，其原因主要是封建包办的婚姻制度，夫妻间感情不合，在思想上离婚结婚无所谓，若今天离婚，而明天可能又结婚。①

2. 离婚手续简便

在广西各地壮族的习惯法中，不仅对妇女离婚没有限制，而且还规定了非常简便易行的手续，这也是妇女离婚自由的制度保障。壮族的离婚案件，一般由族内的长者，双方家长，双方的舅父舅母和其亲戚等调解和好。如确实要离婚，在长者，双方家长和房族亲戚面前说明自己不能和好的理由，协商处理好子女抚养问题，即可视为离婚。②离婚手续一般只要双方同意，在村中父老或族中老人作证下，书写字据获得族人认可即可。如那坡县那坡大队壮族过去是有离婚自由的，如双方感情不好，即可提出离婚，各写字据一张，请村中父老作证，当面互换字据即算有效。如果女方提出离婚，即需要退聘礼一半（女方在夫家的被帐不能带走）。但如男方提出即可不退。离婚时如有子女，则子随夫家，女随母走。③田东县檀乐乡壮族解放前离婚和再婚是比较自由的，一般只要一方提出，双方同意即可离婚。离婚后子女的抚养，一般是哪方提出离婚哪方负责。离婚再嫁一般也不受限制。④环江县城管乡壮妇夫妇无法相处可以离婚，但需请舅方立字据，女方只能带走随身的财物。如果另行改嫁，则由新夫携带礼金伙同媒人和前夫至野外交纳，并要征得族长的同意。⑤柳城县古岩乡（俗称北乡洞）聚居在汝炉、独山、上富、大岩峒、罗峒几个村委会的壮族男女青年，缔结婚姻比较自由，离婚也如此，夫妻感情确实破裂，经长辈多次调解后

---

① 广西壮族自治区编辑组编：《广西壮族社会历史调查》（第一册），广西民族出版社 1984 年版，第 137—138 页。

② 广西壮族自治区高级人民法院《审判志》编辑室编：《广西审判志》（讨论稿），1991 年 9 月 15 日印，第 624 页。

③ 广西壮族自治区编辑组编：《广西壮族社会历史调查》（第三册），广西民族出版社 1985 年版，第 207 页。

④ 广西壮族自治区编辑组编：《广西壮族社会历史调查》（第五册），广西民族出版社 1986 年版，第 121 页。

⑤ 广西壮族自治区编辑组编：《广西壮族社会历史调查》（第二册），广西民族出版社 1986 年版，第 316 页。

仍不和，则由老辈做中间人，写断婚书即可离婚。离婚后女方回娘家居住，再婚也自由，不受歧视。[①]百色两琶乡壮族解放前提出离婚的很多。手续上也很简单，如果男方主动提出，请媒人到女方家和其父母说一下就可以了，但所用聘礼和财物不得追回。如是女方提出，男方所用去的财礼需全部返回，因此不少妇女因无钱退还而忍痛终生，不敢提出离婚。离婚后的妇女，是不会被人歧视的。[②]

习惯法上，离婚对妇女唯一的条件就是如果是妇女提出离婚，则必须赔偿丈夫娶亲时的聘礼，这虽然对某些妇女构成了障碍和限制，但由于再嫁没有限制，这笔费用可由新任丈夫承担，因此对妇女并不构成太大的威胁。如武鸣县邓广乡壮族离婚时，女方要赔偿男方结婚时所花去的财礼，这些赔偿往往由第二个丈夫负责。离婚后子女一般由男方供养，个别的可带女儿去，但绝对不能带男孩去。[③]武鸣县双桥乡壮族离婚在这里也是许可的，但女方须赔偿男方在结婚时的花费。[④]上思县思阳乡壮族已有离婚现象出现。女方提出离婚时需得交回礼金的全部或大部，离婚后再嫁问题不大。[⑤]西林维新乡壮族若是女方因某种原因而提出离婚时，请男家的寨主和媒人主持解决，习惯上是要女方拿出一部或者加倍于定婚钱给回男方。但是男方提出离婚的，女方则将自己的东西全部带走，小孩归属由女方决定。[⑥]马山县男女双方中的一方提出离婚，经过村老或亲友多次调解，若仍然无效，就只好办理离婚。离婚时，双方有人到场，写过休书，定过条款，摆上酒席说清楚，才算完毕。至于赔钱，要是提出离婚的一方，理由充足，可以免赔或少赔钱。赔多少，这都由双方派出的代表商定。也有一方提出，另一方认可而不请代表接洽的。[⑦]

---

① 龙瑞生：《柳城县北洞乡的婚俗——婚俗调查之二》，见广西师范大学历史系、广西地方民族史研究室编：《广西地方民族史研究集刊》（第五集），1987年1月印，第147页。

② 广西壮族自治区编辑组编：《广西壮族社会历史调查》（第二册），广西民族出版社1986年版，第263页。

③ 广西壮族自治区编辑组编：《广西壮族社会历史调查》（第六册），广西民族出版社1985年版，第37页。

④ 广西壮族自治区编辑组编：《广西壮族社会历史调查》（第三册），广西民族出版社1985年版，第154页。

⑤ 同上书，第80页。

⑥ 广西壮族自治区编辑组编：《广西壮族社会历史调查》（第二册），广西民族出版社1986年版，第212页。

⑦ 红波：《马山等地壮家婚俗》，南宁师范学院广西民族民间文学研究室编印：《广西少数民族与汉族民俗调查》（第三集），1983年3月15日印，第81—82页。

我们也可以从具体的案例中看出壮族妇女的离婚自由权,如解放初在大新县发现一批离婚文书,虽然这些文书表面上看起来是丈夫转卖与自己关系不好的妻子,但细读文字,可以发现丈夫还是很尊重自己的妻子的婚姻自由权。如下面的这份《黄河平离婚书》,是儿子替自己的父亲写的,从中可以得知,黄河平的父亲续娶了一位年仅25岁的女子梁宜利为妻,是典型的老夫少妻,婚后生活不如意,女方对婚姻非常不满,黄河平与父亲和继母商议后,认真度择,将继母转嫁给年龄相当的另一男子为妻,并说明双方以后再无任何关系。从离婚书中可以看出,黄河平与其父转嫁继母,是征求过继母本人的意见的,在她同意的情况下,写下了这份离婚书。而所谓的卖身钱,不过是补偿其父当初娶继母所花费的聘礼,因此,这并不是一起侵犯妇女人权的转卖案,而是在尊重该妇女婚姻自由的前提下,为其寻找合适人家的很负责任的行为:

黄河平离婚书

立离婚书人黄河平,系安平州北化村梗甲下后村居住。因为父娶上后村梁廷□□□乳名叫宜利,年方二十五岁,与为妻。不料数年反目,家道不和,愿将发卖与向到□□□傍村梁兄荣品,看人合意,年纪相配,愿将出身价三百五十毛正,即日立书,银约当面点清□□□银主带缘人回家为夫妇。倘日后年深日久,上山落水死者不关河平之事,生者梁荣品之人,死者是梁荣品之鬼,各安天命,并无干卖主之事。倘若来历不明,或后日有不良之人出头争端者,系在约内有名人敢当,任从银主执约堂理论,甘罪无辞。此乃两头情愿,实银实约,明卖明买,并非私相授受等弊。恐口无凭,人心不古,故此立约一张,交与银主收执存照。

中保黄庆财
黄河平手自立约
依口代笔
民国九年(1920年)九月初五日①

3. 实践调研情况

笔者在调研中了解到,许多壮族地区对妇女离婚仍持开放和包容的态度,例如贵港市覃塘区大董村小学校长说,本地离婚都是自由的,离婚

---

① 广西壮族自治区编辑组:《广西少数民族地区碑文、契约资料集》,广西民族出版社1987年版,第104页。

由哪一方提出，都是不确定的，如果有虐待的行为，女方就走了，孩子也不要了，什么都不要了，除非法律观念比较强告到法院的。外遇离婚的，一般女方可以向男方提出赔偿，男的向女方提出很少，错在男方的话，要给女方一些赔偿。覃塘岑岭村覃姓村民说，本地离婚自由，双方都有可能提出。贵港市港北区港城镇六八村村民也说，本地离婚自由，年轻人会做父母的思想工作，都由自己作决定，男方、女方都可提，现在女方提的比较多。子女一般不是女方特别要求，都会留在男方家，抚养费都商量好，如果女方带走，男方给女方抚养费，我们村一般是每月 300—600 元，没有超过 1 000 元，补偿由双方协商。忻城北更乡政府工作人员说，本地离婚还是比较多，子女双方协商，财产是不能带走的，净身出户。阳朔高田的村民说，本地壮族妇女提出离婚的自由度很大，传统壮族很少离婚，婚姻忠诚度很高，除非男方家暴。但现在离婚率高了，主要是年轻人离婚率高，因为他们受到西方文化的影响，尤其是农村离婚率高，因为很多人出去见过世面了。

根据传统的习惯法，夫妻离婚问题也可以通过调解的方式解决，如忻城司法局的工作人员说，以前本地离婚也有，不多，但现在离婚很多，80％都是妇女提出来的，主要原因就是女的到外面去打工，见了世面。忻城经济比较落后，有些男的在家里面无所事事，不上进，女的就提出离婚。司法所由上到下都有一个调解系统，在村一级，夫妻两人吵架，都由村委会去调解，但婚姻方面的调解会越来越少，以前很多，因为很多人都意识到，婚姻是两个人之间的感情，不是调解所能解决的，我们尊重个人自己的选择，以前村民发生纠纷就去找屯长，"60、70 后"的会这样，但"80 后"的都不再找人调解。如果要求村委会调解的，一般情况下都会找屯长、亲戚协助调解。宜州市某派出所工作人员说，本地如果夫妻要离婚，就请家里面的六房（长辈族亲）坐下来吃一顿饭，把这个事情摆出来讲，双方都陈述各自的理由，如果确实过不下去，大家就认可这个事实。陈述的理由比如经济状况，太贫穷。因外遇离婚的很少。宜州市文化馆工作人员说，本地以前离婚多数是因为不孝顺长辈，现在是夫妻感情不好。离婚女的是否能带走小孩，看双方自愿。以前不从法律角度讲，都是习惯、道德，离婚不用调解，离就离了。但如果一方同意离婚另一方不同意的，也可以申请调解。宜州市合寨村村主任说，本村婚后很少有离婚的事发生，也有一些离婚的，但不多。夫妻有矛盾，首先找家族解决，然后找村民小组，最后再找村委会。

在壮族民间，离婚还存在一种特殊形式，即"避婚"或"脱婚"行为，就是如果妻子对婚姻不满意，就直接以离家出走的方式逃避婚姻，造成"离婚"的既成事实，许多妻子因此长期失联或失踪，杳无音信，这种行为会产生习惯法上的离婚效果。如《大新镇志》记载，1950年前，妻子不愿跟丈夫的，离家逃走。①而笔者调研大新县的村民也说："如果女方对婚姻不满意就走了，财产、孩子都不拿，净身出户，就好像人间蒸发了，也不在娘家呆，这种'离婚'往往是因为男方家暴，但双方都没有办离婚手续。"扶绥的一位壮族村民说："对于离婚，我舅妈就直接跑掉了，失联了，不见了，这种情况男人可以再娶。"对于这种现象，法治部门应加强婚姻法的普及教育，让广大妇女树立起通过合法手段和途径解除婚姻的观念，以维护自己的合法权益。

（二）司法对妇女离婚权的保护

1. 1949年以前

由上可见，壮族妇女享有离婚自由是自古以来的习惯法传统，但一些人却认为这种现象是进入现代社会后，西方妇女解放运动传入中国的结果，这实在是认识上的一大谬误！许多民国时期的地方志都持这种观点，如《阳朔县志》认为："离婚，自欧风东渐，人尚自由，离婚之事每数见不鲜。"②《三江县志》认为妇女主张离婚是世风日下的表现，并表现出一定的担忧："离婚：本县在昔甚少，自自由说性，女子之风纪渐坏，稍有吵闹轻辄借虐待以为题，请求离婚者，为数不少，在教育未普及，尤其是女子知识低下之三江，诚有涓涓不息之势，殊堪浩叹。"③

甚至很多人确定，广西离婚之风就是从民国十五年（1926年）国民党第二次全国代表大会决案"有结婚离婚绝对自由之规定"开始的，认为壮族妇女是受到西方现代自由思想的蛊惑而纷纷开始离婚，却忽略了壮族习惯法尊重妇女婚姻意志的传统，如《平乐县志》对离婚之风日渐浓厚发出感叹："离婚：如宾如友，偕老百年，固属家庭幸福，然人生而演变离婚，夫妇之道苦矣。我闻在昔世俗每以张公艺百忍治家为千古美谈，不知此中弊害多潜伏于牀第之间，夫对于妻则有'恶妻难治、恶马难骑'之说，妻对于夫则'有嫁鸡从鸡，嫁狗从狗'之说，隐忍痛苦以终其身，将抑郁而谁与语，则合不如离。本邑民俗向有古风，离婚绝少。自民国十五年（1926年）国民党第二次全国代表大会决案，有结婚离婚绝对自由之规定，而离婚者遂引为金科玉律，有

① 王战初主编：《大新镇志》，广西人民出版社1996年版，第117页。
② 张岳灵修，黎启勋纂：《阳朔县志》，台北成文出版社1975年版，第80页。中国方志丛书204号。
③ 魏任重修，姜玉笙纂：《三江县志》，台北成文出版社1975年版，第184页。

以自幼盲婚为言者,有以多方虐待为言者,只向县党部声请判离便得邀准,又因各县妇女协会成立以解放同胞为职制,历任主持偶有因小故反目可和解而不和解,虽片面请求亦可脱离夫妻关系,维时离婚之案如风起云涌,此真绝对自由之现象也。迨二十年五月五日施行民法亲属编后此风始杀。"①民国《广西年鉴》也是如此解释离婚的原因:"离婚:民十五以后,省内各地妇女界之解放运动,要求自由,及政治经济之法律之地位平等,日盛一日,对于前此之盲婚及旧礼教所束缚一切不自由之婚约,力思打破与脱离,对于遗弃、虐待等一切不平等之压迫,图谋解放与独立,于是离婚与解约之风日盛,遂成社会中之一大问题。本省离婚事件,多归法院及县政府受理,兹将调查所得之二十、二十一年各地法庭及县政府受理离婚件数,及其离异原因,分别列表于次,但此项数目,未足概括全省情况,限于材料来源,其可能获得之部分,仅此浅浅耳。"②事实上,许多处于高山深谷的壮族妇女除了接受习惯法的熏陶外,根本没有机会接触先进思想。她们提出离婚,主要是出于离婚自由的传统习惯法意识及对婚姻契合度的要求。

虽然政府官员对壮族妇女离婚持不提倡的态度,但在司法判决中,还是充分尊重了这一习惯法。据民国二十年(1931年)的统计,广西各地法院审理的离婚案件共627件,导致离婚的原因有9种,其中"意见不合"数量最多,占31.3%,其次是"虐待",占29.8%,第三是"经济压迫"与"遗弃",均占8.3%,然后是"行为不法""其他""重婚""不务正业",分别占6.5%、4.5%、3.5%、2.2%,最低的是"残疾",仅占1.8%。(见表5.10)而据民国二十一年(1932年)的统计,广西各地法院审理的离婚案件飙升至1186件,导致离婚的原因中,"虐待"跃居第一,占29.9%,"意见不合"跌至第二,占27.3%,第三是"遗弃",占11.7%,第四是"经济压迫",占10.5%,然后是"行为不法""其他",各占5.5%、4.3%,"重婚""不务正业""残疾"三项最低,均占3.5%。(见表5.11)由此可见,广西妇女提出离婚,更多考虑的是婚姻的和谐与幸福程度,意见不合与虐待是引发离婚的最重要因素,对于男方的经济状况及健康状况并不是主要考量因素,这也可以看出妇女离婚自主权的掌控与驾驭。当婚姻不幸福时,她们不会忍气吞声,更不会将就凑合,而是随时拿起法律武器维护自己的婚姻自由。(见图5.6)

---

① 黄旭初监修,张智林纂:《平乐县志》,台北成文出版社1967年版,第134页。
② 张妍、孙燕京编:民国史料丛刊1015史地·年鉴《广西年鉴》(第一回)〈二〉,大象出版社2009年版,第348页。

表 5.10　民国二十年(1931 年)广西各地法院审理离婚案件统计

机关名称	离异原因									合计
	意见不合	行为不法	经济压迫	残疾	虐待	重婚	遗弃	不务正业	其他	
高等法院	43	28	30	3	26	7	16	4	19	185
第一分院		4		3	57		3			67
桂林地方法院	49		2	2	13	2	1		3	72
苍梧地方法院容县分庭	1		2	1	9	1	7		3	24
贵县分庭	2		8		3	1				14
柳州地方法院	13	2	1		22	1	1	3	1	44
邕宁地方法院					21		15			36
荔浦县政府	8									8
郁林县政府						1	1			2
陆川县政府	9	2	5		6		7	1		30
天河县政府	3									3
柳城县政府	1	2		2	8	3				16
迁江县政府	34									34
武鸣县政府					13				1	41
绥渌县政府	7	2			2		1			12
养利县政府		1								1
龙州县政府			2		1	3			7	1
宁明县政府	26		2		6	3				37
总计	196	41	52	11	187	22	52	14	28	627
占比	31.3%	6.5%	8.3%	1.8%	29.8%	3.5%	8.3%	2.2%	4.5%	

资料来源：张妍、孙燕京编：民国史料丛刊 1015 史地·年鉴《广西年鉴》(第一回)〈二〉，大象出版社 2009 年版，第 349 页。

表 5.11　民国二十一年(1932 年)广西各地法院审理离婚案件统计

机关名称	离异原因									合计
	意见不合	行为不法	经济压迫	残疾	虐待	重婚	遗弃	不务正业	其他	
高等法院	31	26	47	7	23	6	14	12	21	189
第一分院	6	8		1	62	3	5	12		97
桂林地方法院	42	2		1	12	3	1	4	1	65
平乐分院			1		23	1			15	40
灌阳分庭	4			5					1	10
全县分庭	9	1								10
贺县分庭	4	4	8	1	8	7	2	2		36
钟山分庭	35		2		28					65
兴安分庭	3				5		1	1		10
恭城分庭					13				6	19
富川分庭					5					5
苍梧地方法院容县分庭	2	1	6		9		4	2		24
桂平分庭	5	11	5	4	34	7	29	2		97
玉林分庭	21		20	4	13	3	21			82
怀集分庭	5	2			9					16
博白分庭	28	4		1						33
贵县分庭	1		17	1	7	3	2			31
柳州地方法院	7	3	2	4	16		6	3	2	43
宜山分院	9		5	1	1					16
邕宁地方法院					47		37			84
扶南分庭	2		2	1	4	1	1	1	3	15
荔浦县政府	7									7
陆川县政府	11		3	1	2		2	2	1	22

机关名称	离异原因									合计
	意见不合	行为不法	经济压迫	残疾	虐待	重婚	遗弃	不务正业	其他	
天河县政府	3									3
柳城县政府	7		2		6	3				18
迁江县政府	64				6		4			74
武鸣县政府					11	1	2		1	15
绥渌县政府	3	3			2		1	1		10
西林县政府					2		1			3
百色县政府										1
镇边县政府	1		1		1					3
万承县政府										1
养利县政府	2		1		1	1				5
龙州县政府			2		2					4
宁明县政府	12			9	3	2	6			33
合计	324	65	124	41	355	41	139	42	51	1 186
占比	27.3%	5.5%	10.5%	3.5%	29.9%	3.5%	11.7%	3.5%	4.3%	

资料来源:张妍、孙燕京编:民国史料丛刊 1015 史地·年鉴《广西年鉴》(第一回)〈二〉,大象出版社 2009 年版,第 350—351 页。

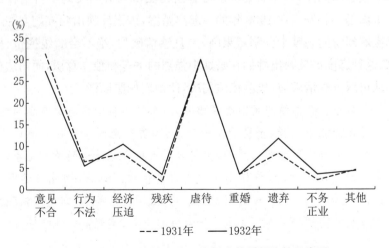

图 5.6 **1931—1932 年广西离婚案件原因比较示意图**

地方法院的数据也证明了这一点,据苍梧地方法院贵县分庭 1931 年 11 月起至 1933 年 12 月受理案件统计,可以看出在民事案件中,婚姻案件是最多的,3 年共 132 件,平均每年 44 件,远远超过了债务、田产、岭地、房屋、坟墓、建筑、水利、嗣产等纠纷,足见壮族妇女在民国时期也具有较高的婚姻自主权,积极运用法律武器维护自己的婚姻自由。(见表 5.12)

表 5.12 苍梧地方法院贵县分庭受理案件统计表
(自 1931 年 11 月起至 1933 年 12 月止)

案别	1931 年	1932 年	1933 年	合计
婚姻	15	48	69	132
债务	13	31	30	74
田产	23	23	20	66
岭地	20	34	28	82
房屋	3	8	6	17
坟墓	3	1	4	8
建筑	1	5	4	10
水利	4	3	3	10
嗣产		1	2	3

资料来源:欧卿义主修,梁崇鼎纂:《贵县志》,卷 3,民国二十三年(1934 年)修,贵港市地方志编纂委员会办公室 2014 年 10 月翻印,第 147—149 页。

不仅数据如此,具体的案例也可看出司法审判对妇女离婚自由权的尊重。下面是一起发生在 1930 年的一起离婚案,该案反映出壮族妇女在对待婚姻家庭纠纷的态度十分刚烈果断,一旦感情破裂,绝不会缱绻挽留、拖泥带水,这种态度也反映出她们在婚姻中强烈的平等和独立意识,而司法机关一旦认可双方感情破裂,也会依法判决,使她们如愿以偿:

> 邕宁县余妹绮与黄有金离婚一案,余妹绮自幼嫁与黄有金为妻,过门后彼此相安无异,至民国十七年一月,黄有金因事与余妹绮口角,余妹绮遂回母家寄住至二月间,由父老村董将余妹绮送回黄有金家,黄有金一时气愤不纳,妹绮旋复偕父老村董仍送返母家,因此夫妻恶感日深,至是年八月,余妹绮即以被夫虐待,难图生活等情,向邕宁法院诉请黄有金脱离婚姻关系。民国十七年九月七日,案经邕宁地方法院审理,判决两造婚姻不许脱离。判决以后,余妹绮不服,提出上诉。民国十九年七月十一日,广西高等法院第二审终结,认为男女两造自愿离婚,自

应依法照准,判决余妹绮与黄有金脱离夫妻关系,余妹绮应给与黄有金抚慰银东毫四十元。控告审诉讼费用由两造平均负担。①

从一些案例来看,由于离婚案件尽量尊重当事人的意愿,而且尽量采用调解的方式结案,因此民国时期一些法院就将部分边远地区的离婚案件委托给当时的民间息讼会来办理,由当地的乡老、族长对双方当事人进行调解,尽快解决案件。下面一例发生在南丹县的黎德祥等调解离婚息讼案就是如此,女方提出离婚后,男方为贵州人,因路途遥远,不肯出庭应诉,最终法院遵从地方习惯法,允许当地息讼会调解此案。

南丹县黎德祥等调解离婚息讼案

呈为恳请准予销案从息诉讼由

　　窃查龙维不服南丹县司法处判决与黎引离婚一案,经蒙　钧院票传原、被两造于本年三月一日上午七时到案辩论,原造龙维本愿依期到案,惟被告黎引远居黔属,迭传不到,因是此案未能了结,现值春耕农事繁忙时期,若再定期传唤不特耽搁伊等农事,而往返亦耗金钱,且有因涉讼不遂,缔结双方冤仇遗患于后,民等有见及此,乃出调解,幸原被两造念以民等为其家族及亲戚长老,均依劝和了事息讼,兹依地方俗习劝由被告黎引备办酒席一桌,敬送原造家族人等饮宴,并略鸣炮以示挂红,业经原被两造愿意接受调解,谨将调解此案经过情形具文呈请察核俯准撤销龙维上诉一案以息讼争。如何,仍侯示遵。谨上宜山高六分院

调解人　黎德祥　莫树泽

黎恩三　龙文光(章)

接受调解人　龙维　黎引(章)

民国 38 年 3 月 7 日

(3 月 8 日即准)②

2. 1949 年至 20 世纪 80 年代

新中国成立后,国家政策提倡妇女解放、平等和自由,本就有离婚自由的壮族妇女更加积极运用法律武器行使自己的自由权,人民法院的离婚案件开始激增,1952 年 12 月,广西省人民法院印发的《广西省 1952 年贯彻婚

---

① 广西壮族自治区高级人民法院《审判志》编辑室编:《广西审判志》(讨论稿),1991 年 9 月 15 日印,第 170—171 页。

② 广西壮族自治区地方志编纂委员会编:《广西通志·司法行政志》,广西人民出版社 2002 年版,第 44—45 页。

姻法综合总结》中记述:"根据本省一至九月,85 个县市的统计,共受理民事案件 67 545 件,其中婚姻案件就有 56 338 件,占民事案件总数的 88%。在审结的婚姻案件中,女方提出离婚的最多,计有 40 532 件,占婚姻案件的 72%。女方提出离婚获准者 36 306 件,占女方提出离婚案件的居多。"[1] 1956 年 12 月,广西省高级人民法院印发《婚姻案件材料》中记述:"梧州、柳州、桂林三个专区 1956 年上半年受理离婚案件 312 件。其中自由婚姻的 207 件,占 66.35%;半自由婚姻的 34 件,占 10.9%;封建包办婚姻的占 62 件,占 18.87%;其他不明婚姻的 9 件,占 2.89%。"[2] 微观调研也证实了这一现象,如 1954 年靖西县诚良乡,根据调查解放后离婚的共 9 对,其中贫农 5 人,中农 4 人,女方提出的 6 人,男方提出的 3 人,9 对离婚中都判给女方带走婚前的财产。6 个妇女因在土改前离婚没有分给土地,土改后离婚的三个都分给土地,有一个还得到生活补助费。[3] 靖西县表亮乡解放后重点统计全屯 7 对离婚的夫妇中,女方提出的即有 5 人,但也有个别对离婚有些轻率。[4]

此后,在民族地区,离婚案件一直在家事纠纷总占据主要地位,居高不下,如龙胜法院 1952 年至 1959 年共审理离婚抚养、扶养、财物纠纷及其他婚姻家庭纠纷案 1 358 件,其中离婚案为 1 338 件,占总数的 98.5%。1960 年至 1969 年,共审理 1 502 件,其中离婚案 1 398 件,占总数的 93%。20 世纪 70 年代,婚姻家庭纠纷案下降。1980 年至 1987 年,共审理 871 件,其中离婚案 811 件,占总数的 93%。[5] (见图 5.7)可以看出,离婚案件一直在该地区的家事纠纷中占据主要地位,全部在 93%以上。

但改革开放以来,壮族妇女依然维护着自己的离婚自由权,到法院起诉离婚的逐渐增多,以壮族聚居比较集中的田阳县,表 5.13 是田阳县 1978—1988 年审结的婚姻案件统计表,从中可以看出,10 年间,壮族婚姻案件在该县所有婚姻案件中占了很大比重,除了两年在 81%—83%外,其余年份全部高于 89%。

---

[1] 广西壮族自治区高级人民法院《审判志》编辑室编:《广西审判志》(讨论稿),1991 年 9 月 15 日印,第 585 页。

[2] 广西壮族自治区高级人民法院《审判志》编辑室编:《广西审判志》(讨论稿),1991 年 9 月 15 日印,第 587 页。

[3] 桂西壮族自治区人民政府民族婚姻问题研究室编印:《靖西县第一区诚良乡附近一带壮族婚姻情况调查报告》,民族婚姻情况调查资料之五,1954 年 9 月 25 日编印,第 12 页。

[4] 桂西壮族自治区人民政府民族婚姻问题研究室编印:《靖西县第十区表亮乡壮族婚姻情况调查报告》,民族婚姻情况调查资料之六,1954 年 9 月编印,第 11 页。

[5] 龙胜县志编纂委员会编:《龙胜县志》,汉语大词典出版社 1992 年版,第 378 页。

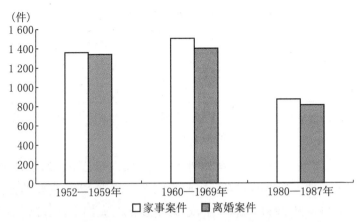

图 5.7　龙胜法院 1952—1987 年审理离婚案件情况示意图

表 5.13　田阳县历年审结的婚姻案件统计表

年份	受理婚姻案件	审结婚姻案件	结案率	其中壮族婚姻案件	比重率
1978	84	76	90.4%	74	97.36%
1979	114	108	94.73%	103	95.37%
1980	116	109	93.96%	105	96.33%
1981	227	190	83.7%	185	97.36%
1982	192	160	83.33%	145	90.62%
1983	184	168	91.3%	137	81.45%
1984	183	161	87.97%	134	83.22%
1985	163	150	92.02%	134	89.33%
1986	153	145	94.77%	142	97.93%
1987	196	195	99.48%	183	93.84%
1988	178	177	99.43%	159	89.83%

　　资料来源：广西壮族自治区高级人民法院《审判志》编辑室编：《广西审判志》（讨论稿），1991 年 9 月 15 日印，第 625 页。

　　合浦县婚姻登记部门的数据也印证了这一点，该地区的离婚数从1981—1988 年一直有增无减，见表 5.14：

表 5.14　合浦县申请离婚对数情况

时间	申请离婚数	准予离婚对数
1981—1986 年	184	经调解无效准予离婚者 127 对,平均每年 21 对离婚
1987—1988 年	236	准予离婚者 170 对,平均每年有 42 对离婚

资料来源:合浦县志编纂委员会编:《合浦县志》,广西人民出版社 1994 年版,第 217—218 页。

而且,除了经过法院判决离婚外,许多壮族夫妇已不再通过司法判决,而是直接采取协议离婚的方式到民政部门登记离婚,协议离婚的方式越来越多。如龙胜县从 1981—1987 年,在离婚登记的夫妇中,法院判决离婚所占的比例逐年减少和降低,虽然有些年份有提高,但到 1986、1987 年连续两年均为协议离婚,没有法院判决离婚的,见表 5.15:

表 5.15　1981—1987 年龙胜全县离婚登记情况表

年度	合计(对)	其中法院判决(对)	所占比例
1981	36	25	69.4%
1982	46	22	47.8%
1983	27	23	85.2%
1984	32	21	65.6%
1985	16	16	100%
1986	13	/	0
1987	21	/	0

资料来源:龙胜县志编纂委员会编:《龙胜县志》,汉语大词典出版社 1992 年版,第 387 页。

3. 20 世纪 90 年代以后

进入 20 世纪 90 年代,这种情况依然没有改变,如贺州市法院 1990 年受理民事案件 1 041 件,其中离婚案 362 件,占比 34.8%;"八五"期间(1991—1995 年),受理各类民事案件 7 330 件,其中离婚及家庭纠纷案、财产继承案 1 379 件,[1]占 18.8%,可见离婚一直是广西民族地区民事案件的主角。

笔者的调研也反映出,壮族妇女掌握离婚主动权的情况在近年来随着社会经济的发展有增无减。一个很明显的证明就是,在访谈中,几乎所有壮

---

① 贺州市地方志编纂委员会编:《贺州市志》,广西人民出版社 2001 年版,第 727 页。

族地区法院的法官都反映,近年来离婚案件 50％以上都是女方提出的,女方作为离婚诉讼的原告方占了很大部分。河池市中级人民法院民事审判的法官说,现在主要是女方提出离婚,80％—90％的离婚诉讼都是女方提出的。东兰县人民法院的法官也说,提出离婚 80％—90％是女方,女方外出打工回来,男方经济不相匹配,就离婚,而男方很少提出离婚,除非女的有外遇。壮族没有从一而终守妇道的思想。隆林法院的法官说,按现在的情况,法庭 60％的案件都是离婚案件,大部分都是女性提出,离婚案件集中在年底和年头,我们先让他们回去之后冷静一下。女方提出离婚大部分也是因为男方喝酒了打人,很多妇女只要求离婚,不要求财产和孩子,能离婚就很满足了。环江县人民法院说,该县有 3 个乡村法庭,农村大多数地区离婚纠纷比较多,如洛阳镇法庭每年有 100 多个案件,其中离婚案件占了 60％,3 个法庭都是 60％,提出离婚的以女方居多,其中女方提出的诉讼占 90％。主要原因是夫妻双方短期内结婚,又都在外务工,两地分居,双方不能深入了解,女方外出打工回来就提离婚。在笔者对 85 名壮族群众所做的调查问卷中,有 55％的人认为近年来壮族离婚率有上升的趋势。(见图 5.8)

第 6 题:近年来壮族离婚率是否有上升趋势?

图 5.8　壮族离婚率调查问卷统计结果示意图

至于妇女提出离婚的原因,主要是丈夫有虐待、外遇、赌博等不良行为。对于丈夫的这些行为,壮族妇女绝不逆来顺受,如规劝无效,都会选择离婚。如覃塘法院林法官说,本地壮族群众处理离婚的态度是,离婚是自由的。有些女性被虐待后就出外打工不回来,十年八年又在外地与别人同居,回来要求离婚,也不要求赔偿。男方有外遇,女方就要求离婚,这种情况下,男方的父母也支持原配。覃塘法院韦庭长说,本地离婚都是自由的,谁都可以提,男女都有,不分夫妻。覃塘法院林法官说,本地离婚自由,以前老人的观念觉得重面子,劝子女不要离婚,现在观念改了,群众到外面去打工观念就不同了。以前离婚大部分是女方提出的,男方赌博是离婚的重要原因。覃塘法院韦法官说,现在还有老一辈 60 多岁要求离婚的,小孩都 20 多岁了,都有孙子了,这种一般离婚不分家,即使判决离婚了女方也不会离开家,要跟小儿子住在一起,这个家是不分的。

　　壮族地区有些人按照传统习惯举行了仪式婚,但未到婚姻登记机关办理证书,这些案件到法院起诉离婚,也是司法面临的一个难题,但法官能够在即遵守国家法律又尊重习惯法的情况下,圆满地解决此类纠纷。宜州市人民法院法官说,办了很多离婚案件,本地少数民族风俗习惯是先摆酒席,就认为是夫妻,就可以居住在一起了,附近的乡民就认可,但实际上两人并没有办理登记手续,生活了几年,"夫妻"有了矛盾,就起诉到法院要求离婚,但法院发现他们并没有领取结婚证,法律规定不存在事实婚,不能认定他们有合法夫妻关系,所以同居关系让当事人自己去处理,小孩一定要当事人共同抚育成人,但提出的财产分割要求就不支持,想要判决,那只能先去办结婚证,不然不可能判,这类案件还是要以法律规定办理。实际审理过程中,他们说已经摆酒了,乡民认可了,日常生活中也以夫妻相称,法院办理的离婚案件有很多这种情况,与法律是有一定冲突的,但还是按照法律判决。以前离婚的妇女要一个月后才能进娘家的门,现在可以立刻进家。覃塘法官执行庭韦庭长说,司法尊重当地的风俗习惯。其主办过一个离婚案件,本地农村的习惯是结婚先付聘礼,男方给了女方 2.5 万元的聘礼,当时是2001 年,2.5 万元是很大的一笔钱,双方也办了酒席,也过门了,但没有去登记,因为两人当时年龄才 19 岁,没有达到法定婚龄。但才同居几天,两人就反悔了,闹矛盾。因为结婚时间比较短,而且数额较大,比一般的聘礼要多,法院就按照"二八开"的原则审理,后来这个案件调解解决了。因为女方也办了酒席,花了钱,因此女方得 20%,退还 80% 的聘礼给男方,双方都认可这个判决结果。如果没过门,没共同生活,就是 100% 退还聘礼。

　　为了保障妇女的离婚自由权,一些壮族地区法院还建立了一些非常人性化的制度,以保障离婚妇女的合法权益。例如很多壮族地区,离婚后子女都会留在丈夫家,女方想要探视孩子,会受到多方阻挠。一些法院考虑到这种情况,出台专门的制度保障离婚妇女对子女的探视权。如贵港市覃塘法院实行抚养探视档案制度,解决离婚后子女抚养探视难题,2015 年 11 月16 日,该院建立了首个子女探望档案,保护了一起离婚案件中女方当事人探望小孩的权利,使家事案件当事人感受到法官的人性化关怀。探望的程序是,先由女方向法院申请,这一制度使得女方在公开、公正、公平的环境中探视孩子,使得离婚妇女不再遭受与子女见面难的问题。

三、对妇女再婚自主权的保护

壮族妇女既然离婚自由,再嫁也是完全自由的,且不受任何歧视。

(一) 离婚后再婚

1. 传统习惯法规定

壮族对妇女离婚后再婚普遍持开放宽容态度,妇女再婚很少受到阻挠或歧视,可以自由择人婚配,如明代《西南夷风土记》记载:"婚姻不用财,举以与之,先嫁由父母,后嫁听其自便。"[①]也就是说,除了初婚外,其余婚姻均由妇女自主决定。离婚后再婚许多是出于对包办婚姻的反抗导致的,如隆林县委乐乡壮族在习惯上,女子婚后,如果对父母包办的婚姻不满,可以离婚和再婚,这种行为无任何非议。所以恋爱多是女子出嫁后不落夫家期间谈起来的。当女子年及十四、十五岁就开始谈起恋爱来,如果双方都同意,男方便托媒人向女方父母求婚,其父母一般都很少加以干涉,至于对原夫,只要不给知道,不会发生什么事情,只要女方父母没意见,就可与原夫离婚,而与自己心爱的对象结成美满的夫妻。但是,如果在恋爱期中,发生性关系生了子女,只好屈服于命运,回原夫家。如果原夫家愿意离异,可由情人备钱向他赎取为己妻,共同过甜美的生活。[②]甚至妇女有再婚多次的,两三次也不足为怪,如上述委乐乡离婚后的妇女可以再嫁,完全由女子自主,俗话"初嫁由父,再嫁由女",父母不过问也不干涉,像三来屯黄公万的女黄媛活,父母包办出嫁两次,离婚两次,她的父母说:"以后她嫁谁,父母再不过问了。因为父母把她嫁了两次,她不合意,怪父母,离了婚,现在由她自己吧!"女子婚后再嫁,地位是比初婚时为低的,退还原夫家的聘金由新夫负责。另外给女方一些钱购置新的嫁妆。[③]正如南丹壮族民谚:"女过三家,去问外家。"[④]

一些地区允许妇女带子女再婚,子女长大后既可以继承后夫的财产,还

---

① [明]朱孟震:《西南夷风土记》,台北广文书局1979年版,第18页。
② 广西壮族自治区编辑组编:《广西壮族社会历史调查》(第一册),广西民族出版社1984年版,第52页。
③ 广西壮族自治区编辑组编:《广西壮族社会历史调查》(第一册),广西民族出版社1984年版,第58页。
④ 广西壮族自治区编辑组编:《广西壮族社会历史调查》(第二册),广西民族出版社1986年版,第140页。

可回来继承前夫的家产,这也解除了一些妇女带子女再嫁的后顾之忧,如环江县龙水乡壮族随母下堂的儿子,在后父家庭中地位,则有不同的两种情况:如果后父没有亲生的儿子,也可由前夫之子继承财产,否则,便没有继承后父的财产权。①

2. 再婚的条件与程序

但是,一些地区妇女再婚在习惯法上有一个条件,即新夫必须向前夫偿还当初娶妻的费用,作为补偿,这已经成为成文的规矩。一些壮族地区的村规民约对此作了严格的规定,并制定了具体的标准,如光绪二十三年(1897年)立于兴安县金石公社新文大队大寨屯的《兴安县大寨等村禁约碑》规定:"一议改嫁婚姻,有归回前夫者,将财礼退还,不得顽抗。一议先年娶妻,为接宗枝,恐有琴瑟不调,夫妻反目,改嫁财礼钱,上等准五十千文正。"②民国六年(1917年)立于兴安县金石公社的《兴安县兴龙两隘公立禁约碑》也延续了上述规定:"夫妇不和,既已改嫁,归原夫,有关风化,如违者公罚。"③民国时期的龙胜《孟山规碑》也规定:"再醮之亲须宜相貌行聘,上亲者礼钱二十千文,不准夺取,如不遵者查出公罚不恕。"④还有个别地区要求再婚妇女须支付出寨钱,如民国《三江县志》也记载:"再醮妇为俗所轻视,故呼为'半路妻',又有所谓生拆者亦然。生拆者,即离婚妇,俗曰'生人妻',凡立休书,必于僻地行之,半路妻、生人妻,凡嫁去,当地必索出寨钱。"⑤

有些地区要求妇女再婚须写立婚约,写明礼金、证婚人作为凭据,如民国《榴江县志》载:"再醮之妇立婚约字据,写主婚、受领婚金及媒证人姓名于婚约内,以为凭证。"⑥在龙脊发现的一份1922年的《不受业产字契》也是这样一份允许遭遗弃妇女再婚的契约,根据文中记载,某家养子突然抛下妻儿,离家出走,族人专门签订了这份文书,写明该养子的遗弃行为视同离婚,其妻子可以改嫁或招赘,不受任何阻挠,而且其夫所留财产也受到保护,外

---

① 广西壮族自治区编辑组编:《广西壮族社会历史调查》(第一册),广西民族出版社1984年版,第280页。
② 广西民族研究所编:《广西少数民族地区石刻碑文集》,广西人民出版社1982年版,第128页。
③ 广西民族研究所编:《广西少数民族地区石刻碑文集》,广西人民出版社1982年版,第129页。
④ 龙胜县志编纂委员会编:《龙胜县志》,汉语大词典出版社1992年版,第522页。
⑤ [民国]魏任重修,姜玉笙纂:《三江县志》,据民国三十五年铅印本影印,台北成文出版社1975年版,第161页。
⑥ [民国]吴国经等修,萧殿元等纂:《榴江县志》,据民国二十六年铅印本影印,台北成文出版社1968年版,第44页。中国方志丛书120号。

人不得侵占。

不受业产字契

立不受业产妻女字人,新寨廖永学、子胜富等,为背井离乡,忘恩负德,以至老母妻儿,苦受饥馁事。缘我内兄系平段寨古潘日德妻梁氏夫妇等,膝下萧条无儿承祀……于前清戊戌年,(1898年)我等自愿将次儿年已一岁半命,与内兄抚回承继为扰,逐日含饴,情同己子。奈因家道寒微,衣食莫给,常时与人佣工度日,供养妻儿。该次子年行八岁,业已成人,更蒙就传易姓,更名潘福喜,迫其后年行三五,蒙为之娶媳廖氏。窃内兄一生,备历操劳,暇无片刻。讵料劳心过度,力倦神疲,于民国庚申年(1920年)十一月内身故,遗下妻氏并子媳三人,依照守旧,于去岁四月,幸得诞见女孙,心不胜喜,讵料今年五月初一日,该次子顿起不良,人面兽心,不顾父母之养,无故逃出往外,四至访查,不知去向,无影无踪。上不顾父母,下不理妻儿……我次子虽不能待其老母,养其妻儿,亦不可无遗嘱之句,无故奔逃,何能称其为子,则男子焉能称其大丈夫也。竟不知逆子之心如何,志向罪孽千重,不惟老母幼妻雏女失其所养,而反受其进退两难。为此,经鸣潘廖二比房族评论,任其内兄嫂与房族斟酌。以后或另招继儿承配廖氏,或廖氏愿意改嫁与人,我等亦不敢阻拦。受财礼任由多寡,我次子不敢收受分文,及内兄所遗之佃田、屋宇、山场、菜园等,业任由潘姓房族或留或卖,凡我廖姓亲房外族人等,不敢侵占毫芒。倘日后我次子回家之日,防有外人滋事,言长道短,藉故生端,争其业产,索其工价,称以亲夫为权,父兄岂能逼子嫁妻。有此情形者,任由我父兄将逆子呈官究治,自干其罪。恐口无凭,立此不受业产妻女一纸,付与内兄嫂执照为据。

立字人廖永学、子胜富

执字人潘梁氏　潘福山、福庆、永道

民国十一年(1922年)壬戌岁七月十四日而立[1]

3. 实践调研情况

实践调研也可以发现,妇女离婚后再婚普遍不受歧视。最重要的是,离婚妇女可以带走子女,带子女改嫁并不会受到任何歧视。如2017年6月笔者调研时,贵港市覃塘区岑岭村的覃医师说,本村妇女再婚很正常,也可以

---

[1]　广西壮族自治区编辑组编:《广西少数民族地区碑文、契约资料集》,广西民族出版社1987年版,第195—196页。原存龙脊村廖家寨,1956年收集。

带走孩子。岑岭村覃村民说，本村再婚可以带子女来，男方接受，子女长大可以继承生父的财产。覃塘大董村村小学董校长说，本村对再婚的肯定没有歧视，近几年能够结婚的都不错，孩子也可带来，也可带走，有带子女嫁过来转到他们学校的，也有本村妇女再婚带走孩子的。如果孩子以后回来，可以继承亲生父亲的遗产。

而对司法实务部门的调研也证明了这一点。如贵港市覃塘区人民法院民事法官说，本地妇女再婚没有太大的歧视，至少不怎么明显，从那么多的妇女愿意提出离婚来看，很多妇女是已经有下家了才提出离婚的。有些再婚带子女嫁的也有，可以的。就算带走了，如果生父有财产，亲生的都有份继承。覃塘法院韦庭长说，本地再婚没有歧视，两个人走在一块不嫌弃，农村娶个老婆比较困难，娶再嫁的没有歧视，一般妇女再婚都带走小孩，有再婚的妇女带有小孩来，男方也不嫌弃。很多妇女跟前夫离婚的案件，都带走子女。离婚妇女要改嫁给其他男的，还要带个小孩嫁给男家，有些小孩与男方家父母相处时间长了，有感情了，该妇女再离婚时男方甚至要求小孩的抚养权，也有的提出该妇女把孩子带来帮抚养了这么多年，要求赔偿。有过这样的案件，调解不通的，即使没有义务，也告诉当事人可以另外起诉。跟群众解释清楚，这些问题离婚案件解决不了。覃塘法院林法官说，本地再婚现在没有什么了，例如男方老婆死了，重新娶一个老婆，那么继妻带有子女进来，也能接受，相处的也比较和睦，再婚一般都不会受到歧视。

典型的一个案例是覃塘区的(2017)桂0804民初359号离婚案：女方（原告）与前夫育有一名2岁的男孩，2014年带着该男孩改嫁给男方（被告），该男孩一直跟男方共同生活。2016年女方起诉离婚，男方虽然同意双方离婚，却不想让小孩被带走，主动提出愿意抚养这个男孩。并提出，如果女方不给小孩，就要补偿男方这几年的抚养费。经法院调解后，女方也愿意把小孩留给男方抚养，并一次性支付男方抚养费2万元。村民也都同意这一做法，法院就制作调解书认可了双方的协议。这一案件中，男方不仅不嫌弃女方带子改嫁，还自愿为其抚育子女，法院也认可双方的意愿，这是壮族习惯法与现代法治深度融合的一个典型实例。

（二）丧偶后再婚

1.寡妇再婚自由的习惯法

在传统婚姻中，妇女丧偶后被称为"寡妇""孀妇"，被要求"守节"或"守贞"，即使生活再苦再难，再婚是很困难的，即使再嫁，也要遭受各种歧视，但壮族妇女丧偶后再婚是没有限制和歧视的，她们不受守节守贞迂腐观念的束缚。虽然有些文人抨击这是文化落后的表现："凡未开化之蛮人，既无贞操观念，夫死再醮，当然不成为何种问题。"①但实际上，这种理念其实更先进和开明。历代文献记载了很多寡妇改嫁的事例，如《通志》记载了隋代的一起带子改嫁案例："隋莫王，立山郡峰寨人（今广西蒙山县南境），生开皇中，一岁父卒，从母适荔浦石门村莫氏，从其姓。"②明代《峤南琐记》也记载："秦氏，永福人，嫁某数月死，后嫁张名，又忽得风疾。"③《武缘图经》记载了一名寡妇破除守节誓言改嫁的事例："陆翰一妇，其夫欧某临死时以老母托之，妇亦誓不再嫁，寻以空房难守，竟弃姑挈子改适。"④该书还记载了一起县官突破传统伦理判决寡妇改嫁给亡夫之弟的事例："邑令余道光间视邑篆，有民早逝遗其妻者，阳守寡而阴与其夫弟通，族人掩执之，捆送于官，某先讯其弟：有妻否？ 对以贫未能娶，某即判曰：'无后为大，尔兄既死无子，尔又无妇，何以延嗣续耶？ 可即妻嫂也。'族人谓如此伦常何在，哗辩不已，某狃于其所习见，怒逐之，于是其弟竟遵官之所判焉。"⑤实际上，这种"兄死弟妻其嫂，弟死兄亦如之"⑥的收继婚或转房婚在壮族中并不少见，也是寡妇改嫁的方式之一。

　　20 世纪 60 年代的社会历史调查也说明，广西各地壮族对寡妇再婚普遍采取自由的态度。如百色两琶乡壮族丈夫死后，妻子年轻无子或子女幼小，又无经济依靠时，改嫁被认为是理所当然的。寡妇再嫁不受任何限制，所谓"塘崩不得拦鱼，田垲不能制谷"，亦是他们的古语。离开夫家时，拿少量钱给丈夫家作为补偿就可以了。也有个别寡妇改嫁会受到公婆和亲人的阻拦，但不起决定性作用。寡妇改嫁和离婚再嫁的手续简单得多，定婚金额往往只等于初婚的二分之一或四分之一，仪式上则没有抬轿和炮竹、乐队迎送，只由一两个陪客相伴步行到夫家，但婚后生活不受歧视。寡妇再嫁时，所有过去送来的嫁奁可以全部带走，新夫亦可不费任何礼金礼品，但为了和

①　刘锡蕃：《岭表纪蛮》，台北南天书局 1987 年版，第 77 页。
②　见《通志》，[清]汪森编辑《粤西丛载》（中），黄振中、吴中任、梁超然校注，广西民族出版社 2007 年版，第 458 页。
③　[明]魏濬：《峤南琐记》，中华书局 1985 年版，第 29 页。
④　[清]黄君钜初纂，黄诚沅续纂：《武缘县图经》，卷 8，广西人民出版社 2013 年版，第 537 页。
⑤　[清]黄君钜初纂，黄诚沅续纂：《武缘县图经》，卷 6，广西人民出版社 2013 年版，第 531 页。
⑥　[清]汪森辑：《粤西通载》（12），粤西丛载·卷 18，广西师范大学出版社 2012 年版，第 140 页。

谐原家公婆，一般亦备些酒肉来会饮一餐。①上林县壮族在建国前，寡妇也允许再嫁，一般不受指责和刁难。有迷信思想的人认为寡妇"杀夫"，所以寡妇多是与寡公结合。②据 1984 年 5 月的调研，武鸣县府城公社喜庆大队壮族寡妇可以改嫁，并且还随其嫁给任何人，社会并不非难。府城公社进源大队 11 小队壮族丈夫死后，妻子可以改嫁。③贵港市从 1963 年起至 1988 年止，再婚再嫁的妇女有 3 845 人。④

2. 寡妇再婚的条件与仪式

许多壮族地区虽然并不反对寡妇改嫁，但须履行一些特殊的义务和仪式。

首先，需支付给宗族或村寨一定的公用款项作为补偿，这些已经写进了村规民约成为固定的标准，如光绪六年（1877 年）立于宜州洛东乡坡榄村的《祠堂条规》规定：本宗族"或有寡妇嫁出，亦取钱一千文。若寡妇招赘或留女顶宗，众议取入祠堂钱三千文"。⑤民国乙亥年（1935 年）立于宜州牛厄潭村头的《通告款碑》规定："至于本村寡妇生妻，他村寡妇生妻在村，来村居住改嫁，例出银壹元。"⑥民国二十六年（1937 年）的《宜北县志》也记载虽然寡妇再嫁时亡夫族人得收回彩礼，但寡妇可带走 25％的彩礼："凡中年妇女其丈夫死殁，未生子女不愿守节，可以再嫁，亡夫之父母或亲族得以收回其财礼，寡妇亦得四分之一作衣服费。"⑦根据民国《平乐县志》的记载，当地寡妇再醮须履行如下义务：第一，再婚夫家所纳礼金属于前夫家庭所有；第二，支付村寨一定的公用款项；第三，订立婚约，第四，须遵守特殊的仪式："孀妇之再醮由其自主，俗有头嫁由父母，再嫁由本身之说。仍有媒妁以为介绍，妇往男家看屋，订明聘金归故夫亲属所得，共立婚约。出嫁时，或在故夫家，或在别家，无论在某处，出嫁必纳费银三元六角或七元贰角为公用，名曰出村（或出街）挂红钱。嫁必于夜间，男家派壮年男女数人以小轿来迎，无鼓乐，于妇人入门后始召宾客而筵宴焉，妇于新年乃导其夫以谒父母，而姻戚

---

① 广西壮族自治区编辑组编：《广西壮族社会历史调查》（第二册），广西民族出版社 1986 年版，第 243、263 页。
② 上林县志编纂委员会编：《上林县志》，广西人民出版社 1989 年版，第 478 页。
③ 《武鸣县两江、府城两公社社会历史调查资料》，见广西师范大学历史系、广西地方民族史研究室编：《广西地方民族史研究集刊》（第三集），1984 年 11 月印，第 267、269 页。
④ 贵港市地方志编纂委员会编：《贵港市志》，广西人民出版社 1993 年版，第 1154 页。
⑤ 李楚荣主编：《宜州碑刻集》，广西美术出版社 2000 年版，第 247 页。
⑥ 李楚荣主编：《宜州碑刻集》，广西美术出版社 2000 年版，第 244 页。
⑦ 覃玉成纂：《宜北县志》，第二编·社会，页 24，台北成文出版社 1967 年版，第 54 页。中国方志丛书第 138 号。

以成。"①

其次，与离婚再嫁一样，寡妇再嫁须向前夫家支付一定的礼金，不过这笔礼金一般由新夫支付，作为前夫家的补偿。最重要的是，如果以后寡妇生活无着落，依然可以回前夫家生活。如天峨县白定乡年轻的妇女如果丈夫死去，都可以改嫁和招郎入赘，由男方出若干身价银给原夫家。若已生子女再嫁时得房族的同意可携带同去，以后可以回宗继承先父财产，后父若有财产分给亦可不回。女人改嫁后，若以后丈夫又死或无子，生活无着落，亦可以回到先父之子家共同生活。②西林维新乡壮族丈夫死后，妻子可以改嫁。如寡妇再嫁，需给亡夫的父母一些钱，多少由寨主公断。③龙脊壮族寡妇是否再嫁可以自由，一般年达三十至四十岁，而又有几个小孩，还有点遗产，在这种情况下多是在家孀居，其地位与前一样，所分得的财产还是归己所有。再嫁的女性多是丈夫死后未生过小孩的女青年，再嫁时，男方亦付十吊八吊的礼金，给原夫家族，以示补偿过去的身份，但丈夫所分得的财产是不能带去的。若是已生小孩，如征得原夫家族同意，可将孩子带去，长大后，还可回来继承其父财产，否则以后就无继承权。寡妇再嫁，社会群众及宗族家门，对他们都没有歧视。④

再次，须遵守一定的期限限制。一些壮族地区要求寡妇须等待一定的时间后才能再婚，作为对前夫的守丧，但各地待嫁的时间长短不一样，如都安青壮年壮族妇女丧偶或离弃亦可改嫁，但要待守孝期满（三个月、一年、三年等，各地不同）后，征得家公家婆同意方能再嫁。如已生养，子女留原夫家"继承香火"，也有"跟母下堂"。丧夫女子再嫁，一般不举行婚礼，要从侧门走出，如家无侧门，则要从住屋下层出走，不得从正门出嫁，且要晚间上路，其意是"见不得人"。⑤隆林县委乐乡寡妇可以自由再嫁，一般是在夫死后三年孝服期满，如果不满三年而改嫁，夫家固然不强制阻止，但舆论上会讥笑。如果寡妇没有子女，或只有女儿，则改嫁时没有什么人议论和讥讽；如果有

---

①　黄旭初监修，张智林纂：《平乐县志》，台北成文出版社 1967 年版，第 80 页。

②　广西壮族自治区编辑组编：《广西壮族社会历史调查》（第一册），广西民族出版社 1984 年版，第 20 页。

③　广西壮族自治区编辑组编：《广西壮族社会历史调查》（第二册），广西民族出版社 1986 年版，第 212 页。

④　广西壮族自治区编辑组编：《广西壮族社会历史调查》（第一册），广西民族出版社 1984 年版，第 136 页。

⑤　都安瑶族自治县县志编纂委员会编纂：《都安瑶族自治县志》，广西人民出版社 1993 年版，第 128 页。

了男孩，夫家生活又过得去，仍要改嫁，则受到社会的非议。因此，有些已有男孩的寡妇，如果夫家翁姑不刻薄，生活不十分困难，都不愿意改嫁，宁愿抚养儿子度过一辈子。寡妇如有子女，可以随嫁去，是女孩的长大了由新夫办理其出嫁，是男孩的长大了可以回原夫家接替香火，继承产业，若前夫家不准带去就不带去。①

又次，须遵守特殊的仪式或方式。《岭表纪蛮》就记载了宜州寡妇再婚须遵守的特殊仪式："寡妇再醮，例由母家侧门出，挑空水桶一担，弃之于井边，乃适其后夫，意谓前嫁空虚，藉此以志悼也。"②环江县龙水乡壮族寡妇再嫁没有严格的束约，凡结婚而未生育子女的妇女，丈夫死后，一般都要改嫁。但在社会意识上，人们都认为再嫁是不体面的事情，因此寡妇再嫁的时候，往往要回避人们的耳目，常借口劳动而离开前夫的家庭；离家时，并且必须从后门出去，更不要什么人送嫁。娶方则派一老妇至村旁僻静处迎接她来家。有的寡妇，年纪已大，子女尚幼，翁姑又老，在这种情况下，也可留在夫家招夫上门。这种赘婿，即亡夫五代以内的家族也并不排斥，而且有时还是亡夫的长辈或晚辈。③

最后，寡妇开以带走财产，也可带走子女，子女长大后可回来继承前夫的财产，也可继承新父财产。如靖西县诚良乡解放后寡妇改嫁也得到了自由，寡妇覃姆够、覃国荣两人1953年改嫁家中房族亦不敢干涉，并可以带走婚前财产。④依西林县那劳区维新乡习惯法，寡妇再嫁不受原夫家任何限制，改嫁所带的前夫子女，都有继承新父财产的权利，长大了回原夫家，可以照管原业，任何人不得侵犯。⑤武鸣县邓广乡壮族过去寡妇如无子女，一般都再转嫁，转嫁时能带走自己的物件及自己劳动收入的财产，但其夫家的固定财产不能继承或分取。⑥据1984年4—5月的调研，武鸣县两江公社壮族寡妇一般可以再嫁，社会上没有什么异议，再嫁时如子女不带走，则原来的

① 广西壮族自治区编辑组编：《广西壮族社会历史调查》（第一册），广西民族出版社1984年版，第59页。
② 刘锡蕃：《岭表纪蛮》，台北南天书局1987年版，第77页。
③ 广西壮族自治区编辑组编：《广西壮族社会历史调查》（第一册），广西民族出版社1984年版，第281页。
④ 桂西壮族自治区人民政府民族婚姻问题研究室编印：《靖西县第一区诚良乡附近一带壮族婚姻情况调查报告》，民族婚姻情况调查资料之五，1954年9月二十五日编印，第12页。
⑤ 广西壮族自治区编辑组编：《广西壮族社会历史调查》（第二册），广西民族出版社1986年版，第192、211页。
⑥ 广西壮族自治区编辑组编：《广西壮族社会历史调查》（第六册），广西民族出版社1985年版，第37页。

财产不能动,由族里保管,如果把子女带走,那么就可以带走除房屋外的一切财产,但房屋不能卖。再嫁时带去的子女,一旦长大明白了这些事后,他们可以选择自己回到原来的地方居住。武鸣县府城公社壮族寡妇再嫁,一般是自由的,没有人能干涉她,如带着孩子一起嫁,财产(除房屋田地外)可以带走,如留下孩子给叔伯抚养,财产必须留下。①

3. 实践调研

笔者在广西各地的调研表明,寡妇的再婚自由权至今仍然受到保障,带走子女和财产的权利也一直留存,以宜州市来说,马山塘屯的村民说,本村丈夫去世的老婆可以再嫁。合寨村支书说,本村寡妇再嫁没有限制,可以带走小孩。前一段时间有一个柳江县的妇女,她老公去世七年了,带着三个小孩嫁到了我们村的果作屯这边,我们村没有人歧视这些小孩,她跟这边的公婆也相处得比较好。贵港市港北区六八村的韦村主任说,本村寡妇再婚可以带走小孩,如果不带走,孩子的叔伯也会养,大部分不会阻拦。农村的财产只有房屋,可以拿走的肯定拿走,改嫁带走小孩,房屋、土地带不走的。小孩长大回来还姓父亲的姓,房屋、土地还是他的,可以继承生父的财产。

笔者从司法行政和司法实务部门也了解到了相同的信息,如忻城司法局工作人员说,因为男子过剩,很少有妇女守寡的,妇女带着小孩再嫁,地位都没有影响。宜州庆远司法所所长说,本地寡妇基本都再嫁,40岁以上的都嫁,男方家很看得开,家族里都认可,家庭条件好的就让寡妇招赘,条件不好的就净身走了,有的允许带小孩走,有的不准带小孩走,尤其是男孩子,孤儿由家族抚养。有的妇女就直接跑了,丢了孩子,不管不问,这种情况过继的比较多。宜州某派出所所长说,带孩子的寡妇不受歧视,但丧偶的再婚很少带走小孩。德保县司法局工作人员也说,本地寡妇改嫁的,如果孩子太小,亲戚又放弃抚养的,可以带走。覃塘法院林法官说,本地再婚妇女带走小孩,要找到前夫家公家婆做工作,比如男方意外死亡,爷爷奶奶跟孙子孙女有感情了,不让女方带走小孩,司法部门主要是给老人做工作,现在群众观念改变了,这两年都有相关的案件起诉到法院,例如爷爷奶奶不让带走小孩,女方就起诉,法院都适当考虑,支持老人

---

① 《武鸣县两江、府城两公社社会历史调查资料》,见广西师范大学历史系、广西地方民族史研究室编:《广西地方民族史研究集刊》(第三集),1984年11月印,第232、262页。

的请求。最高人民法院有过类似案例,如果小孩跟爷爷奶奶外公外婆感情很深,也有利于老人、小孩,特别是丧偶的,孩子对老人是一种精神寄托,也会适当考虑老人的诉求。综上,妇女丧偶再婚是没有限制的,只是对于能否带走孩子和财产有一些考虑。

第六章　不落夫家：
壮族习惯法母系特征的余音

第一节　不落夫家的基本样态

母系氏族社会的一个特征是，女不出嫁，婚后依然在母家生活，称为"从妻居"，这从中国母系社会的"活化石"——云南丽江摩梭人的"走婚"制度可以看出，他们至今保留着男不娶、女不嫁的"望门居"生活。壮族虽然已进化到父系社会，但依然保留了浓厚的母系特征，因此出现了一种两者的折衷制度——"不落夫家"，即女子婚后依然在母家生活，直至怀孕后再长住夫家，正式成立婚姻。正如 20 世纪 50 年代的《中南区少数民族婚姻情况汇集》所说："广西壮族有一种为其他各族少有的特殊习俗，即结婚后三天，女的回娘家去，除男家有特殊事故外，一定要住满三年或身怀有孕之后，才回男家与丈夫共同生活。俗语有'三年不落夫家'，这种现象至今还可看到。"[1]不落夫家的基本状态有三个特点：

一、结婚仪式的特殊性

由于结婚仪式结束后女方很快返回母家生活，因此不落夫家制度的婚姻仪式与传统婚礼相比，具有很大的不同，存在许多特殊的礼仪，看上去更像是一场简单的订婚仪式，双方的关系也是一种松散的婚姻关系，还谈不上实质上的婚姻。

（一）新娘有大量的女伴

在不落夫家的地区的结婚仪式中，新娘由大量女伴簇拥着达到新郎家，

---

[1]　中南行政委员会民族事务委员会办公室编印：《中南区少数民族婚姻情况汇集》，1953 年 3 月编印，内部参考资料，第 39 页。

这些女伴的作用除了增加婚礼的喜庆气氛外，更重要的一个功能是保护新娘，以"伴娘集团"的形式出现，隔离新郎，避免新娘与新郎单独接触。民国《榴江县志》记载"壮俗婚嫁"曰："男子不亲迎，请亲友数人往女家接亲，呼为遥就，女家亦请妇女十余人各具布囊伴送新妇入婿家，呼为遥送。是夜将新妇围坐洞房中唱歌达旦，次晨……仍拥新妇回家，三日后婿家再请人往接新妇，夫妇方始相见。"①《岭表纪蛮》则补充了上述仪式中"布囊"的作用："量布袋：榴江壮人结婚，新妇归男家，送者数十人，唱歌达旦。是晚，婿与妇竟不能见面。次晨，新妇及女伴，杂坐中庭，各出布袋交婿，婿取尺一一量之，各纳钱米若干于袋中，讫，妇与女伴轰然去。阅三日，始来夫家。"②《天河县志》云："娶之日，女伴从者数十人，各以伞团圆蔽女，女至婿家，无交拜之礼。其从者，与夫家宾客唱歌竟夕，以赌胜负。次日从妇女伴，即拥新妇归宁。"③婚礼结束后，新娘再在这些女伴的护送下返回娘家。

（二）婚礼上新娘新郎不单独相处交流

不落夫家制度的一个重要特征就是婚礼只是形式上的，新娘新郎并不产生实质上的婚姻关系，因此婚礼上两人没有任何实质上的接触。由于双方都是以女伴和男伴集体的形式亮相，所以常常以两大阵营对歌的方式来代替新娘和新郎的相处交流，这不仅增加了婚礼的娱乐性，也避免了双方不能接触的尴尬。《壮族风俗志》也记载："拜堂之后即入洞房，但当晚不能同房，而由伴娘陪着通宵唱歌，第二天一早便回娘家。过几天，新郎带礼品去拜见岳父岳母，接新娘来住几天，以后便开始不落夫家的生活。"④

新娘和新郎在婚礼期间不能接触的禁忌是非常严格的，不仅不能同房，新娘甚至要到别家寄宿，社会历史调查文献记载了很多这样的案例，如隆林县委乐乡壮族迎娶当天当晚，新娘由伴娘及自己邀的一个同辈的女友陪睡。入门后三天内，新郎新娘不同房，新娘由伴娘陪睡在新房内；第三天早饭后，新娘回门。次日，新郎又接新娘到夫家，当晚夫妻同房。⑤都安壮族有的地方，花烛之夜，新娘由送嫁姐妹相陪过夜，新郎要另室别居。次日，新娘即与

---

① 吴国经等修，萧殿元等纂：《榴江县志》，台北成文出版社 1968 年版，第 44 页。中国方志丛书 120 号。
② 刘锡蕃：《岭表纪蛮》，台北南天书局 1987 年版，第 293 页。
③ 刘锡蕃：《岭表纪蛮》，台北南天书局 1987 年版，第 73 页。
④ 梁庭望编著：《壮族风俗志》，中央民族学院出版社 1987 年版，第 50 页。
⑤ 广西壮族自治区编辑组编：《广西壮族社会历史调查》（第一册），广西民族出版社 1984 年版，第 55—56 页。

送嫁姐妹一道归回娘家,数日后,新郎再去接回来,夫妻始能同房。清末民初,西部地区有"不落夫家"之俗,新娘成婚后,即回娘家常住,只逢年过节或农忙季节,夫家派人来接,才到夫家住上几日,后又回娘家居住,屡次往返,直到身上带孕,才往夫家待产,常住下来。广西中部东部地区新娘拜堂翌日归宁,数日后再由夫家派人接回定居。①

（三）女家不置办嫁妆

传统结婚仪式中有一个重要的环节,就是女方为新娘置办嫁妆并在婚礼上当场交付。但在不落夫家的婚礼中,由于婚姻还未正式成立,因此也没有交付嫁妆的程序,直至女子长住夫家后,娘家才补偿性地交付嫁妆,双方的婚姻才正式成立。大量地方志文献对此都有记载,例如乾隆《庆远府志》就记载,当地壮族"不置妆奁,长住夫家后才置办妆奁。土俗婚聘以猪或牛,无槟榔果品之类,男家用幼女二人并土巫往女家导女,女家男妇三五十人不等送之,新妇以伞自覆,步行至男家,过宿即归,不与亲夫会合。此后遇社日插秧日收禾日方往夫家,至三四年后,女父母制送奁具,始常往偕老"。②该书还记载河池州壮族"嫁时不置衣被,其女过宿即回母家"。③道光《广西通志》记载"阳朔永宁僮俗,婚姻……女家聚族,吹芦笛送之,歌饮达旦,辄挟女而返。逾数年女长,更为治妆如初嫁礼。"④民国《龙州县志》记载:"女家不备妆奁,惟着数人随新人步行至男家。登堂拜祖讫,伴姑陪新人留宿一宵,天明即同新人回女家。自此以后,每年四五月间,田工作忙,则回夫家三五天,名曰'帮功'。如是者三五年,俟身有喜,女之父母始制帐被送回。此在清以前乡村婚礼之大略也。今效仿城市,改用聘金,以舆轿迎,则一聚即回夫家,不似从前之待身有喜始回夫家也。"⑤民国《天河县乡土志》记载:当地婚日"女家三五十人送之,新妇着青衣,以伞自覆,步行至婿家,唱歌竞夕,次朝即归,不与夫会合,此后过社日插秧日收禾日方往夫家至三四年后,父母

---

① 都安瑶族自治县志编纂委员会编纂:《都安瑶族自治县志》,广西人民出版社1993年版,第128页。

② [清]李文琠总修:[乾隆]《庆远府志》,卷1·风俗,页23,故宫珍本丛刊第196册,海南出版社2001年版,第113页。

③ [清]李文琠总修:[乾隆]《庆远府志》,卷10·诸蛮,页7,故宫珍本丛刊第196册,海南出版社2001年版,第380页。

④ [清]谢启昆、胡虔纂:《广西通志》,卷278·列传二十三·诸蛮一,广西师范大学历史系、中国历史文献研究室点校,广西人民出版社1988年版,第6885页。

⑤ 《龙州县志》,二十卷,民国十六年修纂,1957年广西壮族自治区博物馆油印本,见丁世良、赵放主编:《中国地方志民俗资料汇编·中南卷》(下),书目文献出版社1991年版,第920页。

制衾具，始常住偕老"。①

二、婚礼完毕后新娘即返回娘家生活

不落夫家制度的第二个特征就是婚礼举行完毕后，新娘即在短期内返回娘家生活，并不如传统婚姻一样落户夫家，从身份上讲还是娘家的人，并没有正式成为男方家的一分子。新娘返回母家的时间都很短，有的是婚礼的当天，如《岭表纪蛮》记载："镇结壮俗，新妇登婿门，无交拜之礼，坐片刻，为婿家挑水或柴一担，即归宁外家。"②靖西县表亮乡壮族新娘进屋后要拜天地宗族、长辈、然后吃一餐饭即转回娘家，次日夫家去接，吃一餐饭又转回，此后就是不落夫家。③武鸣县双桥乡壮族结婚当天中午新娘须转回娘家，新郎偕同。晚上又得转回来。次日，新娘又回娘家，并在那里住上四五天到半个月。之后新郎即派出一小女孩（不能派男孩）去请新娘回家。过四五天，这种往返还得重复一次，以后才永居下来。④有些当天返回的还有一些特殊的仪式，例如道光《广西通志》记载"宣化僮俗"曰："婚之日，女家作汲筒竹杖以予女，既至，则夫击女背者三，女乃出桶杖担水供炊，旋回母家，阅数年始归为夫妇。"⑤《粤西偶记》曰："婚之日，迎亲送女，络绎于道，歌声震林木。女至夫家合卺，其夫用拳击女背者三，女乃用夫所赠担汲水至翁中，旋回母家。"⑥光绪《横州志》记载略同："婚日女至夫家，其夫击女背者三，女即用夫所赠扁担汲水担置翁中，旋回母家。岁一往夫家助耕作，阅数载，始归夫偕老焉。"⑦这种丈夫击妻背三下并担水的仪式具有很强的象征意义，应该是母系社会向父系社会转变时，男方向女方宣布夫权、打压和遏制妻权的一种形式。这再次证明不落夫家的过渡性质。

---

① 杨家珍总纂：《天河县乡土志》·人类，台北成文出版社 1967 年版，第 54 页，中国方志丛书第 135 号。
② 刘锡蕃：《岭表纪蛮》，台北南天书局 1987 年版，第 73 页。
③ 桂西壮族自治区人民政府民族婚姻问题研究室编印：《靖西县第十区表亮乡壮族婚姻情况调查报告》，民族婚姻情况调查资料之六，1954 年 9 月编印，第 2 页。
④ 广西壮族自治区编辑组编：《广西壮族社会历史调查》（第三册），广西民族出版社 1985 年版，第 154 页。
⑤ ［清］谢启昆、胡虔纂：《广西通志》，卷 278·列传二十三·诸蛮一，广西师范大学历史系、中国历史文献研究室点校，广西人民出版社 1988 年版，第 6888 页。注引自《宣化县志》。
⑥ ［清］陆祚蕃：《粤西偶记》，见劳亦安编：《古今游记丛钞》（四），卷 36·广西省，台湾中华书局 1961 年版，第 88 页。
⑦ ［清］谢钟龄修，朱秀纂：《横州志》，据清光绪二十五年（1899 年）刻本重印，横县文物管理所 1983 年 11 月印，第 83 页。

有的是在婚礼次日新娘返回娘家,如民国《桂平县志》记载"僮人婚嫁"曰:"往日,邑中僮人娶妇,入门次日,即归母家,与《赤雅》所言略同。"①广西诗人林国乔《天河风土诗》其二曰:"洞房花烛不须排,婚事东乡礼最乖。晚下进门清早去,明年社节我绕来。"②环江县城管乡壮族有不落夫家的习俗,即在结婚的次日,新郎新妇即暂时分别,新妇回娘家一定时间,然后男家派人迎接,始回夫家居住。过一段时间后,男方备鸡、酒到女家拜谒岳父母,此后新妇始落夫家。③田东县檀乐乡壮族结婚第二天新娘就和送亲人返回娘家,以后每月来夫家一两次或数月回夫家一次,直到怀孕后才长住夫家。④武鸣县清江乡结婚第二天新娘送同伴回娘家,即回男家,住二天后再回娘家。以后每逢农忙、节日才回夫家,住几天又要回娘家,习惯后才久住下来。⑤据1984年4—5月的调研,武鸣县两江公社壮族新婚这一晚是不睡觉的,第二天吃完早饭后亲戚朋友一般都走了,新娘也回娘家去了。回去十来天后,新郎家便派一个青年女子去接新娘回来,新娘回来住不了几天,又回娘家去了。婚后三年内,新娘仍住在娘家,逢年过节时,男方派人去接她,她才回来,并且要在天黑以后才进新郎的家门。回来的当天晚上,新娘不吃新郎家的东西,以示已在娘家吃饱了,意味着娘家有钱有粮。而去请新娘的人也一样,回来当晚不吃饭,表示也在新娘家吃过了。新娘回来住了三两个晚上后,不管男方有多么要紧的事,她都一定要回娘家,直到三年过后,才回男家定居。⑥

也有的是在婚后第三日新娘返回母家,如《凤山县志》记载:"县属远乡,本地人女子出嫁之前数月,必潜来夫家邻舍,觅一家做女方寄宿。出嫁之日,使同班亲友数人偕送,一到男家,行拜堂礼毕,新妇即遄返寄宿之家,与亲友同往,新郎无洞房花烛之良霄(宵)。住亲友家三日,偕友人返母家,嗣后每逢季节只来夫家一二日。约一年半载,自身怀孕,始长住夫家。昔日有

① 黄占梅修、程大璋纂:《桂平县志》,卷31·纪政·风俗,页53上,民国九年铅印本,台北成文出版社1968年版,第1139页。中国方志丛书131号。
② 刘锡蕃:《岭表纪蛮》,台北南天书局1987年版,第249页。
③ 广西壮族自治区编辑组编:《广西壮族社会历史调查》(第二册),广西民族出版社1986年版,第316页。
④ 广西壮族自治区编辑组编:《广西壮族社会历史调查》(第五册),广西民族出版社1986年版,第121页。
⑤ 广西壮族自治区编辑组编:《广西壮族社会历史调查》(第六册),广西民族出版社1985年版,第72页。
⑥ 《武鸣县两江、府城两公社社会历史调查资料》,见广西师范大学历史系、广西地方民族史研究室编:《广西地方民族史研究集刊》(第三集),1984年11月印,第230—231页。

句云：'妆罢言归宁父母，月无三日在夫家。'盖纪实也。"①那坡县那坡大队壮族结婚后第三天，新娘返回娘家，即"不落夫家"。②南丹县六寨公社雅陇大队壮族婚后三天，新娘就回到娘家去住，至少住上几个月，才回夫家长住，一般是秋收结婚，春耕时就回到夫家居住参加生产。此后只有娘家有事或过节才回娘家稍住几天，其他时间都在夫家生活。③

三、新娘只在重要节庆才来夫家

新娘返回娘家后，即开始不落夫家的生活。在此期间，她只有重要节庆、红白喜事或耕种、收割时才短暂回夫家，而且在回夫家时，仍不与丈夫单独接触或相处。如《武缘县图经》记载："瑶壮新娶入门，不即合，其妻有数邻女相随，次日即返母家，惟耕作、收获、四时节令方至夫家。"④民国《同正县志》记载："蔗园人新人过门拜堂之后，是夜仍回外家，此后二、三年中非逢大年节不回男家也，但属其同类则然。"⑤《融县志》记载："西区边远乡村，嫁于男家结婚之日，由同村女子十人或数十人徒步送至男家。至筵席时，新人杂于送亲之妇女中，共同宴饮毕，偕回母家。新年或社日及春粪田、秋收获时，偕同辈女子三四人至男家协助工作，三日或五日仍回母家，必二三年后，妊娠将产，生育子女，然后久住男家。常有嫁后五六年未能遍识夫家之嫡亲长幼者。此种风俗，至今犹未尽改。"⑥

社会历史调查材料也提供了很多方面的佐证，如龙胜龙脊壮族结婚次日回门，于当日或回门次日接回，村里轮流宴请，又连唱三晚歌，仍不得同房。第四天新娘回门后，直到次年头社（旧历二月初二）才来住几天。春耕时，丈夫让她穿新衣新鞋到田间踩一下，预祝丰年。秋后又让她盛妆到田里

① 《凤山县志》，八编，民国三十五年纂修，1957 年广西壮族自治区博物馆油印本，见丁世良、赵放主编：《中国地方志民俗资料汇编·中南卷》（下），书目文献出版社 1991 年版，第939 页。

② 广西壮族自治区编辑组编：《广西壮族社会历史调查》（第三册），广西民族出版社 1985 年版，第 207 页。

③ 张一民、何英德、玉时阶：《南丹县六寨公社雅陇大队社会历史调查》（1982 年 8 月 10—13 日），见广西师范大学历史系、广西地方民族史研究室编：《广西地方民族史研究集刊》（第二集），1983 年 11 月印，第 180 页。

④ ［清］黄君钜初纂，黄诚沅续纂：《武缘县图经》，卷 6，广西人民出版社 2013 年版，第 412—413 页。

⑤ 杨北岑等纂修：《同正县志》，卷 7·民籍，台北成文出版社 1975 年版，第 163 页。

⑥ 《融县志》，二卷，民国二十五年铅印本，见丁世良、赵放主编：《中国地方志民俗资料汇编·中南卷》（下），书目文献出版社 1991 年版，第 948 页。

先开镰,别人才敢开始收割。这套充满古朴民风的婚仪,有的到 20 世纪 50 年代还存在,比如即使是自由恋爱,也存在几年不落夫家的现象。①东兰县那烈乡壮族结婚后,不落夫家的现象比较普遍,每年勉强来夫家两三次,即插秧、秋收、腊月舂米过年时各来一次,住一两天又回娘家去了,五、六年后,生小孩了,才长住夫家。②柳城县古岩乡(俗称北乡洞)聚居在狭山、上富、大岩峒、罗峒等四个崒寨村委会的壮族男女青年结婚要是"妻从夫居"的话,女方从迎亲那天到男方家里后,多半是在男方家中红白喜事或农忙时才回到男方家,一直到女方生小孩以后,才长期落户夫家住下来。③武鸣县府城公社西厢大队壮族婚后的第二天,新娘即回到娘家去,以后,只有逢年过节,男方才能去请新娘回来同餐,但同餐后,新娘仍回到娘家去,不留宿。如此要重复三次。第三次后,新娘便自动回到男家来,但也只是住上七、八天便走。以后,男方不去请,女的就很少回到男家来,因此当时有"半年新妇半年女"之说。直到十六七岁时,女子才回到男家来正式定居。现在本地还有这种习俗的一点儿遗风,就是女子结婚后,长则两三年,短则一年半载仍住在娘家,其间只是久不久地回丈夫家住上十天八天或一两个月。④

四、有孕后始长住夫家

壮族妇女不落夫家的界限以怀孕为标准,直至有孕,女方才长住夫家,正式成为夫家的人口。明万历《广西通志》记载:"娶日,妻即还父母家,夜与邻女作处数年,回时间与夫野合二三,觉有娠乃密告其夫做栏。又数年,延师巫结花楼,祀圣母,亲族少男少妇数百千人歌饮号斗,剧戏三四日夜乃毕,谓之作星。"⑤邝露《赤雅》的"丁妇"条有相同记载,不过最后补充了一句:"生子始称为妇也。"⑥乾隆《柳州府志》也有完全相同

① 梁庭望编著:《壮族风俗志》,中央民族学院出版社 1987 年版,第 53 页。
② 广西壮族自治区编辑组编:《广西壮族社会历史调查》(第五册),广西民族出版社 1986 年版,第 163 页。
③ 龙瑞生:《柳城县北洞乡的婚俗——婚俗调查之三》,见广西师范大学历史系、广西地方民族史研究室编:《广西地方民族史研究集刊》(第五集),1987 年 1 月印,第 150 页。
④ 《武鸣县两江、府城两公社社会历史调查资料》,见广西师范大学历史系、广西地方民族史研究集刊》(第三集),1984 年 11 月印,第 266 页。
⑤ [明]戴耀主修,苏濬编纂,杨芳刊行:《广西通志》,卷 33·外夷志三·诸夷种类,页 2 下,见吴相湘主编:中国史学丛书《明代方志选》(六),台湾学生书局 1965 年版,第 673 页。据明万历二十七年刊刻本影印。
⑥ [明]邝露:《赤雅》,蓝鸿恩考释,广西民族出版社 1995 年版,第 26 页。

的记载。①清朝黄东昀的《柳州杂咏》之二还专门描述了这种情况:"麻栏茅舍不宜秋,妹夜荒山缓缓游。圣母有灵初赐孕,椎牛醵酒结花楼。"②《柳城县志》记载:"乡间女子亦有回门后住娘家数年,必俟生子始返夫家者。积习相沿,未能尽除。"③

《岭表纪蛮》专门对此作了详细的分析:"婚后的余恋:未开化之蛮族妇女,于婚期之次早,多还母家,仍继续其'做后生'之生活,(此俗亦称不落夫家,即不与夫同居之义)次年插秧时,夫家使人迎之,至,信宿即去、以后非节日不来,来则三两日又去。直至怀孕生子;或其本人不愿再'做后生',始与夫同居。是时,女父母牵牛羊,备家具,持以送女,而夫妇关系亦确定。妇此后,育子女,操家政,即与其'做后生'时代之生活告别矣。(童养媳不能工作,亦有不落夫家者)此等风俗,其区域颇为广阔,在广西西北两部之郡县中,尤所常见。"④建国初期的社会历史调查材料也有相应的记载,如万承壮族也有嫁后不落夫家的,只在农忙时回男家几天,直到有孕才回夫家定居。⑤三江县三区壮族婚后女在夫家一宿,即回母家,此后来往无常,必等生育子女后才长住夫家。⑥隆林县委乐大队壮族新娘在结婚后不落夫家,每个月只来三天左右,一般是有了小孩才到夫家长住。但也有个别自由恋爱者破例的。⑦由此可见,妇女是否怀孕,是衡量她是否成为一个已婚妇女的标志,所以她的身份是以怀孕为转移的。只有怀孕,证明她具有生育能力,才能成为一名合格的妻子,同时,孕育的孩子也需要一个正式的家庭和名分,而她的身份,也彻底从未婚状态转变成婚姻状态。因此有孕成为结束不落夫家状态的一个标志。(见图6.1)

五、不落夫家的时间

不落夫家的时间,可谓长短不等,短的有半年、几个月的,长的有一年至

① [清]王锦修,吴光升纂:《柳州府志》,卷30·瑶壮,柳州市博物馆据1956年北京图书馆油印本1981年翻印,第3页。
② 柳江县政府修:《柳江县志》,刘汉忠、罗方贵点校,广西人民出版社1998年版,第103页。
③ 《柳城县志》,八卷,民国二十九年铅印本,见丁世良、赵放主编:《中国地方志民俗资料汇编·中南卷》(下),书目文献出版社1991年版,第947页。
④ 刘锡蕃:《岭表纪蛮》,台北南天书局1987年版,第74页。
⑤⑥ 中南行政委员会民族事务委员会办公室编印:《中南区少数民族婚姻情况汇集》,1953年3月编印,内部参考资料,第65页。
⑦ 七九级赴委乐调查组:《隆林县委乐队壮族社会历史初步调查》,见广西师范大学历史系、广西地方民族史研究室编:广西地方民族史研究集刊(第二集),1983年11月印,第203页。

图 6.1　不落夫家阶段示意图

十年的。较早的文献记载是半年,如《岭外代答》记载:"入寮半年,而复归夫家。"①《赤雅》记载壮族土官婚嫁"半年始与婿归"。②

　　一至三年是比较普遍的做法,如《广西审判志》记载:壮族有不落夫家的习俗,时间一般在三年左右,在不落夫家期间,在农忙时或过节时,即由男方小姑告知,叫媳妇回去做农工或一起过节,解放后已逐步改变了。③《上林县志》记载,西燕、塘红、镇圩等地结婚第二天上午,新娘与伴娘回娘家居住,多则三年,少则一年,男方一般只在四月农忙和大年三十接新娘到夫家,新娘生小孩后才到夫家长住。④20 世纪 50 年代中南区少数民族婚姻调查记载,广西壮族第一夜新夫妇不合宿,由女家同来的姊妹陪新娘住一宵,第二天又与姊妹同回娘家,再由娘家派人去接。同居三、四天,新娘仍旧回到娘家,一直到满三年或怀孕后,夫妇才得共同生活,故此叫作"三年不落夫家"。⑤1984 年的调查材料表明,广西武鸣县两江一带举行婚礼后,第二天早饭后新娘就回娘家去了。婚后三年内,新娘仍住在娘家,逢年过节时,男方派人去接她,她才回来,并且要在天黑以后才进新郎的家门。新娘回来住了二三个晚上后,不管男方有多么要紧的事,她都一定要回娘家,直到三年过后,才回男家定居。⑥

　　三年以上的,一般是三至五年,最长的是十年的,如《三江县志》记载:"六甲人婚娶,向由父母主张。送嫁者,有送母二人,送舅四人,送姨四人,以次而差。在昔于嫁后之次日,新妇即随送母诸人返外氏,不落夫家,须三五

①　[宋]周去非:《岭外代答》,卷 10,杨武泉校注,中华书局 1999 年版,第 418 页。
②　[明]邝露:《赤雅》,蓝鸿恩考释,广西民族出版社 1995 年版,第 24 页。
③　广西壮族自治区高级人民法院《审判志》编辑室编:《广西审判志》(讨论稿),1991 年 9 月 15 日印,第 624—625 页。
④　上林县志编纂委员会编:《上林县志》,广西人民出版社 1989 年版,第 477—478 页。
⑤　中南行政委员会民族事务委员会办公室编印:《中南区少数民族婚姻情况汇集》,1953 年 3 月编印,内部参考资料,第 40 页。
⑥　《武鸣县两江、府城两公社社会历史调查资料》(本资料由唐仁贵记录整理),见广西师范大学历史系、广西地方民族史研究室编:《广西地方民族史研究集刊》(第三集),1984 年 11 月印行,第 230—231 页。

年后，始在夫家长住。"①《永福县志》记载："永福潮北僮，女子嫁夫，一夕遂返，越三五载始归与夫同处。"②《怀远县志》也记载："怀远之夷，凡娶妻不由媒妁，男与女答歌通宵。已，即去，非有身不肯为其家妇，至五年十年不归以妇者。长老之称为妇，即不得如女子时春秋答歌也。"③

第二节　妇女在不落夫家期间的权利与义务

不落夫家期间的壮族妇女，在当时其身份类似于未正式出嫁的女儿，不仅可以享受未婚女子的人身待遇，而且还享有一定的财产权利。

一、人身权利

由于不落夫家的状态属于尚未正式成婚，所以妇女的身份与未婚女子等同，也就意味着她可以自由参加各种未婚男女的聚会，并且可以在这样的场合与其他男子交往、相恋并发生关系，这在习惯法上是完全合法的，不会受到婚姻关系的约束和惩治。最重要的是，丈夫不得对她在不落夫家期间的两性关系进行干预，必须给予她充分的人身自由。如《永福县志》记载："僮上元、中元、春秋社日，男女答歌，苟合，至有妊娠始归夫家。"④对于壮族妇女来说，不落夫家时期是人生的一个特殊阶段，她的身份处于一种暧昧不明的模糊地带，并没有随着婚礼的举行融入男方集团，而是依然保留在女方集团。乾隆时期，赵翼在广西靖西一带任职时，发现当地许多结婚但不落夫家的妇女仍然参加歌圩活动，并与男子自由交往，该书详细描述了不落夫家的妇女参加歌圩打同年做后生的情形：

> 粤西土民及滇、黔苗、猓风俗，大概皆淳朴，惟男女之事不甚有别。每春月趁墟唱歌，男女各坐一边，其歌皆男女相悦之词。其不合者，亦有歌拒之，如"你爱我，我不爱你"之类。若两相悦，则歌毕辄携手就酒

---

① 《三江县志》，十卷，民国三十五年铅印本，见丁世良、赵放主编：《中国地方志民俗资料汇编·中南卷》（下），书目文献出版社 1991 年版，第 953—954 页。

② 见《永福县志》，[清]汪森编辑：《粤西丛载》（下），黄振中、吴中任、梁超然校注，广西民族出版社 2007 年版，第 1028 页。

③ 见《怀远县志》，[清]汪森编辑：《粤西丛载》（中），黄振中、吴中任、梁超然校注，广西民族出版社 2007 年版，第 749 页。

④ 见《永福县志》，[清]汪森编辑：《粤西丛载》（下），黄振中、吴中任、梁超然校注，广西民族出版社 2007 年版，第 1028 页。

棚,并坐而饮,彼此各赠物以定情,订期相会,甚有酒后即潜入山洞中相昵者。其视野田草露之事,不过如内地人看戏赌钱之类,非异事也。当墟场唱歌时,诸妇女杂坐。凡游客素不相识者,皆可与之嘲弄,甚而相偎抱亦所不禁。并有夫妻同在墟场,夫见其妻为人所调笑,不嗔而反喜者,谓妻美能使人悦也,否则或归而相诟焉。凡男女私相结,谓之'拜同年',又谓之'做后生',多在未嫁娶以前。谓嫁娶生子,则须作苦成家,不复可为此游戏。是以其俗成婚虽早,然初婚时夫妻例不同宿。婚夕,其女即拜一邻姬为干娘,与之同寝。三日内,为翁姑挑水数担,即归母家。其后虽亦时至夫家,仍不同寝,恐生子则不能做后生也。大抵念四、五岁以前,皆系做后生之时。女既出拜男同年,男亦出拜女同年。至念四、五岁以后,则嬉戏之性已退,愿成家室,于是夫妻始同处。以故恩意多不笃,偶因反目,辄至离异,皆由于年少不即成婚之故也。[①]

《岭表纪蛮》也记载,壮族的特点之一就是:"其女子之婚前婚后的某时期内,大部有'做后生'之习俗。"[②]该书还分析了壮族妇女这种在落夫家之前仍视为未婚女子身份的观念基础,在于对婚姻责任感的认同,落夫家前妇女仍是独立的个体,不承担任何婚姻责任和义务,一旦怀孕之后,身份发生转变,婚姻正式成立,自己彻底变为人妻,对丈夫、家庭、孩子都负有一定的社会责任,因此便自动终止了与其他男子自由交往的行为,即从身份不确定的无主地带跨入身份确定的人妻领域。"是则西南蛮族,对于婚后余恋之行为,所见甚伙,彼之意见,以为未生育前,无牵无累,为人相类当然底行乐时期。生子以后,作人父母,劬育儿女,负有专责,若再行乐,则家庭末由成立,而种族有灭亡之虑,故不能不牺牲个人之权利,而致力于家庭。准此以谈,则蛮人之所谓贞操,非对丈夫尽义务,而对种族尽义务。其出发点,颇与汉人不同。故赵冀守镇安府日,下令凡已婚者,不许异寝。镇民闻之皆笑,以为此事非太守所当闻。(见赵瓯北檐曝杂记)盖蛮人对于其夫初无守贞之观念,其笑也,在汉人固骇然惊异,而蛮人则极其自然,旨趣不同,宜乎其如是也。"[③]

二、财产权

不落夫家的妇女既然在身份上等同于未婚女儿,因此她仍然可以享受

---

①　[清]赵翼:《檐曝杂记》,中华书局 1982 年版,第 51—52 页。

②　刘锡蕃:《岭表纪蛮》,台北南天书局 1987 年版,第 280 页。

③　刘锡蕃:《岭表纪蛮》,台北南天书局 1987 年版,第 75—76 页。

娘家的财产权。但是这种权利是附加期限的,在她长住夫家后,这些财产就要被娘家收回。在此期间,她的生活费用也由娘家承担。如百色两琵乡壮族不落夫家的女儿也同样有分得财产的权利,但该女儿落夫家之后,财产不能带走。①隆林县委乐乡壮族妇女嫁后不落夫家的日子里,父母把自己一部分田地给她自己栽种,收入的作物也完全为她所得,父母就不再负担她的衣服和零用,直到生育时落夫家为止。如委内屯中农黄公宛家,在女儿阿累嫁出时,将自己一块地年约收一百二十斤糖及棉花地一块约产棉四斤左右,由姑娘自己劳动,所得全归她自己处置。有的妇女就用这份钱买小猪给别人饲养,或是贷出,并用一部分做成自己的衣服,准备了将来孩子的衣被,直到生子时自己的全部财产带回夫家,仍旧自己使用。这在任何贫富之家都是这样。姑娘在娘家所置办的东西,有的陆续带至夫家,带的越多越显得光彩,也有的人带得很少,甚至一点也不带。除了贫穷之家外,还有那些深恐在未落夫家的时节里,婚姻又发生新的变卦,到那时就一切都丧失了,不能退回分毫,即以一般都是在回夫家生子时才一起带去的多。到了夫家以后,倘若公婆大方,还会给一块土地,靠自己栽种来获得点零用,不然,自己带去的钱用光了,就得看每年公婆和丈夫的脸色,略略给予一点,也有少数将自己带去的钱买了小猪,贷款给别人。妇女若到夫家一切都由夫家支配,不能自由地抽出时间来搞私人的事情,在夫家就要担负丈夫,甚至家公、叔叔的鞋袜缝制责任,住在娘家可以从私人田收入买针线做自己的衣饰,在夫家就比较困难了,因而成为女子嫁后不落夫家之一因。②

由于不落夫家这种特殊的习俗,司法部门在判决此类案件时,也会适当考虑和适用。此外,不落夫家还会导致一些特殊的习惯法责任,即在不落夫家期间妇女出现人身损害,由娘家承担责任。如百色两琵乡壮族有不落夫家的习惯,生了孩子才来当家,如果女方在岳家被人拐走,男方就向岳家要人,或者岳家娶第二个,年龄与前个一样,否则就要赔过去娶时所费的礼金和礼品。③

① 广西壮族自治区编辑组编:《广西壮族社会历史调查》(第二册),广西民族出版社 1986 年版,第 262 页。
② 广西壮族自治区编辑组编:《广西壮族社会历史调查》(第一册),广西民族出版社 1984 年版,第 57 页。
③ 广西壮族自治区编辑组编:《广西壮族社会历史调查》(第二册),广西民族出版社 1986 年版,第 244 页。

第三节　不落夫家的原因

笔者的许多学生听说不落夫家的制度后都大惑不解："为什么要这样呢?"这一制度固然是母系社会的残留,但仍然有多重原因导致了它的形成。

一、对夫妻生活的禁忌

西南少数民族长期有一种习俗,即对在家庭中过夫妻生活怀有一种禁忌。在宋代的文献中,都不约而同地提到"男女异居""野外交合"的习惯,即夫妻婚后并不同居,妻另有别室,夫妻生活不能在家中进行,须到妻之别室或深山进行,这种习惯一方面来自母系社会异居婚的残余,另一方面来自对自然神力的畏惧,如《桂海虞衡志》记载:"西南蕃俗,大抵介别。男夫甚刚,妻女甚洁。夫妇异居,妻所居深藏不见人,夫过其妻,挂剑于门而后入。或期于深山,不亵秽其居,谓否则鬼神祸之。"①《岭外代答》也有类似的记载:"挂剑:邕州溪峒之外,西南有蛮,其夫甚刚,其妻甚怯。夫妇异室,妻之所居,深藏不见人形,夫过其妻,必挂剑于门而后入。其合夫妇之道,夜期于深山,不以其所居也。云不如是,则鬼物有显诛。"②这种夫妻异居的生活很容易让人联想起云南摩梭人的走婚。明清时期的文献关于壮族异居婚的记载也层出不穷,如万历《广西通志》记载山子夷"夫妇野合,类兽,与人异。"③明代《君子堂日询手镜》则记载得更为详细:"山子即夷僚之属,夫妻未尝同宿,惟于晴昼牵臂入山,择僻处尽一日之乐,既入,则于路口插松竹以断来者。谓之插青,见者即返,或误入,则加以刀弩,死且不顾。"④嘉庆《广西通志》和陆次云《峒谿纤志》则完全引用了上述记载。⑤

由此可见,在母系氏族社会,夫妻并不同居,而是维持着一种松散的伴侣关系,并认为在家中过夫妻生活是不洁的、不吉利的行为,因而形成了一

---

① [宋]范成大:《桂海虞衡志》,齐治平校补,广西民族出版社1984年版,第46页。
② [宋]周去非:《岭外代答》,杨武泉校注,中华书局1999年版,第419页。
③ [明]戴耀主修,苏濬编纂,杨芳刊行:《广西通志》,卷33·外夷志三·诸夷种类,页4上,见吴相湘主编:中国史学丛书《明代方志选》(六),台湾学生书局1965年版,第674页。据明万历二十七年刊刻本影印。
④ [明]王济:《君子堂日询手镜》,中华书局1985年版,第3页。
⑤ [清]谢启昆、胡虔纂:《广西通志》,卷279·列传二十四·诸蛮二,广西师范大学历史系、中国历史文献研究室点校,广西人民出版社1988年版,第6906页。注引自《日询手镜》。[清]陆次云:《峒谿纤志》,中华书局1985年版,第15页。

种特殊的禁忌,这种禁忌作为一种残余延续到了父系社会,对壮族不落夫家习俗的形成产生了一定的影响。这种禁忌最典型的例证就是至今在广西的许多地区,包括桂林周边的阳朔、龙胜、兴安、恭城、灌阳、永福、三江、融水等地,都保留着一个牢不可破的习惯:外来的男女,如果在当地人家留宿的,不论两人是何种关系,即使是夫妻或情侣,晚上绝不可以同房,必须异室而居,甚至已出嫁的女儿带女婿回娘家省亲,也必须遵守。主人对此非常忌讳,严格执行,笔者带学生在广西民族地区调研时,曾访谈过许多群众,希望深入了解这一习惯的渊源,但他们大多讳莫如深,不愿多言,但大致的回答总结起来,就是这种行为会给主人家带来祸患,而且是非常严重的祸患,这与古书上的记载是一致的,因此也可以理解这种禁忌何以会成为不落夫家的形成因素之一。

二、早 婚

在过去,壮族普遍盛行早婚,这也成为不落夫家的原因之一。因为很多人结婚时年龄过低,尚是不谙世事的孩子,难以适应夫妻生活,因此不落夫家就成为一种对早婚制度最好的对冲和补偿机制。通过不落夫家这样一个缓冲和成长阶段,等待男女双方尤其是女方成年,逐步适应婚姻生活。由此可见,不落夫家更像是正式婚姻的等待期,其婚礼也更近似于"预备婚",因此传统婚礼的下聘和送嫁妆等环节都较为简略甚至没有。据《宁明县志》记载,当地蔗园人一般十五六岁就结婚,聘金礼物较少,女家没有置嫁妆陪送。结婚之日,新娘与伴娘共一轿到男家,拜堂完毕后,伴娘与新娘立即从后门潜回娘家,若无后门可出,就夺前门而走,不可挽留,没有新婚洞房之夜。此后每到年节,夫家使人迎接媳妇来家居住 3 至 5 日,而后又返娘家,至怀孕将届分娩才回夫家定居。这种"不落夫家"的习惯,俗称为"分番"。①《龙胜县志》也记载,当地壮族新婚第三天回门,新娘回娘家一住三年,仅在农忙季节(春插、耘田、秋收)去夫家帮做活,但夫妻不同房。此俗,原因为男女十七八岁结婚过早,俗定三年后生育为佳。新中国成立后,婚龄大了,住娘家习俗渐改。②

20 世纪 60 年代的民族社会历史调查资料显示,广西许多地区的壮族实行不落夫家制度,早婚是最主要的因素,如龙脊壮族婚后第四日晨,新娘

---

① 宁明县志编纂委员会编:《宁明县志》,中央民族学院出版社 1988 年版,第 692—693 页。
② 龙胜县志编纂委员会编:《龙胜县志》,汉语大词典出版社 1992 年版,第 93 页。

伴娘一道回娘家,此后新娘就少来夫家。到了次年头社(二月初二)男家又用二斤酒二斤猪肉去请新媳妇回来,住二至三晚后,又回娘家,若女的对这门亲事很满意,以后来往的次数较多,如心里不愿意,只在每年农忙时节来夫家帮三五天工,过了几天后,便又回娘家了。这种习俗自古时一直遗传下来,至解放后,即使愿自由恋爱结婚的仍然沿此习惯,女子出嫁后,一般在三五年内不回夫家,其原因据说是:一方面,由于结婚年龄很小,回夫家不知如何生活,有的连自己本身还要父母料理,不能参加劳动;另一方面,在未生孩子前,妇女在家可以多服侍父母几日,以报答父母养育之恩,若生子后,就不能服侍了。因此这里妇女一般都不落夫家。[1]天峨县白定乡壮族迎亲那天过了三天,新娘就返娘家,再过二十天左右,男家再派姑娘叫新娘回家一次,以后每年派人接回夫家三两次不等。同外地壮族人一样,很久以前就有不入夫家的习惯,时间的长短看具体的情况而定,三、五、八年不等,只有农忙、过年节等男家派人去请才回来,要改变这种现象必须等到生了第一胎子女后,才长期的回夫家,否则就好似做客那样来往而已。产生这种现象的原因是什么? 据了解主要的是出嫁之初,(由于早婚,父母包办等原因),对“夫”及“家”生疏、生活不惯,等到生孩后,有婴孩的拖累,行动受到了制约,才回去夫家常住。这种现象在解放后仍然存在,只是程度不同而已。[2]隆林县委乐乡不落夫家的主要原因:是女方对婚姻是否满意、对丈夫的爱憎来决定的;其次是结婚年龄的大小也有很大关系,十五六岁以下的女子,婚后还未懂得过夫妻生活,特别是对劳动生产未能胜任,父母是有意让女儿不落夫家的。直到年龄稍大,可以过夫妻生活时,可以担负家内生产劳动时父母才催促女儿,长住夫家。

由于早婚导致的不落夫家长期盛行,甚至在实施婚姻法关于法定婚龄的规定后,许多壮族地区依然保持着不落夫家的习惯,据1954年的调查,靖西县城良乡即使在解放后按法定年龄结婚,也要实行不落夫家制度。有人说:“婚姻法规定女十八、男廿岁才结婚了,结婚太早双方都不懂事,好像黄方右之女和覃必麻之儿十五岁就结婚,现在女的不落夫家有什么用?”但由于此地习惯不落夫家,年纪大才结婚的一般都要两三年才正式落夫家,因此,群众有这样要求,希望男女都十八岁更好,有人说:“男女都十八岁结婚更好啦,我们地方结婚后,女的习惯不落夫家,解放后结婚的也要两三年才

---

① 广西壮族自治区编辑组编:《广西壮族社会历史调查》(第一册),广西民族出版社1984年版,第136页。
② 同上书,第19页。

正式落夫家。如果女双方都十八岁,等到女的正式落夫家时,男的正合适廿岁了。"①

三、包办婚姻

导致不落夫家的第三个因素就是包办婚姻,虽然广西许多地方通过歌圩、会集等方式允许青年男女自由恋爱,但一些壮族地区也出现了父母包办婚姻的情况,在这种情况下,天性向往自由的壮族姑娘出于对包办婚姻的厌恶和抗拒,在婚后不愿到夫家生活,借不落夫家逃避婚姻,而父母出于对女儿的疼爱及对包办婚姻的愧疚,也纵容和包庇女儿的行为。如据《清稗类钞》记载:"粤有不落家之俗。不落家之风,与金兰契实有连带之关系。既结金兰契,遂立约不适人,后迫于父母之命,强为结婚,乃演成不落家之怪剧。不落家者,即云女子已嫁,不愿归男家也。"②

这种对包办婚姻不满而不落夫家的状况一直延续到20世纪80年代,如隆林县委乐乡壮族妇女嫁后不落夫家表现在两种情况:第一,是在父母包办婚姻下的不落夫家,这些女子大都由于对婚姻不满,夫妻感情不融洽,回到娘家后就很少转到夫家去,每月去夫家一次或二次,住上一两天又回到娘家,嫁后夫妻感情好的,每月初一、十五、廿五回去一次,每次五天,一些女子因为反抗力弱,缺乏斗争勇气,不敢提离婚,在父母逼迫催促下,虽然不满意,每月也不得不去夫家两次,每次三天或五天。第二,是经过恋爱结婚后的不落夫家,经过恋爱后结婚的初婚女子,嫁后还是照习俗不落夫家的,但在娘家的时间不长,每月到夫家住两三次,每次一般是五天或七天,这样大约一年,就长住夫家,只是每月回娘家一次,住一两天,像三来屯黄亚寿初婚时是父母包办,婚后每月去夫家住一两天,在娘家和别人谈恋爱,后来离婚和情人结婚,就长住夫家,每月回娘家一次,只住一天,婚后不到一年就生了孩子。③百色两琶乡壮族婚后第三天,有百分之六十以上返回娘家,并长住那里。只有在男家有大事或大节日时才回去看一下。一般要到生第一个仔后才落夫家。这种不落夫家的习惯,其原因有二:一说是因大部分妇女因对包办婚姻不满,对丈夫没有什么感情,所以不愿和男子长住一起。这两种说

---

① 桂西壮族自治区人民政府民族婚姻问题研究室编印:《靖西县第一区诚良乡附近一带壮族婚姻情况调查报告》,民族婚姻情况调查资料之五,1954年9月二十五日编印,第14页。

② [清]徐珂编撰:《清稗类钞》(第五册),中华书局1984年版,第2210页。

③ 广西壮族自治区编辑组编:《广西壮族社会历史调查》(第一册),广西民族出版社1984年版,第56—57页。

法在封建社会中是容易找到答案的。①

四、社会舆论的影响

壮族妇女不落夫家,还有社会舆论上的因素,如果婚后妇女急于在夫家开始婚姻生活,会被笑话不够矜持,显然,在这一点上,不落夫家成为新娘保持"身段"的方式,实际上,这种观念的背后还是母系制度在起作用,即妇女所保留的最后一丝母系的地位和尊严,从这个意义上说,不落夫家可以看作是壮族母系社会的一首挽歌。因为在母系社会中,男不娶,女不嫁,双方各自在自己家中生活,进入父系社会后,才要求女方要到男方家生活,所以不落夫家也可看作是妻权对夫权的抗争。如武鸣县邓广乡壮族以前结婚第二天,新娘仍回娘家去,三四天后,男方派一人再催促,新娘才回来,不如此,人家必然要耻笑她。新娘在结婚前二天就啼哭,直到男家门前才止,如新娘不哭,别人就会说新娘不爱娘家。②不同版本的《天峨县志》都记载,壮族的新媳妇,两三年内不落夫家。原因是怕同辈人笑话说饿老公,不念父母。③在壮村,壮族新娘回门后有不落夫家的习俗,待生第一个孩子后才返回夫家住。这是由于当地壮族姑娘怕旁人笑话"想男人"所致。④

虽然社会舆论没有强制性效力,但其影响力实际上是非常大的,导致解放后许多壮族妇女不愿再遵守不落夫家制度,但还是在周围人的讥笑之下被迫返回娘家,这也是不落夫家长期持续的原因。如解放后靖西县第一区诚良乡附近一带壮族结婚当晚不同居,婚后妇女亦有不落夫家的习惯(情况与其他壮族地区基本相同)。当地群众说主要是早婚年纪小不懂事,恐落夫家后早生孩子,受翁姑丈夫管制不自由,不落夫家相习成风,违背者则遭讽刺打击,如贫农覃有抱在解放前与黄凤玉结婚后,凤玉即来夫家与有抱共同劳动生产,夫妻十分恩爱,勤劳生产,竟遭社会舆论反对,还编造山歌来讽刺,使凤玉不堪忍受后即返娘家。⑤

①　广西壮族自治区编辑组编:《广西壮族社会历史调查》(第二册),广西民族出版社 1986 年版,第 263 页。

②　广西壮族自治区编辑组编:《广西壮族社会历史调查》(第六册),广西民族出版社 1985 年版,第 37 页。

③　《天峨县志》编写组编:《天峨县志》,天峨县印刷厂 1980 年印,第 14 页。

④　天峨县志编纂委员会编:《天峨县志》,广西人民出版社 1994 年版,第 467 页。

⑤　桂西壮族自治区人民政府民族婚姻问题研究室编印:《靖西县第一区诚良乡附近一带壮族婚姻情况调查报告》,民族婚姻情况调查资料之五,1954 年 9 月 25 日编印,第 2—3 页。

五、妇女对婚姻生活的畏惧

旧式婚姻中,无论女儿在娘家如何得到父母的宠爱,一旦结婚进入夫家,就必须承担其为人媳、为人妻、为人母的责任,接受公婆、丈夫、夫家家人的约束和管理,因此对于许多未婚女性来说,"愿做三年贱姑娘,不做三天新媳妇"。[①]壮族民歌《在家做女是女王》也唱道:"在家做女是女王,早晚吃饭笑洋洋,有日做了人媳妇,鸡啼狗叫妹心慌。"[②]生动地描绘了女子做女儿与媳妇的待遇差别。受孕的快慢也是女子不落夫家时间久暂的一个因素:对父母包办婚姻感到不满的女子,总想拖延不落夫家的时间,或者虽然是丈夫合意,但丈夫家的翁姑刻薄虐待,与夫权、父权、神权等旧礼教的百般限制,使得这些女子,虽然不打算离婚,但总想多住娘家,直到受孕,才碍于习俗和父母逼迫与舆论的压力,不得不长住夫家。[③]不落夫家另一个原因是为了生活自由,在隆林沙梨区的壮族中,女子地位是特别低下的,她们无可例外地受到父权、夫权、男权、神权的重重压迫,特别是新媳妇,处境很悲苦,受翁姑的虐待、丈夫的打骂、礼教的束缚、宗教的奴役,新媳妇在夫家总是过着忍气吞声好比牛马一样的生活,只是在娘家才能获得一点生活上、行动上的自由,可以和家属、邻居、女友谈笑;为了这一点自由的获得,女子总尽量愿在娘家,不愿到夫家去受气,一些女子尽量避免怀孕,争取多住娘家,这也是不落夫家的一个原因。[④]

六、经济因素

不落夫家还有一个重要原因,就是经济因素,正如第三章所述,壮族妇女是家中的重要劳动力,一旦出嫁,对娘家来说是一个重大损失,而在女儿结婚后至怀孕前,如果不落夫家的话,仍然能为娘家出力干活,或者说仍有一定的"剩余价值",这也是一些家长赞成女儿不落夫家的原因,正如隆林壮

---

① 广西隆林各族自治县文化局、民委编:《中国民间文学三套集成:隆林民间谚语集》,广西隆林各族自治县文化局、民委1988年编印,第33页。

② 商璧辑解:《桂俗风谣》,广西民族出版社1984年版,第12页。选自《中国歌谣资料》第二集上册。

③ 广西壮族自治区编辑组编:《广西壮族社会历史调查》(第一册),广西民族出版社1984年版,第57页。

④ 广西壮族自治区编辑组编:《广西壮族社会历史调查》(第一册),广西民族出版社1984年版,第57—58页。

族俗谚："卖猪舍不得板油,嫁女舍不得劳力。"①

上述原因实际上只是表征,不落夫家最本质的原因还是母系社会的一种残留,是妇女对母系社会至高地位一种纪念与"留恋",正如一位壮族学者所说:"在母系社会里,人类以母系为中心进行生存的斗争,因此,女性享有高尚的权利。后来由于男子从事于战争,常有因胜而取得财富的机会,其权利便日益膨胀,而相反地,女性因为生理上的限制,无法追上男子,其经济操纵权逐渐削弱,而移入男子手中,母系社会从此崩溃,人类进入父系社会。在父系社会里,男权的确立,男女结婚,女子必须嫁到男家去,与财物等同,变成了侍候男子和生儿育女的工具,在家庭中的地位一落千丈。这当然使她们眷恋女性当家作主的时候了。这种眷恋就是不落夫家习俗产生的历史原因。"②

第四节　不落夫家的弊端

一、引发婚姻矛盾

虽然不落夫家制度可弥补早婚的缺陷,让男女双方有充足的婚姻适应期,但也存在一定的弊端,比如,由于许多壮族妇女婚后仍然居住在娘家,不与丈夫共同生活,即使偶尔因节庆到夫家,也匆匆而来,匆匆而去,其间不与丈夫单独接触,因而导致夫妻感情淡漠,形同路人,再加之在不落夫家期间,妇女仍可参加男女自由交往的活动,从而导致移情别恋等行为,并最终导致离婚或暴力事件。据道光《庆远府志》记载:"女不住宿婿家,谓之'不归团',必牵连而讼其所与私者。"③民国《崇善县志》记载:"新妇拜翁姑完毕,少顷即偕来伴归父母家,或一月至男家暂居二三日,仍归外家,俟生子始来男家同居,往往有奸情发生牵连人命者。"④民国《三江县志》也记载:壮人"结婚

---

① 广西隆林各族自治县文化局、民委编:《中国民间文学三套集成·隆林民间谚语集》,广西隆林各族自治县文化局、民委1988年编印,第41页。

② 李浩然:《百文壮乡婚俗调查》,南宁师范学院广西民族民间文学研究室编印:《广西少数民族与汉族民俗调查》(第三集),1983年3月15日印,第53页。

③ [清]唐仁纂,英秀修:《庆远府志》,道光八年辑,广西河池市地方志编纂委员会办公室点校,广西人民出版社2009年版,第61页。

④ 《崇善县志》,民国二十六年辑,1962年广西壮族自治区档案馆铅印本,见丁世良、赵放主编:《中国地方志民俗资料汇编·中南卷》(下),书目文献出版社1991年版,第918页。

后，女子不落夫家，往往酿成恶果。现在则须男女同意，未如前此之例行长住母家者矣。"①《岭表纪蛮》也记载不落夫家的习惯导致了很多纠纷，因而引起了民国政府的重视："虽以当地汉人之努力，蛮民自身之觉悟，力谋风俗改造，然残痕剩迹，终未能一旦铲除，近年人心日下，纠纷日多。民国十七年，冯冠伦君任镇南道属行政督察委员会，于巡行后述各县后，上书省政府，痛陈其弊，同时柳江道属行政督察委员会黄平夷君，对于所属思恩、河池、南丹、天河、宜山、宜北(该邑称此俗为"浇媳妇路")等邑，少数山乡之蛮俗，亦有同样之报告(见柳江行政期刊第一号，又民政厅二十二年上期民政视察政治汇编所载，旧日土属各县乡下，此俗亦未尽革。)著者以冯氏所论，虽则镇南一部之事，而实际则与西南大部之蛮族有关，用特将其原文摘录于后：养利、龙茗、左县、万承、镇结、雷平各邑，尤盛行逃婚习惯，每婚，新妇拜堂后，并不少留，即返母家。嗣后每逢年节，始回来夫家工作一次。直至已诞育子女，然后乃与夫同居。此种恶习，既违共同生活之趣；且'奸非''略诱'等案，遂循环而生。"②

　　直至解放初期的 20 世纪 50 年代，不落夫家仍然是广西壮族离婚的主要原因之一，如 1954 年对靖西、镇把等地的调研中，表明这一地区不落夫家的确导致了很多弊端，例如靖西县表亮乡不落夫家是普遍的，如上中下三个屯五十七对夫妇全部不落夫家。都是临产时才落夫家的，短的时间有三五年，长的竟达十年。一般不落夫家的原因：主要是包办婚姻夫妻无感情，其次因不落夫家已成为习惯，很快落夫家即被人取笑，一般妇女害怕落夫家过早生孩子痛苦，又受丈夫管束，不得自由。不落夫家也成为当地男方提出离婚的重要原因，如对离婚的意见，一半群众认为应讲条件："女方受虐及打骂者可以离婚，男方因女的不落夫家搞风流才可以离婚。"否则影响生产。③一起典型的案例是上林县谭彦兰(壮族、干部)与李秀忠(女)离婚一案，原、被告双方在 1949 年由父母包办结婚，结婚那天，男方不满而不参加结婚典礼，结婚后男方家人对女方亦不好，男方对家庭强迫结婚极为不满，为此双方曾发生过争吵，女方自此即长期回娘家居住，并声言要与男方脱离夫妻关系，因财礼赔偿问题未予解决以致离不成。从此双方绝少来往，在此期间男方亦提出离婚，但未得解决。日寇陷境时，女方娘家劝说女方到男家共同逃

①　《三江县志》，礼仪民俗，十卷，民国三十五年铅印本，见丁世良、赵放主编：《中国地方志民俗资料汇编·中南卷》(下)，书目文献出版社 1991 年版，第 955 页。
②　刘锡蕃：《岭表纪蛮》，台北南天书局 1987 年版，第 74 页。
③　桂西壮族自治区人民政府民族婚姻问题研究室编印：《靖西县第十区表亮乡壮族婚姻情况调查报告》，民族婚姻情况调查资料之六，1954 年 9 月编印，第 6—7、12 页。

难，曾遭男方拒绝。1948 年男方离家参加革命工作，亦不给女方知道，1955 年男方根据上述事实，提出要与女方离婚，上林县人民法院审理了该案，认为夫妻关系破裂，判决准予离婚。[①]

二、子女血统问题

如前所述，不落夫家期间的妇女虽然不与丈夫单独接触，但仍可与其他男子自由交往，容易诱发通奸行为，由此导致非婚生子，如明代王士性《桂海志续》就有多条记载，如西南诸夷："新娶入门，不即合，其妻有数邻女相随，夫亦挽数男相随，答歌通宵，至晚而散，返父母家，遇正月旦、三月三、八月半，出与人歌私通，及娠乃归夫家，已后再不如做女子时歌唱也。"[②]另外一条是专门记载壮族的："壮娶妇回父母家，与瑶同。惟耕作收获，四时节令，方至夫家。至不与言语，不与同宿，寄宿于邻家之妇女。一二年间，夫治栏成，与人私通有孕，方归住栏。大都夷人首子皆他人所生，故夷无无子者。其种类不绝，以是也。"[③]据明代嘉靖《钦州志》也记载当地风俗："女子适人，不二三日即归母家，私通于人，比有孕，夫家乃喜迎归为妇，灵山西乡尤甚。"[④]清《粤西偶记》曰："婚之日，迎亲送女，络绎于道，歌声震林木。女至夫家合卺，其夫用拳击女背者三，女乃用夫所赠担汲水至翁中，旋回母家，不与丈夫相间，另招男子同宿，名曰野郎。与之共居母家，待有妊，则弃野夫而归夫家偕老焉，故野郎亦曰苦郎。当其在野郎也，本夫至其家反以奸论。及其归夫家也，野郎至其家或至其母家及他所相会，亦以奸论。"[⑤]

第五节　对不落夫家的禁止

由于不落夫家带有明显的母系特征与父系社会礼教中的从妻居大相径

---

① 广西壮族自治区高级人民法院《审判志》编辑室编：《广西审判志》（讨论稿），1991 年 9 月 15 日印，第 588 页。

② ［明］王士性著：《桂海志续》，载［清］汪森辑：《粤西通载》（12），粤西丛载，卷 18，广西师范大学出版社 2012 年版，第 140 页。

③ ［明］王士性著：《桂海志续》，载［清］汪森辑：《粤西丛载》（中），黄振中、吴中任、梁超然校注，广西民族出版社 2007 年版，第 747 页。

④ ［明］林希元纂：《钦州志》，天一阁藏明代方志选刊，上海古籍出版社 1961 年据嘉靖刻本影印，卷 1·风俗，页 32 下。

⑤ ［清］陆祚蕃著：《粤西偶记》，见劳亦安编：《古今游记丛钞》（四），卷 36·广西省，台湾中华书局 1961 年版，第 88 页。

庭,因此历代以来,到广西任职的士大夫都曾想方设法改变这一特殊的婚姻习惯,实际上,这种习惯只有等少数民族自身的社会经济文化发展而逐渐改变,揠苗助长式的强行禁止并不能达到移风易俗的效果,反而伤害了民族感情。

一、清代的官方禁止

早在清代,就已有政府官员开始劝导壮族群众改变不落夫家的习惯,采取的是比较温和的方式,如康熙时期任怀远知县的廖蔚文曾在三江一带出示严禁:"以其有关风化,出示严禁。女归宁三日即着送回夫家。今民间不敢久留老女,亦不敢听女归宁久住。"①乾隆时期,赵翼在广西靖西一带任职时,也曾下令改革当地不落夫家的习俗,却遭到当地壮族群众的嘲讽,未能如愿:"余在镇安欲革此俗,下令凡婚者不许异寝。镇民闻之皆笑,以为此事非太守所当与闻也。近城之民颇有遵者,远乡仍复如故云。"②清末仍有官员做此努力,但采取的是较为温和的劝导方式,也取得了一定的效果,如《百色厅志》记载:"土习往往有于归数载不居其室者,光绪三年署知县陈如金以妇人从夫礼有明训,大张文告并责成父老谆切劝导,民知遵改,相率唱随。"③

二、民国时期的官方禁止

(一)省政府立法

至民国,广西省政府致力于改革少数民族的各项旧习,《广西省施政方针及进行计划(二十二年段)》第一条"施政方针·关于一般者"第九款规定:"改良风俗,革除陋习,崇尚民族固有之美德","未·关于礼俗宗教者"第四条规定:"修正改良风俗规则,督饬各县参酌地方情形,分别乡村禁约,由乡镇村街公所切实执行。"④颁布的一系列法规中都涉及不落夫家,如在民国二十二年(1933年)颁布了《广西省改良风俗规则》(1933年七月十九日广西省政府委员会第九十五次会议决议修正公布),其中第三十一条特别规定不

① 《三江县志》,十卷,民国三十五年铅印本,见丁世良、赵放主编:《中国地方志民俗资料汇编·中南卷》(下),书目文献出版社1991年版,第955页。
② [清]赵翼:《檐曝杂记》,中华书局1982年版,第51—52页。
③ [清]陈如金修、华本松纂:《百色厅志》,清光绪十七年刊本,卷3,页10,台北成文出版社1967年版,第45页,中国方志丛书第25号。
④ 张妍、孙燕京主编:《民国史料丛刊·政治·政权机构·广西省施政纪录(一)》,大象出版社2009年版,第3、8页。

落夫家的行为将被罚款："女子嫁后不落夫家者处十元以上五十元以下之罚金，家长纵容者并罚其家长。"①从省政府的工作报告看，似乎取得了显著的成效："自（民国）二十二年七月本府颁行改良风俗规则以来，各县局尚能遵照实行，而一般民众，亦渐知觉悟。一切风习，比之从前实已大加改良……女子嫁后不落夫家等陋俗，亦属少见。"②并出现了因不落夫家而被罚款及惩戒的实例，见表6.1。

表 6.1 1933 年各县局执行违反改良风俗规则案件一览表

县局别	案　　由	办理情形
武鸣	据黄道开、李锦间等呈控李瑞乾、李达臣等纵女嫁后不落夫家	按照改良风俗规条，各处罚金二十四元
奉议	查新乡黄以祐之女嫁已半年，尚未落夫家，及百育乡亦有数女不落夫家	当传集各家长申诫，并勒令各将其女送返夫家

资料来源：张妍、孙燕京主编：《民国史料丛刊·政治、政权机构·广西省施政纪录（一）》，大象出版社 2009 年版，第 359 页。

（二）各县的改革情况

自省政府颁布《改良风俗规则》后，各个县也开始施行起来，许多县政府对不落夫家行为采取了严厉的措施，如 1940 年 11 月，天峨县临时参议会六次常会拟请县政府重申前令，严禁不落夫家女子。要求已婚女子落夫家，凡不落夫家者，则征该女子之父母服劳役 5 天，再不落夫家者取缔其婚姻。1942 年，针对本地聘金过重，迎娶铺张之盛的情况，县参议会拟请县政府遵照"广西改良风俗规划"提出禁奢华案："县政府边督饬各乡村街长遵照'规则'切实推行。可是，女不落夫家等旧习仍未改变"。③可见收效甚微。这是因为不落夫家是由多种因素形成的，不解决根源问题一味地硬性用法，其结果适得其反。

值得注意的是，广西出现了一些改良风俗的民间组织，甚至建立了专门改良不落夫家习惯的协会，这些组织得到了官府的支持和认可，对不落夫家习惯的改变产生了一定的效果，如据《宜北县志》记载："新妇至婿家，新郎新妇未得见面。至第三日回去，新妇亦随同送嫁女子回母家住，后男家又派人往接来住一二晚，多则五六晚，如此屡屡，名为'走媳妇路'。即至身孕生子

① 黄旭初监修，张智林纂：《平乐县志》，台北成文出版社 1967 年版，第 95 页。
② 张妍、孙燕京主编：《民国史料丛刊·政治、政权机构·广西省施政纪录（一）》，大象出版社 2009 年版，第 358—359 页。
③ 天峨县志编纂委员会编：《天峨县志》，广西人民出版社 1994 年版，第 475 页。

之后,方安于室,永住夫家。数年来,改良风俗会成立,积极宣传,严禁女子不落夫家,现今此种陋习亦逐渐消灭矣。"①《宁明县志》记载,1944 年 5 月 13 日,思乐县陈忠恩、邓秉庄、卢鸿基等人发起成立取缔媳妇不落夫家陋习的协进会,得到政府批准和支持,制定如下 3 项条例:第一,本县女子出嫁后,如不落夫家者,由协进会呈报县政府,召集不落夫家女子之家长或其本人,加以劝导,令已嫁女子于限日内赴夫家落户,要该家长写下保证书,并以夫家交来认到字据为准。第二,女子出嫁后,归探娘家留宿,不得超过一晚,如因婚丧,不得超过七晚,事前娘家必须按级报请村街长登记。第三,如有违反前条例之规定,即由村街干部列其姓名报协进会登记,请县政府究办。这年 7 月间,按上述条例干预了 68 起嫁女不落夫家的婚事,颇见成效。此后一段时间内不落夫家的现象大为减少,只是不能贯彻始终,以后不落夫家的习俗又重新恢复。②民间也出现了规劝姑娘落夫家的歌谣,如广西龙胜各族自治县龙脊乡壮族的《劝人为善歌》中就唱道:"八劝姑娘妹,夫妻百样会,随夫当家业,安乐传后代。祖先也不怪。若在父母门,眼泪常下落,年老再想家,难找回头路。"③

建国后,随着人民政府大力改造,再加之壮族社会经济的发展,这一带着浓厚母系社会特征的婚姻习惯逐渐消失了。新一代的壮族年轻人都崇尚自由恋爱,并且多在符合法定婚龄后结婚,因此不落夫家的历史文化经济原因已全部消除,这使得不落夫家失去了存在的条件与基础。笔者最近几年在广西各壮族地区调研时,已难觅其踪,只有一些知情者谈及以前曾存在过这样的习惯,如 2016 年 12 月在笔者在忻城县调研时,该县司法局工作人员说,在大化、都安有一个习惯,女子结婚后第一年不在丈夫家住,不落夫家。而有些地方的不落夫家习惯也发生了蜕变,如忻城县民委的工作人员也说,当地一些地方出嫁的媳妇在男方家不过夜,当天夜里回到娘家,几天后再回到丈夫家。显然,这已经变成象征性的仪式了。也有一些现代的壮族姑娘因特殊原因不落夫家,如笔者在宜州市怀远古镇调研时,居民指着一个年轻的抱着孩子的母亲说:这个女孩是住在娘家的,因为她老公是山东的,嫁过去生活不习惯,就继续留在娘家生活,但总体来说本地不落夫家的不多。忻

---

① 《宜北县志》,八编,民国二十六年铅印本,见丁世良、赵放主编:《中国地方志民俗资料汇编·中南卷》(下),书目文献出版社 1991 年版,第 929 页。
② 宁明县志编纂委员会编:《宁明县志》,中央民族学院出版社 1988 年版,第 692—693 页。
③ 广西壮族自治区编辑组:《广西壮族社会历史调查》(第一册),广西民族出版社 1984 年版,第 149 页。

城县政法委工作人员解释不落夫家的习惯已被"两边走"所代替,即现在的年轻夫妻结婚后,大多都有自己独立的房屋,不再和父母住在一起,结婚后,双方经常去探望双方的父母,也无所谓住娘家还是夫家了。笔者对 85 名壮族群众所做的问卷调查中,60％的群众回答现在已无不落夫家的习俗,28％的人承认"有些地方还有",只有 6％的人回答"有",足见这一习俗已几乎彻底退出了历史舞台。(见图 6.2)

第 4 题:本地是否有不落夫家的习惯?

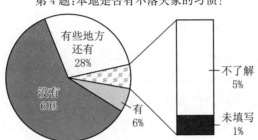

图 6.2　关于不落夫家调查问卷的统计结果

第七章　入赘婚：壮族习惯法母系特征的活态发展

入赘婚俗称上门、从妻居等，即婚后男方到女方家生活，并脱离自己的家庭，成为女方家族的成员，是人类一种古老的婚姻形式。按照父系观念浓厚的传统礼教，妇女应当作为外人嫁给丈夫，并依附丈夫在男方家生活，因此入赘婚被称为"倒插门"等等，但在母系特征明显、女权较重的壮族地区，入赘婚不仅不受歧视，反而普遍盛行，成为壮族重要的婚姻形式之一。在入赘婚的长期发展中，壮族群众就入赘婚的程序、权利义务、解除、继承等形成了一系列成熟的习惯法。

第一节　壮族入赘婚的沿革与形式

一、广西壮族入赘婚的沿革

广西壮族自古以来盛行入赘婚，而且这种婚姻形式至今比例仍非常高，成为广西地区特有的一种现象，可谓壮族母系社会特征中在现代最活跃的一个因素，因此笔者称之为"活着的母系法"。各地壮族对入赘的称呼不一，如凌云县壮族称入赘为"很栏"，汉语意为"上门"，即男到女家落户。①合浦称入赘为"上舍"，男方称"舍老"。②扶绥地区称入赘为"好重"，大新地区称为"肯楞"（意思是上家，肯为上，楞为家）。古代文献对壮族地区的入赘婚早

---

① 凌云县志编纂委员会编：《凌云县志》，广西人民出版社 2007 年版，第 198—199 页。
② 合浦县志编纂委员会编：《合浦县志》，广西人民出版社 1994 年版，第 741 页。

有记载,最早如秦代修建灵渠的指挥官"史禄":"其先越人,赘婿咸阳。"①可见壮族入赘婚习惯由来已久。宋代周密在《齐东野语》就记载安南国王位可由女婿继承的制度:"其王无子,以国事授相,相又昏老,遂以属婿。"②黄瑜《双槐岁抄》记载了发生在明朝正统年间的一起寡妇招赘案:"正统间,吴江周礼,行货广西思恩。有陈氏女寡,返在室赘为婿,凡二十年,有子已十六岁矣。"③《广西通志》记载了明代正德年间的一起赘婚案例,说明赘婚可跟随岳父一起到外地任官:"马平人简文……有女曰元,赘婿陶君智,文为福建布政司经历,婿随之官。"④明代荔浦知县昌文峰在《风俗》一章中说:"接子赘夫,罔知礼义。"⑤雍正《平乐府志》也记载:"荔浦若接子赘夫,答歌野会,此种陋俗,终不能改。"⑥

入赘婚在广西的比例相当高,据1953年的调查报告,宁明县第七区驮零乡壮族上门的人占20%左右,⑦以入赘婚最为盛行的"三林"地区的西林县和凌云县为例,自清代以来,这里的壮族就盛行入赘婚俗,解放后提倡男女平等,政府颁布婚姻法,提倡计划生育,号召、鼓励男到女家结婚落户,入赘户更多,"上门"之风更为普遍。1958年,中国科学院民族研究所社会历史调查组曾对隆林各族自治县的那劳大队(今属西林)进行调查,全大队入赘婚约占总婚姻数的50%。1988年,《广西日报》记者在那劳村进行采访调查,全村总人口共有6800多人,其中上门女婿有1200多人,平均每5.7人中有1个上门女婿,几乎每户都有上门郎。另外,县城城区的火亮山屯共有42户,户户有上门赘婿。在西林县的各乡中,以那劳、西平、弄汪、那佐、普合、八达等乡镇入赘人数较多。在这些上门女婿中,有本乡本土的,有来自自治区内合浦、玉林、钦州、灵山、马山、都安、隆安、德保、靖西、平果、田东、田阳、百色、田林、乐业等

① [明]欧大任:《百越先贤志》,卷1,[清]纪昀等总纂:《景印文渊阁四库全书·史部211·传记类》,台湾商务印书馆1986年版,第730页。

② [宋]周密:《齐东野语》,见[清]汪森编辑:《粤西丛载》(中),黄振中、吴中任、梁超然校注,广西民族出版社2007年版,第431页。

③ [明]黄瑜:《双槐岁抄》,见[清]汪森编辑:《粤西丛载》(中),黄振中、吴中任、梁超然校注,广西民族出版社2007年版,第585页。

④ [清]金鉷等监修:《广西通志》(三),卷88·列女,[清]纪昀等总纂:《景印文渊阁四库全书·史部325·地理类》,台湾商务印书馆1986年版,第480页。

⑤ 荔浦县地方志编纂委员会编:《荔浦县志》,生活·读书·新知三联书店1996年版,第922页。

⑥ [清]胡醇仁重修:《平乐府志》,卷4·风俗,页93,故宫珍本丛刊第200册,海南出版社2001年版,第94页。

⑦ 中南行政委员会民族事务委员会办公室编印:《中南区少数民族婚姻情况汇集》,1953年3月编印,内部参考资料,第66页。

县的,也有来自云南、贵州、湖南、广东、福建、湖南、浙江等省的。①百色两琶乡女子招赘在过去和现在均很普遍,几占一半以上。②

笔者在广西各地调研时,发现入赘婚的比例也很高,如 2010 年 7 月下旬,笔者在平乐县沙子镇调研时,了解到该镇保和村有 6 000 人口,有 200 对夫妻是上门入赘的女婿,村长家中有 3 个女儿,大的女儿招了山西人。2016 年 12 月底,笔者在宜州、忻城等地调研时,宜州市合寨村村支书说,本村 10 对夫妻里上门入赘的就有 4 对,占了 40%。忻城北更乡政府工作人员说,这边上门的很多,因为本地农村娶媳妇比较困难,因此大部分都是上门,入赘婚比例达到 50%。忻城县民委副主任说,家乡所在的村 60%以上都是入赘,因为村里生女的比较多,男的都跑出街,所以男的就入赘,如果这个村的自然环境比较好,那上门的就多。2019 年 1 月初,笔者在德保县云梯村调研时了解到,该村共 545 户 2 165 人,其中上门的就有 40 多户,占 7%左右,有河南来的上门女婿,还有贵州的上门女婿,但广西的居多。许多壮族村寨还鼓励男方入赘,甚至将其写进了村规民约,如龙胜泗水乡里排壮寨 2006 年 7 月 20 日全寨村民大会讨论通过的《寨规民约十二条》第四条规定:"男女平等,民族团结,鼓励本寨人与外地人、外族人合法结婚,欢迎男来女家落户,支持男去女家落户。"

二、壮族入赘婚的形式

壮族的入赘婚分为在室女招赘和寡妇招赘两种形式,两者在婚姻程序、仪式和权利义务方面存在一定的区别。

(一)在室女招赘

在室女招赘主要是只有女儿没有儿子的家庭,为了解决父母养老和传宗接代的问题,采用留女儿在家招赘而不出嫁的方式。如民国《上林县志》载:"入赘一举,俗亦不免,或仅生女而不生男者,即招婿入赘,承顶祠祀姓系,享有女家资产,但不能挟产归宗。甚有寡媳寡妇贪恋家产不肯改嫁而招人入赘。"③民国《迁江县志》记载:"古云生女耗家赀,五女之家盗不窥。秦

---

① 西林县地方志编纂委员会编:《西林县志》,广西人民出版社 2006 年版。第 1101 页。凌云县志编纂委员会编:《凌云县志》,广西人民出版社 2007 年版,第 198—199 页。

② 广西壮族自治区编辑组编:《广西壮族社会历史调查》(第二册),广西民族出版社 1986 年版,第 242 页。

③ 杨等修、黄诚沅纂:《上林县志》(一),卷 6,页 16 上,台北成文出版社 1968 年版,第 405 页。中国方志丛书第 134 号。

用商鞅能变法,好招女婿作门楣。"①实践调研也是如此,如忻城县土司衙署的壮锦传承人说:"本地家里如果有几个女儿的,就留下一个女儿招郎上门。入赘的男子都是家里儿子多,比较穷,才去上门,但如果家里只有一个儿子,再穷也不能去上门,怕人家笑话说穷得连儿子都去上门了。"入赘的男方必须跟女方家改姓,孩子也跟女方姓,新中国建立后男方不再改姓,但子女仍然都随女方姓。忻城北更乡古利村弄苎村村民说,本地入赘婚很多,就算家里有儿子,女儿也可留在家招赘。一般独生女都招赘,也可以出嫁,但要抚养两边的老人。因为有了入赘婚的保障,所以我们这里就算家里只有两个女儿甚至一个女儿,也遵守国家的政策,不再要小孩。宜州庆远镇司法所陆所长说:本地家里有两个女儿,或一男一女,都是留一个入赘。有一个女孩嫁到凤山,但父母在这里建好了房子,女儿与女婿又回来和岳父母住。环江县下南乡班车司机告诉笔者:本地入赘婚也有,但不多,但是家里有两个女儿的,肯定留一个在家招郎上门,不论大小。平乐县源头镇的一位壮族妇女说,她家里一共四姐妹,没有兄弟,所以她的大姐就留在家招赘赡养父母,姐夫是玉林人,剩下的三姐妹都嫁到外地去了。

　　许多大的家族正是通过招婚的方式,让整个家族得以繁衍生息,如西林县的木顶农氏家族就采用世代招赘的方式,使整个家族得以子嗣绵延,代代相传,尤其是农最荣的五个女儿,全部留在家招赘,并生下了众多的子女,见图7.1。

农正诗—士林—广能—文周—有寿—的生(招婿李氏)—祯毓(在台湾)
　　　　　文宗—有福—最荣—桂和(招婿)——安祥
　　　　　　　　　　　　世保(招婿)——帮志、帮贤
　　　　　　　　　　　　桂福(招婿)——建忠、建通、建功、建勋
　　　　　　　　　　　　桂芳(招婿)——安乾、安坤、安涛
　　　　　　　　　　　　桂青(招婿)——文光、文军
　　　农广禄—的玉(招婿何氏)

图7.1　木顶农氏宗族世系图

资料来源:西林县地方志编纂委员会编:《西林县志》,广西人民出版社2006年版,第1065页。

　　甚至在一些地方,家里即使有儿子也把他打发出去入赘,而留女招赘,主要原因是赘婿比儿子更能吃苦耐劳、更勤快,如在西林的各乡村中,也常

---

①　黄旭初等修,刘宗尧纂:《迁江县志》,台北成文出版社1967年版,第223页。中国方志丛书第136号。

见家长留女孩在家招赘上门,而把男子"嫁"出去成为人家上门女婿的现象,因为这样能起到两全其美的好处。①忻城县土司衙署的壮锦传承人说:"上门女婿都是很勤奋的,比儿子、女儿都勤奋百倍。"以忻城土司宗族为例,根据《莫氏总谱》的记载,从清末至今,共有 250 名左右的女儿在室招赘,同时又有 30 名左右的男子出赘到别人家。每个宗族每代都有大量的女儿招赘,有的母女几代都留在家招赘,有的姐妹、堂姐妹几个全部留在家招赘,赘婿的来源很广,主要是本乡本土、邻近村落和乡镇,还有来自上林、马山、融安、来宾、武宣、忻城、柳江、藤县、象州、上思、都安、融安、鹿寨等 13 个区内县市,还有来自浙江、四川等外省的。

在室女招赘从时间上又分成两种形式:短期和终生。短期入赘,是男方到女方家上门成亲 3—5 年,待女家弟妹长大后,男方即带女方回到自家定居,此类入赘多属女方家暂时缺少劳动力,也有的人户因嫁女不得什么好处(壮族嫁女多是父母贴嫁妆)而自愿招赘入门,而男方多属兄弟多或无钱娶媳妇自愿上门入赘的。终生入赘,是男方到女方家落户,此类入赘多为女方家有女无子,无人承宗接代。在西林县和凌云县就是这样。②上林县的部分山区也有招婿习俗。招婿有两种情况,一是女家无男孩,为了续承后嗣以接宗桃;二是女家男儿年幼,无人耕作。入赘男子一般是兄弟多、生活困难、无力成婚者。乔贤乡和塘红乡的一些地方,入赘要从女姓,所生子女要从母姓。有的招赘须经族老同意;有的入赘要择地另建新房,不能占本族"龙脉"。成婚之日,一般由女方备办礼物给男家,由女方派人接男子,畅饮后便算正式成婚。③

(二)寡妇招赘

壮族还有一种招赘是寡妇招赘,通常是丈夫死后,寡妇因为财产和子女不愿离开夫家改嫁他处,因而继续留在夫家招赘,赡养公婆,共同抚育前夫子女。如屈大均《广东新语》记载:"西粤土州,其妇人寡者曰鬼妻,土人弗娶也。粤东之估客,多往赘焉。欲归则必与要约,三年返,则其妇下三年之蛊,五年则下五年之蛊,谓之定年药。愆期则蛊发,膨胀而死。如期返,其妇以药解之,辄得无恙。土州之妇,盖以得粤东夫婿为荣,故其谚曰:'广西有一

---

① 西林县地方志编纂委员会编:《西林县志》,广西人民出版社 2006 年版,第 1101—1102 页。
② 西林县地方志编纂委员会编:《西林县志》,广西人民出版社 2006 年版,第 1101 页。凌云县志编纂委员会编:《凌云县志》,广西人民出版社 2007 年版,第 199 页。
③ 上林县志编委会编:《上林县志》,广西人民出版社 1989 年版,第 478 页。

留人洞,广东有一望夫山。'以蛊留人,人亦以蛊而留。"①雍正时期的平乐府知府胡醇仁在《陋俗》篇中载:"妇人丧夫招夫养子,居其室家,屯其产业,而族人绝无以为非其种者锄而去之之意。抚子不于族党,多以外甥为嗣及他姓之儿、义卖之仆。"②这种招赘一般要经过公婆或前夫家族的同意,如民国《同正县志》记载:"又有寡妇为有子女不愿再醮,得翁姑之同意招夫上门以养其翁姑子女,上门之夫亦认妇之翁姑为父母。"③龙脊壮族如果寡妇在婆家劳动力强,人品好,家婆不愿将她嫁出,而她本身也不愿意离去时,经家族同意后,亦可从外面招一个郎仔入赘,则称"填房"。④凌云县、乐业县的壮族妇女有子而丧夫者经老人同意可以招男上门俗称"招夫养子"。⑤合浦县妻子在丈夫去世后,家中有子女,便择未婚青年上门,这种现象解放前为多,解放后仍然存在。⑥兴安县男子因家贫不能娶妻而入赘的,妇女因前夫死亡无子女而招夫入赘的,或因夫死子幼招夫抚养的,俗称"上门"或"招郎"。在入赘之日由男子备酒席请女家亲属聚会,并为之证明。解放后,改由女家备酒席请亲朋祝贺,男家亲属送赘夫到女家成亲。⑦

2016年12月底,笔者在忻城县土司衙署调研时,该地壮锦传承人讲述了自己的祖母在祖父亡故后招赘的事例:我爷爷在我爸爸不到一岁的时候就死了,我爸爸七八岁的时候,我奶奶招了一个"小公",他是从来宾到本地谋生的。"小公"抚养了我爸爸,我爸爸叫他爸,我们也叫他爷爷。"小公"上门后生的儿子还跟我爷爷姓。"小公"与我爸爸的关系不好,因为他不让我爸爸读书,我爸学习很好,因此很恨"小公"。但我爸爸对他也尽了赡养义务,他生病的时候是我爸爸出的钱,去世后的棺材钱也都是我爸爸出的,丧礼上收到的红包由四个兄弟均分。忻城北更乡政府工作人员说,本地寡妇也可以留家招婿,入赘的男方不需要改姓,孩子可以跟双方姓,由双方协商。2019年7月10—11日笔者调研时,阳朔高田地区的干部说,本地壮族寡妇

①　[清]屈大均:《广东新语》(下),卷24·蛊语,中华书局1985年版,第599—600页。
②　[清]胡醇仁重修:《平乐府志》,卷20·外志,页4,故宫珍本丛刊第200册,海南出版社2001年版,第596页。
③　杨北岑等纂修:《同正县志》,卷7·礼俗,台北成文出版社1975年版,第166页。
④　广西壮族自治区编辑组编:《广西壮族社会历史调查》(第一册),广西民族出版社1984年版,第136页。
⑤　凌云县志编纂委员会编:《凌云县志》,广西人民出版社2007年版,第191—192页。乐业县县志编纂委员会编:《乐业县志》,广西人民出版社2002年版,第605页。
⑥　合浦县志编纂委员会编:《合浦县志》,广西人民出版社1994年版,第771页。
⑦　兴安县地方志编纂委员会编:《兴安县志》,广西人民出版社2002年版,第631页。

招赘的有，但很少。如果寡妇不离开夫家，有小孩就抚养小孩，招赘的，夫家家婆也不干涉。小孩跟前夫姓，不能改姓，后夫要帮前夫养小孩。对寡妇没有歧视，对寡妇招夫也不会歧视，但家里的人还有村里的人多少对赘婿会有些看法。

第二节　壮族入赘婚盛行的原因

一、母系社会的残留

壮族入赘婚之所以如此盛行，从文化层面上来说，正是由于母系社会特征的遗存。这些尚未褪去的制度深深影响着壮族的婚姻观念。如果仅从经济或传宗接代的角度解释入赘婚，那就过于片面了。如果入赘仅仅是为了解决女方家的劳力和继承问题，那么一些地区家中有子仍然留女招赘，甚至把儿子打发到别人家入赘而留女在家招赘，或没有女儿收养女儿来招赘就难以理解了，因此，入赘婚最本质的原因还是母系制度的一种延续与升华。许多入赘婚表面上的原因是女家舍不得女儿，或为了承顶香火，或是男子家贫，但深层次的原因依然是妇女强势的社会地位和"从妻居"的观念在起作用。《岭表纪蛮》对此分析道："此种制度，盖完全由母系制度蜕化而来，换言之，即女性娶男性为妻，操夫权者，在女性而不在男性。故招赘之日，女家必致聘金于男家，其金额普通较男娶女减少一半。婿虽得偶，而为岳家长期服役，即无异于奴仆。女若不慊其夫，且得下逐客令，夫妇关系，立告决绝。"①民国《柳城县志》也认为由妇女占据婚姻经济主导地位的入赘婚是母系制度的残留："招赘之风，壮族盛行，或将独生子入赘他人，而留女在家招婿。手续亦颇简单。吉期已届，由男家邀请男伴数人鸣爆欢送，新郎至女家拜谒祖宗，婚礼即告成。此后，男子即永住居女家，经济权亦多为女子所操纵，颇有古代母系制度之遗风。"②

新中国成立初期的民族社会历史调查文献也认为这是母系社会的残余，如描述宜山县洛东乡壮族母权制仅仅留有一些残迹，前者如留女在家，

---

① 刘锡蕃：《岭表纪蛮》，台北南天书局1987年版，第66页。
② 《柳城县志》，八卷，见丁世良、赵放编：《中国地方志民俗资料汇编·中南卷》（下），书目文献出版社1991年版，第947页。

子死留媳在家招赘,直到解放前还相当盛行。①西林维新乡那劳地区如果男人是上门来的,多半由妻子来担任家长,男人处处受女人的支配,但如果男人能力特强也可以代为家长。②《壮族风俗志》认为:这表明壮族的父权制是不彻底的。所以上门之风较盛,因为赘婿是可以继承家产的。壮族历史上的上门,更其姓,改其名,姓从妻。名只保留后一个字,中间那个字是表示辈分的,所以要改和妻子的兄弟、堂兄弟一个样,并参加排行。所以壮人称上门为"很栏",直译为上门、进门,意译则是"加入另姓家族",因为"栏"字在壮语中有"家""姓"两个含义。这显然是氏族可以接收新成员的遗风。③而20世纪80年代的民族调查资料表明,广西许多地方仍然保留着浓厚的"夫从妻居"的习惯,如:

　　柳城县古岩乡(俗称北乡洞)聚居在狭山、上富、大岩峒、罗峒等四个峇寨村委会的壮族人民,很久以来,还保留着一种独特而比较文明的"夫从妻居"的习俗。这里的壮族青年男女结合都是丈夫住到妻子家里,和女方父母共同生活。但也可以女方到男方,和男方父母共同生活。这样,男女双方趋向平等,妇女的经济和家庭地位也比较高,一般说来,没有婆媳关系,而是父母和儿女的关系。这里壮族人的"夫从妻居",和汉族地区存在的入赘——招婿的形式不同。汉族入赘,在形式上虽然同样是男居女方,但它是因为男方兄弟多,经济困难等因素造成,不得不由男子到女家结婚(也叫"上门")。他必须成为女方的家庭成员,所以子女要跟女家的姓氏,以致男方也得改随妻姓,他在家庭中的地位是较低的,也受社会上的歧视。这里壮族"夫从妻居"的习俗,男方的姓氏虽然随妻姓。但是,男方一般是乐意自己的姓氏改随妻姓的,家庭成员比较民主,没有出现互相歧视的现象。从这里壮族的现实生活中仍然是"从妻居"的婚俗看,比如一家中有两男两女或一男两女青年的家庭,他们的习惯是男的多半是"从妻居",因为男的不是因为兄弟多或经济困难而"从妻居",男的在家庭中的地位是很高的,男女平等,丈夫住在妻子家里和女方父母在一起生活,女方父母对自己的女儿和女婿当做自己的亲生儿子一样,也特别尊重,女儿和女婿也特别尊重自

---

① 广西壮族自治区编辑组编:《广西壮族社会历史调查》(第五册),广西民族出版社 1986 年版,第 66 页。

② 广西壮族自治区编辑组编:《广西壮族社会历史调查》(第二册),广西民族出版社 1986 年版,第 211 页。

③ 梁庭望编著:《壮族风俗志》,中央民族学院出版社 1987 年版,第 135、55—56 页。

己的父母，有利于家庭和睦、生产和夫妻关系的稳定。而且，"夫从妻居"的婚姻形式比较进步和文明，男女结合后男方随即到女方落户参加生产，成为女方的家庭成员。①

二、经济因素

入赘婚直接的原因就是经济因素，从男方来讲是由于家贫，如乾隆《庆远府志》记载当地的俍人："有不能娶者，男入女室，谓之上门，三年分出，佥亦如之。"②也就是说，男方如果太穷出不起聘礼，可以到女方家入赘三年，以出卖劳动力来抵偿娶妻的财礼。民国《阳朔县志》记载："入赘系家贫或无嗣者，间亦有之。"③上思县思阳乡壮族入赘之俗较少，但是没有男孩之家往往招郎入赘，作为生养死葬的依靠。入赘之男家亦多是贫穷子弟，他们负担不起结婚的款项被迫去上门。入赘后男方得用两个姓，即本姓和女家之姓，名字可以不改。④龙脊壮族招郎入赘较为普遍，凡家中有女无子的都招郎入赘。而入赘的多是因为家穷，兄弟多，无法娶妻。如清末民初时，廖家中兄弟共六人，因无钱娶妻而有一、二、三、四兄弟到泗水、金亭等地上门成家。这些现象直至现在仍然相当普遍。⑤据1953年的调查，靖西县表亮乡解放前此处三个屯仅有三人入赘（其中无子招郎有一人，寡妇招夫者一人，另一个是因家中小弟年幼缺乏劳动力而招夫）男方上门者则因家穷无法娶亲（入赘者三人均是贫农）。⑥

从女方来讲则是家庭需要劳动力，帮助打理家务。一般来说招赘的女方家庭都有一定的经济基础，如民国《雷平县志》记载："入赘，此俗惟夫之有，礼近照娶妇同，但礼物之经费皆出女家，仪式极简，由赘婿自行等女家之门，并与女之家长立约，然后成礼。亲友庆贺，与夫酒席酬答，与婚娶礼同。

---

① 龙瑞生：《柳城县北洞乡的婚俗——婚俗调查之三》，见广西师范大学历史系、广西地方民族史研究室编：《广西地方民族史研究集刊》（第五集），1987年1月印，第149—150页。

② ［清］李文琭总修：［乾隆］《庆远府志》，卷10·诸蛮，页5，故宫珍本丛刊第196册，海南出版社2001年版，第379页。

③ 张岳灵修，黎启勋纂：《阳朔县志》，台北成文出版社1975年版，第75页。中国方志丛书204号。

④ 广西壮族自治区编辑组编：《广西壮族社会历史调查》（第三册），广西民族出版社1985年版，第80页。

⑤ 广西壮族自治区编辑组编：《广西壮族社会历史调查》（第一册），广西民族出版社1984年版，第136—137页。

⑥ 桂西壮族自治区人民政府民族婚姻问题研究室编印：《靖西县第十区表亮乡壮族婚姻情况调查报告》，民族婚姻情况调查资料之六，1954年9月编印，第3页。

如赘婿先故,再续招赘,如女先故,亦有为婿续娶者,此原因有二,一为女家之嗣子,一为女家乃富农,须人助理其业务以图发展之所为耳。"①民国《榴江县志》记载:"土人无子多以女招赘,甚至有子亦赘婿于家,以助耕作,或非笑之则曰:'胜于雇工'。"②正如罗城俗谚:"人多好种田,人少好过年。"③笔者调研时,忻城县民委副主任说,本地入赘婚一般都是女方家庭生活都比较富裕,而男方家生活困难。上林县、忻城县在解放前有一种"童养婿"的习惯,即男孩满 7 岁以后,因家里很困难,就到别人家上门,女方家将其养大,等到了双方 16 岁,就重新正式举行婚礼。这种家庭一般是独女户,很多年前就养一个女婿,但男孩必须满 7 岁。宜州某派出所工作人员说,入赘婚男方都来自比我们本地落后的地区,如峒上的、远离市区的、偏远山区的。

当时一些地方的富有人家甚至把招赘作为获得免费劳动力的方式,因为招赘婚礼花费不多,不需要女方陪嫁,而且无需像雇工那样支付工钱,可谓白得一个劳动力。武鸣县清江乡解放前有招郎入赘的现象,但并不普遍。贫苦人家的男子无法生活,就入赘到女方。贫苦农民分家,有时家中只有一间房,有三个兄弟,这时就有两个兄弟必然没有房子,这两个兄弟只有走另外两条路,即帮地、富农作长短工或外出入赘。入赘的人在女家受的遭遇有两种截然不同的情况:一种是入赘到地主富农家,那入赘的赘婿就像奴隶一样地为地主富农做牛马,什么工作都要他做,受地主其他人打时(甚至是地主家中的其他女人打时)不能回手,也不能与之相骂。如果回手、相骂,闹起纠纷来,地主家就要将他逐出家门。因为入赘的人都是贫苦人家子弟,如果逐出女家门就无法生活,所以只好忍气吞声。还有些岳父母死后,财产原应由赘婿及其妻继承,但其岳父家中的同房地主就想法霸占他们的田地,就将他们一家逐出,说:"你们不是我们家的人。"总之,入赘到地主富农家中的赘婿,过的是受人歧视、受人欺凌的非人生活。另一种情况,入赘到一般农民家中,受到的是平等待遇,在财产继承上一般没有什么纠纷。④宁明县第七区驮零乡壮族男子入赘可以减一半聘礼,上门以后,在女家做工,家庭地位都很低,好像雇工一样,也可以随便把他赶出去。所以一般群众不愿上门,

① 梁明伦等纂:《雷平县志》,台北成文出版社 1974 年版,第 68—69 页。中国方志丛书第 207 号。
② 吴国经等修,萧殿元等纂:《榴江县志》,台北成文出版社 1968 年版,第 47 页。中国方志丛书 120 号。
③ 《罗城县志》,礼仪民俗,十二卷,见丁世良、赵放主编:《中国地方志民俗资料汇编·中南卷》(下),书目文献出版社 1991 年版,第 936 页。
④ 广西壮族自治区编辑组编:《广西壮族社会历史调查》(第六册),广西民族出版社 1985 年版,第 71、73 页。

只是贫农成分为穷所迫才上门。地主富农的妇女或没有男子的家庭多愿招男子来上门。在壮族的地区，上门了的男方如改用女姓，就可以继承父母的财产或同女家的男子同样分得一份。解放后，婚姻制度有了改变，聘礼已基本取消，自由恋爱的现象也开始萌芽，上门女婿得到平等的待遇。①

三、感情因素

入赘婚还有感情上的因素，如父母出于爱护女儿，不愿让她出嫁去婆家受苦的考虑，就采用招郎上门的方式，使女儿依然能和自己生活在一起，如民国《榴江县志》记载："入赘之俗则为壮人居多，其因人口单薄，以女招郎助理家务或母爱其女不忍他适。"②民国《雷平县志》记载："间有怜爱女之远嫁，双方兼顾，仍以女招婿上门，名曰赘子，视同亲生，其赘子即以妻姓为姓，即其子孙皆以母族为宗，此俗为乡村有之，镇街则少。"③民国《融县志》记载："赘婿，俗语名为'上门郎'，重宗教谊者悬为例禁。故家大族大不轻易以女招赘，能树立者亦不轻易以赘于人。间或有之，多属稍有资产之家年老无子，将其女或媳婿招赘，俾受遗产而延嗣续；亦有贫苦之家男子既多，婚资难措，令赘于人，以省资而谋生活；亦有男多女少，不忍其女之远离而招赘者。赘婿生子则两姓俱顶。"④

西林维新乡那劳地区有的父母愿和自己女儿住在一起，便招婿入门，被招上门的人，过去大都是贫苦人家和外来的男子。⑤还有一些是自由恋爱但女方对男方家境不满意而采取入赘方式，如百色两琶乡壮族无子时，如果有女儿可以招赘上门。有一些人家因为没有儿子，只有女儿，就招婿上门作继承人；也有比较富有人家的女儿遇到人品较好的男子，但对其家境不太满意而招其上门的。⑥宜州入赘者一般家中兄弟较多，家庭经济较苦难，女方则

---

① 中南行政委员会民族事务委员会办公室编印：《中南区少数民族婚姻情况汇集》，1953 年3 月编印，内部参考资料，第 66 页。

② 吴国经等修，萧殿元等纂：《榴江县志》，台北成文出版社 1968 年版，第 44 页。中国方志丛书 120 号。

③ 梁明伦等纂：《雷平县志》，台北成文出版社 1974 年版，第 72 页。中国方志丛书第 207 号。民国三十五年油印本。

④ 《融县志》，二卷，丁世良、赵放编：《中国地方志民俗资料汇编·中南卷》(下)，书目文献出版社 1991 年版，第 949 页。

⑤ 广西壮族自治区编辑组编：《广西壮族社会历史调查》(第二册)，广西民族出版社 1986 年版，第 211 页。

⑥ 广西壮族自治区编辑组编：《广西壮族社会历史调查》(第二册)，广西民族出版社 1986 年版，第 262—263 页。

无兄弟，家庭比较富裕；亦有男女双方家庭经济不相上下，因男女双方恋爱时感情笃深，双方商定男到女家结婚落户。①凌云县壮族入赘家庭中，如果婚后妻子过早逝世，上门郎有继承妻子财产的权利。解放后一些壮族家庭要留女孩在家招婿上门而"嫁"男孩出门；一些家庭经济条件好的而又有能力的男子，经过自由恋爱后，也到女家上门，赡养女方父母，入赘习俗逐渐形成社会新风。②全州县独生女儿不愿外嫁而赘婚。入赘者须在女家落户，并有遗产继承权和赡养老人的义务。闺女招郎须举行结婚典礼。解放后，有些男青年自愿"嫁"到女方落户，渐已形成新风美俗。又年轻寡妇有土地缺乏劳动力，或不忍心离开亲人改嫁，因而招夫入门，今农村仍有此俗残存。③

第三节　壮族入赘婚的缔结程序

一、对赘婚的考察

由于入赘婚是以增加女方家庭劳动力为主要目的，因此第一道程序是考察未来女婿的人品和劳动能力，这种考察是多方面的，如西林县和凌云县的壮族招赘尤其谨慎，一般都要经过家长考核或挑选，方式多样，如通过亲戚和邻居调查了解对象的人品、面貌、能力等方面情况。如在农忙季节里，有意请那男子到家里来帮工5—6天，便于观察考核，看他是否勤快和熟悉各种农活等。驮娘江沿岸的壮族村寨，过去招赘上门首先要打探对方识不识水性、会不会捕鱼等。澄碧河沿岸的上均、下均、那力、百袍、那暗、百门、伶兴、伶内、坡帖、彩村、加屯、河洲、水陆、平里、凉水、上下洪等村屯，过去招赘上门先问会不会犁地耙田，然后就问会不会游水。因为驮娘江和澄碧河盛产鱼类，下水捕鱼是他们生活中不可缺少的一项技能，自然也成为挑选赘婿的重要条件之一。④凌云县的伶站、玉洪等地和乐业县的幼平、逻西一带有先劳动后结婚的习俗，即让要求入赘的男青年先去劳动一年，白天可以跟

---

① 覃九宏收集整理：《传统礼仪山歌》，刘三姐歌台丛书，广西民族出版社2002年版，第74页。
② 凌云县志编纂委员会编：《凌云县志》，广西人民出版社2007年版，第199页。
③ 全州县志编纂委员会编：《全州县志》，广西人民出版社1998年版，第886页。
④ 西林县地方志编纂委员会编：《西林县志》，广西人民出版社2006年版，第1101页。凌云县志编纂委员会编：《凌云县志》，广西人民出版社2007年版，第199页。

对象同吃同劳动，晚上不同房，经过一年时间的劳动能力、劳动态度、思想品质、身体状况的考查，合格者方准予结婚，一切结婚花费由女方负责。不合格者不准结婚、不付劳酬，不准再住，俗称"试用女婿"。①

二、须经女方家族同意

（一）须付给房族祭资

由于招赘婚属于特殊的婚姻方式，牵涉到宗族姓氏传承还有遗产继承的问题，因此不仅是男女双方的事务，还是女方整个家族的事务，一般来说，女方家族须祭祀祖先以获得祖先的谅解和许可，所以招赘之家要付给家族一笔祭资。民国《武宣县志》记载："赘婿，有寡妇招赘与处女招赘两种，皆因家无男子，故招赘以资扶养或承祧。其招赘之主权在乎家长；其入赘之财礼注重在提充蒸尝，妇女之有财产者，须酌提成数以充蒸尝，方得宗族之同意。然而异姓同居，鲜能永久相安，故赘夫卒多情愿归宗，间有终身隐忍以尽仰事俯育之责。至子孙忍无可忍，迫得归宗者亦有之。故谨守礼教之家，少有招赘、入赘之举。如社会有养老院、育婴堂之组织，则童媳与赘婿之风或可不禁而自绝。"②这笔祭资的标准各个家族不一样，许多还特意在族规中作了规定。如1807年立于大新县安平公社的《安平土州颁布各项例规碑》规定："有女无男，仍准其婿照古例谢案，备银三两二钱五分正。"③1812年立于上林县三里镇云姚村后山石崖上的《族规》规定："定招夫务出者祭资钱一千文。定招婿出祭资钱一千六百文。不准在后背居住，宜分上下东西。"④1924年立于大新县芦山岩的《左县承审奉令革除安平土州陋规执照碑》规定："夫死招夫之规费全免。"⑤

（二）须取得女方房族同意或分给财产

女子招赘，对于房族是不利的，因为如果女子出嫁的话，无嗣家庭的财产就归房族均分了，所以招赘实际上是剥夺了房族可能拥有的无嗣财产继

① 凌云县志编纂委员会编：《凌云县志》，广西人民出版社2007年版，第191—192页。乐业县志编纂委员会编：《乐业县志》，广西人民出版社2002年版，第605页。
② 《武宣县志》，八编，见丁世良、赵放编：《中国地方志民俗资料汇编·中南卷》（下），书目文献出版社1991年版，第970页。
③ 广西民族研究所编：《广西少数民族地区石刻碑文集》，广西人民出版社1982年版，第36页。
④ 上林县志编纂委员会编：《上林县志》，广西人民出版社1989年版，第566页。
⑤ 广西民族研究所编：《广西少数民族地区石刻碑文集》，广西人民出版社1982年版，第101页。

承权,所以在招赘的时候,必须取得房族的同意,而且须拿出一部分财产作为补偿,赘婿才能获得继承权。一般是请亲族吃一餐,并无偿分出一部分财产给房族,如《龙胜县志》记载:"境内壮族如多女无子,留一女招郎。凡招郎入赘者,均须经房族同意,入赘者方有继承家庭财产权。"①当时,龙脊壮族招郎入赘时必须经过家族同意,为此必须将部分财产无偿的分给兄弟或子侄,但贫农招郎则免之。招郎入赘的耗费及礼仪较娶媳妇简单,先由男方给女家十吊八吊钱作为"凭钱",女家以与"凭钱"价值相等的田地分给郎仔,约三、五屯禾田并凭中人和亲属写好契约交给郎仔收藏,郎仔进门时只请一、二桌酒席就算了。②隆安县招婿入赘者,必经族内同意,并给族老一些田地或金钱,才被允许。入赘时,男家只要出几十元礼金补助女家办些酒肉米菜请客,其余全部由女家备办。③

寡妇招赘也要取得故夫家房族的一致同意才可以,百色两琶乡寡妇招赘据说在清朝时代须得全族同意,不能自作主张,特别是田地多的人家。但在民国年间,则不受任何限制了。其招赘的手续亦与女子招赘手续相同。④西林县那劳区维新乡习惯法女子与寡妇招赘,都需筵请族内、村老等会饮一餐,取得全族公认即行,不用立字。赘夫有继承女家全部财产权,但须以女方姓氏为主承顶世代香烟,以自家的姓氏为次。寡妇招赘所生子女亦可承继,但随父上门的子女,则无财产继承权。⑤有些地方亡夫有妻妾多人的,可以各自招赘,但都须给房族财产,如龙脊潘安龙娶了妻妾两人,安龙短命死了,他的妻妾年纪尚轻,便各招一个郎仔入赘。依照本地常例,要将一部分田地分给房族,才得房族允许。经过头人判决,愿将十担禾田分给堂侄潘运松、潘运贵二人。⑥以下是一份龙脊地区房族订立的寡妇招赘契约,内容是村民廖弟碴去世后,留下妻子潘氏和幼子,于是由其堂兄廖弟林、侄子廖弟广出面主持,召集所有廖氏族人,并请来中人,招赘同族堂兄弟廖弟

---

① 龙胜县志编纂委员会编:《龙胜县志》,汉语大词典出版社 1992 年版,第 93 页。
② 广西壮族自治区编辑组编:《广西壮族社会历史调查》(第一册),广西民族出版社 1984 年版,第 136—137 页。
③ 赵仁恺:《隆安壮族婚姻风习》,南宁师范学院广西民族民间文学研究室编印:《广西少数民族与汉族民俗调查》(第三集),1983 年 3 月 15 日印,第 72—73 页。
④ 广西壮族自治区编辑组编:《广西壮族社会历史调查》(第二册),广西民族出版社 1986 年版,第 242—243 页。
⑤ 广西壮族自治区编辑组编:《广西壮族社会历史调查》(第二册),广西民族出版社 1986 年版,第 192 页。
⑥ 广西壮族自治区编辑组编:《广西壮族社会历史调查》(第一册),广西民族出版社 1984 年版,第 98 页。

老上门,继承廖弟碍的遗产,抚养潘氏及幼子,廖弟老自己拥有的财产全部并入潘氏财产之中,不得归于自己家庭。族人一起订立了这份契约,保证不侵犯廖良老继承的财产,并在上面签字画押。

嘉庆六年(1801 年)正月二十日龙脊村廖家寨的《继承奉养文契》

> 立接宗人字人廖弟林、侄弟广。堂兄弟碍因身故,无人抚养妻子潘氏,小儿年幼,难管家事,夫役社庙之理。古云:女(寡)招外人,媳(寡)接族门,方可接宗。之后,叔侄房族商议,甘愿请中廖才造、廖才和,向堂兄弟廖弟老继接奉养妻子为室,早晚承当伕役,祭祀社庙,焚香祖宗接后等等。所有房屋一座、禾仓一个、菌场二块,田地五段,山一处,杉木、竹木一并全业,凭中房族归弟老永远管业。有侄长大准做亲子,弟老有子合为兄弟,不得争论。弟老自有田地、山场、禾仓等事,禾四十七屯,合归养老妻子,不得轻奉祖宗。日后,我等不敢异言翻悔生端,恐后无凭,立应接宗字为据。①

三、订立赘约

为了明确双方的权利义务,入赘还需订立字据和契约,以免以后发生争议。这种契约被称为赘券、赘约等,如民国《平南县志》记载寡妇招赘须取得夫族的同意并订立婚约:"夫死子幼翁姑年老者,例得赘一后夫以代事蓄,惟须得夫族同意及订明婚约。"②《武缘县图经》则记载了清代一起寡妇立券招赘的案例:"明经陆某,未食饱之先,其妻为发匪所掠,有同族女适富室夏姓者,色颇艳,其稚齿交也,值新寡,某因寻旧好而并谋据其所有,于是请龙母土豪李为之主持,勒令夏姓族众立招夫之券而赘陆上门为婿,居数年育两男矣。"③民国时期的许多地方志都记载了入赘订立赘约的情况,如《宜北县志》记载:"凡年老无子仅生女者,则招人入赘,所有产业开亲族会议立契交由赘婿承管,族人不得干涉。中年妇女其丈夫死亡,经生子女不愿出嫁,经夫直系尊亲属同意,亦招人入赘,藉助看护其孤儿幼女,只赘夫无处理财产权。"④《田西县志》记载:"入赘亦如娶妇之家,惟酒礼由女家负担,并减少八

---

① 广西壮族自治区编辑组编:《广西少数民族地区碑刻、契约资料集》,广西民族出版社 1987 版,第 154 页。
② 郑湘畴纂修:《平南县志》,社会,页 2,台北成文出版社 1974 年版,第 92 页,中国方志丛书第 213 号。
③ [清]黄君钜初纂,黄诚沅续纂:《武缘县图经》,卷 8,广西人民出版社 2013 年版,第 534 页。
④ 覃玉成纂:《宜北县志》,第二编·社会,页 24,台北成文出版社 1967 年版,第 54 页。中国方志丛书第 138 号。

字酒及聘金。迎娶时不用轿马之类,但于结婚之日由女家请其三族及赘婿之家长,当众立赘约签字。"①民国《平乐县志》也记载了入赘须立约的习俗:"入赘之俗盖因男子本身弱冠,未有室家,亟思变计入赘于无子嗣之家,倩媒说合后,男女亲族共同立入赘约,乃行入赘礼,男子先在家行加冠仪式,簪花披红,于鸡鸣时乘肩舆,亲友数背偕行,女家闻其至也,奏乐鸣炮于门外,以欢迎之,俗呼上门,改从妇姓以妇之父母为父母,婿之乎其子也。虽可享受财产继承权,有志者以其降志辱身弗屑为也。此风城镇乡村间亦有之。"②《凤山县志》记载:"入赘之事,普通经两姓双方同意,对妻之父母负有养生送死之义务,同时享受继承遗产之权利。入赘之日,宴请两家亲族,订立婚凭。"③也有的采用口头承诺入赘条件的方式,如象州招赘上门,男方必须在鸡叫时登门,随接亲人立于门外与女家父母通话,讲明愿做女家老人的儿子,愿随女家姓,如高山滚石永不归宗。此后大门大开,新女婿进门。上门女婿在家中的待遇与同族男子相等。④

在订立入赘文书方面,钟山县壮族的内容和条款是最复杂、最完备的。钟山县入赘婚流行于两安、花山等地瑶壮民族之间。瑶、壮族入赘婚俗,亦有相亲、合八字、定亲、择日迎亲之程序,均以女家为主。唯定亲、迎亲的习俗与汉人不同。入赘男子定亲不讲财礼,只要具结入赘文书。陈述清楚是"一面光""两面光"还是"招郎转"。"一面光"即与生父脱离关系,改姓的以女家兄弟排列称呼,有权享受家业、公产和参与该族族属的各种活动;不改姓的不属该族成员。"两面光"即与生父家保持关系。所育子女,长者随母姓,次者随父姓。跟母姓的,有财产继承权,跟父姓的无财产继承权,长大可回本家。"招郎转",就是供养岳父母过世后,可将家产、妻子儿女带回原籍,他人不得干涉。入赘男子,不管选择何种形式,对岳父母都有养老、送终的义务。双方同意后,具结条款备忘。迎亲不坐花轿,女家只派两男两女(未婚青年)前往男家接新郎即可。婚后有互请亲家聚宴之习,无归宁省亲之俗。⑤寡妇招赘更须订立赘契,因为涉及前夫财产、前夫家族等三方利益,所以这种赘契在一些地方已经形成了格式合同,称为"契式",由赘婿、招赘寡

---

① 黄旭初修、岑启沃纂:《田西县志》,第三编,页37,台北成文出版社1975年版,第69页。中国方志丛书第199号。

② 黄旭初监修,张智林纂:《平乐县志》,台北成文出版社1967年版,第80页。

③ 《凤山县志》,八编,1957年广西壮族自治区博物馆油印本,见丁世良、赵放主编:《中国地方志民俗资料汇编·中南卷》(下),书目文献出版社1991年版,第940页。

④ 象州县志编纂委员会编:《象州县志》,知识出版社1994年版,第655页。

⑤ 钟山县志编纂委员会编:《钟山县志》,广西人民出版社1995年版,第710页。

妇和前夫家族三方订立,明确财产归属,如解放初期印刷的《广西藤县风情》记载的下面两份典型赘契:

招夫式契

　　立人夫字据人〇〇〇年〇〇岁〇〇村人,今凭媒问到〇姓之妇〇氏,因翁姑无人助养,子女无人助管,甘愿招夫代劳,两相情愿,议定饮银〇〇两,酒米猪肉〇〇斤,于〇年〇月〇日入门代劳。入门之后,甘愿代劳一切奉养,偏头父母百年之后,不得私意同逃,有亏代劳之职。此系两头情愿,亲族亦均同意,各无返悔,恐口无凭,立字为据。

媒人〇〇〇押　　　
中证〇〇〇押　　　
亲族〇〇〇押　　　
邻老〇〇〇押　　　
代字〇〇〇押　　　

年　　月　　日立人夫字据〇〇〇押

代劳契式

　　立代劳字约人〇〇〇妇之尊属,今因〇(弟子侄)〇〇〇之妻〇氏,亲力独力,难守空船,急须请年貌相当,情意投合之人为代劳,现凭媒〇〇问到〇〇名下,情愿代劳。商明本妇合族远近伯叔兄弟,均各情愿〇〇〇堪胜代劳之任。凭媒议定礼物银〇两,于〇月吉日进门代劳。此系三家情愿,绝无争竞,恐后无凭,立字为据,各执一纸。

妇人〇〇〇押　　　
族人〇〇〇押　　　
中人〇〇〇押　　　
媒人〇〇〇押　　　
代字〇〇〇押　　　

年　　月　　日请代劳字约人〇〇〇押①

　　而在大新地区发现的一批清代至民国的《抚婿产业执照》说明,这种招婿契约还须得到官府或土司的批准认可,方可产生法律效力,日后也不会发生争议,类似于"招赘公证"之类的文件。虽然这不排除官府和土司借立名目敛财的可能,但也说明,在入赘盛行的壮族地区,入赘是一种非常慎重严

---

① 佚名:《广西藤县风情》,桂林图书馆藏,第31—33页。

肃的要式法律行为。下面这份立于民国二年的《抚婿产业执照》是其中一份较为典型的获得官方认可的赘契，写明是女方杜姓亲族主动到县府要求县官对入赘事宜进行确认，规定赘婿农氏须改为杜姓，入赘后要赡养老人，承顶税役，并继承杜家的各项财产。

抚婿产业执照

　　太平土县县知事李　　为给执照事，兹据后哨伏均村里甲长带杜伦进、杜伦美以及杜姓族中人等，赴县署禀称：杜伦美年逾半百，子嗣尚虚，仅生一女，而胞兄伦进只有一子，族中人丁亦稀，均难分承。诚恐伦美百年之后，粮钱伕役、祖宗香烟，无人承当。公同商议，招人入赘，其女经杜伦进招获前哨途迓村农乐珍第二子改姓名为杜品林，于去年九月间前来入赘伦美之女。恳请给照，以顾后虑，俾粮伕香烟有人承当……为此，照给杜品林遵照，准尔入赘伦美之女为婿，凡伦美名份所有之田塘、坟墓、树木产业一切，均归尔管理，永为世代子孙恒业。……日后尤不得带妻逃回原村，致置粮役烟祀于不理。给照之后，如有何人妄行争占情弊，准尔指名禀究，切切须照。

民国二年(1913年)二月廿二日具给照[1]

解放前，在西林县和凌云县，不管是那种形式入赘，成婚一般要立字为据，以防赘婿以后变卦，不供养父母和抚育弟妹等。解放后，招赘立契较少，但在办婚事的酒席间，家长通常要女婿在族亲面前表态，以求共勉，让父老乡亲共同监督执行。[2]建国后，入赘订立契约的制度仍在一些地方盛行，据1953年的调查，靖西县表亮乡入赘手续简单，由男家请亲近房族吃一餐，女方把田地的一部分写契立约交与男方收执便可。这样男方便可免被遗弃。入赘者不改姓，生育子女也从夫姓，赘夫在家庭中的地位则看情况而定，如父母在则由父母掌握，父母死后，按习惯妻有掌握家庭经济财产的优先权，如夫妇和睦者，则可由赘夫掌握，但赘夫对家庭财产无处理权，群众对入赘者多歧视，被称为"洗碗郎"。解放后入赘者也还有二人，但不须再请女方房族饮酒，也无立契手续了，只由女方请几桌酒便算成婚。[3]据1958年的调

---

①　广西壮族自治区编辑组：《广西少数民族地区碑文、契约资料集》，广西民族出版社1987年版，第33—34页。原存广西大新县雷平镇伏均屯。1956年搜集。

②　西林县地方志编纂委员会编：《西林县志》，广西人民出版社2006年版，第1101页。凌云县志编纂委员会编：《凌云县志》，广西人民出版社2007年版，第199页。

③　桂西壮族自治区人民政府民族婚姻问题研究室编印：《靖西县第十区表亮乡壮族婚姻情况调查报告》，民族婚姻情况调查资料之六，1954年9月编印，第3、10页。

查,百色两琶乡女子招赘时,双方立字为凭,永远承顶香烟,并宴请村老族内一餐,取得社会公认,赘夫才能承管全部产业,不由旁族过问。手续是要求保人作保立约,保证男子在女家安心终生。①《东兰县志》记载:东兰县有的家庭因无男子而由女子招婿上门,但必须由女方宗族到场,立下契约,准许赘婿承顶香火,才能继承产业。②

四、结婚仪式简单及财物给付

入赘婚是男方到女家生活,因此比起嫁娶婚来仪式要简单的多,最重要的是男方无需支付聘礼,女方无需承担嫁妆,双方只交付一些少量的物品就可以举行仪式了,如《罗城县志》记载:"人民因年老无子仅有亲生女,多以女招夫入赘,或因子死以媳招赘,皆谓之赘子。至入赘财礼视招赘者产业多少为定。若入赘之家产业众多,须送财礼数十元,否则二十余元或数元不等。"③一本民国时期印刷的小册《广西藤县风情》则详细记载了当地入赘婚与普通婚姻相比,在礼仪、程序、彩礼、订金、拜堂、称呼、遗产继承、葬礼、坟墓、再赘等一系列事务上的特殊制度:

> 县俗赘婿与嫁女礼同,不过娶婿较异耳。绅富赘婿多因爱女不忍远离或婿在远省送亲不便之故。贫家赘婿则由婿与女合力担任女之父母养生送死之义务,多因无同族或仅有疏属而继子又因寒苦无产无人愿继者。女之父母死后,动产可归婿有,不动产仍归该族之祠。如招夫仅蛋人有之,其礼寡妇之翁姑与该妇及亲族商同合意后,由媒人通知被招者议定身价,由被招者开具八子,送到妇家,即定日将身价或十六两或八两由媒送交招夫之妇。此时妇家即买糯米作酒,定期招入。届期被招者担猪肉二三十斤,酒四并,约四五十斤,鸡四支,米二三十斤至,招夫者之家先闭门以待,叩应门启,由妇之翁姑或尊行向被招者斥其久荡忘家,被招者唯唯,即趋至香火前,行三叩礼,即入妇房相见,对揖作久别乍归状,即在房睡歇。次日,早请亲族邻老吃酒,被招者担来之酒米鸡猪,招夫者先作之酒,即为此会之用。食毕,凭众立契,各执一纸,即封包谢媒并谢妇之伯叔兄弟,名曰封包利事,媒人约一元二元不等,

---

① 广西壮族自治区编辑组编:《广西壮族社会历史调查》(第二册),广西民族出版社1986年版,第242、262—263页。
② 东兰县志编纂委员会编:《东兰县志》,广西人民出版社1994年版,第599页。
③ 江碧秋修、潘实篆纂:《罗城县志》,第2·民族,页32,台北成文出版社1975年版,第48页,中国方志丛书第211号。

妇之伯叔兄弟亲则多封,疏则少封,均由媒预定大约,多则四五元,少则一二元不等。礼毕,夫妇如初。被招者呼妇之翁姑,妇呼被招者之父母,均名曰偏生父母。被招者姓名不改,妇仍原夫姓原排,妇之亲属呼被招者仍用故夫之名行及一切尊卑名称。被招者封妇之亲属,亦照故夫原称,如生子则不用妇姓。如被招者与妇同意,亦有逃回被招者之家。如妇之翁姑在,多有以妇与招夫偕逃提诉者。如妇之翁姑死,前夫有疏属,所有遗产仍归前夫族人;如无族人,招夫可享有;如前夫有子,招夫又生子,前夫之子可与招夫子按名平分。如前夫有子,招夫未生子,招夫死,前夫子将被招者埋于前夫之茔;如招夫生子,由生子埋于本族坟山。如妇先死,仍埋故夫坟,再招夫之父母可在妇家迎养。妇如死,而有翁姑在者时,招夫可离缘。招夫之妇亦有招后离婚再招其他者,并招至三四次者,身价归妇享有,名曰领番银子。招夫之义即寡妇续弦也。①

1949 年以后,广西各地入赘婚依然保留了简易的仪式,如西林、凌云县和乐业三县的入赘婚姻一般不要聘金,婚仪较为简单。短期入赘者,结婚时男方还要给女方家一定礼钱、酒、肉等;终生入赘,男方不需要再付任何钱、礼,婚事一切开支由女方家操办。结婚之日,女主家摆祖宗,待新郎新娘拜堂后,请族内至亲和寨老等吃一餐饭可。②西林县维新乡那劳地区如是男子上门,在男家是不热闹的,亲友来得很少。男子只由三个人相陪,带着一些礼品步行至女家。但女家都很热闹,亲友都前来祝贺,结婚仪式同前,到第三天,新郎也偕新娘回自己家探望一次,以后就长住妻家。③那坡县那坡大队壮族有上门的习俗,如女家没有男人,或只有一个女儿,即可招婿上门。一般上门男方可少出或不出聘金聘礼。④环江县城管乡壮妇入赘的习俗这里也是有的,招赘的原因是由于子女幼小,而丈夫已死,家庭困难,便招异姓男子入赘,俗称上门。也有的是老而无子,只有女儿,便招人入赘,俗

---

① 　佚名:《广西藤县风情》,第 31—33 页。
② 　西林县地方志编纂委员会编:《西林县志》,广西人民出版社 2006 年版,第 1101—1102 页。凌云县志编纂委员会编:《凌云县志》,广西人民出版社 2007 年版,第 199 页。乐业县志编纂委员会编:《乐业县志》,广西人民出版社 2002 年版,第 606 页。
③ 　广西壮族自治区编辑组编:《广西壮族社会历史调查》(第二册),广西民族出版社 1986 年版,第 211 页。
④ 　广西壮族自治区编辑组编:《广西壮族社会历史调查》(第三册),广西民族出版社 1985 年版,第 207 页。

称赘婿。入赘的女婿，无须向女方送财礼，但要负担酒席费和送给中人的若干费用。①广西天峨县白定乡的壮族入赘的礼金并不多，一般是送数银元给女家房族，请亲戚吃一顿就可以。年轻的妇女如果丈夫死去，都可以改嫁或招郎入赘，由男方出若干身价给原夫家。入赘须有媒人通引，他们说："天上无雷不成雨，地上无媒不成亲。"即使是以前搭上了也得请代媒讲身价钱，婚礼仪式很简单，只请一些亲戚吃一顿。②

在一些地区，入赘婚时甚至由女方付给男方一定的财物，与从夫居完全相反，相当于"娶丈夫"上门，如武鸣县清江乡入赘时女方给男方一些猪头、鸡等。如果男方无钱兴办婚宴，女方暗中给男方一些钱。③宜州入赘又叫上门，即男到女家结婚落户，所生子女一般随母姓，入赘结婚男方不必置办嫁妆，而是由女方给新郎置办数套衣服、一套鞋帽袜及所有床上用品。④合山境内壮族女子有招赘习惯，俗称"上门"，入赘男子享有家庭成员中同等的权利和义务，并可视情况携带妻子儿女回原籍定居。招赘当日，女家设宴招待亲朋好友，规模次于娶媳妇。在北泗一带，入赘男子少花钱甚至不花钱即可解决婚姻问题。在河里乡的仁义、怀集、马安等地，入赘男子可得到女家一定数量的财物。⑤宁明县入赘花费的聘金礼物，较娶妻少花三分之一或二分之一。有的女家招赘，不要男家聘礼。县城附近招赘，不仅不取男方礼物，还给赘婿几套衣服。下石地区招赘，女家给男家送礼物如娶媳妇。所以贫寒家的男子多有入赘的。过去入赘者多被社会歧视。建国后，政府颁布婚姻法，提倡计划生育，号召男子到女子家结婚落户，人们对入赘的偏见有所改变，入赘男子逐渐增多。⑥笔者在调研时了解到，阳朔高田一带的壮族入赘时，男方什么都不用带，因为一般入赘的男子都是家中兄弟多，生活艰难，女方反而要给男方一些东西，但没有女子出嫁那么多财物，比如帮男方父母亲添置一些家具，以前有的买一头牛给男方的父母亲，以补偿赘婿的劳动力，现在耕田都机械化了，也没人送牛了。

---

① 广西壮族自治区编辑组编：《广西壮族社会历史调查》（第二册），广西民族出版社 1986 年版，第 316 页。

② 广西壮族自治区编辑组编：《广西壮族社会历史调查》（第一册），广西民族出版社 1984 年版，第 20 页。

③ 广西壮族自治区编辑组编：《广西壮族社会历史调查》（第六册），广西民族出版社 1985 年版，第 73 页。

④ 覃九宏收集整理：《传统礼仪山歌》，广西民族出版社 2002 年版，第 74 页。

⑤ 合山市志编纂委员会室编：《合山市志》，广西人民出版社 1998 年版，第 423 页。

⑥ 宁明县志编纂委员会编：《宁明县志》，中央民族学院出版社 1988 年版，第 694 页。

五、入赘婚的解除

入赘婚的解除与缔结一样简单,主要有以下几种情况:

(一)赘婿逃走

由于部分赘婿会受到女方家的虐待或歧视,或不习惯女方家的生活而选择逃跑,这样直接导致入赘婚解除,赘婿将丧失对女方家庭财产的权利。如1897年立于兴安县金石公社新文大队大寨屯的《兴安县大寨等村禁约碑》就规定,凡赘婿因感情不和出逃的,一律不得给付劳动报酬,也不得带走财产,所有财产归妻儿所有。①西林县那劳区维新乡壮族男子入赘之后,多数操纵家庭的经济。而女子则必须顺从自己的丈夫,如果不好,男子有逃跑他乡另入赘于他户的。②据1984年5月的调研,武鸣县府城公社壮族也有男子入赘的现象,一般是那些兄弟多或家庭贫穷的人才到女方家落业,这些人的社会地位及家庭地位是很低的,往往受到女方宗族成员及邻舍的欺负,外人也看不起这种人,在家庭中,女方父母也不让他当家。所以有一部分人因此而跑回原家住。③

(二)女家驱逐赘婿

赘婿上门本就是依附于女家生活,因此女方在家庭关系中往往占优势地位,而男方则处于被监督、检验的劣势地位,更何况入赘婚重要的目的之一就是为女家增添劳动力,所以男方如果懒惰、品行有亏,会随时被女方逐出家门,也导致入赘婚的解除。《岭表纪蛮》记载:"盖蛮人所谓赘婚,即云男妻嫁女夫,故娶时,须致男夫聘礼,而女亦操其最高无上之夫权。爱憎黜逐,一唯其意。"④这种情况男子也将丧失财产权。西林县维新乡壮族如果是男子上门的,因不合意而女方提出离婚时,男子没有任何申辩的理由,故当地称为"赶出来",不得带走任何东西。⑤龙脊壮族招郎入赘要是郎仔入门后,勤吃懒做,干吹嫖赌饮事,女方家族门有权将郎仔退去。入赘郎仔亦可回去

---

① 广西民族研究所编:《广西少数民族地区石刻碑文集》,广西人民出版社1982年版,第127页。
② 广西壮族自治区编辑组编:《广西壮族社会历史调查》(第二册),广西民族出版社1986年版,第171页。
③ 《武鸣县两江、府城两公社社会历史调查资料》,见广西师范大学历史系、广西地方民族史研究室编:《广西地方民族史研究集刊》(第三集),1984年11月印,第262页。
④ 刘锡蕃:《岭表纪蛮》,台北南天书局1987年版,第76页。
⑤ 广西壮族自治区编辑组编:《广西壮族社会历史调查》(第二册),广西民族出版社1986年版,第212页。

其父家中去分取一份财产（如果家贫则例外），入赘数年若无子女，女方可以将他赶去，其郎仔可将原凭中立约分给他的田地尽数带去，女方又可再另招一个郎仔进来（招第二个郎仔就不须向亲属征求意见）。①

（三）双方离婚

入赘婚也和普通的婚姻一样，双方会因感情不和而导致离婚。1917 年立于兴安县金石公社的《兴安县兴龙两隘公立禁约碑》规定，招赘婚如果双方不和要离婚的，无论男女双方谁先提出来的，提出离婚的一方要都要承当罚金作为对对方的补偿，并且子女归对方所有。②这是因为当地盛行入赘婚，因此能将男女双方一视同仁予以处罚。与之相邻的龙脊壮族上门郎如果闹离婚时，女家亦须给男方一些钱或田，因为入门时已写有契约，俗语："上门郎，拐婆娘"，女方提出的亦如此处理，如男方自愿提出不要可免。③但很多情况下离婚还是双方无法和睦相处导致的，如 1938 年的《田西县志》记载："离婚，每年约有十数起，多属于盲婚制度……此外，或出于招赘之不得其人，或出于招赘家庭苛待男女所致。"④宜州某公安人员说："本地入赘婚如果姑爷太懒惰，游手好闲，实在不行经过家里的调解后，解除婚姻关系，法律手续还要履行。"忻城县司法局的工作人员说："本地上门都是无奈之举，如果赘婿没有一技之长，上门后的地位是比较低下的，不可能提出离婚。只有一些头脑比较灵活，做生意成功了，才敢提出离婚。我们这边入赘婚离婚的都是女方提出的，因为有的赘婿做不了什么活路，而女方都是听父母的话，如果父母看不惯，那就离婚，所以上门女婿岳父母的态度决定了入赘婚姻的幸福程度。"

改革开放后，壮族群众法律意识逐渐增强，许多入赘婚双方也到法院去起诉离婚，广西各地法院都曾受理过入赘婚的离婚案。如 1987 年南丹县的刘某芝（女，31 岁，壮族）和李某选（男，35 岁，汉族）离婚一案就是典型的例证，李某选于 1977 年到刘某芝家入赘自愿结婚，但未办理婚姻登记，户口也未迁入，婚后感情一般，已生育女孩两个。李某选因道德品质败坏，强奸妇

---

① 广西壮族自治区编辑组编：《广西壮族社会历史调查》（第一册），广西民族出版社 1984 年版，第 136—137 页。

② 广西民族研究所编：《广西少数民族地区石刻碑文集》，广西人民出版社 1982 年版，第 129 页。

③ 广西壮族自治区编辑组编：《广西壮族社会历史调查》（第一册），广西民族出版社 1984 年版，第 136—137 页。

④ 黄旭初修、岑启沃纂：《田西县志》，第三编，页 44，台北成文出版社 1975 年版，第 76 页。中国方志丛书第 199 号。

女构成犯罪,1984年12月20日被判处有期徒刑10年。刘某芝认为李某选被判处的刑期长,无法维持夫妻感情,且家庭生活过不去,无法承担子女抚养和赡养自己的养母,即向法院提出离婚。李某选也认为,因本人犯罪被判刑劳改,刑期较长,不能与刘某芝共同持家的婚姻前途,同意离婚。1987年5月23日,南丹县人民南法院审理了该案,认为被告因犯罪被判刑十年,与原告婚姻感情确已破裂,且原告无能力承担抚养子女及养母的生活,起诉提出离婚,理由正当,经法院调解达成协议:第一,刘某芝与李某选自愿离婚;第二,婚生女儿二人暂由刘某芝抚养,李某选刑满释放回家后,随父随母由女儿决定。第三,李某选因服刑,原承包的责任田,离婚后由刘某芝代为耕种,收成由刘处理。第四,原告婚前财产全归原告所有;被告对婚后劳动所得表示不要,留给小孩作生活费。①

　　入赘婚在离婚方面面临的一个司法难题是子女抚养权的问题。按照习惯法,入赘婚所生子女一般随女家姓且承顶女方家业,一旦离婚,子女尤其是男孩一般都归女家所有。顺应习惯法,入赘婚一旦起诉到法院离婚,在子女抚养权方面,法院法官的做法是:一般会照顾女方原来的姓氏。如子女已经登记为女方的姓,男方要求更改子女姓氏的,一般不支持。就入赘婚本身性质而言,入赘婚子女都长期在女方家生活,而男方在本家几乎已无身份和财产,离婚后把子女判给男方,既不符合子女的抚养环境,也不利于子女的成长,因此在判决子女抚养权时,即使按照法律所规定的有利于子女成长的原则,最终的结果也与民间的入赘习惯法是一致的。如百色市右江区法院也曾审理过一起入赘离婚案件,男女双方都是右江区人,男子入赘了几年后,坚决要求离婚,当时孩子已上二年级,双方都想要小孩。后法院根据司法解释征求孩子意见,孩子要跟妈妈,就判给了女方。当然,一些特殊情况下也有例外。如覃塘法院一位资深的壮族林法官曾审理过一起入赘离婚案件,覃塘一男子上门到贵州,育有一子。多年后他带着儿子离开女家回到本地,妻子也跟着回来向法院起诉要求小孩的抚养权。男方在本地的家已不存在。后因男方年老有病,而且儿子也长大出外打工了,所以女方就放弃了,以主动撤诉了结了此案。

　　(四)丧偶后的处理

　　入赘婚丧偶后,尤其是女方去世后,如何处理婚姻关系是一个很重要的

---

　　① 广西壮族自治区高级人民法院《审判志》编辑室编:《广西审判志》(讨论稿),1991年9月15日印,第608页。

问题，壮族在这方面表现得很宽容，就如同寡妇可以留在夫家招赘一样，丧偶的赘婿如果人品表现好，也会被留在女家另娶妻子，相当于自己的儿子一样的待遇。如龙脊壮族，要是赘夫或妻死，亦可继续招郎入赘或讨妻进来，这份财产仍然可以承继。①西林县的入赘家庭中，如果婚后女方过早去世的，赘婿有继承妻子财产的权利，还可另娶新娘接替，称"接面女"。②在宁明县，入赘的男子称妻之父母同亲生父母一样，所以，赘婿又谓之半子。招赘之家多因无男儿，或虽有尚幼，所以招赘，以帮助劳动治家，抚养其尚幼子女长大成人。之后赘婿可携妻回家。若不愿回去可以同妻姓，就有同妻子亲兄弟平分家产的权利。入赘无子之家者得继全部家产，叔伯兄弟不能相争。如招赘之妇中故，不论有无子女，只要赘婿孝顺妻子的父母，可以另娶新妇，也称"接面女"。若赘婿故而妻健在，父母又可再招赘，称"翻生子"，其继承权于前赘夫同。还有的人家，儿子死后，媳妇不愿外嫁，翁为其招赘，视赘婿如同亲儿。③隆林县委乐乡入赘后如妻死，可以讨老婆续弦。④《忻城县志》也记载了一起这样的案例：樊某春（1916—1990），壮族，1916 年 11 月生于思吉乡东河村福增屯的一个贫农家庭，由于家道清贫，无钱娶妻，便到凌头村韦家入赘，婚后三年，其妻病故，韦家见他孝敬双亲，聪明能干，就为他另娶妻子。⑤

由于入赘婚不是常见的婚姻形式，因此现行法律涉及的不多，但对于入赘婚比例较大的广西来说，存在很多难以解决的法律问题，尤其是赘婿丧偶后的法律关系处理，例如贵港市覃塘法院 2017 年就曾受理一起"奇葩"的入赘离婚案：广西某地男子入赘到覃塘区山北乡，户口也迁了过来。但其入赘几年后女方去世了，该男子就继续生活在亡妻家中，并续娶了本地一个妇女，还育有一名 2 岁的小孩。现该妇女向法院起诉离婚。而该男子前妻家庭对离婚很抵触，认为男子不负责任，提出如果该男子离婚的话，将不再接纳他，即该男子不能再在前妻家生活了。法院已驳回了该离婚诉讼，但如果女方继续提出离婚的话，仍会造成一定的司法难题。该男子在前妻家的身份、地位、财产等在法律上都难以确定。

---

① 广西壮族自治区编辑组编：《广西壮族社会历史调查》（第一册），广西民族出版社 1984 年版，第 136—137 页。

② 西林县地方志编纂委员会编：《西林县志》，广西人民出版社 2006 年版，第 1101—1102 页。

③ 宁明县志编纂委员会编：《宁明县志》，中央民族学院出版社 1988 年版，第 694 页。

④ 广西壮族自治区编辑组编：《广西壮族社会历史调查》（第一册），广西民族出版社 1984 年版，第 60 页。

⑤ 忻城县志编纂委员会编：《忻城县志》，广西人民出版社 1997 年版，第 835 页。

第四节　赘婿的权利与义务

一、权　利

（一）继承权

1. 赘婿继承权是无嗣继承的替代方式

赘婿最重要的权利就是可以取得岳父家庭财产的继承权。这也是入赘婚最基本的职能，以解决幼女无子家庭财产无人承继的问题。如清代《梧州府志》记载:"梧州男多出赘,称曰嫁,而有其妇翁之产。女招婿称曰娶,而以己产与之。"[1]清代《岑溪市志》亦载:"但婚或赘婿改姓为子,受其田宅,或子死以媳招夫为继承,亦受田宅。虽与理不合,而乡人习以为常。"[2]民国《马山县志》记载:"凡祖父之遗产,有亲子孙,即亲子孙继承,无亲子孙,则亲兄弟继承。无亲兄弟,则疏族兄弟继承。再疏族兄弟俱无,则招异姓人入赘继承,谓之抱养子。"[3]也就是赘婿是无男嗣继承的替代解决方式。在家族中所有男性继承人穷尽后赘婿可以代位成为继承人。民国《隆安县志》记载:"(陇人)若遗产继承一项,则又异,凡无子而有女,则招婿入赘,或其子不幸而亡,遗媳年少,则招一异性之人入赘者,得继承其嗣,并得享受其遗产。"[4]民国《迁江县志》记载:"遗产继承之权操诸尊长,普通长幼均分,惟位居嫡或长得继大宗,如斯人无出,则由亲而疏,由近而远,择贤入继,若土著之民,赘婿亦得与亲生子均分产业,间有养子亦染指者。"[5]民国《来宾县志》记载了一起招婿继承岳家财产的案例,如"蒋方氏,县城人蒋友松之妻,年十

---

① [清]汪森编辑:《粤西丛载》(中),黄振中、吴中任、梁超然校注,广西民族出版社 2007 年版,第 748 页。

② [清]何梦瑶修:《岑溪县志》,卷 1·地舆·风俗,页 38,故宫珍本丛刊第 202 册,海南出版社 2001 年版,第 160 页。

③ 《马山县志》办公室整理:《那马县志草略》,民国二十二年一月一号立,1984 年 5 月印,第 6 页。

④ 刘振西等纂:《隆安县志》,卷三,页 33 上,台北成文出版社 1975 年版,第 205 页,中国方志丛书第 206 号。民国二十三年。

⑤ 黄旭初等修,刘宗尧纂:《迁江县志》,民国二十四年排印本,台北成文出版社 1967 年版,第 32 页。中国方志丛书第 136 号。

七丧夫,未有所出,继一子,仅生一女,赘婿胡某承遗产,奉蒋氏桃氏"。①民国《田西县志》记载:"遗产之继承权为男子,若女子招赘于家,则有分承之权而无全盘继承权。若遗产人无嫡亲之属,赘婿始得有继承权。"②民国《平乐县志》记载:"遗产传之子孙,一子者独享,子多者除提出若干田产给与长子曰长子田以示优异外,其余共同均分,子亡而有孙者,传之于孙,孙多者除提出若干田产给与长孙曰长孙田以示优异外,其余共同均分,无子孙者于亲族中选择侄子侄孙承继,谓之过继子、过继孙,亲族中无侄子侄孙可承继者,于远祖中选择之亦有,因无子有女而传之于女者尚在少数,又无子有女以招赘夫婿而继承遗产者,至于子女共同继承遗产现未实行。"③这一段论述说明,赘婿继承遗产的性质是对妇女继承权的一种弥补,而非男女继承权的平等表现。20世纪60年代的调查记载,宜山县洛东乡壮族无子嗣的人家,有女则留在家中,招婿上门,甚至有的人家,如果缺乏劳动力,也留女儿在家招婿。丈夫死后,妻子招婿上门的也不在少数。赘婿在家庭中和社会上地位并不低,并且可以承继家庭财产。④

　　2. 龙脊地区保障赘婿继承权的制度

　　龙脊壮族入赘婚盛行,由于入赘婚很好地解决了当地无子户的养老、顶香火问题和寡妇的抚孤问题,加之赘婿对女家的建设作出了不可估量的贡献,因此群众对赘婿的继承权非常认同,为了防止女方房族觊觎和侵犯赘婿的财产,经过几个世纪的沉积,当地壮族发展出了一套完善的保障赘婿继承权的制度。

　　首先是完善的入赘契约制度,即入赘时由房族统一订立赘契,写明赘婿继承财产的范围,如前所述的龙脊廖良老入赘案,从嘉庆六年(1801年)入赘到道光十九年(1839年)共跨越将近40年,该案件的所有4份契约全部完整地保存下来,每一次划分财产都请清清楚楚地订明契约,赘婿廖良老的继承权一直得到保障,没有动摇过。嘉庆六年(1801年),廖良老入赘给潘氏母子时,前夫廖氏家房族订立了《招赘抚业产契》等两份契约,写明廖良老继受的产业范围,并申明族人不得侵夺;道光二年(1822年),廖良老抚养的

① 宾上武修,翟富文纂修:《来宾县志》,据民国二十五年铅印本影印,县之人物三·闺阁,台北成文出版社1975年版,第522页。
② 黄旭初修,岑启沃纂:《田西县志》,第三编,页38,台北成文出版社1975年版,第70页。中国方志丛书第199号。
③ 黄旭初监修,张智林纂:《平乐县志》,台北成文出版社1967年版,第87页。
④ 广西壮族自治区编辑组编:《广西壮族社会历史调查》(第五册),广西民族出版社1986年版,第68页。

继子光文去世,道光十一年(1831 年)时,廖氏房族因兄弟分家问题产生了一定的财产争议,请村中寨老前来调解,订立了《息事合同书》,但其中赘婿廖良老的财产范围仍得到重申,没有丝毫改变;道光十九年(1839 年)时,廖氏房族再次订立《受业抚养文契》,再次重申了廖良老的继承产权范围。廖氏家族这样不厌其烦地再三声明廖良老的财产权,生怕他受到任何侵害的态度,说明他们对赘婿的财产权是非常尊重的,下面是这一案件最终的《受业抚养文契》,阐明了整个入赘案的来龙去脉:

《受业抚养文契》

> 立愿凭据人廖良领,子弟劝、弟满,情因有堂伯廖良碍身故,有婶潘氏养育子女年幼,无人继养管业,于嘉庆六年(1801 年)有叔父良林,请中才造、才和,邻右廖良抱、廖良猛,继接堂叔廖良老,奉养良碍妻子。所有田地五段、房屋一座、菜园屋场二段、柴山、树木、竹木、禾仓等项,全业一并交与良老管业,承当伕役,祭祖坟墓、社庙。良老自有禾把四十屯、禾仓一个,仍归廖良老妻子送终。于道光十一年(1831 年),请中理论家业,当凭地方头人甲长十人,收钱十千文正,立字存照,其业仍归良老(妻)金秀管业十九年。道光十九年(1839 年),又请中理论,将田茶界田一段,禾苗六屯正,交与廖弟领、子弟劝耕种管业外,有翁田、更江、纳右三处菜园、屋场、禾仓、树木、柴山、竹等项,一并交与金秀子孙管业,承当伕役。凭中二比,日后不敢异言翻悔。[①]

其次,建立了专门保护入赘婚继承权的民间组织"添丁会",并订立章程。龙脊壮族一般的赘婿大多受女家叔伯兄弟的嫉妒,或被他们索取财物,因而引起这些赘婿及其岳父家的愤恨,于是人们为了保护财产不受侵犯,在民国十七年(1928 年)共同组织了一个"添丁会",以共同对付希图吞谋他们的财产的人,到解放前才解散。[②]树立于龙胜龙脊大队平脊寨的《龙脊添丁会布告碑》可视为该组织的章程,内容就是保护赘婿的继承权,对赘婿在当地人口繁衍生息和家园建设方面的贡献予以充分肯定,从碑文中得知,"添丁会"还得到了县政府的批准和认可。碑文全文抄录如下:

> 照得今日文明国家,许人民自由集会结社,无非令人讲兴利除弊,以图地方自治,而学会农商会布满天下,若会员能振作精神,竞争进步,

---

① 广西壮族自治区编辑组编:《广西少数民族地区碑刻、契约资料集》,广西民族出版社1987 年版,第 68、156、158 页。

② 广西壮族自治区编辑组编:《广西壮族社会历史调查》(第一册),广西民族出版社 1984 年版,第 136—137 页。

以图富强，未尝不占于优胜地位。今我辈设会，意不在此。因吾辈命运乖违，欠缺子息，恐后启之无人，痛先灵之谁靠。不已，而推定相绩之人，或同宗，或异姓，以承吾之财产宗支，使数百年继续之权，一旦失于他人之手，此中景况，难向人言，不但此也。一家相聚，难免无同异之心，父子同居，或具有彼此之见，有善无可劝勉，有恶无从规戒。不已，前派代表赴县呈请县公署，马知事批，状悉：准尔承祧备案，自行勒碑，永远竖立通衢，此批。如是而集同况之人，结为社会，又何敢望优胜于社会上也。只求宗支香烟不替，家庭相督有人，或内外房族稍有差池，可于社会讨论，互为劝勉，互为警戒，设此会者，实自悲也。然无子而有子，无孙而弄孙，螽斯衍庆，麟趾呈祥，又何尝与家族有异同也。切切此碑。

会员：廖肇周、侯庭甫、廖昌庭、侯永连、潘玉章、潘□生、潘永德、廖吉欢、潘美玉、廖文英、蒙吉清、罗尧德、潘永团、陈富朝、潘日甫、陈庭英、陈昌保、侯日定仝立。①

3. 大新地区保障赘婿继承权的制度

大新也是入赘婚比较集中的地区，1956年在大新县雷平镇发现的一批"入赘执照"为我们揭示了该地区对赘婿遗产继承权的保护制度。这批执照最早为清嘉庆年间，直至民国，从中可以看出大新地区保护赘婿遗产继承权的程序和内容：第一，由入赘之家的户主即岳父到土州或县府向土官、县官说明情况，申领入赘产业执照；第二，产业执照中应注明男女双方的姓名，并写明赘婿受领的产业范围、坐落位置、面积和数量，包括土地、房屋、竹木、牲畜、鱼塘、坟墓等，有的还需要写明继承的土地应纳的税额；第三，州或县官员对上述内容进行审核确认批准，加盖印章，执照成立，村民领回生效；第四，该执照一方面是为了防止房族或他人侵夺赘婿的财产继承权，另一方面也保证赘婿产业继承权的永久性效力，因为几乎所有的最后执照都有"永远管业"这样的字样。有了这样的执照，赘婿们就握有了尚方宝剑，可以对抗一切不法侵害，对内抚养妻儿，管理产业，对外缴纳税银，遵守国课。表7.1是历年大新县雷平镇入赘产业执照的内容对比。

4. 赘婿对本家的财产继承权

赘婿由于加入了女方家族，因此一般丧失对本家族财产的继承权，如忻

---

① 广西民族研究所编：《广西少数民族地区石刻碑文集》，广西人民出版社1982年版，第159页。

表 7.1　大新县雷平镇历年申领入赘产业执照一览表

时间	执照名称	批准官员	赘婿	入赘之家	继承财产	应纳税额
嘉庆十五年(1810年)七月廿四日	农凤田产执照	协理安平州正堂	承谢	五处农村农凤	北坡那密一子、瓦屋一座、竹木、备地一切	逐年纳普丝银三钱五分正
道光二十六年(1846年)七月初三日	谢纳印照	世袭安平州正堂加三级李	陇气村农田之子农三	五处陇口村农三	上城田一召子丢并备地、树木、房屋一切	年中田例地粮
道光二十六年(1846年)十月十六日	冯三产业执照	世袭安平州正堂加三级李	冯三	五处陇口村农清秀	上城田博陇那康、那盎、那柯、那路念共田一召、那面、那土地、那棵丰、那亭共田一子丢。	逐年补纳丝银一两三钱正
道光二十九年(1849年)十二月十八日	安平土州印照	世袭安平州正堂加三级李		西化埠美村农丰	上城田那二片、园地三片、渠七片、美夹二片、汝湾一片;北上城田那五、那土城田二片并备地共田一子丢	逐年共纳地田例普照纹纱银四钱六分三厘正
光绪二十九年(1903年)七月二十四日	农成田恩呈税契文		北化打村农崇益	五处下利村民农成田	房屋一座、水牛一只、那排冒、料派普二片;另永买得州城东街老响李辉城田一子、大小共八片、土名唤板排、坐落排冒处,以及林木一切	
民国二年(1913年)二月廿二日	抚婿产业执照	太平土县知事李	前哨伏逻村农乐珍第二子改姓名为杜品林	后哨伏均村杜伦美	所有之田塘、坟墓、树木产业一切	

资料来源:广西壮族自治区编辑组《广西少数民族地区碑文、契约资料集》,广西民族出版社1987年版,第15、19—20、29、33—34页。

城县司法局工作人员说,本地壮族男子上门去入赘,到那边女方家去后,自己家的房子、土地,老人就不再分给了,就算以后回来,没有房屋,土地也不给了。女子离婚了,回到娘家,还要适当的分点财产,与入赘形成鲜明的对比。忻城县民委副主任说,都安县高岭镇不准入赘的女婿回门,入赘到外边的人,回到原来的村后,不准到原家300米以内居住,要到很远的地方居住。宜州市文化馆人员说,上门女婿不能继承自己家的财产,独仔是不上门的,兄弟多才上门,由于赘婿已经变成另一家的人了,所以与男家只是感情上的联系,讲道德还顾一点,不讲道德完全可以不顾。司法实务人员也认为这一问题比较棘手,贵港覃塘区法院的法官说,实践中赘婿对本家财产继承权的问题比较大,但按照现行法律有所规定。

5. 入赘婚子女的继承权

入赘婚的子女分为两种,一种是入赘后出生的子女;一种是入赘时男方带来的子女,一般前者不仅享有母家财产的继承权,还可享受夫家财产的继承权;但后者一般不享有继承权。如民国《来宾县志》就记载了一起入赘婚所生后代回到父家承嗣的案例:"梁姜氏,夫季父入赘南一里治平团蒙村,生子绍基,绍基有三男,其仲曰志荣,氏迎立为嗣。"①西林维新乡那劳地区丈夫上门生下的子女,可以继承妻子在自己家中分得的财产,丈夫则没有财产继承权,其中一部分子女还可以回到丈夫原家继承一部分财产。如果没有儿子,女儿就可招婿,财产由女儿继承。②百色两琶乡招赘后所生的子女,有权继承该家全部财产,但赘夫及随父上门的子女则无权继承的。但到民国时代,由父亲当家作主,随父的子女亦很务正业的情况下,则可适当分享产业权,他们有"独木不成林,独人不成家"的俗语。③

(二)担任社会公职的权利

在入赘婚盛行的地区,赘婿不仅不受歧视,一些品德、能力都很出众的还可以担任村长、乡长、县长等社会公职,为群众排忧解难,这进一步说明入赘婚制度的成熟。在西林县和凌云县,过去,男子入赘常被人歧视,认为是贫困和无能。解放后,这种世俗偏见逐步改变。如今入赘男子不论在家庭

---

① 宾上武修,翟富文纂修:《来宾县志》,县之人物三·闺阁,台北成文出版社1975年版,第534页。

② 广西壮族自治区编辑组编:《广西壮族社会历史调查》(第二册),广西民族出版社1986年版,第211页。

③ 广西壮族自治区编辑组编:《广西壮族社会历史调查》(第二册),广西民族出版社1986年版,第242—243页。

或社会上,同样受到人们的尊重,享有和本村本族内男子的同等地位,一些有见识、有能力、有威信的赘婿还被群众选为人民代表,有的还当上村长、乡长、县长等。西林县西平乡皿帖村,20 世纪 50—90 年代,历任的党支书、社长、大队长、村民委主任,有半数以上是由上门的女婿担任的。而该村六楼寨,历任小队长、村民小组长都是由上门的赘婿担任。①钦州的入赘婚,在壮族聚居的西北部较为常见。解放后,男方于婚后到女家居住已成常事,不但不受到社会歧视,而且已不存在"入赘"的含义。②

二、义　务

(一)改姓

1. 赘婿改为女家姓氏

权利与义务从来都是对等的,赘婿得到岳家的遗产继承权这可谓最大的收益,但也要付出相应的代价,那就是改姓归宗,将自己的姓氏改为女方的姓氏,因为遗产继承与香火承顶密切相关。正如史料的记载:"男子出赘,不顾本宗。"③改姓是一种象征,这种情况下,赘婿产生了拟制人格,即通过改姓取得女方家族成员的地位,因此获得继承遗产的资格。许多赘婿不仅要改姓氏,还要按照女家兄弟的班辈改名,成为岳家的"准儿子",故女婿又俗称"半子"。

历代文献记载了许多赘婿改姓的情况,如乾隆《岑溪县志》记载了一起因赘婿不改姓而被剥夺岳家财产继承权的案例:"岑俗赘婿必冒妻姓乃得承受妻父产业,于是一人有两姓而冠妻姓于本姓之上(如赵甲赘钱家,则曰钱赵甲也),恬然不以为怪,有诸生李姓智者,黄氏之赘婿也,食黄之田而不更姓,后黄之族有欲夺其田者,智即归之。先是智食黄田即不复分受父产,至是归田于黄,遂无以糊口而没齿无怨,此铁中铮铮者,特表而出之以为通邑风。"④清《梧州府志》记载当地入赘婚有两种改姓方式:"甚至男更姓以从女,或于男姓复加女姓,永不归宗。"⑤但大部分情况还是赘婿直接改为女家

---

① 西林县地方志编纂委员会编:《西林县志》,广西人民出版社 2006 年版,第 1102 页。
② 钦州市地方志编纂委员会编:《钦州市志》,广西人民出版社 2000 年版,第 1282 页。
③ 杨家珍总纂:《天河县乡土志》,台北成文出版社 1967 年版,第 55 页,中国方志丛书第135 号。
④ [清]何梦瑶修:《岑溪县志》,卷 4·艺文,页 72,故宫珍本丛刊第 202 册,海南出版社2001 年版,第 246 页。
⑤ [清]汪森编辑:《粤西丛载》(中),黄振中、吴中任、梁超然校注,广西民族出版社 2007 年版,第 748 页。

之姓,如稍晚的同治《梧州府志》记载:"梧州赘子易姓,永弃其宗,婿居翁产,恬不为异,则中州所无而南徼所仅见者也。"①乾隆《柳州府志》记载:"罗城县民俗:婚姻不用媒妁,男或入赘而利妇翁之产,妇尝招婿而冒女姓之宗,宗支紊乱,恬不为怪。"②民国《雒容县志》记载:"男子入赘,城市稀少,乡村盛行,先由媒人向男家订立入赘字约,改姓换名承顶宗祧,生子不得归宗,始受女家产业,虽异姓乱宗所不计也。"③寡妇招赘的,赘夫要改成前夫的姓氏,如《岭表纪蛮》记载:"赘婿之俗……瑶壮可受遗产,但须改从女姓,或由女家命名。若赘入孀妇之家,有时竟沿用其亡夫之名,不以为异。"④《岭表纪蛮》记载了入赘婚导致的姓氏混乱问题:"凡赘夫多半改从女姓……故子多者,如出赘于多数不同姓之家,则同胞竟成异姓,女多者,若招数个不同姓之人入赘,则异姓又转如同胞。"⑤

20世纪60年代的少数民族社会历史调查也记载了多地壮族入赘改姓的习惯,龙脊壮族招郎入赘从此赘郎就成为家庭中的成员,改用女方姓氏,有权继承其遗产,共同劳动和生活;郎仔(赘婿)在家中没有受到歧视,其岳父母将郎仔(赘婿)与自己亲生儿子一样看待。据说有时夫妻闹架,父母还偏袒郎仔,叫自己女儿让步。⑥环江县龙水乡壮族家中没有儿子时,留女在家招赘婿上门,其掌管财产之权则操在赘婿手中,寡妇招赘者,却是例外。赘婿在家庭中的地位,由财产继承权上面可以看得出来。壮族诗人甘国显为入赘婚写的《蝶恋花》中特别提到了男方改姓的情况:"壮女多情招爱婿。好汉何妨,嫁给人家去。改姓更名随辈序,夫妻也作同胞聚。举案齐眉心互许。富路相携,后顾无忧虑。佳话从今传异地,薄情汉子应羞娶。"⑦

以武鸣县为例,武鸣县邓广乡壮族过去有女无子的人,有的招婿上门。入赘者经改名换姓(改用女方的姓)后,即可继承女家的田地财产,女方家族

---

① [清]吴九龄修,史鸣皋等纂:《梧州府志》,据清同治十二年刊本影印,台北成文出版社1961年版,第82页。
② [清]王锦总修:《柳州府志》,卷11·风俗,页2,故宫珍本丛刊第197册,海南出版社2001年版,第92页。
③ 臧进巧修,唐本心撰:《雒容县志》,卷上,页8,台北成文出版社1967年版,第32页,中国方志丛书第129号。
④ 刘锡蕃:《岭表纪蛮》,台北南天书局1987年版,第76页。
⑤ 刘锡蕃:《岭表纪蛮》,台北南天书局1987年版,第66页。
⑥ 广西壮族自治区编辑组编:《广西壮族社会历史调查》(第一册),广西民族出版社1984年版,第136—137页。
⑦ 广西民族事务委员会、广西诗词学会编印:《民族风情》(内部刊物),广西南宁市源流印刷厂1996年印,第17页。

和邻亲无权干涉，也无其他歧视。女方的拜扫习俗，入赘者也同样得到享受。解放后，入赘的更多。①武鸣县清江乡入赘后，就"改姓就命"，将自己的姓名全部改掉，而且永远地改换，其所生养的子女也用母姓。②

　　笔者的实践调研证实赘婚改姓至少延续到20世纪80年代。如2016年12月底，笔者在忻城、宜州地区调研时，忻城县民委副主任说，以前南壮入赘的，男的全部要改姓，姓、名、班辈都要改，不改不给扫墓。80年代以后入赘的可以不改姓。解放以前小孩全部要跟女方，如果女方家里没有兄弟，子女必须要随母姓，这样母家的香火才能传下来。忻城县政法委郑主任说，本地女家很喜欢上门，他们这一代人宗族观念比较淡一些，无论姓什么都可以。但老人家很喜欢入赘，因为下一辈可以跟你姓，过了几代人之后还有人给你上坟，老人很重视，很在乎，因为这涉及一个家庭的传承与血脉的延续，否则很多代后就没有人记得。族系大的家族比较重视这一方面，有些家族有族源，原来女的都不上族谱，如妻子就叫黄氏等，现在有部分女子也上族谱，入赘的男方有些上族谱，所以入赘可以继承族谱。入赘都在本村上，有几个儿子就划一个出去入赘，独生子一般不入赘。宜州市文化馆人员说，本地上门的很多，特别是独女户要上门，上门女婿要改姓，如女的姓蓝，男的姓韦，男的就改成蓝姓，名可以不改。子女也跟女方姓，因为壮族比较重视传宗接代。2016年12月底调研时，宜州市某公安人员说，本地入赘的女婿不能继承岳父家的财产，财产不分给姑爷，但女儿有一份财产，入赘就当男孩讨媳妇。有个条件，如果赘婚改姓就可以继承，不改姓就不能继承。不但本人要改姓，孩子也要随母亲姓。双方的权利义务都是口头约定。2019年7月调研时，阳朔高田地区的干部说，本地壮族有入赘婚，女婿不受歧视，过来后要改姓，和女家兄弟一起排辈，改成女家兄弟一样的名字，死后墓碑上一般写入赘后的名字。

　　2. 子女的姓氏

　　入赘婚子女的姓氏比较复杂，共有下列几种情况：

　　（1）子女全部随母姓。如都安县境东北地区壮族有招婿入赘之俗，一般多是只有女孩不生男孩之家招婿（俗称"上门"）以继"香火"，应招入赘者，多系家境贫寒或兄弟过多的男子。赘婿依俗享有与岳家子嗣同等的权利和

---

① 广西壮族自治区编辑组编：《广西壮族社会历史调查》（第六册），广西民族出版社1985年版，第37页。

② 广西壮族自治区编辑组编：《广西壮族社会历史调查》（第六册），广西民族出版社1985年版，第73页。

义务,即继承和供奉岳家香火,继承岳家全部或部分财产。所生子女多从女家姓氏。①据《天峨县志》记载,入赘当地称为"上门"。在壮村,承袭"女儿守家"的爱婿如子的习俗,上门郎入赘从女姓,生的孩子也从女姓。入赘后的上门郎在女方家可跟女姓同辈男子称兄道弟,若妻子死后,入赘家庭还可给他再娶亲事。②扶绥的一位壮族老师告诉笔者,他小时候见过一户人家,两个儿子与妈妈住一起,妈妈姓周,两个儿子也姓周,爸爸独自一人住,儿子有时去探望爸爸。一位大新的学生告诉笔者,当地入赘婚的孩子都随母姓,男方受到歧视。

(2)一半随母姓,一半随父姓。赘婿改姓后,所生子女一般都随女姓,但也有长子随女姓,其他随父姓的情况,导致同胞兄弟姊妹有不同的姓氏。如民国《来宾县志》记载了由于长期的入赘婚导致子女的姓氏混乱的情况:"县俗以女赘婿往往婿从女姓,南一里治平团之长梅村韦振邦,其先祖本北一里永靖团之东簪村龚氏,因赘于韦氏,遂弃龚从韦。南三里康吉团之公山村何士封,其先祖本南二里大庐村黄氏因赘于何氏,舍黄从何,类此者,不仅二三数其有男女两姓并举或冒男姓于女姓上或附男姓于女姓下,甚者历世皆女统。清光绪间鸦罗塘有附生蒙韦黎光者始以韦氏男赘于蒙氏女,又生女无男,更以黎氏男赘焉,于是生光而冒三氏,其两氏并举子孙,自成一族系者。"③《田林县志》记载:终身入赘的男方就要改为女方姓氏,按女方班辈取名,被称为"哥"(或弟),端茶倒水,做媳妇活,女方当家,生下的子女,一部分可从父姓。④后来比较自由了,有的要求只要有一个子女随母姓即可,其他可以随父姓,如忻城北更乡政府工作人员说,本地 70 年代以前上门要男方改姓,女婿不能继承女家的财产,小孩第一个必须要跟女方家姓,第二个以后可以跟男方姓。北更乡古利村弄芎屯的村民说,本地入赘的平等对待,两个孩子一人一个姓。东兰法院的法官在笔者调研时说,宜州入赘后生的孩子的姓要随母亲,有些也随父姓,没有硬性规定,看家庭讨论,两个孩子也可以一个随母姓,一个随父姓,比较灵活。

(3)子女父母的姓都承顶,变成复姓,母姓在前,父姓在后。如西林县

---

① 都安瑶族自治县志编纂委员会编:《都安瑶族自治县志》,广西人民出版社 1993 年版,第 128 页。
② 天峨县志编纂委员会编:《天峨县志》,广西人民出版社 1994 年版,第 467 页。
③ 宾上武修,翟富文纂修:《来宾县志》,县之人民一·氏族,台北成文出版社 1975 年版,第 255 页。
④ 田林县地方志编纂委员会编:《田林县志》,广西人民出版社 1996 年版,第 166 页。

和凌云县解放前，终生入赘的男子成婚后一般要更名改姓，用女方家的姓氏，按女方家的辈份另行排辈，女儿排行第几，赘婿也排行第几，如女方是大姐，女婿便称为大哥（壮族称"哥大"），被认可是女家的家庭成员，同辈与他互称兄弟，故有"赘婿半个儿"之说。解放后，比较自由，入赘男子多不改姓，可用原姓名。所生子女，可随母姓，也可随父姓，或两姓并列。一般母姓排在前，父姓排在后。县内乡村中，常见到许多两姓氏的人名，如"何农某""何班某""韦李某""王陆某""韦林某""罗张某""岑杨某"等。①宜州合寨村村支书说，本地就算男方不上门的也要负担两边的父母，上门的不改姓，小孩随便跟谁姓，有个外地的人来上门，姓梁，妻子姓蒙，两个姓都起，现在村里有好几个小孩都有两个姓。平乐沙子镇保和村村长说，入赘家庭生了孩子跟两家姓，如他的女儿姓席，孩子可以姓两个姓。德保县云梯村入赘的夫妻关系很好，互相之间很平等，女婿有继承权，孩子的姓由双方合起来，如李罗、罗李，第一个孩子叫李罗，都是平等的。本地寡妇招赘的比较多，有一个寡妇招赘，村里分土地补偿款，也分给那个男的。

（4）第一、二代子女全部随母姓，三代以后的子女可以转父姓，如凌云县部分地区的生育儿女有一半或全部跟岳父姓，三代以后的子孙可以转父姓。乐业县的逻西、马庄一带入赘者所生子女跟母亲姓（俗称顶岳父家香火），三代以后的子孙可以改其父姓。所以有同父同母不同姓的兄弟姐妹。②在凤山县，男方入赘到女方家后，生的小孩要随女方姓三代，三代之后可以随父亲的姓氏，凤山法院有一位陈姓法官就是如此，其曾祖父入赘到曾祖母家，其祖父、父亲、哥哥、姐姐都随曾祖母姓黄，到了他这一辈又改回了曾祖父的姓氏陈姓，但他的哥哥姐姐仍姓黄。扶绥的壮族老师告诉笔者，入赘的有些可以隔代改回父姓，如他家乡某村3队姓凌的比较多，那一片都是姓凌的，只有一户姓黄的人家，因为他爷爷是入赘的，他的孩子又转回了他爷爷的姓。东兰法院的法官告诉笔者，在南丹，男方入赘到女家确实要改姓，有三代改姓的制度，即前三代的子女都随母姓，第四代子女随父姓。凤山法院法官说，本地男方到女方家去上门，生的小孩要随女方三代，三代之后可以随父亲的姓氏，到了法院，也会照顾女方原来的姓氏。小孩已经登记为女方姓氏的，男方要求更改，一般不予支持。德保县司法局工作人员也

① 西林县地方志编纂委员会编：《西林县志》，广西人民出版社2006年版，第1101—1102页。凌云县志编纂委员会编：《凌云县志》，广西人民出版社2007年版，第199页。
② 凌云县志编纂委员会编：《凌云县志》，广西人民出版社2007年版，第191—192页。乐业县志编纂委员会编：《乐业县志》，广西人民出版社2002年版，第605页。

说，本地入赘婚称为"嫁"，孩子跟女方姓，但三代以后孩子可以用男方的姓，男方入赘也是为了传宗接代，三代以后儿孙满堂了，孩子就可以用男方姓了，现在出现了复合姓，即孩子的姓氏由男女双方的姓组合而成。

（5）全部随父亲姓。也有些地方入赘婚子女可以全部随父亲姓。如百色县两琶乡的贫苦农民班妈迈在十五岁时由叔父作主，招人上门以继祖上香火，当时招得乐日村陈顺风入赘。上门后，小两口生了三个女儿，均随父姓。①实践调研中，宜州庆远镇司法所工作人员说，本地入赘上门的很多，城区的、农村的都有。双方权利平等的，跟谁姓都可以。宜州马山塘屯的一位妇女说，本地上门的女婿不改姓，仍旧是男家的姓，别的地方改，她们那里不改，生的小孩也归男方，她家也有上门的，她的大女儿上门，小孩是姑爷的姓。

（二）赡养岳父母

赘婿承担的最重要的职责就是赡养岳父母。一般来讲，赘婿与本家已断绝关系，对自己的父母不再承担赡养义务，但其必须发挥入赘婚的基本职能，将岳父母作为自己的父母赡养。最重要的是，许多赘婿因为处于弱势地位，反而更加勤勉谨慎，对岳父母的孝敬比亲生儿子做得还好。民国《那马县志草略》记载养老是入赘婚的主要目的："凡有女子，或有青年媳妇丧偶，尚无子嗣，父母皆老，又上无兄，下无弟，且颇有家产，父母女子媳妇，不忍分离，又男女室家之道，终不能少，不已迫招异姓年岁相当之男子入赘。凡父母养生送死，及一切家业香烟，均入赘者承顶负担，凡生男女，皆招赘者之人。未经三代，入赘者不得回宗。过三代后，始准回宗。"②隆林各族自治县的徕人（壮族的一支）家庭和睦，后辈对长辈十分尊重。即使是入赘者当家的特殊家庭也是如此。嘎保韦公爱无儿子，儿孙两辈均为招婿上门，韦公爱活到 90 高龄，生前一直受到子孙的赡养。③龙脊壮族入赘者本身除享有一定的财产及权利外，还负有一定的义务，如抚养岳父母终身，岳父母死后，还要披麻戴孝，负责埋葬等。④天峨县白定乡入赘之风在当时亦流行，他们都

① 广西壮族自治区编辑组：《广西壮族社会历史调查》（第二册），广西民族出版社 1985 年版，第 242—243、234 页。

② 《马山县志》办公室整理：《那马县志草略》，民国二十二年一月一号立，1984 年 5 月印，第 6 页。

③ 隆林各族自治县地方志编纂委员会编：《隆林各族自治县志》，广西人民出版社 2002 年版，第 849 页。

④ 广西壮族自治区编辑组编：《广西壮族社会历史调查》（第一册），广西民族出版社 1984 年版，第 136—137 页。

是穷家子弟无钱讨妻，而招婿上门的多是无男孩的人家。赘婿享有继承岳家财产之权利，等到老人过世后可以回家探亲。其责任是养老、埋葬岳父母。赘郎若是不务正业干吹、嫖、赌、饮等坏事的，女家父母可以撵走。①《东兰县志》记载了入赘养老的具体内容：壮族有女无子的家庭，留一女不嫁，招男子入赘，以图后嗣继承家产、养老送终、奉祀祖宗。有的家庭招赘婿须经族老同意，条件苛刻，赘婿必须在赘书上签字盖章，保证参加女方宗族内所有的红白喜事；悉心奉养老人，春秋祭祀，先祭祀女方祖宗，后才祭祀男方祖宗；管好女家田产，不得随意出卖，如有急用，须经全族长老同意。有的入赘书还写明生男育女要从母姓，不得跟父姓，违反其中一条，就遭族老的指责，甚至驱赶出门。民间有"饿不吃生笋，死不去上门""宁愿打光棍，不作入赘人"的说法。②上林县遗产由合法入赘的女婿继承，承担对女方父母的养老送终责任。③

　　对于入赘养老的职能，如果发生纠纷牵涉到诉讼的话，司法部门也充分尊重这一习惯法，会顺应民间的惯例作出有利于老人的判决，如岑溪县蒲某诉黄式年债务纠纷一案就是一起典型的纠纷，该案原告人蒲某于1963年入赘于陈某结婚，抚养被告人黄某，1981年12月，被告黄某因治病，向信用社及社员借款570元，以后，双方发生意见分歧，因而分炊，因此原告蒲某向法院提出诉讼，要求归还贷款570元。岑溪县人民法院审理该案，经法庭调解，双方达成如下协议：（1）原告蒲某与黄某共同生活时为黄某治病所借债务人民币570元，黄某同意偿还人民币192元；（2）其余378元，由蒲某偿还。④笔者2019年1月在靖西调研时，当地壮族女司机说，本地入赘婚很多，对赘婿没有歧视，不过孩子要跟女家姓。她是双女户，两个女儿一个在南宁，一个在东莞，她告诉女儿，如果找对象的话，问一下对方是否愿意上门，因为没有人养老，她很欢迎女儿招女婿上门，如果女儿生了孩子，她希望跟女家姓，可以承继女家这边的祖宗。

①　广西壮族自治区编辑组编：《广西壮族社会历史调查》（第一册），广西民族出版社1984年版，第20页。
②　东兰县志编纂委员会编：《东兰县志》，广西人民出版社1994年版，第598页。
③　上林县志编纂委员会编：《上林县志》，广西人民出版社1989年版，第482页。
④　广西壮族自治区高级人民法院《审判志》编辑室编：《广西审判志》（讨论稿），1991年9月15日印，第693页。

第五节　入赘婚的利弊

一、积极意义

（一）有利于解决养老问题，树立男女平等观念

如前所述，入赘婚的养老功能，很好地解决了无男嗣家庭的养老、承继问题，因此无子的家庭不再有后顾之忧。所以入赘婚盛行的地区，养老工作都没有太大的障碍，很多地区都是养老模范区，因为父母不再牵挂养儿防老的问题，即使家中没有男丁只有女儿甚至独女，也没必要多生育孩子，因为赘婿可以作很好的补充。由于入赘婚对养老工作的巨大贡献，许多地方政府部门甚至在当地宣传提倡入赘婚。如忻城县境内的各民族都有招婿入赘的习惯，其情况有二：一是女家无男孩，为传宗接代二招婿上门，二是女家富有，虽生一男或二男，仍嫌劳动人手不足，急需招郎主力耕稼，而男家多因兄弟多，家境贫寒无力完娶，被迫出去入赘。解放后，招赘习俗仍在延续，但已不遭歧视，也勿需更姓改名了，为了有利于养老与人口平衡工作的展开，县政府还提倡男到女家落户，号召人们改变生儿子才能"传宗接代"旧观念。[①]

许多地方的壮族群众还通过各种民间文学形式如对联、对歌等，赞扬入赘婚对减少人口、改变重男轻女陋习所作的贡献，如壮族的哲理长诗《传扬歌》唱道："生女有福气，田地交给她。招婿来上门，今世也成家。"[②]灌阳县赘婿用婚联："破旧俗有利双方男嫁女，立新风只生一个女或男。吉日良辰信逢佳期迎佳婿，男到女家喜事新办树新风。小伙子出嫁父送母送合家相送，大姑娘招亲爹迎妈迎全家欢迎。立新风只生一个是男是女皆好，破旧俗有利两家嫁女嫁男都行。"[③]宜州市入赘喜日，新郎由同伴兄弟陪伴送到女家，唱送郎歌，女方姐妹亦来对唱。送郎歌的歌词赞颂了入赘婚的各种优点和积极意义，比如不歧视女孩、生儿生女都一样、赡养老人、顶门立户等：

金鸡来凑凤凰窝（送郎歌）

　　男：女家今日闹哄哄，前门后园挂彩红；今天得龙来伴凤，男女老少乐融融。

---

①　忻城县志编纂委员会编：《忻城县志》，广西人民出版社1997年版，第130页。
②　梁庭望：《壮族文化概论》，广西教育出版社2000年版，第384页。
③　灌阳县志编委办公室编：《灌阳县志》，新华出版社1995年版，第791页。

女：用心来种竹一坡，竹子成林鸟落脚；鸟爱竹林风景好，金鸡来凑凤凰窝。

男：上门姑爷年纪小，亲家还要多操劳；上门女婿也是仔，竹筏架岸也是桥。

女：旱田无水就种姜，有女无仔就招郎；甘蔗同糖一个味，沙姜八角一样香。

男：仔多才当上门郎，喊人爹妈做爷娘；亲家真是有福气，捡得儿子到家堂。

女：芝麻飘香引斑鸠，深潭起浪引鱼游；金竹围园人爱扯，郎才女貌人爱求。

男：旱田难得插好秧，浅水难做养鱼塘；家穷难讨好媳妇，只好来当上门郎。

女：手上无米难喊鸡，矮人难爬高楼梯；小牛难耕大田地，水浅难得养大鱼。

男：人多打横盖被窝，盖得头来又露脚；仔多爷娘难照顾，自己出门找外婆。

女：旱田无水望青天，青菜下锅望油盐；今日姑爷招回了，无茶喝水心也甜。

男：鸭仔无娘靠人喂，大船无桨靠风吹；嫩笋移栽石板上，靠人淋水慢栽培。

女：留女招婿伴爷娘，笋子靠竹竹靠山；人多添柴火才旺，免得老人受孤单。

男：交待一声好亲家，姑爷错了莫骂他；慢慢讲来耐心教，嫩竹难挡重石压。

女：好鱼多谢拦江网，打鸟多谢火药枪；姑爷入赘靠独女，老人依靠上门郎。[1]

《平南县志》摘录 1989 年玉林地区《大众报》由郑玉坤所写得民间诗歌《招媳婿》，生动地记述了当地所发生的一个婆婆主动为丧偶儿媳招婚上门、解决家庭生计问题的真实事迹，被群众传为佳话，该作品获得玉林地区计划生育征文二等奖：

---

① 覃九宏收集整理：《传统礼仪山歌》，刘三姐歌台丛书，广西民族出版社 2002 年版，第 75—77 页。

我村有个张二娘,生活过得甜似糖。独生一子多勤奋,娶得一媳又贤良。锦上添花花结果,儿媳又添一儿郎。子勤媳贤孙活泼,真系乐坏张二娘。天有不测风和雨,人有旦夕之祸殃。二娘之子生急病,与世长辞到仙乡。五月芋头多根蕹,四月蜜蜂多酿糖。早察媳妇会改嫁,二娘心里暗思量:鱼塘无基难把水,无儿难留媳妇娘。媳妇盼望成双对,二娘盼媳改心肠。一日门外铃声响,货郎挑担来游乡。二娘打量货郎仔,就与货郎拉家常。得知货郎失配偶,曾经四处找红娘。诸媒无方难说合,破镜重圆梦一场。二娘打蛇寻棍上,诉说其媳亦失郎。如果同情我命运,愿你上门作东床。"老糠怎能充白米,山鸡怎能配凤凰。我若有情她无意,六月屋顶怎成双(霜)。"二娘去对媳妇讲,媳妇赞声好家娘。鳏夫寡妇结成对,瞬间消息传四方。有人说系新事物,有人说系乱纲常。支书说系好榜样,我亦作歌来颂扬。①

(二)改良人口基因

由于一些地区,尤其是旧时代对入赘婚多多少少存在一些歧视,出于"熟人社会"的面子问题考虑,本地的人很少愿意入赘,这导致入赘婚必须扩大寻找的范围,因此赘婿的来源非常广泛,如前所述,有来自本乡本土的,还有来自外乡、外县、外省的,尤其是广西农村地区掀起的去外地打工风潮,使得壮族姑娘有机会结识全国各地的适龄男子,因而招引大量来自外地的赘婿们到广西安家落户,他们的到来为本地婚姻注入了一股新鲜的血液,避免了近亲通婚,为优生优育、改善人口基因作出了较大贡献。笔者在宜州怀远镇调研时,当地村民也盛赞入赘婚较为稳定:本地上门的也是对自己的儿子一样对待,上门的都是女方家没有儿子,家里情况比较好的。都安到宜州上门的比较多,因为都安经济条件比较差一点,男家一般不改姓,但小孩会跟女方姓。上门的赘婿还是以女儿的名义享受财产。入赘的离婚少一点,因为自己家很穷,入赘后两个人会用心地经营婚礼。贵港覃塘区人民法院的一位法官说,家乡的村里有过入赘婚,女方两个姐都出嫁了,便留下女方招了一个外地人上门,几十年过去了赘婿都已经融入当地了。笔者在覃塘大董村调研时,小学校长说,有本地到外地去上门的,有家里男孩比较多,4、5个的,有2个出去入赘都可以,村里有几个到湖南、桂林上门的有,就在当地生活了。

---

① 平南县地方志编纂委员会编:《平南县志》,广西人民出版社 2013 年版,第 734—735 页。

二、消极意义

(一)容易引发财产纠纷

入赘婚的继承问题,虽然一些地区如龙脊、大新一带解决得较好,但由于许多复杂的情况,仍然难以避免陷入家族财产纠纷之中,如《岭表纪蛮》记载:"桂西尚有一部分壮族,凡招夫入赘之女子,亦有继承权。此外又有以势豪资格,除其固有嫡妻之外,同时兼赘于多数富室之媚妇者,则媚妇以财多子幼,欲恃之为护符也。然赘夫死后,由此转滋财产纠葛,因而累世缠讼者,亦往往有之。"①再加之许多群众没有写立书面契约的意识,赘婿的权利义务事先约定不明确,也很容易在女方去世后发生争议,如乾隆《岑溪县志》记载:"又俗喜赘婿,分与田产,有永远分给者,有暂时给食,女死撤回者,愚民无远虑,不知写立分单嘱书为据,食田未几,争讼随之往往然矣。"②一般招赘之家,家庭经济条件都不错,多多少少有一些资产,很容易发生纠纷。这些纠纷主要存在于夫妻之间、赘婿与女家宗族及寡妇招赘之夫与前夫宗族之间。光绪《迁江县志》记载:"有女之家多招赘婿为子,资产皆与亲子均分,故多葛藤,累世构讼。亦有已娶嫡妻又复入赘别姓者,与嫡匹同。"③民国《贺县志》记载:"倘嗣外姓为子或招婿入赘继承遗产者,族人多起争端。"④民国《融县志》记载:"倘女子中途发生嫌怨,将婿驱逐,往往缠讼。谚曰:'上门郎,大凳扛。'故赘婿原不易为,为之亦为时俗所白眼。"⑤民国《崇善县志》记载:"入赘陋习,乡村盛行,为□□□□□计,招赘婿上门,颇近情理,他若有子,仍然招赘,产业与子□□□□□赘人万一不幸,中途被逐者往往有之,故时起纠纷,有讼藤不断之弊。"⑥

现实中,入赘婚财产纠纷在司法上主要存在两个难题,第一个是赘婿对岳父母是否享有继承权。按照习惯法,赘婿上门的主要功能就是顶门立户,为岳父母养老送终,并将来继承岳父母的家业。但现行国家法律规定女儿

---

① 刘锡蕃:《岭表纪蛮》,台北南天书局1987年版,第66页。
② [清]何梦瑶修:《岑溪县志》,卷1·地舆·风俗,页39—40,海南出版社2001年版,第160—161页。
③ 《迁江县志》,四卷,清光绪十七年桂林书局刻本,见丁世良、赵放主编:《中国地方志民俗资料汇编·中南卷》(下),书目文献出版社1991年版,第986页。
④ 佚名:《贺县志》,卷2,页11,台北成文出版社1967年版,第69页,中国方志丛书第20号。
⑤ 《融县志》,二卷,民国二十五年铅印本,见丁世良、赵放主编:《中国地方志民俗资料汇编·中南卷》(下),书目文献出版社1991年版,第949页。
⑥ 黄旭初修、吴龙辉纂:《崇善县志》,台北成文出版社1975年版,第126—127页。中国方志丛书第203号。

有继承权，女婿一般情况下没有继承权。而民间一些地方也不承认赘婿的财产继承。如那坡县某乡镇法庭曾受理一起确认合同效力纠纷案件，其中涉及入赘婚财产分割问题。某男子入赘到当地一户人家，夫妻双方育有一子一女，女儿成人后也嫁到本屯。后夫妻双方都过世了，留有遗产。妻家的亲戚操办了丧事，但在分配遗产时，却未分财产给女儿，女儿就起诉到法院，要求分得一部分父母留下的林权和宅基地使用权。法院做了大量的调解工作，最后妻家侄子的工作做通了，但侄媳妇的态度却很强硬，说丧事是他们操办的，而且该男子本就是上门入赘的，什么都没有带来，无权分割妻家的财产，其子女也没有财产继承权。最终法院按照法律的相关条文作出判决，由子女平均分配了该夫妻的遗产。现实中法官对于赘婿的遗产继承权多是按照继承法的相关规定"丧偶女婿和丧偶儿媳对岳父母和公婆尽了赡养义务的列为第一顺序继承人"精神，根据赘婿对家庭所作贡献的大小，适当给予。只要赘婿对岳父母尽到了赡养义务，都应当承认其继承权。如那坡县就判决过一起继承案件，最终上门女婿分得的遗产比嫁出去的女儿还多一点，因为该上门女婿对岳父母尽到了主要的赡养义务，承担了儿子的义务，按照权利义务对等原则，理应多分。还有一种类似情况是寡妇招赘也参照上门女婿对待，这完全符合法律规定的精神。因为根据壮族民间的风俗习惯，女儿出嫁后，一般对父母不再履行赡养义务，最多过年过节时来探望一下，给点零用钱等，而父母的赡养义务主要是由上门女婿和儿媳妇承担的，所以多分给他们财产既符合国家法律的原则和精神，也符合民间习惯法的精神。

　　入赘婚的第二个司法难题是离婚时的财产分割问题。按照民间入赘婚的传统，家里只有女儿的家庭才会招男子上门，因此入赘的男子大多都较贫穷，基本上是净身入户，所以一些地区不承认赘婿对岳父母家的财产分割权利。如百色有些村村规民约规定，如外来男子要入赘到本村，须同意不分本村土地的条件，才被允许迁户口进来。因此赘婿的财产权往往得不到认可。在大部分壮族地区，入赘婚的主要功能是解决传宗接代顶门立户的问题，所以赘婿享有分割岳家财产的权利，但前提条件是履行赡养岳父母的义务并善待妻子。有些上门女婿在女家生活了十几年，户口也迁到了女家，本家已没有户口、土地、房屋，一旦判决离婚，净身出户，会发生极大的生活困难，因此当地法院会判决将赘婿户口所在地的土地分一些给他，以保障其基本生活。也有些案件女家的房子、土地无法分割，只能分一些可分配的东西，如摩托车等给赘婿以平衡双方权益。环江县人民法院谈到一起入赘离婚案，男方上门后一直在女家住,帮助女方家起了房子,但双方后来离婚了,男方又不愿回本家,又没地方住,双方只得还在一个房子里住。两人有3个孩子,但孩子也站在女方这边,女方和3个孩子向法院起诉,要求男方搬出去住。男方说起房子他也出了钱,要搬出去住也要赔偿,法院邀请社区主任、人民陪审员调解,最终双方调解由女方赔偿男方10万元,他搬出去住了。

(二)赘婿受到歧视

赘婿入赘后,会发生人格"降等"或"削减"的现象,很容易受到各种歧视,包括来自妻子、岳父母、女方家族的等,如《宜北县志》记载:"入赘之事以为羞耻之行,顺境之人多不屑为,其家境困难无力娶嫁者,乃迫而为之耳,俗语鄙入赘之言曰'倒佩蓑衣',邑中入赘风气原来少有。"[①]这种歧视也很容易引发各种案件和悲剧。

在笔者对85名壮族群众所做的调查问卷中,对于入赘婚的看法,虽然66%的人表示会"平等对待",但也只有18%的人持"欢迎"态度,更有15%的人表示有"歧视"。

第5题:本地对入赘婚如何看待?

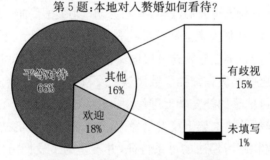

图7.1 入赘婚调查数据统计示意图

---

① 覃玉成纂:《宜北县志》,第二编·社会,页24,台北成文出版社1967年版,第54页。中国方志丛书第138号。

结　束　语

笔者在查阅西南少数民族的文献资料时,"男逸女劳"这样的记载不绝于目,再加之在广西各地田野调查时,亲眼目睹壮族对妇女的尊重与保护,由此萌生了写作这一主题的想法,经过几年资料的积累,终于成书。在写作的过程中,笔者深深为壮族习惯法的这种原则和特征感动。

首先,作为中国南方历史最悠久的民族之一,壮族习惯法显著的母系特征不仅没有成为牵绊其社会前进的障碍性因素,反而由于对女性的重视和保护促进了其政治经济的发展。壮族妇女在壮族社会发展中所起的作用是不可估量的,她们与男子并肩战斗,共同劳动,创造出了灿烂的壮族文化,从这一点来说,壮族习惯法甚至具有某些先进性和优越性。在壮族社会飞速发展的今天,我们更不能忽视这种民间法治资源,应当将其发掘出来供现代法治所借鉴。这些制度在加强少数民族妇女权益保护、社会保障方面,对国家法律有着不可估量的补充和促进作用。让古老的习惯法在新的社会环境下,在国家法律的总体框架下焕发生命力,正是本书研究的初衷和目的。

其次,研究壮族习惯法的母系特征,并不是为了发掘历史残余,而是要加强壮族人民对自己传统习惯法的文化自信、制度自信,让更多的人了解到壮族传统文化中的优秀成分和因素,让壮族人民在享受现代法治带来的福利的同时,也依然继承和发扬自己的优秀传统法文化。从历史学和人类学的角度来说,壮族习惯法的母系特征是父系社会发育不完全的产物,但是这些特征却不一定就是落后的或者应该被历史淘汰的,相反,很多制度还表现出一定的先进性和超前性,例如对妇女政治地位的尊重、对妇女财产权益和人身权益的保护。换句话说,壮族习惯法的母系特征虽然传承自古老的社会,得益于社会进化的缓慢,但大部分内容是正面的、积极的,古老性与积极性并不矛盾。最重要的是,这些有积极性的制度在与现代制度接轨时并不违和,反而能有机地融入妇女权益保护的法律机制,成为有益的成分,促进民族地区的社会保障。大量的案例也表明,壮族地区的司法机关也在潜移默化地吸收和认可这些制度,所以,从法律实用性的角度来说,这些制度值得被现代法治汲取和利用。

当然,对壮族习惯法的母系特征也要辩证地看待,一些落后的、确实不适应时代的内容如不落夫家,已经被壮族人民自然地淘汰了,现在基本已绝迹。有些利弊兼有的制度,如入赘婚,其中的弊端已逐渐被壮族人民克服,比如赘婿改姓、受歧视等;而其积极因素却得以保留和增强,如其养老职能和节俭婚姻费用、对计划生育的促进作用等。这说明壮族是一个一直在前进的民族,他们可以通过自身的调节功能,改造民间自有习惯制度。

广西民族博物馆的壮族文化展厅,笔者看到一面墙上贴满了广西各地壮族妇女的笑容,让人深深感受到壮族妇女自信乐观、大方开朗、积极向上、勇敢勤劳、坚忍耐劳的气质,因此决定以这张图作为本书的终止符。

广西民族博物馆展示的壮族妇女的笑容图

参 考 文 献

一、英文文献

［1］Sophie Blanchy. A matrilineal and matrilocal Muslim society in flux: negotiating gender and family relations in the Comoros. Cambridge University Press，2019.

［2］Henrietta Ene-Obong，Nne Ola Onuoha，Eme Paul Ezec. Gender Roles，Family Relationships，And Household Food And Nutrition Security In The Ohafia Matrilineal Society In Nigeria. Maternal & Child Nutrition，Annals of Nutrition & Metabolism，2017 Nov，13(6):852—865.

［3］Marak. Are Daughters Preferred in a Matrilineal Society? A Case Study of the Garos from Assam.The Anthropologist，2012，14(1):49—56.

［4］Eleanor Rimoldi. Force of Circumstance: Feminist Discourse in a Matrilineal Society. The Asia Pacific Journal of Anthropology，2011，12(2):180—194.

［5］Sear Rebecca. Kin and Child Survival in Rural Malawi: Are Matrilineal Kin Always Beneficial in a Matrilineal Society? Human nature (Hawthorne，N.Y.)，2008 Sep，19(3):277—293.

［6］Doron M. Behar，Richard Villems，Himla Soodyall. The Dawn of human matrilineal diversity. The American Journal of Human Genetics，2008 June，82(5):1130—1140.

［7］Seceleanu，Răzvan-Paraschiv. Gender Stereotypes and their Effects in Social Situations. Romanian Journal of Cognitive-Behavioral Therapy & Hypnosis. 2017 Jan-Jun，4 (1/2):1—5.

［8］Baştürk. Türk Mitolojisine Ait "Kutsal Ana" İmgesinin Siyasal Antropoloji Bağlamında Değerlendirilmesi._Efe. Milel ve Nihal. oca-haz 2018，15（1）：99—119.

［9］Sirisai，Solot，Chotiboriboon，Sinee. Matriarchy，Buddhism，and food security in Sanephong，Thailand. Maternal & Child Nutrition. 2017 Dec，13(Supplement S3)：1—1.

［10］Eller，Cynthia. Matriarchy and the Volk. Journal of the American Academy of Religion. 2013 Mar，81（1）：188—221.

［11］Rawat，Preeti S. Vikalpa. Patriarchal Beliefs，Women's Empowerment，and General Well-being. The Journal for Decision Makers. 2014 Apr-Jun，39(2)：43—55.

［12］Mizinga F. M. Marriage and bridewealth in a matrilineal society：the case of the Tonga of Southern Zambia：1900—1996. African Economic History，2000，（28）：53—87.

［13］J. P. Bruwer. Unkhoswe：the system of guardianship in Gewa matrilineal society. African Studies，1955，14(3)：113—122.

［14］Musopole，Anne N. Sexuality and Religion in a Matriarchal Society. Journal of Contemporary History，2006，20(2)：195—205.

［15］Ladislav Holy. Strategies and Norms in a Changing Matrilineal Society：Descent，Succession and Inheritance Among the Toka of Zambia. Cambridge University Press，1988.

［16］David Hirschmann，Megan Vaughan. Food production and income generation in a matrilineal society：rural women in Zomba，Malawi. Journal of Southern African Studies，1983，10(1)：86—99.

二、古籍文献

［1］［汉］司马迁撰：《史记》，中华书局 1959 年版。

［2］［晋］常璩：《华阳国志》，中华书局 1985 年版。

［3］［唐］刘恂：《岭表录异》，鲁迅校勘，广东人民出版社 1983 年版。

［4］［唐］张鷟：《朝野金载》，中华书局 1985 年版。

［5］［宋］范成大：《桂海虞衡志》，齐治平校补，广西民族出版社 1984 年版。

［6］［宋］周去非：《岭外代答》，杨武泉校注，中华书局 1999 年版。

［7］［宋］朱辅：《溪蛮丛笑》，台湾广文书局 1979 年版。

［8］［明］李贤、彭时等纂修：《大明一统志》，文海出版社 1965 年版。依据国立中央图书馆珍藏善本影印。

［9］［明］朱孟震：《西南夷风土记》，台湾广文书局 1979 年版。

［10］［明］田汝成：《炎徼纪闻》，商务印书馆 1936 年版。

［11］［明］田汝成：《行边纪闻》，台湾商务印书馆 1966 年版，国立北平图书馆善本丛书第一集，据明嘉靖刻本影印。四部丛刊续编 068 册。

［12］［明］王士性：《广志绎》，中华书局 1981 年版。

［13］［明］钱古训：《百夷传》，江应樑校注，云南人民出版社 1980 年版。

［14］［明］谢肇淛：《百粤风土记》，《中国风土文献汇编》（一），全国图书馆文献缩微复制中心 2006 年版。

［15］［明］邝露：《赤雅》，上海商务印书馆 1936 年版。

［16］［明］戴耀主修，苏濬编纂，杨芳刊行：《广西通志》，见吴相湘主编：中国史学丛书《明代方志选》（六），台湾学生书局 1965 年版。据明万历二十七年刊刻本影印。

［17］［明］方瑜纂辑：《南宁府志》，书目文献出版社 1990 年版。日本藏中国罕见地方志丛刊。

［18］［明］郭棐纂修：《太平府志》，书目文献出版社 1990 年版。日本藏中国罕见地方志丛刊。

［19］［明］郭棐纂修：《宾州志》，书目文献出版社 1991 年版。日本藏中国罕见地方志丛刊。

［20］［明］钟添等修：《嘉靖思南府志》，明嘉靖间成书，上海古籍书店据宁波天一阁藏明嘉靖刻本 1962 年影印，桂林图书馆藏。

［21］［明］林希元纂修：《钦州志》，陈秀南点校，中国人民政治协商会议灵山县委员会文史资料委员会 1990 年编印。

［22］［清］《清实录》，中华书局 1985 年版。

［23］［清］《大清十朝圣训》，台北文海出版社 1965 年版。

［24］［清］蒋良骐：《东华录》，中华书局 1980 年版。

［25］《清会典》，中华书局 1991 年版。

［26］《清会典事例》，中华书局 1991 年版。

［27］［清］席裕福、沈师徐辑：《皇朝政典类纂》，台北文海出版社 1982 年版。

［28］〔清〕贺长龄辑，魏源代编：《皇朝经世文编》，台北文海出版社1987年版。

［29］〔清〕《清朝文献通考》，清高宗敕撰殿本，台北新兴书局1965年版。

［30］故宫博物院编：《大清律例》，海南出版社2000年版。

［31］〔清〕沈之奇撰：《大清律辑注》，怀效锋、李俊点校，法律出版社2000年版。

［32］〔清〕纪昀等总纂：《文渊阁四库全书》，台湾商务印书馆1983年版。

［33］《续修四库全书》编纂委员会编：《续修四库全书》，上海古籍出版社1995年版。

［34］〔清〕屈大均：《广东新语》，中华书局2006年版。

［35］〔清〕刘献廷：《广阳杂记》，中华书局1997年版。

［36］〔清〕萧奭：《永宪录》，中华书局1997年版。

［37］〔清〕王庆云著：《石渠余纪》，北京古籍出版社1985年版。

［38］〔清〕余金辑：《熙朝新语》，上海古籍书店1983年版。

［39］〔清〕赵翼：《簷曝杂记》，中华书局1982年版。

［40］〔清〕魏源撰：《圣武记》（上、下），中华书局1984年版。

［41］〔清〕徐珂编撰：《清稗类钞》，中华书局1984年版。

［42］〔清〕吴震方辑：《说铃》，洪浩培据台湾大学图书馆藏清嘉庆四年原刻本影印，台北新兴书局1968年版。

［43］〔清〕徐家干著：《苗疆闻见录》，吴一文校注，贵州人民出版社1997年版。

［44］〔清〕周存义：《平瑶述略》，上卷，道光十三年刻本。

［45］〔清〕陆次云：《峒谿纤志》，中华书局1985年版。

［46］〔清〕吴省兰：《楚峒志略》，中华书局1985年版。

［47］〔清〕张心泰：《粤游小志》，1884年清光绪年间排印本，桂林图书馆藏。

［48］〔清〕瞿昌文：《粤行纪事》，中华书局1985年版。

［49］〔清〕闵叙辑：《粤述》，中华书局1985年版。

［50］〔清〕陆祚蕃：《粤西偶记》，中华书局1985年版。

［51］〔清〕汪森编：《粤西诗载》，桂苑书林编辑委员会校注，广西人民出版社1988年版。

[52]〔清〕汪森编：《粤西文载》，黄盛陆、石恒昌、李缵绪、王宗孟校点，广西人民出版社 1990 年版。

[53]〔清〕王锡祺编：《小方壶斋舆地丛钞》，上海著易堂光绪十七年（1891 年）印行。

[54]〔清〕王锡祺编录：《小方壶斋舆地丛钞三补编》，辽海出版社 2005 年版。

[55]〔清〕金鉷修，钱元昌、陆纶纂：《广西通志》，桂林图书馆 1964 年抄本。

[56]〔清〕谢启昆、胡虔纂：《广西通志》，广西师范大学历史系、中国历史文献研究室点校，广西人民出版社 1988 年版。

[57]〔清〕周鹤纂修：《永明县志》，故宫珍本丛刊第 156 册，海南出版社 2001 年版。

[58]〔清〕张邵振、杨齐敬纂修：《上林县志》，故宫珍本丛刊第 195 册，海南出版社 2001 年版。

[59]〔清〕单此藩总修：《灌阳县志》，故宫珍本丛刊第 198 册，海南出版社 2001 年版。

[60]〔清〕黄大成纂修：《平乐县志》，故宫珍本丛刊第 199 册，海南出版社 2001 年版。

[61]〔清〕甘汝来纂修：《太平府志》，故宫珍本丛刊第 195 册，海南出版社 2001 年版。

[62]〔清〕郑采宣主修：《灵川县志》，故宫珍本丛刊第 198 册，海南出版社 2001 年版。

[63]〔清〕胡醇仁编：《平乐府志》，故宫珍本丛刊第 200 册，海南出版社 2001 年版。

[64]〔清〕董绍美、文若甫重修：《钦州志》，故宫珍本丛刊第 203 册，海南出版社 2001 年版。

[65]〔清〕李文琰总修：《庆远府志》，故宫珍本丛刊第 196 册，海南出版社 2001 年版。

[66]〔清〕王锦总修：《柳州府志》，故宫珍本丛刊第 197 册，海南出版社 2001 年版。

[67]〔清〕蒋白莱编纂：《象州志》，故宫珍本丛刊第 198 册，海南出版社 2001 年版。

[68]〔清〕吴九龄、史鸣皋纂修：《梧州府志》，故宫珍本丛刊第 201 册，

海南出版社 2001 年版。

[69]〔清〕王巡泰修:《兴业县志》,故宫珍本丛刊第 202 册,海南出版社 2001 年版。

[70]〔清〕王巡泰修:《兴业县志》,故宫珍本丛刊第 202 册,海南出版社 2001 年版。

[71]〔清〕吴志绾主修:《桂平县志》,故宫珍本丛刊第 202 册,海南出版社 2001 年版。

[72]〔清〕叶承立纂辑:《富川县志》,故宫珍本丛刊第 202 册,海南出版社 2001 年版。

[73]〔清〕何御主修:《廉州府志》,故宫珍本丛刊第 204 册,海南出版社 2001 年版。

[74]〔清〕李炘重修:《永安州志》,故宫珍本丛刊第 199 册,海南出版社 2001 年版。

[75]〔清〕羊复礼修,梁年等纂:《镇安府志》,台北成文出版社 1967 年版,中国方志丛书第 14 号。据光绪十八年刻本复制。

[76]〔清〕蔡呈韶等修,胡虔等纂:《临桂县志》,台北成文出版社 1967 年版,中国方志丛书第 15 号。嘉庆七年修,光绪六年补刊本。

[77]〔清〕冯德材等修,文德馨等纂:《郁林州志》,台北成文出版社 1967 年版,中国方志丛书第 23 号。光绪二十年刊本。

[78]〔清〕陶墫修,陆履中等纂:《恭城县志》,光绪十五年刊本,台北成文出版社 1968 年版,中国方志丛书第 122 号。

[79]〔清〕何福祥纂修:《归顺直隶州志》,台北成文出版社 1968 年版。中国方志丛书第 137 号。

[80]〔清〕黄培杰纂修:《永宁州志》,台北成文出版社 1967 年版,中国方志丛书第 159 号。

[81]〔清〕徐作梅修,李士琨纂:《北流县志》,台北成文出版社 1975 年版。中国方志丛书第 198 号。

[82]〔清〕戴焕南修,张粲奎纂:《新宁州志》,台北成文出版社 1975 年版,中国方志丛书第 200 号。

[83]〔清〕吴光升纂:《柳州府志》,北京图书馆 1956 年油印本,桂林图书馆藏。

[84]〔清〕舒启修,吴光升纂:《柳州县志》,柳州市博物馆据民国二十一年(1932 年)铅印本 1979 年翻印。

[85] [清]谢钟龄等修,朱秀等纂:《横州志》,清光绪 25 年(1899 年)刻本,横县文物管理所据该本 1983 年重印。桂林图书馆藏。

[86] [清]佚名:《修仁县志》,光绪二十五年(1899 年)刻本,广西壮族自治区第一图书馆 1959 年抄本,桂林图书馆藏。

[87] 潘宝疆修、卢钞标纂:《钟山县志》,台北学生书局 1968 年版,民国 22 年铅印本。

[88] 佚名:《贺县志》,台北成文出版社 1967 年版,中国方志丛书第 20 号,民国二十三年铅印本。

[89] 吴国经等修,萧殿元等纂:《榴江县志》,台北成文出版社 1968 年影印,中国方志丛书第 120 号。

[90] 黄旭初监修,张智林纂:《平乐县志》,台北成文出版社 1967 年版,中国方志丛书第 121 号。

[91] 何其英等修,谢嗣农纂:《柳城县志》,台北成文出版社 1967 年版。中国方志丛书第 127 号。

[92] 黄占梅修、程大璋纂:《桂平县志》,台北成文出版社 1968 年版,中国方志丛书第 131 号。

[93] 玉昆山纂:《信都县志》,台北成文出版社 1967 年版,中国方志丛书第 132 号。民国二十五年刊本。

[94] 佚名纂:《岑溪县志》,台北成文出版社 1967 年版。中国方志丛书第 133 号。民国二十三年本。

[95] 杨盟等修,黄诚沅纂:《上林县志》,台北成文出版社 1968 年版,中国方志丛书第 134 号。

[96] 杨家珍总纂:《天河县风土志》,台北成文出版社 1967 年版,中国方志丛书 135 号。

[97] 黄旭初等修,刘宗尧纂:《迁江县志》,台北成文出版社 1967 年版,中国方志丛书第 136 号。

[98] 覃玉成纂:《宜北县志》,台北成文出版社 1967 年版,中国方志丛书第 138 号。

[99] 魏任重修,姜玉笙纂:《三江县志》,台北成文出版社 1975 年版,中国方志丛书第 197 号。

[100] 黄旭初修,岑启沃纂:《田西县志》,台北成文出版社 1975 年版,中国方志丛书第 199 号。

[101] 宾上武修,翟富文纂修:《来宾县志》,台北成文出版社 1975 年

版,中国方志丛书第 201 号。

[102] 何景熙修,罗增麟纂:《凌云县志》,台北成文出版社 1974 年版,中国方志丛书第 202 号。

[103] 黄旭初修,吴龙辉纂:《崇善县志》,台北成文出版社 1975 年版,中国方志丛书第 203 号。

[104] 黎启勋、张岳霖等修:《阳朔县志》,台北成文出版社 1968 年版,中国方志丛书第 204 号。

[105] 刘振西等纂:《隆安县志》,台北成文出版社 1975 年版,中国方志丛书第 206 号。

[106] 黄志勋修,龙泰任纂:《融县志》,台北成文出版社 1975 年版,中国方志丛书第 208 号。

[107] 莫炳奎纂:《邕宁县志》,台北成文出版社 1975 年版,中国方志丛书第 209 号。

[108] 江碧秋修,潘实箓纂:《罗城县志》,台北成文出版社 1975 年版,中国方志丛书第 211 号。

[109] 李繁滋纂:《灵川县志》,台北成文出版社 1975 年版,中国方志丛书第 212 号。

[110] 郑湘畴纂修:《平南县志》,台北成文出版社 1974 年版,中国方志丛书第 213 号。

[111] 杨北岑等编纂:《同正县志》,台北成文出版社 1975 年版,中国方志丛书第 214 号。

[112] 黄昆山等修,唐载生等纂:《全县志》,台北成文出版社 1967 年版,中国方志丛书第 215 号。

[113] 梁杓修,吴瑜等纂:《思恩县志》,台北成文出版社 1975 年版,中国方志丛书第 216 号。

[114] 民国柳江县政府修:《柳江县志》,刘汉忠、罗方贵点校,广西人民出版社 1998 年版。

[115] 欧仁义修,梁崇鼎等纂:《贵县志》,1934 年铅印本,台湾学生书局 1968 年影印,新修方志丛刊·广西方志之二。

[116] 梁崇鼎等编纂:《贵县志》,南宁广西印刷厂 1935 年铅印本。

[117]《那马县志草略》,民国二十二年(1933 年)一月一号立,《马山县志》办公室 1984 年印。

[118] 唐载生、廖藻总纂:《全县县志》,1942 年续修油印本,南宁市自

然美术油印社承制。

[119] 李拂一撰：《镇越县新志稿》，台北复仁书屋 1984 年版。

[120] 经世文社编：《民国经世文编（交通·宗教·道德）》，台湾文海出版社 1970 年版。

[121] 王庆成编著：《稀见清世史料并考释》，武汉出版社 1998 年版。

[122] 劳亦安编：《古今游记丛钞》（五），台湾中华书局 1961 年版。

[123] 刘锡蕃：《岭表纪蛮》，台北南天书局 1987 年版。

[124] 刘介：《苗荒小纪》，商务印书馆 1928 年版。

三、今人文献

（一）书籍

[1] ［英］亨利·萨姆纳·梅因：《古代法》，高敏、瞿慧虹译，九州出版社 2007 年版。

[2] ［英］爱德华·汤普森：《共有的习惯》，沈汉、王加丰译，上海人民出版社 2002 年版。

[3] ［法］孟德斯鸠：《论法的精神》（上、下册），张雁深译，商务印书馆 1978 年版。

[4] ［日］穗积陈重：《法律进化论》，黄尊三、萨孟武、陶汇曾、易家钺译，中国政法大学出版社 1997 年版。

[5] ［美］黄宗智：《法典、习俗与司法实践：清代与民国的比较》，上海书店出版社 2003 年版。

[6] ［美］约翰·麦·赞恩：《法律的故事》，刘昕、胡凝译，江苏人民出版社 1998 年版。

[7] 梁治平：《清代习惯法：社会与国家》，中国政法大学出版社 1996 年版。

[8] 中国文化书院学术委员会编：《梁漱溟全集》（第五卷），山东人民出版社 1992 年版。

[9] 高其才：《中国少数民族习惯法研究》，清华大学出版社 2003 年版。

[10] 陈金全主编：《西南少数民族习惯法研究》，法律出版社 2008 年版。

[11] 徐晓光：《中国少数民族法制史》，贵州民族出版社 2002 年版。

[12] 杨一凡、田涛主编:《中国珍稀法律典籍续编(第 10 册):少数民族法典法规与习惯法》,张冠梓点校,黑龙江人民出版社 2002 年版。

[13] 梁庭望:《壮族风俗志》,中央民族学院出版社 1987 年版。

[14] 覃国生、梁庭望、韦星朗:《壮族》,民族出版社 1984 年版。

[15] 覃国生、梁庭望、韦星朗:《壮族》,民族出版社 2005 年版。

[16] 广西壮族自治区民族事务委员会:《壮族》,人民出版社 1988 年版。

[17] 沈菲:《壮族》,吉林文史出版社 2010 年版。

[18] 黄佩华:《走进中国少数民族丛书·壮族》,辽宁民族出版社 2014 年版。

[19] 冯艺:《中国少数民族人口丛书·壮族》,中国人口出版社 2012 年版。

[20] 广西壮族自治区编辑组编:《广西壮族社会历史调查》(第一册),广西民族出版社 1984 年版。

[21] 广西壮族自治区编辑组编:《广西壮族社会历史调查》(第二册),广西民族出版社 1984 年版。

[22] 广西壮族自治区编辑组编:《广西壮族社会历史调查》(第三册),广西民族出版社 1985 年版。

[23] 广西壮族自治区编辑组编:《广西壮族社会历史调查》(第五册),广西民族出版社 1986 年版。

[24] 广西壮族自治区编辑组编:《广西壮族社会历史调查》(第六册),广西民族出版社 1985 年版。

[25]《壮族简史》编写组编:《壮族简史》,广西人民出版社 1980 年版。

[26]《壮族简史》编写组编:《壮族简史》,民族出版社 2008 年版。

[27] 覃彩銮:《壮族简史》,漓江出版社 2018 年版。

[28] 韦庆稳、覃国生:《中国少数民族语言简志丛书·壮语简志》,民族出版社 1980 年版。

[29]《广西壮族自治区概况》编写组:《中国少数民族自治地方概况丛书·广西壮族自治区概况》,广西民族出版社 1985 年版。

[30]《都安瑶族自治县概况》编写组:《中国少数民族自治地方概况丛书·都安瑶族自治县概况》,广西民族出版社 1983 年版。

[31]《中国少数民族自治地方概况丛书·防城各族自治县概况》,民族出版社 1986 年版。

[32]《中国少数民族自治地方概况丛书·环江毛南族自治县概况》，民族出版社 1989 年版。

[33]《中国少数民族自治地方概况丛书·隆林各族自治县概况》，民族出版社 1984 年版。

[34]《中国少数民族自治地方概况丛书·罗城仫佬族自治县概况》，民族出版社 1986 年版。

[35] 国家民委民族问题五种丛书编辑委员会办公室编：《当代中国民族问题资料·档案集成》（《民族问题五种丛书》及其档案汇编）第一辑，中央民族大学出版社 2005 年版。

[36] 国家民委民族问题五种丛书编辑委员会办公室编：《当代中国民族问题资料·档案集成》（《民族问题五种丛书》及其档案汇编）第二辑，中央民族大学出版社 2005 年版。

[37] 国家民委民族问题五种丛书编辑委员会办公室编：《当代中国民族问题资料·档案集成》（《民族问题五种丛书》及其档案汇编）第三辑，中央民族大学出版社 2005 年版。

[38] 国家民委民族问题五种丛书编辑委员会办公室编：《当代中国民族问题资料·档案集成》（《民族问题五种丛书》及其档案汇编）第四辑，中央民族大学出版社 2005 年版。

[39] 国家民委民族问题五种丛书编辑委员会办公室编：《当代中国民族问题资料·档案集成》（《民族问题五种丛书》及其档案汇编）第五辑，中央民族大学出版社 2005 年版。

[40] 国家民委民族问题五种丛书编辑委员会办公室编：《当代中国民族问题资料·档案集成》（《民族问题五种丛书》及其档案汇编）第六辑，中央民族大学出版社 2005 年版。

[41]《中国国情丛书——百县市经济社会调查》编辑委员会、南丹县情调查组：《中国国情丛书——百县市经济社会调查·南丹卷》，中国大百科全书出版社 1991 年版。

[42]《中国国情丛书——百县市经济社会调查》编辑委员会、玉林市情调查组：《中国国情丛书——百县市经济社会调查·玉林卷》，中国大百科全书出版社 1993 年版。

[43] 广西壮族自治区编辑组编：《广西少数民族地区碑文、契约资料集》，广西民族出版社 1987 年版。

[44] 广西民族研究所编：《广西少数民族地区石刻碑文集》，广西人民

出版社 1982 年版。

[45] 桂林市文物管理委员会编:《桂林石刻》(中),1977 年编印,内部资料。

[46] 黄南津、黄流镇主编:《永福石刻》,广西人民出版社 2008 年版。

[47] 陈秀南、苏馨主编:《灵阳石刻选注》,灵山县政协文史资料委员会、县志编写委员会办公室 1989 年编印。

[48] 丁世良、赵放主编:《中国地方志民俗资料汇编·中南卷》,书目文献出版社 1991 年版。

[49] 广西壮族自治区地方志编纂委员会编:《广西通志·民俗志》,广西人民出版社 1992 年版。

[50] 广西壮族自治区地方志编纂委员会编:《广西通志·审判志》,广西人民出版社 2000 年版。

[51] 广西壮族自治区地方志编纂委员会编:《广西通志·司法行政志》,广西人民出版社 2002 年版。

[52] 桂林市地方志编纂委员会编:《桂林市志》,中华书局 1997 年版。

[53] 柳州市地方志编纂委员会编:《柳州市志》,广西人民出版社 2003 年版。

[54] 贺州地方志编纂委员会编:《贺州市志》(上卷),广西人民出版社 2001 年版。

[55] 岑溪市志编纂委员会编:《岑溪市志》,广西人民出版社 1996 年版。

[56] 钦州市地方志编纂委员会编:《钦州市志》,广西人民出版社 2000 年版。

[57] 全州县志编纂委员会室编:《全州县志》,广西人民出版社 1998 年版。

[58] 兴安县地方志编纂委员会编:《兴安县志》,广西人民出版社 2002 年版。

[59] 灌阳县志编委办公室编:《灌阳县志》,新华出版社 1995 年版。

[60] 广西壮族自治区资源县志编纂委员会编:《资源县志》,广西人民出版社 1998 年版。

[61] 龙胜县志编纂委员会:《龙胜县志》,汉语大词典出版社 1992 年版。

[62] 永福县志编纂委员会编:《永福县志》,新华出版社 1996 年版。

[63] 荔浦县地方志编纂委员会编:《荔浦县志》,生活·读书·新知三联书店1996年版。

[64] 三江侗族自治县志编纂委员会编:《三江县志》,中央民族学院出版社1992年版。

[65] 融安县志编纂委员会编:《融安县志》,广西人民出版社1996年版。

[66] 钟山县志编纂委员会编:《钟山县志》,广西人民出版社1995年版。

[67] 象州县志编纂委员会编:《象州县志》,知识出版社1994年版。

[68] 南丹县地方志编纂委员会编:《南丹县志》,广西人民出版社1994年版。

[69] 都安瑶族自治县志编纂委员会编:《都安瑶族自治县志》,广西人民出版社1993年版。

[70] 天峨县志编纂委员会编:《天峨县志》,广西人民出版社1994年版。

[71] 东兰县志编纂委员会编:《东兰县志》,广西人民出版社1994年版。

[72] 凌云县志编纂委员会编:《凌云县志》,广西人民出版社2007年版。

[73] 乐业县志编纂委员会编:《乐业县志》,广西人民出版社2002年版。

[74] 西林县地方志编纂委员会编:《西林县志》,广西人民出版社2006年版。

[75] 田林县地方志编纂委员会编:《田林县志》,广西人民出版社1996年版。

[76] 隆林各族自治县地方志编纂委员会编:《隆林各族自治县志》,广西人民出版社2002年版。

[77] 上林县志编纂委员会编:《上林县志》,广西人民出版社1989年版。

[78] 宁明县志编纂委员会编:《宁明县志》,中央民族学院出版社1988年版。

[79] 横县县志编纂委员会编:《横县县志》,广西人民出版社1989年版。

［80］防城县志编纂委员会编：《防城县志》，广西民族出版社 1993 年版。

［81］王战初编：《大新镇志》，广西人民出版社 1996 年版。

［82］鄂嫩吉雅泰、陈铁红编：《中国少数民族谚语选辑》，广西人民出版社 1981 年版。

［83］中国民间文学集成全国编辑委员会、中国民间文学集成贵州卷编辑委员会：《中国谚语集成：贵州卷》，中国 ISBN 中心 1998 年版。

［84］中央民族学院语言所第五研究室编：《壮侗语族谚语》，中央民族学院出版社 1987 年版。

［85］桂平县民间文学三套集成领导小组编：《中国民间文学三套集成：桂平县谚语集》，1988 年编印。

［86］卢嘉兴：《中国民间文学三套集成：北流县民间谚语集》，广西北流县三套集成办公室 1986 年编印。

［87］龙殿宝编：《中国民间文学三套集成：罗城谚语集》，罗城仫佬族自治县民间文学集成办公室 1990 年编印。

［88］广西田阳县民间文学集成编委会编：《中国民间文学三套集成：田阳县谚语集》，1989 年编印。

［89］广西隆林各族自治县文化局、民委编：《中国民间文学三套集成：隆林民间谚语集》，广西隆林各族自治县文化局、民委 1988 年编印。

［90］张廷兴、刑永川：《八桂民间文化生态考察报告》，中国言实出版社 2007 年版。

［91］石兴邦：《半坡氏族公社：考古资料反映的我国古代母系氏族社会制度》，陕西人民出版社 1979 年版。

［92］陈新建、李洪欣：《壮族习惯法研究》，广西人民出版社 2010 年版。

（二）期刊文献

［1］叶传钺：《母系氏族社会的基本特征》，《苏州教育学院学报》1989 年 2 期，第 42—45 页。

［2］袁翠婵：《妇女婚姻的自由王国——原始社会中的母系氏族社会之母系社会的由来》，《求知导刊》2018 年第 3 期，第 157 页。

［3］李素平：《中国原始母系社会的女神崇拜》，《北京印刷学院学报》2003 年第 1 期，第 36—41 页。

［4］李森：《生殖观念的变化与母系社会向父系社会的转化》，《延安大

学学报(社会科学版)》1993年第2期,第45—50页。

　　[5]陈剩勇:《中国古代母系社会再认识学习与探索》,《学习与探索》1993年第1期,第119—126页。

　　[6]游翔:《母系社会向父系社会过渡之原因新论》,《黄冈师范学院学报》1991年第1期,第53—58页。

　　[7]刘俊男、王华东:《从地下遗存看秦安大地湾遗址男权社会的演进——恩格斯母系社会向父系社会转变理论实证研究之一》,《湖南社会科学》2017年第3期,第14—21页。

　　[8]刘俊男、熊凯:《从地下遗存看长江下游地区史前男女地位的演变——恩格斯母系社会向父系社会转变理论实证研究》,《湖南社会科学》2018年第1期,第29—34页。

　　[9]汪宁生:《仰韶文化葬俗和社会组织的研究——对仰韶母系社会说及其方法论的商榷》,《文物》1987年第4期,第36—43页。

　　[10]邱戍程:《老子社会理想中的母系社会缩影》,《社会科学家》第2006年第S2期,第229—230页。

　　[11]张祥龙:《儒家能接受母系家庭吗? ——父系制与母系制关系刍议》,《广西大学学报(哲学社会科学版)》2018年第3期,第1—7、26页。

　　[12]刘青:《试论母系社会遗俗对殷商贵族及其后裔的影响》,《昆明师范高等专科学校学报》2001年第3期,第47—49页。

　　[13]吴世雄:《比较文化词源学再探——"家庭"和"婚姻"观念在语言文字中的表达及其所反映的文化观念探析》,《福建师范大学学报(哲学社会科学版)》,1997年第3期,第95—100页。

　　[14]张宝明:《"妇"字与母系社会关系解析》,《汉字文化》2006年第1期,第32—34页。

　　[15]何正廷:《壮族古代的母系氏族社会及其地母崇拜习俗的产生——广南地母崇拜溯源(之一)》,《文山学院学报》2014年第1期,第11—17页。

　　[16]何正廷:《壮族的父权制社会及其地母崇拜习俗的形成——广南地母崇拜溯源(之二)》,《文山学院学报》2014年第2期,第10—15页。

　　[17]何正廷:《壮、汉文化交流丰富了广南地母崇拜的内涵——广南地母崇拜溯源(之三)》,《文山学院学报》2015年第1期,第1—7页。

　　[18]白庚胜:《摩梭为"母系社会活化石"说质疑——摩梭文化系列考察之一》,《云南民族大学学报(哲学社会科学版)》2003年第6期,第73—

76 页。

[19] 张恺悌:《一个母系社会的家庭婚姻与生育——云南省宁蒗县纳西族社会调查》,《中国人口科学》1989 年第 4 期,第 55—59 页。

[20] 王贤全、石高峰:《嬗变与复兴:一个母系文化村落的人类学考察——以丽江宁蒗县瓦拉别村为例》,《云南社会科学》2019 年第 2 期,第 135—141 页。

[21] 赵心愚:《摩梭母系婚姻家庭形态研究的再思考》,《民族学刊》2017 年第 2 期,第 44—48 页。

[22] 赵心愚:《中国西南扎巴人、摩梭人"走婚"的范围与界限——兼论其对母系家庭形态存续的影响》,《民族学刊》2018 年第 1 期,第 19—24 页。

[23] 文丽敏:《黎人与摩梭人母系制遗存比较研究》,《南通大学学报(社会科学版)》2016 年第 6 期,第 88—91 页。

[24] 康晶晶、李唯一、贾慧莹、李梅:《泸沽湖摩梭人母系氏族文化的研究与保护——以婚姻家庭为例》,《法制博览》2016 年第 26 期,第 35 页。

[25] 苏静:《试析残留在甘孜州彝族社会中的母系文化痕迹》,《康定民族师范高等专科学校学报》2006 年第 1 期,第 17—21 页。

[26] 马林英、于淑礼:《主导与依附并存——凉山彝族父系制社会中的母系文化特征研究》,《民族学刊》2017 年第 4 期,第 22—27 页。

[27] 杨长明、阿牛木支:《母系原则与父系原则的冲突——彝族英雄史诗〈支格阿龙〉的悲剧意蕴》,《民族文学研究》2013 年第 1 期,第 70—79 页。

[28] 刘小幸:《彝族社会历史中的母系成分及其意义》,《民族学刊》2013 年第 1 期,第 33—39 页。

[29] 韩俊魁:《拉祜西是母系社会吗?—— 一项基于社会血缘的考察》,《中国农业大学学报(社会科学版)》2008 年第 3 期,第 108—116 页。

[30] 潘慎、梁晓霞:《原始母系社会的文化——江永女书》,《山西大学学报(哲学社会科学版)》2003 年第 4 期,第 72—77 页。

[31] 汪宁生:《易洛魁人的今昔——兼谈母系社会的若干问题》,《社会科学战线》1994 年第 1 期,第 262—271 页。

[32] 李文:《社会性别视角下农村妇女参与村庄治理分析——以河南省为例》,《山东女子学院学报》2011 年第 6 期,第 28—32 页。

[33] 焦杰:《子女姓氏之争:父系和母系的权力博弈》,《中国妇女报》2017 年 10 月 31 日,第 B2 版。

[34] 王小健:《再论母系继承和父系继承制下的舅权》,《广西民族研

究》2017 年第 3 期,第 99—107 页。

　　[35] 黄子逸:《共同体与象征母系血缘:〈乡土中国〉的知识、秩序与道德》,《民族学刊》2016 年第 4 期,第 47—55 页。

　　[36] 张涛:《"产翁制"的出现与母权向父权制的转变》,《民俗研究》1995 年第 4 期,第 58—62 页。

　　[37] 吴飞:《近世人伦批判与母系论问题》,《中国哲学史》2014 年第 4 期,第 116—125 页。

　　[38] 覃主元:《壮族习惯法及其特征与功能》,《贵州民族研究》2005 年第 3 期,第 34—42 页。

　　[39] 覃主元:《广西壮族习惯法的法理学分析》,《广西地方志》2005 年第 4 期,第 51—55 页。

　　[40] 覃主元:《广西壮族习惯法探究》,《桂海论丛》2004 年第 6 期,第 71—73 页。

　　[41] 李洪欣、陈新建:《壮族习惯法初探》,《广西文史》2002 年第 2 期,第 64—68 页。

　　[42] 李洪欣、陈新建:《壮族习惯法的法理学思考》,《广西大学学报(哲学社会科学版)》2002 年第 6 期,第 32—36 页。

　　[43] 朱海文、杨永福:《试述云南壮族习惯法的特征与类型——云南壮族习惯法研究之一》,《文山学院学报》2014 年第 5 期,第 28—30 页。

　　[44] 朱海文:《试述云南壮族习惯法的社会功能及其保护——云南壮族习惯法研究之二》,《法制与社会》2014 年第 29 期,第 11—12、16 页。

　　[45] 张万友:《浅析壮族习惯法》,《绥化学院学报》2006 年第 5 期,第 53—54 页。

　　[46] 张元稳:《试论壮族乡土社会中的习惯法——壮族人民心中难舍的情结》,《恩施职业技术学院学报》2007 年第 3 期,第 43—45 页。

　　[47] 刘建平:《广西壮族习惯法初探》,《广西民族研究》1990 年第 4 期,第 63—71 页。

　　[48] 谭洁:《论广西壮族习惯法与和谐广西的构建》,《广西社会科学》2012 年第 4 期,第 36—39 页。

　　[49] 袁翔珠:《论民歌在南方少数民族婚姻习惯法中的作用》,《贵州民族研究》2014 年第 9 期,第 29—32 页。

（三）学位论文

［1］谭振华:《女神的诞生、洗礼与回归——布努瑶创世史诗〈密洛陀〉之女神信仰研究》,温州大学,2014 年。

［2］闫磊:《泸沽湖畔摩梭人母系制社会的文化人类学探析——以四川省盐源县左所区为例》,西南财经大学,2013 年。

［3］陈琼:《村庄治理中的女村官研究》,华中师范大学,2005 年。

［4］郑蓉:《村庄治理中农村妇女的“隐形权力”——基于许家山村的个案研究》,华中师范大学,2015 年。

［5］许姣妮:《中国女性社会地位的伦理探析》,西南大学,2013 年。

［6］杨君楚:《印尼米南加保族母系文化及其变迁研究》,广西民族大学,2017 年。

［7］张洪春:《清末民国壮族习惯法研究》,广西师范大学,2005 年。

［8］胡杰:《论广西壮族习惯法在家庭暴力中的适用》,西南大学,2010 年。

［9］张元稳:《国家与社会互动中的壮族习惯法》,广西民族大学,2009 年。

［10］黄成春:《现代化进程中的壮族继承习惯法——以文本平果县为例》,中央民族大学,2010 年。

［11］沈赫:《论壮族习惯法对妇女权益的保护及现代法治提升》,桂林电子科技大学,2017 年。

附　录

壮族习惯法调查问卷结果统计

一、调查对象统计

本次参与调查共 85 人,统计问卷共 85 份。

调查对象民族统计		
民族	人数	比例
壮族	68	80％
汉族	14	17％
瑶族	1	1％
未填写	2	2％
合计	85	100％
备注	问卷调查对象大部分是壮族,还有一部分汉族和个别瑶族群众是因为他们长期生活在壮族地区或是当地政府工作人员,对壮族习惯法非常了解	

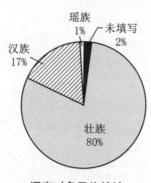

调查对象民族统计

调查对象性别统计		
性别	人数	比例
男	42	49%
女	43	51%
合计	85	100%

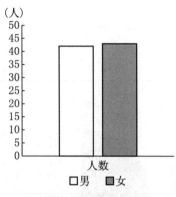

调查对象性别统计

调查对象职业统计		
职业	人数	比例
农民	20	24%
商人	5	6%
自由	11	13%
医生	3	4%
教师	2	2%
学生	6	7%
保安	2	2%
退休	5	6%
法官	3	4%
书记员	2	2%
无业	1	1%

续表

调查对象职业统计		
职业	人数	比例
社长	1	1%
民族文化工作者	1	1%
公务员	17	20%
职员	3	4%
未填写	3	4%
合计	85	100%

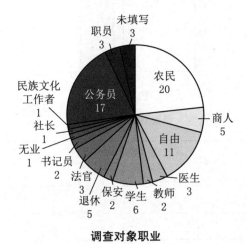

调查对象职业

二、问卷结果统计

第1题:您认为本地还有无习惯法?		
选　项	人数	比例
A. 有	56	66%
B. 没有	5	6%
C. 有一点	23	27%
未填写	1	1%
合计	85	100%

第2题:您认为壮族习惯法是否有留存的必要?

选　　项	人数	比例
A. 有	56	66％
B. 没有	3	4％
C. 部分有必要	24	28％
不知道	1	1％
未填写	1	1％
合计	85	100％

第3题:您认为壮族习惯法在哪些方面发挥作用?

选　　项	人数	比例
A. 婚姻家庭	11	13％
B. 生态保护	13	15％
C. 纠纷调解	8	9％
D. 社会治安	6	7％
全选	16	19％
婚姻家庭社会治安	3	4％
婚姻家庭和纠纷调解	4	5％
婚姻家庭和生态保护	3	4％
生态保护纠纷调解	3	4％
生态保护社会治安	1	1％
纠纷调解和社会治安	2	2％
婚姻家庭、生态保护和社会治安	3	4％
婚姻家庭、生态保护和纠纷调解	7	8％
教育	1	1％
都不是	1	1％
不知道	1	1％
未填写	2	2％
合计	85	100％

第4题:本地是否有不落夫家的习惯?

选 项	人数	比例
A. 有	5	6％
B. 没有	51	60％
C. 有些地方还有	24	28％
不了解	4	5％
未填写	1	1％
合计	85	100％

第5题:本地对入赘婚如何看待?

选 项	人数	比例
A. 欢迎	15	18％
B. 平等对待	56	66％
C. 有歧视	13	15％
未填写	1	1％
合计	85	100％

第6题:近年来壮族离婚率是否有上升趋势?

选 项	人数	比例
A. 是	45	53％
B. 不是	32	38％
不清楚	8	9％
合计	85	100％

第7题:壮族习惯法是否包含生态保护的内容?

选 项	人数	比例
A. 是	70	82％
B. 不是	11	13％
有一点	1	1％
不了解	2	2％
未填写	1	1％
合计	85	100％

第8题:您认为壮族习惯法消失的原因是什么?

选　　项	人数	比例
A. 已过时	1	1%
B. 国家法律的影响	9	11%
C. 壮族文化的消失	30	35%
D. 社会治安	3	4%
国家法律影响和壮族文化消失	17	20%
国家法律影响、壮文化消失和社会治安	1	1%
已过时、国家法律影响和壮族文化消失	5	6%
国家法律和社会治安	1	1%
没有消失	1	1%
国家法律和时代变化	1	1%
已过时和壮族文化的消失	5	6%
壮族文化的消失和社会治安	2	2%
全选	2	2%
不清楚	3	4%
未填写	4	5%
合计	85	100%

第9题:您认为村规民约能否起到保护壮族习惯法的作用?

选　　项	人数	比例
A. 能	61	72%
B. 不能	16	19%
部分能	3	4%
不清楚	3	4%
难	1	1%
未填写	1	1%
合计	85	100%

第10题:您认为国家法律是否应该认可和尊重壮族习惯法?		
选 项	人数	比例
A. 是	74	87%
B. 不是	4	5%
部分尊重	3	4%
一般	1	1%
不清楚	2	2%
未填写	1	1%
合计	85	100%

图书在版编目(CIP)数据

壮族习惯法的母系特征研究:兼论壮族习惯法对妇
女权益的保护/袁翔珠著.—上海:上海人民出版社,
2023
ISBN 978 - 7 - 208 - 17813 - 7

Ⅰ.①壮… Ⅱ.①袁… Ⅲ.①壮族-习惯法-研究-
中国 Ⅳ.①D922.154

中国国家版本馆 CIP 数据核字(2023)第 040615 号

责任编辑 史尚华
封面设计 夏 芳

壮族习惯法的母系特征研究:兼论壮族习惯法对妇女权益的保护
袁翔珠 著

出 版 上海人民出版社
　　　　(201101 上海市闵行区号景路 159 弄 C 座)
发 行 上海人民出版社发行中心
印 刷 上海商务联西印刷有限公司
开 本 720×1000 1/16
印 张 22.75
插 页 4
字 数 377,000
版 次 2023 年 3 月第 1 版
印 次 2023 年 3 月第 1 次印刷
ISBN 978 - 7 - 208 - 17813 - 7/D · 3977
定 价 98.00 元